EL JARDIN Y EL PEREGRINO

TEORÍA LITERARIA: TEXTO Y TEORÍA

19

Directora
Iris M. ZAVALA

Co-directora
Myriam Díaz-Diocaretz

EL JARDIN
Y EL PEREGRINO

ENSAYOS SOBRE EL PENSAMIENTO
UTÓPICO LATINOAMERICANO
1492 - 1695

Beatriz PASTOR BODMER

Para dour Cevolles
Esperando que te
sea util / que
podamos discutirle
junt.
Con la amistad de
Beatriz
Hanover, 10-VIII-97

Rodopi

Amsterdam - Atlanta, GA 1996

♾ The paper on which this book is printed meets the requirements of "ISO 9706:1994, Information and documentation - Paper for documents - Requirements for permanence".

ISBN: 90-5183-934-0 (CIP)
©Editions Rodopi B.V., Amsterdam - Atlanta, GA 1996
Printed in The Netherlands

Para Dwight,
y para Circe, Perico,
Sonia y Katerina

AGRADECIMIENTOS

Este libro es el resultado de una interminable conversación. En ella han participado a lo largo de los años tantísimos amigos y colegas que me resulta imposible citarlos a todos. Pero estoy particularmente en deuda con Jaime Concha, Antonio Cornejo Polar, Jean Franco, Stephen Greenblatt, Josefina Ludmer, Antonio Melis, Julio Ortega e Iris Zavala.

A Raúl Bueno y a Antonio Cornejo Polar les debo, además, su lectura cuidadosa del manuscrito en distintas fases de preparación y sus sugerencias siempre valiosas, que me han sido una ayuda inapreciable en el largo proceso de revisión del texto originario.

Donald Pease me ayudó con excelentes sugerencias bibliográficas para el replanteamiento inicial de toda la elusiva problemática de la utopía.

A Elaine Jahner le estoy especialmente agradecida por la inteligencia y solidaridad con que me ha guiado, desde este páramo, en mis incursiones en el conocimiento de las culturas de los indios americanos y en las complejidades de planteamientos más próximos a la antropología cultural, un campo que era nuevo para mí.

Dwight ha sido, como siempre, interlocutor, crítico y mediador insustituible entre mis primitivos hábitos de escritura y la computadora que ha dado su forma final a este manuscrito.

Y, por último, la generosidad con la que Pat y John Rosenwald Jr. han apoyado mi investigación, financiando la *Pat and John Rosenwald Jr. Endowed Professorship* que me concedió Dartmouth College, me ha permitido dedicar el tiempo necesario a la investigación de todo el proyecto que ha acabado plasmándose en este libro.

A map of the world that does not contain the country of Utopia is not even worth glancing at for it leaves out the one country at which Humanity is always landing.

Oscar Wilde

No es posible ser latinoamericano sin tener una viva conciencia utópica.

Angel Rama

INDICE

INTRODUCCION

Tal vez sea como sugiere Cioran. Tal vez la nostalgia fijada en la imagen ideal de un paisaje perfecto —el de la niñez— sea la capa emocional más profunda donde se arraiga la sed de utopía. Tal vez sea ese paisaje, que inscribe la pérdida en el centro del discurrir incesante de la vida y del desplazamiento inevitable por espacios y tiempos, lo que alimenta toda sed de absoluto, convirtiendo cualquier otro paisaje en desierto, figura de carencia, como en la metáfora del proverbio tibetano. Tal vez sea, por eso, la búsqueda incesante de un jardín perdido, que reverbera para siempre desde el pasado proyectando su ausencia en espejismos de futuro, el destino de todo peregrino.

No deja de ser llamativo el que sea precisamente Cioran quien reafirme la nostalgia del jardín, porque nadie mejor que él encarna un movimiento incesante en el rechazo de toda complacencia. "La armonía, ya sea universal o de cualquier otro tipo —declara— no ha existido nunca ni existirá jamás"[1]. Pero, frente a esa lucidez sin concesiones, siglos de historia proclaman la voluntad inquebrantable de buscar, encontrar, crear, inventar y soñar esa armonía.

Este estudio es un intento de clarificar la dinámica de esa búsqueda en un período — el del descubrimiento y conquista de América— excepcionalmente rico en formulaciones de la armonía imposible. Una armonía que se define de mil maneras y que intersecta con las más diversas necesidades, con los imperativos más contradictorios. En la medida en que América se concibió inicialmente como territorio fuera de la historia —Nuevo Mundo— abría un espacio sin precedentes para cualquier búsqueda. En él convergieron la exploración geográfica, la indagación filosófica, la renovación moral, y la experimentación con nuevos modelos sociales y políticos. Y en él se arraigaron también la explotación extrema, la deshumanización y la crueldad ejemplares, las formas más feroces de la violencia. Es fácil asociar los primeros con el impulso utópico ignorando cualquier conexión de sus logros o fracasos con el lado oscuro del descubrimiento, que se

---

[1] E.M. Cioran, *History and Utopia*, New York, 1987, Seaver Books. Pg. 116

i

concreta en los segundos. Al fin y al cabo la tradición occidental identifica de forma consistente lo utópico con un estado ideal o con un bien más alto. Y la proliferación de objetivos fabulosos y de metas ideales tendía, en la conquista misma, a obscurecer el nexo que los une a la constante de destrucción que iba puntuando, soterrada unas veces, abiertamente otras, el recorrido del europeo hacia el objeto del deseo. Sin embargo ambos aparecen indisolublemente ligados por un mismo signo: el utópico.

Pero utópico entendido no como reciclaje de motivos o formulaciones de utopías de la tradición occidental sino como visión particular que se articula desde un modo de pensamiento específico. Un modo de pensamiento —el pensamiento utópico— que procede en la articulación de esa visión a través de una serie de operaciones que lo diferencian claramente de la razón analítica.

En mi teorización de lo utópico he querido comenzar por recorrer con nuevas claves el trayecto que seguí en mi trabajo anterior sobre los discursos narrativos de la conquista.[1] Vuelvo, en la primera parte de este libro, sobre los textos de Colón, Cortés, Alvar Núñez, Aguirre y Ercilla siguiendo las huellas de una dimensión que ignoré entonces: su vertiente utópica. A través del análisis de esa dimensión desarrollo, en los primeros tres capítulos, un modelo teórico de aproximación al pensamiento utópico, explorando sus filiaciones históricas e iluminando su función en los procesos de aprehensión del Nuevo Mundo y de sus habitantes; y en los procesos de autodefinición y afirmación de sus descubridores y colonizadores.

Las mismas dos figuras aparecen en el título de la primera parte y en el del libro como figuras emblemáticas de la búsqueda utópica: la del jardín y la del peregrino. El análisis de su función emblemática se desarrolla en el capítulo III específicamente en relación con la primera parte del libro. Pero su simbolismo puede extenderse a las otras tres. Todas ellas recorren a grandes rasgos un movimiento análogo que recoge la oposición, dentro de la cita de Cioran, entre el jardín perdido y el nómada. Es el movimiento que lleva en la primera parte de la búsqueda de un objeto del deseo fijado en un estado de perfección inmutable —el locus utópico americano— a la vivencia de la inevitabilidad del movimiento y del cambio en la búsqueda misma de la transformación utópica de la historia —Aguirre y Ercilla. De la visión voluntarista de América como lugar del cumplimiento de las profecías, que representan —en la segunda parte— los franciscanos, a las propuestas revolucionarias que formuló como defensor de los indios Bartolomé de las Casas. Del repliegue de las místicas hacia el espacio simbólico de pureza y perfección de la revelación y de la intimidad con Dios —en la tercera parte— a

---

[1] Beatriz Pastor, *Discursos narrativos de la conquista* , Ediciones del Norte, 1988. Publicado en inglés con el título *The Armature of Conquest*, por Stanford University Press, 1992.

las vueltas infinitas de la espiral que simboliza, en Sor Juana, el acceso a la plenitud del conocimiento. Y del deseo de reinscribir en la historia un pasado que se concibe como modelo utópico del presente —en los primeros cronistas indígenas— a la vivencia del exilio permanente como condición inevitable de acceso no ya a una imposible plenitud, sino a la lucidez de un conocimiento que aparece ya para siempre ligado a una profunda soledad, en Guamán Poma de Ayala.

No me interesa recorrer una historia paralela —la de la utopía— sino mostrar las intersecciones múltiples del pensamiento utópico con toda una serie de cuestiones que afloran en el proceso histórico de descubrimiento y conquista de América. Quiero rastrear su presencia central en la producción de conocimiento, su relación con algunos de los elementos históricos fundamentales que organizaron esa conquista, su función en la formulación de respuestas a cuestiones morales y sociales fundamentales, su conexión con la problemática de la mujer en ese tiempo, su utilización por los vencidos.

La primera parte de este estudio muestra como, en el proceso de exploración geográfica y conquista militar de América, el pensamiento utópico articuló elementos centrales de la visión del nuevo espacio configurándolo como figura del deseo del europeo y desconociendo, en proporción directa, su particularidad y su diferencia. A la vez que organizaba aspectos fundamentales de la subjetividad del colonizador, en una dinámica de redefinición de identidades que se realizaba en negociación incesante con la problemática de la alteridad. Y fue, finalmente, ese pensamiento el que subyacía en los múltiples discursos simbólicos que se iban articulando en los textos de la conquista, componiendo un discurso utópico que proyectaba figuras de resolución simbólica a elementos centrales de la problemática histórica a la que se enfrentaba el sujeto colonial.

La segunda parte se centra en otra vertiente del proceso de colonización de América: su conquista espiritual. El *Apocalipsis* de San Juan como telón de fondo de una lectura simbólica de la historia que convirtió la cristianización del Nuevo Mundo en juego de correspondencias incesante[1] a través del cual se consumaría, por la palabra primero y por la fuerza más tarde, una colonización que complementaba la dominación militar, la subyugación política y la explotación económica de la otra conquista. El pensamiento utópico organiza esa lectura de la historia. Y el deseo de perfección que lo alienta, buscando hacerse realidad en el Nuevo Mundo, impulsa dos opciones contrarias e irreconciliables: la que acepta la complicidad con el poder como compromiso transitorio en la trayectoria simbólica hacia el reino de la armonía, y la que rechaza, con Bartolomé

---

[1] Refiriéndose a ese juego de correspondencias dice Sergio Buarque de Holanda: "Para espíritus afectos a la imaginación simbólica y a jeroglíficos...poco importarían en este caso las apariencias si las idénticas propiedades señalaban la identidad de significaciones". En *Visión del Paraíso*, Caracas, 1987. Biblioteca Ayacucho, 125. Pg 274

de las Casas, cualquier conquista y cualquier complicidad con el poder imperial, reivindicando el derecho inalienable a la justicia de los habitantes del Nuevo Mundo.

Dominado por dos figuras complementarias: la del misionero y la del soldado, el escenario histórico de la conquista de América reservó para la mujer un espacio decididamente marginal y subalterno. La tercera parte de este ensayo examina la dinámica que va delineando en el locus utópico americano los límites del espacio dentro del cual se define la identidad de la mujer. Es una identidad que aparece enmarcada por dos polos simbólicos: la Malinche y Doña Marina; y aprisionada por un control patriarcal que garantizan implacablemente dos figuras de autoridad: el marido y el confesor. El pensamiento utópico intersecta con la búsqueda de una identidad femenina libre y no mutilada, configurando espacios alternativos de resolución simbólica que transgreden, subvierten o cuestionan radicalmente la autoridad patriarcal.

En el reparto de papeles de la conquista el europeo se reservó el poder discursivo e interpretativo. Al habitante del Nuevo Mundo le tocó el silencio. Silencio impuesto ya implícitamente por Colón cuando —después de haber traducido e interpretado con toda libertad durante su primer viaje las palabras que los nativos decían en lenguas que él no comprendía, y de haberse arrogado el derecho de corregirles la pronunciación de sus propias lenguas— acabó, ya en el segundo viaje, por cuestionar su competencia lingüística en el sentido más amplio, sugiriendo que fueran a España a "aprender a hablar"[1]. Y silencio inevitable en el trauma inicial de una derrota que supuso primero el colapso, y luego la destrucción minuciosa de todo sistema simbólico anterior a la llegada de los españoles. En el doloroso y vacilante proceso de recuperación de la palabra por los vencidos el pensamiento utópico busca y delinea espacios para la reapertura del diálogo, y abre posibilidades de resolución simbólica a una incomunicación que desplazó históricamente cualquier forma de diálogo por todas las formas de la opresión y de la violencia.

Los textos que se analizan en este estudio componen un conjunto profundamente heterogéneo. Nada liga, aparentemente, el *Mundus Novus* de Vespucci con la *Diatriba* de Motolinía; el *Primero Sueño* de Sor Juana con los *Avisos para confesores* de Bartolomé de las Casas;la *Crónica Mexicana* de Alvarado Tezozomoc con el relato del éxtasis de María de San José. Sin embargo, dentro de su heterogeneidad hay un elemento que enlaza todos esos textos entre sí de forma inequívoca: su utopismo. Ninguno de ellos formula utopías en el sentido usual del término. No hay en estos textos ni rastro de las ciudades ideales y ámbitos paradisíacos, de los programas para sociedades modélicas o mundos sin

---

[1] "Para que despredan fablar" dice textualmente el Almirante en su memorial a los reyes de l494. Véase Pastor op. cit. pg. 40-44 para un análisis más detallado de la apropiación de la lengua por el descubridor.

mal que el término *utópico* hace esperar, especialmente desde la difusión de las grandes utopías del renacimiento. Pero todos ellos muestran las huellas de un modo de pensamiento particular. Todos revelan una vivencia semejante de las contradicciones históricas en las que se debaten sus autores. Todos se articulan desde una visión análoga de las opciones de resolución de esas contradicciones. Todos trazan el movimiento de una búsqueda que se articula en los términos inconfundibles del pensamiento utópico configurando un tipo de discurso particular: el utópico.

La heterogeneidad que ha bloqueado con frecuencia la percepción de ese utopismo, no confirma la ausencia de "una tradición utópica sostenida" que se ha atribuido alguna vez[1] al período de la conquista española de América. Ilumina la riqueza y flexibilidad de un modo de pensamiento particular: el utópico, y revela las huellas de unos procesos mentales cuya historia enlaza con una larga tradición —a la que pertenecen, por ejemplo, la alquimia, la magia, la astrología y el hermetismo— inscribiendo la presencia de una tradición alternativa en la hegemonía creciente de la razón analítica.

---

[1] Frank y Fritzi Manuel. *Utopian Thought in the Western World* . Harvard-Belknap, 1979. Pp. 14-15

I

EL JARDIN Y EL PEREGRINO

CAPITULO I

AMERICA: FIGURACION DEL LOCUS UTOPICO

> This is writing that conquers. It will use the
> New World as if it were a blank, "savage"
> page on which Western desire will be
> written.
>
> Michel de Certeau

La geografía fantástica china[1] situaba en el golfo de Pe-chi-li unas misteriosas islas afortunadas. En la distancia se confundían con las nubes. Ante cualquier intento de aproximación se levantaba un viento que alejaba las naves de sus costas. Si alguna embarcación conseguía vencerlo y alcanzaba su litoral, las islas misteriosas se hundían en las profundidades del mar. Los navegantes que no perecían ahogados enfermaban misteriosamente en el viaje de regreso.[2] Pero, a pesar de tanta imposibilidad, parece que los navegantes chinos se negaron durante siglos a renunciar a la búsqueda de las esquivas islas.

Al contrario de lo que sucedía con las islas de Pe-chi-li, América era un continente muy real que se levantaba como barrera infranqueable ante cualquier intento europeo de alcanzar la geografía fantástica del este asiático. Y es precisamente su realidad geográfica insoslayable lo que hace aún más llamativa la forma en que el proceso del descubrimiento retomó y multiplicó de forma incesante elementos centrales de la imposibilidad china. Una

---

[1] Tomo el término "geografía fantástica" de Leonardo Olshki en su *Storia letteraria delle scoperte geografiche*, Firenze, 1937.

[2] Ernst Bloch se refiere a estas islas como ejemplo de utopía geográfica y las relaciona con el mismo arquetipo que dio forma a la leyenda de las islas de San Brandán. En Ernst Bloch, *The Principle of Hope, MIT Press*, 1986, Vol. II, pg. 765.

de las muchas lecturas posibles del proceso del descubrimiento nos muestra la realidad del "Nuevo Mundo" apresado incesantemente en una red de imágenes que, al identificar sus aspectos más diversos con mitos, fábulas y leyendas de origen europeo o americano[1], lo volvieron tan inasible y elusivo como las islas míticas que se confundían con las nubes. La imposibilidad de verificar una identidad prefijada por los términos del imaginario europeo se presentaba para los conquistadores como resistencia de una naturaleza que, igual que el viento que envolvía las islas de Pe-chi-li, protegía sus secretos. Y, aunque América no llegó al extremo de sumergirse en las profundidades al ser alcanzada por los españoles, la percepción de una misma resistencia hilvana en los textos el sentido del desastre en que culminaron durante mas de un siglo tantas expediciones o proyectos fallidos. Prolongando un punto mas la analogía vemos que aunque los descubridores y conquistadores que a lo largo de un siglo fueron delineando los rasgos de la realidad geográfica del nuevo continente no murieron ahogados, la lectura de sus textos revela muchas veces una transformación profunda de su visión del mundo, de sí mismos y de la nueva realidad que enlaza simbólicamente con la misteriosa enfermedad que aquejaba a los supervivientes de los naufragios de Pe-chi-li.

Ernst Bloch relaciona el espejismo de las islas chinas con una tradición utópica que se nutre de arquetipos de tierras paradisíacas y sociedades ideales y subraya que, dentro de esa tradición, el hecho de que fueran inalcanzables parecía confirmar su existencia más que cuestionarla.[2] La reflexión de Bloch ilumina con su aparente paradoja uno de los fenómenos más constantes del descubrimiento. Sin duda uno de los problemas centrales con los que tenía que enfrentarse una exploración geográfica anclada en la necesidad de equiparar modelos imaginarios con realidades disímiles era la negociación de la imposibilidad. En la conquista, escenario simultáneo de logros espectaculares y expectativas frustradas, el pensamiento utópico se levanta precisamente sobre esa imposibilidad y se desarrolla en la distancia que media entre imagen y realidad concreta, deseo y realización.

La asociación de América con la utopía no es nueva y la verdad es que es difícil aproximarse al desarrollo del primer siglo de toma de posesión europea del nuevo mundo sin tener en cuenta por lo menos alguno de sus múltiples aspectos utópicos. El descubrimiento de América trajo consigo una reactivación vertiginosa de los componentes

---

[1] En su *Historia crítica de los mitos de la conquista americana*, Buenos Aires, 1929, Enrique de Gandía estudia el origen y desarrollo de muchos de los elementos imaginarios que dieron forma a la conquista. De forma mas extensa y con gran erudición Juan Gil aborda el proble ma de los orígenes y trayectoria de toda una serie de construcciones imaginarias durante la conquista en su *Mitos y utopías del descubrimiento*, Alianza Universidad, Madrid, 1989.

[2] E.Bloch. Op. cit., vol. II, *Eldorado and Eden, the Geographical Utopias*, pp.746-794.

3

utópicos de la tradición occidental. En esa tradición el pensamiento utópico se había desarrollado desde la Grecia clásica anclado en dos paradigmas centrales. El primero era el de la ciudad ideal, formulado por los griegos. El segundo el paraíso de la tradición judeo-cristiana.[1] Ambos incidieron de manera fundamental en la forma específica que tomó el descubrimiento de América y también en su conquista. Por eso mismo es tentador, y hasta cierto punto necesario, el embarcarse en un rastreamiento erudito y minucioso de mitos, modelos e influencias, explorando las formulaciones y reformulaciones incesantes de motivos utópicos heredados de la tradición occidental o de la americana.[2]

La *Utopía* de Thomas More, por otra parte, se publica en ese mismo momento (1516). Es la primera recodificación moderna de una propensión utópica que se manifiesta desde la antigüedad clásica y durante toda la edad media en una serie interminable de formulaciones heterogéneas de signo social o religioso.[3] Aparece históricamente ligada al descubrimiento y representa simbólicamente aspectos fundamentales de la dinámica utópica de la conquista, como se verá. Pero, al crear un paradigma que identifica lo utópico con la sociedad ideal creada por Utopus, la obra inmoviliza en un objeto único —el libro de More —y en un modelo— la sociedad de Utopía— la dinámica utópica misma que históricamente está en su orígen: el descubrimiento de América. A partir de la publicación de *Utopia* lo utópico pasa a identificarse, como nunca antes, con la producción de formulaciones u objetos literarios análogos a los de More.

Lo que parece claro es que la presencia de elementos tradicionales de obvio sentido utópico conjugada con la importancia paradigmática que adquirió la *Utopía* de More dificultan considerablemente el análisis de la dinámica utópica en el descubrimiento y conquista de América. En algunos de los trabajos más eruditos sobre el tema encontramos indicios de esa dificultad, que explica ausencias ocasionales y categorizaciones muy sorprendentes. F.E. y F.P. Manuel, por ejemplo, se refieren de pasada a la falta de tradición utópica sostenida en España, la califican de "peculiar" y pasan por alto, sin dedicarle ni una sola referencia, toda la dinámica utópica de la conquista. Su juicio sobre *El Quijote* reduce la compleja problemática utópica de la obra a una frase: "a free floating utopian effect may have attached itself to the figure of Don Quijote".[4] Tanto el acercamiento

---

[1] Para un estudio detallado del desarrollo del pensamiento utópico dentro de la tradición occidental véase *Fuegos Bajo el Agua* de Isaac Pardo, Biblioteca Fundación Ayacucho, 153, Caracas, 1992. También *Utopian Thought in the Western World* de F.E. Manuel y F.P. Manuel, Belknap-Harvard, 1979.

[2] Esto es lo que hace con erudición admirable Juan Gil en los tres volúmenes de su *Mitos y utopías del descubrimiento*, citado ya mas arriba.

[3] Véase Isaac Pardo, *Fuegos bajo el agua*, Partes I,II, III y IV, pp. 11-688, Caracas, 1992. También *Utopian Thought in the Western World* , pp. 33-149. Y Ernst Bloch, *The Principle of Hope*, vol. II, capítulos 36 a 39 inclusives.

[4] Obra citada, pp. 14-15

que elimina sin dejar rastro uno de los períodos mas ricos en dinámica utópica de toda la historia occidental como el juicio que trivializa la reflexión crítica que se desarrolla en profundidad en *El Quijote* en relación con la problemática utópica revelan una misma incomprensión. El fenómeno utópico no puede reducirse a la reelaboración de motivos tradicionales, aunque esto forme parte de su manifestación, y la dinámica utópica no puede reducirse a la producción de objetos literarios como la *Utopía* de More, la *Ciudad del Sol* de Campanella, la *Nueva Atlantis* de Bacon o cualquiera de las obras que desde *La República* de Platón y la *Política* de Aristóteles hasta los grandes utopistas del siglo XIX han venido a considerarse representativas del pensamiento utópico en occidente.

La afirmación de F.E. y F.P Manuel es importante porque, al excluir totalmente de cualquier intento de análisis el fenómeno utópico renacentista en el mundo hispánico, revela hasta qué punto el concepto mismo de lo utópico puede restringirse desde perspectivas ligadas a una erudición muy respetable. El concepto de lo utópico se define aquí implícitamente sobre la identificación de un proceso —el pensamiento utópico— con unas formas de expresión y codificación particulares características de una serie de modelos literarios bien consagrados dentro de la tradición occidental. Estos modelos se remontan de forma selectiva a la antiguedad clásica y recogen de forma igualmente selectiva las formulaciones de los grandes utopistas del renacimiento prolongando esa concepción particular del fenómeno utópico hasta los utopistas de los siglos XIX y XX. El catálogo de modelos puede ser más o menos exhaustivo y a veces es impresionante. Pero la acumulación ordenada de material clasificado hasta la saciedad con un criterio que forzosamente lo condena a un estatismo de archivo no puede suplir, ni en los mejores casos, un enfoque crítico que revele la compleja dinámica de un fenómeno utópico que es proceso cognitivo, movimiento incesante, pensamiento vivo que ilumina las claves de la relación del sujeto con su mundo en un contexto histórico preciso.

El estudio de Juan Gil sobre los mitos y utopías del descubrimiento se propone explorar precisamente el area que el criterio selectivo de F.E y F.P. Manuel había poco menos que borrado del mapa: el fenómeno utópico en la conquista. Pero, ya desde el título, se anuncian los problemas inseparables de una categorización que no ve la necesidad de deslindar teóricamente con claridad el mito de la utopía. En la conquista se dan mitos y formulaciones utópicas pero éstas no son categorías equivalentes. De hecho los mitos tienen una función específica dentro de la dinámica del pensamiento utópico que no se define necesariamente a partir de su contenido narrativo sino en relación con un complejo sistema de símbolos. Pero lo que si demuestra Juan Gil sin dejar lugar a dudas es que se puede hablar de pensamiento utópico en la conquista y que hay, muy al contrario de lo que afirman F.E. y F.P. Manuel, una producción de signo utópico de riqueza insólita durante ese período.

La riqueza del material es extraordinaria. El impulso mitificador, la determinación individual y colectiva de descubrir o crear una realidad a la medida de los sueños se manifestaron en la conquista con una intensidad sin precedentes. Todo un repositorio de imágenes del deseo acumuladas durante siglos en el archivo de la cultura occidental cobró vida, flexibilizó sus formas frente a una realidad desconocida que, por lo mismo, parecía capaz de albergar cualquier quimera. La conquista de América se realizó en un vértigo de imágenes, en un remolino incesante de construcciones imaginarias, de proyectos, de sueños, de símbolos que se tendían como otros tantos puentes, levantados entre Europa y su Nuevo Mundo por el deseo de poseer, la necesidad de conocer, la determinación de controlar. Ni el recuento mas minucioso y erudito de todas las combinaciones y transformaciones de motivos utópicos tradicionales puede explicar la complejidad de un proceso que culminó en la metamorfosis de América en el equivalente de las islas de Pe-chi-li. Sin duda, tradición y recombinación de materiales prestan sus formas a ese proceso de metamorfosis, pero en la conquista el fenómeno utópico no se circunscribe a la reactivación de elementos o motivos utópicos anteriores ni se limita a anticipar o duplicar el modelo formulado por More en su *Utopía*. América, desconocida para Europa hasta fines del siglo XV, adquiere a partir de su descubrimiento la naturaleza esquiva de unas míticas islas chinas, se protege con vientos mágicos, provoca desastres imprevisibles, encierra todas las maravillas que enumeraba la tradición europea de representación del lejano oriente misterioso o de las tierras incógnitas que se extendían en los confines de Asia.

Pero si la dinámica utópica en la conquista no se manifiesta en modelos políticos como la ciudad ideal de la tradición clásica ni en la producción de objetos literarios como la isla de Utopos, la ciudad del sol o el falansterio sino en imágenes dispersas, fragmentos, fragmentos de imágenes y fragmentos de fragmentos, ¿cómo abordar conceptualmente un estudio que abarque todos sus elementos heterogéneos como elementos de una misma dinámica utópica?

En su Carta a Santángel, por ejemplo, Colón describe la tierra recién descubierta:
… En ella ay muchos puertos en la costa de la mar sin comparación de otros que yo sepa en cristianos, y fartos ríos y buenos y grandes que es maravilla, las tierras d'ella son altas, y en ella muy muchas sierras y montañas altissimas sin comparación de la isla de Tenerife, todas fermosíssimas, de mil fechuras, y todas andábiles y llenas de árboles de mil maneras i altas, i parece que llegan al cielo: i tengo por dicho que iamás pierden la foia, según lo pu[e]de comprehnder, que los vide tan verdes i tan hermosos como son por

6

Mayo en Spaña: y dellos stavan florridos, d'ellos con fruto, i d'ellos en otro térmiño, según es su calidad. Y cantava el ruiseñor i otros paxaricos de mil maneras en el mes de Noviembre, por allí donde io andava. Ay palmas de seis o de ocho maneras que es admiración verlas por la deformidad fermosa d'ellas, mas *** así como los otros árboles y frutos e iervas. En ella ay pinares a maravilla e ay canpiñas grandíssimas, e ay miel i de muchas maneras de aves y frutas muy diversas. En las tierras ay muchas minas de metales e ay gente *inestimabile numero*.[1]

La descripción de las nuevas tierras tan llena de resonancias edénicas retoma elementos tradicionales de representación del paraíso ligando el nuevo mundo a uno de los grandes paradigmas del pensamiento utópico occidental. Pero ¿ acaso se limita la dinámica utópica que va tejiendo una visión determinada de América durante la conquista —o en este fragmento— a la simple transposición de categorías descriptivas ? (aunque esta transposición forme, sin duda, parte del esfuerzo incesante de comprender y comunicar la realidad americana que revelan los textos).

Cortés, por otra parte, construye en sus cartas y ordenanzas de gobierno un proyecto de estado modelo que enlaza tanto con el paradigma utópico de la ciudad ideal como con las formulaciones políticas de Machiavelli. ¿Es esto la utopía en América?

En sus escritos Bartolomé de las Casas combina y recombina los materiales simbólicos para una representación de América en la que convergen su visión muy particular de la conquista, de la América pre-colombina y de la tradición utópica de la sociedad cristiana ideal. ¿Utopía americana?

Lope de Aguirre sueña con sus godos y se los cree hasta el punto de liquidar a Pedro de Ursúa y a más de un centenar de compañeros de expedición en la sangrienta expedición que desciende las aguas del Marañón en busca del Dorado y del reino de los Omaguas. ¿Es su sueño una utopía?

La América colonial no es una utopía. Es una monstruosidad. Y sin embargo la dimensión utópica de la visión de los que la crearon es innegable. ¿Cuál es la relación entre ambas? ¿Qué es lo que da coherencia a esa serie interminable, dinámica y fragmentaria de sueños, proyectos y percepciones fantásticas que a veces cristalizan en programas que iluminan tanto el poder de la razón (en Cortés) como el de la locura (en Lope de Aguirre)?

Parte del problema que plantea el análisis del fenómeno utópico en la conquista viene de la forma particular en que se manifiesta en este contexto. Pero sólo parte, porque en buena medida lo que esta en la raíz de la confusión que ha caracterizado con frecuencia

---

[1] Cristóbal Colón, *Textos y documentos completos*, edición y prólogo de Consuelo Varela, Alianza Universidad, Madrid, 1982, pg. 141.

su estudio es resultado de la forma en que se ha venido definiendo la utopía dentro del campo mismo de los estudios utópicos. La confusión resulta de una combinación de factores. Por una parte de la fuerza extraordinaria del uso coloquial del término que permea hasta hoy la forma en que se piensa en la utopía limitando su alcance con un sentido común que iguala lo utópico con lo ideal, lo inexistente, o lo irrealizable. Y a esto se añade en el ámbito académico y en el de los estudios utópicos mismos una "flexibilidad" en el uso del término que es en realidad una falta consistente de rigor conceptual.[1] Se pueden distinguir dentro del campo dos corrientes fundamentales. La primera define utopía primordialmente por la relación forma-contenido; la segunda por su función.[2]

El enfoque que privilegia la relación forma-contenido es el más tradicional. Tiende a restringir lo utópico a un tipo de objeto literario particular, un texto literario o político que contiene una representación de una sociedad ideal o una visión de un mundo mejor habitado por una humanidad mejor. Perpetúa la noción de imposibilidad como uno de los rasgos inherentes a lo utópico. Es esta imposibilidad lo que se expresa simbólicamente en una separación radical que se indica en términos geográficos o temporales. En la *Utopía* de More, por ejemplo, el primer acto simbólico de la fundación de la sociedad ideal es la destrucción minuciosa del istmo que unía como un cordón umbilical el lugar de la futura utopía al mundo originario. Pero esta separación expresa simultáneamente la imposibilidad de cualquier solución de continuidad espacial —separación física a través de la destrucción del istmo— y temporal —eliminación del tiempo solar lineal en la identificación de la nueva isla con el ciclo lunar.[3] Sólo a partir de una separación física que elimina simbólicamente cualquier solución de continuidad puede desarrollarse en un espacio perfectamente insular la sociedad ideal de Utopus.

La definición que privilegia la relación forma-contenido es cronológicamente la primera y organiza, a partir de *Utopías* de Moritz Kaufmann, los estudios utópicos de Lewis Mumford, Marie Berneri, J.C. Davis y Krishnar Kumar entre otros.[4] Es también la

---

[1] El estudio ya citado de los Manuel es un buen ejemplo de los problemas que crea esa falta de rigor conceptual. A lo largo de mas de 800 páginas los autores recorren con erudición admirable sus "constelaciones" utópicas sin llegar nunca a una definición mínimamente clara de utopía y sin desarrollar un criterio consistente de selección. No es sorprendente que se les pase completamente la existencia de un fenómeno utópico tan rico como el que se desarrolla durante el primer siglo de la conquista española de América.

[2] Ruth Levitas recorre brillantemente los meandros laberínticos del desarrollo del concepto de utopía en su *The Concept of Utopia*, Syracuse University Press, 1990. Su estudio es una puesta al día inteligente, crítica y completísima del estado conceptual del campo de los estudios utópicos.

[3] Louis Marin analiza detalladamente la proyección simbólica de los elementos que integran la fundación de Utopía despues de la victoria de Utopus en "About the Creation of Utopia", cap. V, pp. 99-110 de su *Utopics: Spatial Play* , Humanities Press, N.J. 1984.

[4] Véase Moritz Kaufmann, *Utopias*. Kegan Paul, London, 1879; Lewis Mumford, *The Story of Utopias: Ideal Commonwealths and Social Myths*, Harrap, London, 1923; Marie Louise Berneri, *Journey Through*

que ha dominado en buena medida el estudio del fenómeno utópico en la conquista y esto explica tanto la omisión de los Manuel como el criterio de selección y organización de Juan Gil.

La segunda corriente define utopía primordialmente en términos de su función y en algunos casos restringe su criterio a una función particular: su relación con los procesos de transformación social. Este es el enfoque preferido por la crítica marxista. El marxismo mas ortodoxo identifica desde Marx, Engels y Lenin lo utópico con lo irrealizable, ya sea en obras literarias, propuestas políticas o manifestaciones artísticas. Por su carácter simultáneamente seductor e irrealizable, la utopía es manifestación del idealismo para Marx y Engels y también factor inhibidor de cambio que entorpece la revolución. Ruth Levitas resume esta visión negativa de la utopía —incluída la de los utópicos socialistas— que domina la mayoría de los estudios marxistas sobre el tema:

> El *Manifiesto Comunista* alaba el socialismo utópico por su crítica del capitalismo. Pero,
> a la vez, cuestiona su falta de impacto político que atribuye a su incapacidad de
> comprender lo que estaba realmente en juego, y lo critica duramente por ser reaccionario
> en la fase ya posterior al período histórico en el que alcanzó su relevancia.[1]

Pero aunque Marx vuelve una y otra vez en sus escritos sobre el carácter negativo de la utopía a la que califica de juego quimérico en el que se juega de forma irresponsable la estructura futura de la sociedad,[2] es desde una posición marxista o próxima al marxismo donde se desarrollan algunas de las teorizaciones mas interesantes del fenómeno utópico. En *Ideology and Utopia*[3] Karl Mannheim insiste en el poder renovador de la utopía y subraya que, aunque tanto las ideologías como las utopías son ideas que transcienden la realidad en que se dan, hay que distinguir claramente entre ideología y utopía:

Utopia, Schocken Books, New York, 1950; J.C. Davis: *Utopias*, "The history of Utopia: The Chronology of Nowhere", Duckworth, London, 1984; Krishnar Kumar: *Utopia and Anti-Utopia in Modern Times*, Basil Blackwell, Oxford, 1987.

[1] Ruth Levitas, op.cit, pg 52 "El Manifiesto Comunista alaba el socialismo utópico por su crítica del capitalismo a la vez que cuestiona su falta de impacto político cuando no acaba de comprender lo que estaba en juego, y lo critica duramente por ser reaccionario en la fase posterior al período histórico en el que alcanzó relevancia" Todas las traducciones al español de los textos que se indican en las notas al pie de página son aproximadas, y mías.

[2] Ibidem pg. 54. "Las utopías no son ideologías en la medida en que consiguen, por oposición, tramsformar la realidad social existente en otra más acorde con sus propias concepciones

[3] Karl Mannheim, *Ideology and Utopia*, Routledge and Kegan Paul, London 1939.

9

> Las utopías no son ideologías en la medida en que consiguen, por oposición, transformar la realidad social existente en otra, más acorde con sus propias concepciones.[1]

La definición de Mannheim se centra en la función pero conjuga la formulación de modelos de una sociedad mejor con el potencial renovador. De hecho, su distinción entre ideología y utopía se basa precisamente en eso: la función de la ideología es el perpetuar el orden existente mientras que la de la utopía es el trasformarlo.

En su monumental *The Principle of Hope,* Ernst Bloch lleva a cabo el proyecto más ambicioso de teorización del fenómeno utópico y, simultáneamente, de redefinición del campo de lo utópico. Como Mannheim, Bloch considera la utopía como factor de cambio, pero se separa de él tanto en la teorización de la utopía como en la delimitación del campo. Bloch da dos pasos que tienen implicaciones fundamentales para un reenfoque radical de los estudios utópicos. El primero tiene que ver con su acotación del campo de lo utópico. Lo utópico se define para Bloch fundamentalmente en términos de la relación función-contenido. Pero no se limita a los parámetros establecidos por una tradición utópica literaria reconocida en occidente desde la antigüedad clásica aunque incluye también las manifestaciones de esa tradición. "La *palabra* utopía —puntualiza Bloch— fue acuñada por Thomas More pero no el *concepto* de utopía que es filosóficamente mucho mas amplio." Y concluye: "Reducir lo utópico a la variedad de Thomas More, o simplemente orientarlo en esa dirección, sería el equivalente de intentar reducir la electricidad al ámbar en el que se observó el fenómeno por primera vez y del que deriva su nombre griego".[2] La cuestión es, entonces, cómo se define ese concepto de utopía que es mucho mas amplio.

Para Bloch, lo utópico es una forma particular de acercamiento a la realidad. El concepto clave es aquí el de "conciencia anticipatoria" que desarrolla extensamente en la primera parte de *The Principle of Hope.* El punto de partida es una crítica del subconsciente freudiano: "El subconsciente del psicoanálisis —dice Bloch— no es pues nunca, como se puede ver, un Aún-no-consciente, un elemento de progresión; está hecho de regresión. Por eso, incluso el proceso de hacer consciente ese subconsciente no puede arrojar luz más que sobre Lo-que-ya-ha-sucedido, *es decir que el subconsciente no contiene elementos nuevos".*[3] Al subconsciente firmemente anclado en el pasado "regresivo" de Freud, Bloch opone un subconsciente dinámico, "progresivo", que contiene

---

[1] Citado por Levitas en op. cit. pg 68. Véase también la crítica que le hace Levitas a Mannheim en pp. 74-78.

[2] Ernst Bloch, *The Principle of Hope*, pg. 14-15. Todas las traducciones al español de la edición inglesa de Bloch son mías.

[3] Ibidem pg. 56.

una dimensión orientada al futuro. Es la dimensión que se expresa en la *conciencia anticipatoria*.

En su teoría de los impulsos básicos que Bloch desarrolla en oposición a la teoría de Freud concluye que entre las emociones expectantes la más importante es la esperanza: "La esperanza es la contra-emoción expectante que se opone a la ansiedad y al miedo y es por eso mismo el mas humano de todos los sentimientos mentales. Es accesible sólo a los seres humanos y tiende hacia el horizonte más claro y lejano."[1] Pero, y esto constituye el segundo paso fundamental que da Bloch en su teorización del fenómeno utópico, la esperanza no se reduce a la expresión de sueños de deseo ni aparece restringida al campo de lo imaginario. La esperanza no es la válvula de escape imaginaria de todas las frustraciones sino que, impulsando la transformación del subconsciente progresivo en conciencia anticipatoria, dinamiza el proceso cognitivo mismo. Lo utópico es, en este contexto, la expresión misma de esa conciencia anticipatoria que proyecta la visión del yo hacia un conocimiento de la realidad que supera los límites de la memoria dando un salto hacia un futuro no realizado pero posible.

> Lo anticipatorio opera pues en el campo de la esperanza; pero esperanza entendida aquí no *sólo como emoción*, es decir como lo contrario del miedo (que también tiene la capacidad de anticipar) sino *más esencialmente como fuerza directriz de signo cognitivo* y cuyo contrario no es ya el miedo sino la memoria. La imaginación y los pensamientos de intenciones futuras descritos de este modo son utópicos, pero utópicos no en sentido peyorativo… sino en el sentido de sueño hacia adelante, de acto anticipatorio. Así lo utópico posee un sentido distinto del más usual y negativo[2] y aparece orientado hacia el mundo real adelantándose al desarrollo natural de los acontecimientos.[3]

A partir de una definición de utopía que liga el concepto al proceso cognitivo que desarrolla la conciencia anticipatoria, el campo de lo utópico se expande y dinamiza considerablemente. Bloch incluirá en él no sólo las formulaciones que desde Platón hasta Marx han sido tradicionalmente reconocidas como utópicas sino otras muchas manifestaciones individuales y colectivas cuya conexión con lo utópico ha sido ignorada. Imágenes del deseo, mitos, arquetipos, relatos de viaje, cuentos de hadas, arte, arquitectura, paisajes y geografías imaginarias, utopías tecnológicas, médicas, y tantas

---

[1] Ibidem pg. 75.
[2] Se refiere aquí Bloch al que identifica lo utópico dentro de la tradición marxista con evasión emocional a través de juegos imaginarios sin proyección revolucionaria ninguna.
[3] Ernst Bloch, op.cit., pg 12

otras manifestaciones de lo utópico consitituyen ahora un campo para cuyo análisis se hace indispensable, según Bloch, la totalidad de la filosofía.

La definición que desarrolla Bloch de lo utópico en términos tan amplios plantea problemas a la hora de delimitar de manera muy precisa fenómenos particulares. Pero logra de forma brillante desbloquear el concepto, que aparece simultáneamente liberado de las limitaciones que le imponía una tradición demasiado restrictiva y restituido a un terreno en el que convergen los procesos imaginarios con los analíticos. Lo utópico no se circunscribe al ámbito de la quimera sino que pasa a integrarse firmemente en los procesos cognitivos. El elemento común que enlaza para Bloch todas sus heterogéneas manifestaciones es la visión simbólica articulada por la conciencia anticipatoria de un mundo mejor para una humanidad mejor. Ese mundo mejor, o "homeland" como lo llama Bloch, es el lugar simbólico donde cesa la alienación y comienza la libertad y está lleno de resonancias de la definición del comunismo del joven Marx:

> es la resolución *genuina* del conflicto entre el hombre y la naturaleza, entre hombre y
> hombre —la verdadera resolución de la lucha entre existencia y esencia, entre reificación y
> autoafirmación, entre libertad y necesidad, entre el individuo y la especie. Es la solución al
> enigma de la historia y se reconoce como tal.[1]

Bloch rescata el fenómeno utópico del ámbito de lo imaginario y, a través del concepto de conciencia anticipatoria lo define como vertiente de un proceso mas amplio de conocimiento y de transformación de la realidad. En su análisis lo utópico constituye precisamente la expresión de la dimensión más dinámica del pensamiento, de esa conciencia anticipatoria que levanta contra el peso de los signos de una cultura y de los determinismos de la propia historia la realidad posible de un futuro verdaderamente renovador.

A partir de esa redefinición del impulso utópico como forma de conciencia particular, Bloch borra gradualmente los límites que identificaban el fenómeno utópico —la electricidad— con unas formas de codificación muy específicas —el ámbar— restituyéndole su carácter dinámico y heterogéneo.[2] Lo utópico ya no aparece forzosamente restringido a un tipo exclusivo de artefacto cultural, el libro, o de formulación abstracta, el programa para una sociedad mejor, sino que engloba manifestaciones culturales diversas, personales y colectivas cuyo carácter utópico se define no en relación con la forma de los

---

[1] Karl Marx, *Economic and Philosophical Manuscripts*, vol. 3, pg. 296, MECW, London, 1975. Citado por Ruth Levitas, pg 95.
[2] Precisamente es ese carácter heterogéneo de las manifestaciones del fenómeno utópico que se desprende de las categorizaciones de Bloch,lo que explica lagunas de las críticas mas consistentes que se le han hecho a *The Principle of Hope*. Véase, por ejemplo, Levitas, op. cit., pg. 84 .

modelos sino en relación con su función en el contexto específico en que se producen. En el análisis de Bloch esa función aparece ligada simultáneamente al conocimiento de la realidad y a su transformación.

La función en relación con la cual Bloch define como utópicos los fenómenos particulares tiene múltiples aspectos entre los cuales sobresalen los cuatro que señala Hudson:

> Bloch subraya la productividad de la utopía: su función cognitiva como modo operativo de la razón constructiva, su función educativa, como mitografía que enseña a las personas a indagar con el deseo y con la voluntad más y mejor su función anticipatoria, como futurología de posibilidades que pueden realizarse más adelante, y, finalmente, su función causal como agente de cambio histórico.[1]

A estos cuatro añade Levitas un quinto aspecto: su función expresiva como vehículo de articulación de insatisfacciones.[2]

En claro contraste con una tradición marxista siempre suspicaz ante los juegos del imaginario la teorización que desarrolla Bloch del fenómeno utópico logra conciliar la utopía con la filosofía marxista. La utopía de Bloch no se circunscribe al ámbito de lo contemplativo. Es vehículo de conocimiento y agente de cambio y se integra sin problemas en la filosofía que el propio Marx propone en la tesis II de su *Crítica a Feuerbach* cuando dice: "Hasta aquí los filósofos se han dedicado a interpretar el mundo de maneras diversas pero lo que importa es cambiarlo".[3] Utopía y cambio son de hecho inseparables. No porque la utopía sea una receta para un tipo de cambio programático particular —incluida la utopía comunista— sino porque el pensamiento utópico se articula siempre en la exploración de los límites de la experiencia en una situación de cambio factual o anticipado. Toda utopía es precisamente, en palabras de Louis Marin, "una fantasía de los límites".[4]

Mi propio análisis de las manifestaciones incesantes de esa fantasía de los límites durante el descubrimiento y la conquista de América toma como uno de sus puntos de anclaje dos de los elementos centrales de la teorización de Bloch : el carácter dinámico y el caracter heterogéneo del fenómeno utópico.

En ese período, lo utópico no duplica de forma más o menos mecánica formulaciones utópicas anteriores heredadas de una tradición religiosa o secular, ni se limita

---

[1] Wayne Hudson, *The Marxist Philosophy of Ernst Bloch*. MacMillan Press, London 1982. Pg. 51.
[2] Ruth Levitas, op. cit. pg.101.
[3] Citado por Bloch, op. cit. pg. 275.
[4] Louis Marin, op. cit. pg. XXII.

a anticipar el paradigma de More; tampoco se circunscribe a la reactivación de los motivos utópicos inscritos en el archivo simbólico del imaginario europeo. No se reduce a simple collage de motivos tradicionales ni al reciclaje de imágenes de archivo de la cultura europea. No puede definirse en términos de *forma* porque adopta formas múltiples según la función que se le asigna en cada contexto particular. La forma que toma el pensamiento utópico en los textos de Colón, por ejemplo, es muy distinta de la que se da en los escritos de Hernán Cortés y ambas son radicalmente diferentes de la que se adopta en la *Nueva Crónica* de Guamán Poma o en la poesía de Sor Juana Inés de la Cruz. Pero estas formas o manifestaciones diferentes del pensamiento utópico se integran dentro de un proceso más amplio y diverso en el que convergen la necesidad de conocer la nueva realidad con la de redefinir la propia identidad frente a ella.

Ya en la carta de Colón a Santángel aparecen ligadas estas dos vertientes del pensamiento utópico en la conquista. Ya en ella se manifiestan algunos de los mecanismos mas constantes que articulan la forma que toma el pensamiento utópico de los conquistadores en ese contexto. La descripción de las islas recién descubiertas es detallada. Sus términos son productos de una operación que toma nota de los datos de la experiencia —la observación de las particularidades de las nuevas tierras: vegetación, fauna, tesoros, gentes—[1] para interpretarlos de acuerdo con todo un arsenal de imágenes que concretan en el imaginario europeo la realidad de lo desconocido, o de acuerdo con los términos de una tradición europea de representación de las maravillas del lejano oriente. Así, la vegetación duplica la del paraíso con sus árboles que jamás pierden la hoja, sus aves incluyen al ruiseñor, cuyo canto fantasma embelesa al almirante, y las gentes revelan por inversión las expectativas despertadas por el modelo de Marco Polo.[2] Luego volveré con más detalle sobre la función de ese constante reciclaje de imágenes y modelos dentro del pensamiento utópico de la conquista. Pero lo que me interesa señalar por ahora es que la necesidad de conocer la nueva realidad que se expresa en la representación que delinea Colón de las islas en esa primera carta se desarrolla paralelamente al proceso de redefinición de la identidad del propio Colón. La redefinición de la identidad de Colón se apoya en cuatro verbos que marcan los cuatro momentos fundamentales de una trayectoria simbólica. Es una trayectoria que simboliza la adquisición de poder que transforma al aventurero visionario —el Colón del principio de la navegación— en el virrey de las Indias. El primer verbo es *fallé*: "con la armada que los ilustríssimos Rey y Reina me dieron... yo fallé muy muchas islas pobladas con gente sin número". El juego de dos verbos contiguos: "me dieron" y "fallé" configura

---

[1] Cristóbal Colón, "Carta a Luis de Santángel", en *Textos y documentos completos*, ed. de Consuelo Varela, Madrid, Alianza Editorial, 1982, pg 141-42.

[2] Pastor, *Discursos narrativos de la conquista,* Hanover, NH, Ediciones del Norte, 1988,cap. I.

simbólicamente con toda exactitud la primera identidad de Colón que se articula sobre una ausencia: la del poder. Pero el segundo verbo de la cadena —*entendía*— dota ya al personaje de un poder muy considerable: el de interpretación. "Yo entendía harto de otros indos, que ia tenía tomados, como continuamente esta tierra era isla, así seguí la costa d'ella al Oriente ciento i siete leguas, fasta donde facía fin." Lo que sigue en la carta es nada menos que la primera descripción del nuevo mundo, que sólo Colón tiene el poder de comunicar e interpretar. El tercer verbo viene a continuación de esa descripción detallada de las Indias y de sus habitantes y marca un paso más en la trayectoria simbólica de adquisición de poder: "Y luego que legué a las Indias, en la primera isla que hallé, tomé per forza algunos d'ellos para que desprendiesen y me disen noticia de lo que había en aquellas partes". La toma de posesión ya no se hace —como sucedía en el primer párrafo de la carta— en nombre de los reyes sino por derecho propio. Y esta nueva autonomía del almirante se confirma en el último verbo: *daré*. "Yo les daré oro cuanto ovieren menester con muy poquita ayuda que Sus Altezas me darán agora, specería e algodón cuanto Sus Altezas mandarán cargar, y almástica cuanto mandarán cargar...y lignaáloe cuanto mandarán cargar, y esclavos cuantos mandarán cargar..".[1] El círculo de la caracterización se cierra pero los términos se han invertido a través de la substitución del *dieron* del primer párrafo por el *daré* del último. El vasallo dependiente y desposeído del principio de la carta se ha transformado simbólicamente en el señor que controla a través del conocimiento y de la posesión la nueva realidad. La piedra filosofal de esa transmutación es el hallazgo de las Indias.

La exploración posterior de las islas y tierra firme de las Indias de Colón demostraría la inexactitud de su primera representación construida integramente con los materiales de un referente europeo: las representaciones tradicionales del oriente lejano, Asia, o los lugares que se extendían mas allá de la experiencia directa de incluso los viajeros mas experimentados, como Marco Polo, o de los tejedores de fábulas mas prolíficos, desde el autor de la carta del Preste Juan hasta Mandeville. Y el desarrollo posterior de los acontecimientos tampoco confirmaría plenamente el carácter ascendente de la trayectoria simbólica que se apoyaba sobre los cuatro momentos de la caracterización. Colón adquirió sin duda un poder muy considerable, y no sólo en términos relativos a su situación económica y social antes del descubrimiento. Pero su poder fue tormentoso y fragmentario, su trayectoria llena de altibajos, y su visión de sí mismo al final del cuarto viaje no lo muestra triunfante como el cuarto verbo de la caracterización simbólica sino impotente y lloroso.

---

[1] "Carta a Santángel", ed. cit., pp. 140-145.

Pero entonces, si la visión de América y de si mismo que expresa Colón en su carta a Santangel es tan fundamentalmente inexacta, ¿cómo abordar la lectura de esa carta? Si el documento que promete información fidedigna acumula datos erróneos que distorsionan tanto la realidad de las nuevas tierras como la identidad del narrador, ¿ cual es el sentido del mensaje? Podemos decir tal vez que la carta a Santángel es factualmente falsa —si reducimos su lectura al exámen de los datos— pero simbólicamente exacta. El reciclaje de imágenes tomadas de la tradición representacional europea no es una simple transposicion de categorías descriptivas. El ruiseñor inexistente, la flora paradisíaca, los nativos edénicos y los tesoros que conjura Colón en su narración articulan un discurso simbólico que expresa con gran exactitud —como lo expresan los cuatro momentos de la trayectoria simbólica de su propia caracterización— una manera de pensar el mundo y de pensarse a sí mismo. Los elementos que articulan caracterización y descripción no son signos de ignorancia, falta de observación o empecinamiento. Son las huellas que indican un acercamiento particular a la realidad, unos procesos mentales cognitivos en los que el concepto se encuentra en pugna constante con el símbolo y es, en la mayoría de los casos, desplazado por él. La carta muestra las huellas de ese proceso en la forma en que el dato de la observación es desplazado por la imagen. La flora tropical es desplazada por la visión del paraíso, el pájaro desconocido por la armonía arquetípica del ruiseñor, el misterio de la tierra por la representación simbólica de sus riquezas. Pero el desplazamiento del dato por la imagen, del concepto por el símbolo, no indica aquí un predominio absoluto de la imaginación frente a la realidad. El pensamiento que se expresa en esta carta no es un arrebato visionario ni una construcción oportunista aunque participe curiosamente de ambas categorías. Es un modo de acercamiento sistemático particular que conjuga el discurso de la razón con las imágenes del deseo.

Colón categoriza la realidad del nuevo mundo como mercader, trazando implícitamente a través de la selección de categorías que organiza su descripción el modelo para su explotación. Pero simultáneamente dota a cada uno de los elementos de esa nueva realidad de una dimensión simbólica que los convierte, a través de su substitución ficticia por imagénes de la tradición europea, en proyecciones de su deseo.

La forma de pensar el mundo que organiza textualmente la representación en la carta de Colón no es un caso individual o un ejemplo aislado. Es precisamente una de las formas que toma el pensamiento utópico durante el descubrimiento y la conquista de América, cuando dos actividades disímiles —desear y conocer— se entrelazan de forma tan estrecha que es a veces imposible separarlas porque el deseo impulsa el conocimiento y el conocimiento adopta las formas del deseo. El pensamiento utópico en la conquista se nutre de imágenes y de símbolos en un movimiento incesante pero sistemático que lucha por comprender y controlar una realidad completamente ajena. Es la razón del deseo. Una razón que opera combinando y recombinando los datos de la experiencia con los materiales del imaginario europeo para crear una visión y representación de América que es figura utópica de resolución de toda contradicción histórica.

En la conquista el fenómeno utópico no se opone al proceso de conocimiento de la nueva realidad. Por el contrario, buena parte del proceso cognitivo se articula desde el pensamiento utópico, y la conceptualización de cada uno de los elementos de la nueva realidad se desarrolla desde categorías que conjugan la razón con el deseo. La razón que hilvana el discurso impecablemente coherente de Cortés, por ejemplo, y el deseo que rige el criterio de selección de imágenes y de símbolos y que se manifiesta en cada categorización. Y cada categorización se define ocultando el juego de opciones que el deseo abre y clausura, transformando ilusoriamente su proyección simbólica —la imagen, la categorización o el concepto— en realidad objetiva.

Los relatos y cartas de viaje de Colón son una creación individual; como lo son las *Cartas de Relación* de Hernán Cortés. Presentan rasgos muy definidos que los diferencian entre sí y que los separan de otros muchos textos igualmente diversos que narran la experiencia del descubrimiento y conquista de América. Es difícil, además, encontrar dos formas de razonar y argumentar mas divergentes que las de Colón y Cortés. Por eso precisamente las escojo aquí como ejemplo. Porque, con todas sus particularidades individuales y diferencias estilísticas, ambas revelan las huellas de los procesos mentales que he definido como pensamiento utópico. Esta coincidencia subraya el carácter colectivo de un modo de pensamiento particular. Si se observan sus rastros en creaciones individuales de signo tan diferente se puede concluir que su presencia en todo el proceso de aprehensión de la realidad del Nuevo Mundo se sitúa hasta cierto punto mas allá o por encima de las opciones personales. Ese pensamiento que se manifiesta en la conquista de forma diversa en creaciones individuales tan diferentes es un fenómeno histórico colectivo. Por eso importa examinar su relación con otros modos de pensamiento contemporáneos, contextualizando sus formas dentro del panorama filosófico de la época de manera precisa.

Es muy tentador desde el siglo XX el interpretar las manifestaciones del pensamiento utópico en la conquista como indicación de un proceso más general de pérdida de sentido de la realidad. Yo misma lo he hecho en alguna otra parte.[1] Pero estoy cada vez más convencida de que es inexacto. El triunfo repetido de la imagen sobre el concepto, el predominio aparente de la imaginación sobre el análisis, el recurso constante a los materiales simbólicos del archivo del imaginario europeo, la desconexión repetida y

---

[1] Pastor, *Discursos*, cap. III.

siempre sorprendente para el lector del siglo XX entre experiencia y formulación, parecen apoyar la hipótesis de la razón descarriada. Al fin y al cabo no es obvia la relación entre un proceso cognitivo y una percepción que confunde Paria con el paraíso, que identifica Tenochtitlán con Constantinopla, o que transforma un ejército de aventureros desharrapados en las huestes de Don Pelayo. Ni es fácil entender el mecanismo que, duplicando el ejemplo de las islas de Pe-chi-li, convierte la inaccesibilidad del Dorado en prueba de su existencia.

Y, sin embargo, esa relación existe y el mecanismo tiene todo el sentido cuando se abordan todas estas y otras manifestaciones como parte de un modo de acercamiento particular a la realidad —el pensamiento utópico— y cuando se reinscribe este pensamiento en el contexto de las corrientes del pensamiento en los siglos XIV a XVI.

El pensamiento utópico en la conquista no se levanta sobre el vacío. Aparece en una situación histórica precisa —el descubrimiento del Nuevo Mundo— en la que el deseo se impone como el elemento dominante que organiza y articula los procesos de la razón. Pero ni las formas del deseo ni los procesos de la razón surgen de la nada en ese contexto. El deseo se limita a organizar de unos modos particulares las categorías del pensamiento que funcionan en la Europa de la época dando una forma específica al horizonte especulativo que configuran los procesos cognitivos del período. Pero, ¿cómo se caracteriza ese horizonte especulativo y como funcionan los procesos cognitivos? El horizonte especulativo de la conquista se caracteriza por un predominio de categorías míticas, por una proliferación incesante de imágenes y por el ímpetu irresistible del impulso fabulador. Los procesos cognitivos se caracterizan por un desplazamiento del concepto por el símbolo. Hablando de Colón, Leonardo Olschki resume el carácter específico que toma el "descubrir" cuando se da en al marco conjugado del horizonte especulativo y los procesos cognitivos a los que me acabo de referir:

> Para él, como para la mayor parte de los hombres de su tiempo la línea que separaba la
> realidad de la fábula, la norma del milagro era fluctuante y a veces inexistente...
> Descubrir no significaba solamente encontrar cosas nuevas. Antes que nada descubrir
> significaba reconocer en la realidad todo aquello que la imaginación y las creencias
> tradicionales daban por cierto. Ver realizadas estas maravillas era una conquista del espíritu
> no menos importante que los hechos utilitarios de la empresa.[1]

---

[1] Olschki, op. cit., pg. 21.

Desde una perspectiva actual que define el pensamiento en términos analíticos, según una tradición lógica que pasando por Descartes se remonta hasta la Grecia clásica, y que conceptualiza *descubrir* en términos del pensamiento científico, el concepto de descubrimiento al que se refiere Olschki parece poco serio. Pero esta perspectiva conduce a una indagación en los procesos cognitivos de la conquista que interpreta, por ejemplo, la transposición de categorías, el reciclaje de imágenes y la reactivación de todo un arsenal europeo de mitos y de fábulas como índice de incompetencia, ignorancia, rigidez de esquemas o empecinamiento. La única conclusión posible desde ese enfoque es que el español de los siglos XV y XVI era completamente incapaz de enfrentarse de forma inteligente con la realidad americana, con su particularidad y con su diferencia. Pero si reintegramos a su contexto el concepto de *descubrir* que formula Olschki, con todo lo que implica ese concepto, las cosas se vuelven mucho mas claras y también mucho mas interesantes.

Los siglos XIV y XV se caracterizan en Europa por una crisis profunda del pensamiento. Por un lado se exacerba la pugna que enfrentó durante toda la Edad Media a la teología con la astrología y la magia. Esta pugna se caracterizó durante esa época por un dominio de la teología que relegó a la magia al terreno de lo demoníaco:

> No podía haber acuerdo entre la filosofía medieval que es una teología del orden estable, cristalizada en determinada etapa del aristotelismo, y la magia... La Teología preferirá la racionalidad ordenada y segura, que anula la historia y la libertad, frente a la libertad que cuestiona continuamente las estructuras del universo. En perfecta concordancia con esta actitud de la teología, la magia y la astrología fueron durante la Edad Media el dominio de lo demoníaco y se movieron por debajo del límite de lo racional.[1]

Pero ese dominio no significó una separación total entre teología y magia. Al contrario, tal como señala Eugenio Garin, la literatura filosófica-teológica se desarrolla en estrecha relación con las fuentes mágicas, utiliza sus textos unas veces para condenarlos, otras para silenciarlos, pero no los ignora. Esos textos, recuerda Garin, "representan una acechanza fascinante que casi siempre logra introducir algún elemento subversivo en las construcciones mas sistemáticas y respetables".[2]

Por otro lado este momento se caracteriza por la tensión creciente ya en el Renacimiento entre el desarrollo cada vez más dinámico del pensamiento científico que se asocia con el concepto de razón pura que habían defendido frente a la teología, desde la

---

[1] Eugenio Garin, *Medioevo y Renacimiento*, Madrid, Taurus, 1981, pg 117.
[2] Ibidem, pg. 126.

Edad Media, representantes de la rama mas racionalista de la filosofía como Averroes, y que teorizará mas adelante Descartes, y aquellas otras formas de pensamiento —analógico, simbólico, mágico, hermético— que Buckhardt identificaba con tenebrosas supersticiones medievales. Pero sería erróneo suponer que esa tensión se resuelve en el Renacimiento con el triunfo del pensamiento racional y la liquidación de la tradición de pensamiento que representaban la magia y la astrología. "En realidad —nos recuerda Garín— en el Renacimiento se lucha precisamente contra ese divorcio y en favor de una nueva convergencia. Se destruye la seguridad de un cosmos ahistórico, dotado de estructuras fijas, expresado en una jerarquía conceptual que rechaza todo lo que no cabe dentro del ámbito de la forma universal. Se destruye la idea del hombre como puro contemplador... Frente a un esqueleto de hombre que se mueve en un mundo de objetos geometrizables, se eleva el ideal hermético... al hombre que obra le corresponde precisamente un universo que se presenta como inagotable posibilidad".[1]

El pensamiento científico y el pensamiento mágico no se oponen radicalmente. Entrelazan sus formas en una dialéctica que va iluminando nuevas combinaciones, nuevas opciones, nuevas categorías. Ya desde el siglo XIII Roger Bacon representó una corriente de pensamiento que propugnaba la observación empírica poniendo un énfasis considerable en el desarrollo de los poderes de observación. Y ya desde Averroes se había reafirmado en la Edad Media el poder de la razón frente al de la fé inclinando del lado del racionalismo puro la pugna que enfrentaba teología y razón, magia contra teología, razón contra magia. Pero no hay que olvidar que incluso un precursor de la ciencia moderna como Roger Bacon cultivaba y respetaba la alquimia y la astrología. Ni que, ya en el Renacimiento, paralelamente a la publicación en 1543 de dos de las obras fundacionales de la ciencia moderna: el *De Revolutionibus Orbium Coelestium* de Copérnico y *De Humani Corporis Fabrica* de Vesalius, se produce un renovado interés en la lectura de textos y manuales de magia como el *Picatrix*.[2] Ni tampoco que todavía a principios del siglo XVI Cornelio Agrippa viajó por toda Europa buscando adeptos para la creación de una sociedad de ideas mágico-herméticas destinada a transformar Europa.

El hermetismo, dice Garin, propone "la idea de un universo vivo en cada una de sus partes, lleno de correspondencias ocultas, de recónditas simpatías e invadido totalmente por los espíritus; universo que es el producto de la refracción de unos signos dotados de sentidos ocultos; donde toda cosa, todo ente, toda fuerza es como una voz aún no

---

[1] Ibidem, pg. 124.
[2] El *Picatrix* fue tal vez el manual mágico más importante de la Edad Media. Fue traducido al castellano por primera vez en 1256.

escuchada, como una palabra suspendida en el aire".[1] Esa es la visión que surge y se difunde apoyada en la figura de Hermes Trismegisto durante el siglo XV. Y no hay duda de que esta visión hermética del mundo que identifica el conocimiento con la lectura de los signos del mundo se manifiesta en los procesos simbólicos que organizan el conocimiento de la realidad americana después del descubrimiento y que se relaciona con la forma que toma el pensamiento utópico durante ese período. Con su sagacidad habitual Sergio Buarque relaciona implícitamente aspectos del ímpetu fabulador de los conquistadores con el trasfondo mágico-hermético que permea la razón renacentista:

> La mentalidad de la época acoge con beneplácito algunos modos de pensar de cuño analógico, desterrados actualmente ante la preeminencia alcanzada por las ciencias exactas. En todo se distinguen figuras y signos; el espectáculo terreno provee en su ambigüedad lecciones de eternidad. La Naturaleza es, en suma, "el libro de la Naturaleza" escrito por Dios y, como la Biblia, encierra sentidos ocultos además del literal. Hasta la razón discursiva, hecha para uso diario, no pocas veces se deja impregnar por la influencia del pensamiento mítico, y entre los espíritus mas "realistas" se encuentran las huellas de esa actitud que trae en su vientre un sentimiento vivo de la simpatía cósmica.[2]

La visión a la que alude Buarque, la visión que busca infatigablemente el prodigio o la maravilla detrás de cada elemento de la realidad del Nuevo Mundo, es inseparable de la que se expresa en los textos mágico-herméticos y es la misma que se expresa en la filosofía de Marsilio Ficino que intuye una realidad que se manifiesta a través de imágenes, símbolos y figuras y que sólo alcanzamos a ver "cuando nuestra mente comprende que el objeto percibido es sólo un signo".[3]

Hermetismo, magia y razón se conjugan en una época en la que el auge creciente del racionalismo no ha desplazado —como sucederá con mayor rapidez después de Descartes— el pensamiento análogico, mítico o simbólico. El nuevo sujeto renacentista se define en la convergencia del poder creciente de la razón analítica con el dinamismo transformador inseparable de la figura medieval del mago, precursora de una corriente de pensamiento "que ya no exaltaba la figura del contemplador solitario, sino la del hombre capaz de colocarse en el límite del riesgo absoluto para transformar el mundo y transformarse a sí mismo".[4] Los manuales de magia medievales como el *Picatrix*, los

---

[1] Garin, pg. 115.
[2] Sergio Buarque de Holanda, *Visión del Paraíso*, Biblioteca Fundación Ayacucho, Caracas, pg. 100.
[3] Eugenio Garin, op. cit., pg 217.
[4] Ibidem pg. 33. Garin concluye así su análisis de la magia en el Renacimiento: "El poder infinito del hombre se concentra en la unidad del Acto. Así, el sabio domina las estrellas y el mago plasma los

textos clásicos como las obras de Ptolomeo, los escritos de Avenroda, la filosofía de Marsilio Ficino o los jeroglíficos de Horapolo no estaban exactamente al alcance de todos los públicos. Pero tampoco hay que pensar en una separación total entre la cultura selecta y restringida que se expresaba en ellos y las actitudes mentales y opciones abiertas al pensamiento del común de los mortales. La forma en que determinados elementos se multiplican en los textos de la conquista, ya sea su autor un navegante italiano como Colón, un bachiller como Cortés o un simple soldado como Bernal Díaz revela hasta que punto el pensamiento en general, y no sólo el de la clase letrada y culta, se organizaba en ese período en torno a unas opciones precisas que aparecían por una tensión fundamental: la que enfrentaba el pensamiento mágico con el racional, la razón simbólica con la analítica.

La relación particular en que aparecen durante la conquista experiencia y conocimiento, la forma a veces tan llamativa en que la imagen o el símbolo se imponen al dato de la observación no es, como se ha afirmado tantas veces,[1] resultado de una propensión al mito o de un impulso incontrolable hacia lo fantástico por parte de los descubridores y conquistadores. Es la expresión misma de la forma en que un pensamiento simbólico, que enlaza con el pensamiento hermético que florece en los siglos XV y XVI y con una larga tradición mágica que se remonta hasta los inicios de la Edad Media, converge en ese momento con el pensamiento analítico desde el cual se están sentando las bases de la ciencia moderna en las obras de Copérnico y Galileo y articulando las obras maestras del racionalismo renacentista como *El Príncipe* de Machiavelli.

América ofrece un espacio único para esa confrontación. A la razón analítica le abre un horizonte especulativo de amplitud sin precedentes. A la razón simbólica le sugiere la posibilidad de ver materializarse aquella realidad más verdadera, más profunda, más armónica que se ocultaba detrás de los símbolos. A ambas la posibilidad de transformar y de transformarse en un mundo que puede ser controlado y creado día a día y esta vez, tal vez sí, a la medida de los deseos de sus descubridores.

El pensamiento utópico de la conquista se desarrolla en esa encrucijada y no se define primordialmente por su parentesco más o menos lejano con los modelos literarios utópicos anteriores o posteriores sino por el desplazamiento del dato de la observación por la imágen del deseo. Ese es su punto de articulación central como modo específico de acercamiento a la realidad. Pero ese desplazamiento que se traduce en la función primordial de la imagen en los procesos cognitivos que van categorizando la nueva realidad no implica un triunfo de la fantasía o una huída colectiva hacia el ámbito de lo maravilloso. Es

---

elementos; así el ser y el pensamiento se conjugan, y la realidad se abre totalmente. Este y no otro era el sentido de la defensa de la magia que el Renacimiento incluyó en su exaltación del hombre". Pg. 124.

[1] Esa es la argumentación que desarrollan estudios sobre el imaginario de la conquista como los de Leonard, Gandía, etc., a los que ya me he referido.

precisamente ese desplazamiento lo que liga de forma inequívoca el pensamiento utópico de la conquista a la razón simbólica y a toda la tradición filosófica mágico-hermética que se apoya en ella.

La proliferación incesante de imágenes es uno de los rasgos mas característicos de todo el proceso de descubrimiento y conquista de América. A veces se trata de una simple substitución de un dato nuevo, un elemento incomprensible de una realidad desconocida por una imagen anterior. Es el caso del ruiseñor de Colón en el Caribe, que analiza Olschki. A veces el desplazamiento del dato de la observación por el elemento imaginario se produce de forma menos obvia. Complejas construcciones imaginarias tradicionales que agrupan en una red de relaciones simbólicas o alegóricas imágenes diversas se utilizan como modelos conceptuales para interpretar y explicar la nueva realidad. Es el caso de muchos de los mitos de la conquista: las siete ciudades encantadas, El Dorado, el Paraíso, y tantos otros que van impulsando la exploración del continente desconocido y de sus islas. Otras veces el elemento imaginario funciona como confirmación de la correspondencia exacta, que se persigue tan afanosamente, entre la realidad del Nuevo Mundo y las representaciones tradicionales de lo desconocido que recoge el imaginario europeo. Es lo que sucede con las Amazonas cuya imagen reaparece como el más tenaz de los espejismos en los puntos mas diversos de las islas o de la tierra firme, del Caribe, México o Sudamérica.

Pero es sorprendente ver lo poco convincentes que resultan la mayoría de las explicaciones que se han dado a ese fenómeno de proliferación de imágenes durante ese período. Leonard se refiere a la extraordinaria "imaginación" de los conquistadores cuya causa le parece estar en que "el relativo aislamiento de la vida española del resto de Europa, la omnipresente proximidad de lo desconocido en las oscuras aguas del Atlántico, y la mezcla de culturas europeas y arábiga, tendían a incrementar un sentido especial del misterio y de la fábula".[1] Sergio Buarque habla de "un aguzamiento del sentido de maravilla y de misterio".[2] Mi propia explicación de hace unos años simplifica la complejidad de todo el proceso al presentarlo como manifestación de lo que Pierre Vilar llama "el irrealismo español", y caracteriza el fenómeno como parte de un proceso de pérdida del sentido de la realidad[3] cuando más bien se trata de lo contrario: un proceso de indagación particular en una nueva realidad. Más sutilmente Olschki aborda el fenómeno de proliferación incesante de imágenes como manifestación de una forma de *ver* la realidad mas que de ignorarla, una forma específica de conocer el mundo a través de un proceso de humanización que recoge imágenes anteriores: "... adoptando categorías literarias que

---

[1] Irving A. Leonard, *Los libros del conquistador*, FCE, México, 1979, pg . 27.
[2] Op. cit., pg 39.
[3] *Discursos Narrativos*, cap. III, sección I.

revelan quien nos ha enseñado a *verlos*, es decir, a reconocer en los aspectos naturales los elementos característicos por los cuales han adquirido en nuestra conciencia un aspecto humano".[1] La reflexión de Olschki se refiere específicamente al paisaje pero su sentido general es relevante para el análisis del proceso de producción y reciclaje de imágenes durante la conquista porque precisamente en ese perído la proliferación de imágenes no expresa una incapacidad de ver y entender la nueva realidad sino una forma especial de verla y entenderla. Esta forma de ver se desarrolla dentro del marco de opciones que ofrece el pensamiento de la época y se caracteriza por un predominio de una razón simbólica que articula los procesos cognitvos sobre las imágenes del deseo. La distinción entre imágen e imágen del deseo es importante.

La proliferación de imágenes en el contexto de exploración o representación de espacios desconocidos no es un fenómeno nuevo. Los relatos de viajes de la Edad Media abundan en representaciones imaginarias de los lugares que describen o sobre los que ofrecen conjeturas posibles. El hecho de que se descubriera a posteriori que el relato de los viajes de John de Mandeville era producto de una fantasía desbordante no hace mas que subrayar lo receptivos que eran los lectores de la época a un tipo de discurso sobre realidades desconocidas que se apoyaba en un complejo proceso de reelaboración de imágenes familiares. Este discurso tomaba su coherencia de los códigos narrativos del relato de viajes y su autoridad del referente implícito del imaginario europeo. *Il Milione* mismo —ese es el nombre que le dieron con escepticismo muy saludable los contemporáneos de Marco Polo a su libro de viajes— combina los pasajes que hacen recuento minucioso de los datos recogidos por la experiencia con construcciones imaginarias que derivan sus imágenes y su sentido de su conexión con los materiales de archivo del imaginario europeo. Y el proceso de reciclaje de imágenes no se circunscribe a los relatos de viaje o de exploración. La carta apócrifa del Preste Juan escrita en 1165 es un modelo del arte de poblar, de forma sumamente persuasiva, lugares inexplorados con realidades imaginarias.[2] La carta es una especie de compendio de imágenes de la India derivadas de una combinación de fuentes orientales, clásicas y medievales. "… No contenía nada que no resultara ya familiar… pero combinaba los materiales de forma completa y

---

[1] Olschki, op. cit, pg. 45.

[2] Las tres versiones de la carta fueron escritas por un autor desconocido que pretendía ser un rey cristiano llamado Preste Juan ya alrededor de 1165. Estaban destinadas al Papa Alejandro III, al Emperador Federico Barbarroja y a Manuel, Emperador de Bizancio. Se conserva todavía el texto de la respuesta del Papa de 1177. La carta fue traducida al frances y alemán y alcanzó una difusión notable, confirmando la creencia popular en la existencia de un rey cristiano que gobernaba un reino modelo en algun lugar del Asia inexplorada. Esta creencia sobrevivió el fracaso de la misión papal de 1177 y jugó un papel importante en la misión de los hermanos Polo durante su primer viaje a Asia. Para un análisis detallado de la carta, sus fuentes y sus implicaciones políticas, véase Ernst Bloch, op. cit. pg 766-772; y Leonardo Olschki, op. cit. Pp.122-125.

seductora", dice Bloch resumiendo la relación del documento con sus fuentes. Pero a pesar de esa falta de originalidad o, mejor dicho, precisamente por ella, el impacto de la carta en el imaginario europeo fue enorme. A partir de su publicación funcionó como factor de confirmación de categorías tradicionales y como modelo impulsor de nuevas fabulaciones y de nuevas exploraciones. Niccolo y Maffeo Polo y, mas tarde, Marco Polo todavía buscaron su mítico reino en el Asia de los tártaros. Pero en el siglo XVI la geografía mítica ya había desplazado su situación en el mapa localizándolo en Abisinia. Cuando fue descubierto el Congo en 1485 el nuevo territorio pasó a ser el lugar donde debía encontrarse el reino del Preste Juan. Y cuando Vasco de Gama dobló el cabo de Buena Esperanza éste era todavía uno de sus objetivos míticos. Bloch explica este fenómeno de desplazamiento geográfico y de reactivación imaginaria de los motivos de la carta por una tendencia de la geografía medieval a extrapolar los atributos de una visión imaginaria de la India —derivada, en gran parte, de la biografía imaginaria de Alejandro de Macedonia escrita por Pseudo Kallistenes alrededor del siglo II, traducida y difundida extensamente durante la Edad Media y confirmada por la carta apócrifa de Alejandro a Aristóteles y por la "Nativitas et victoria Alexandri Magnum" del Presbítero Leo alrededor de año 950— a cualquier lugar inexplorado.[1] Pero esa tendencia misma se relaciona con la función específica que cumplían las imágenes en el proceso de conceptualización y representación del mundo desconocido. Y esta función no era más que un aspecto particular de la función que tenían los signos y los símbolos en el conocimiento del mundo dentro del pensamiento de la época.

Olschki se refiere a esta función en su análisis de las representaciones medievales de la geografía fantástica donde las imágenes que adornaban los mapamundis ayudaban a llenar con la imaginación los vacíos de la experiencia:

El *horror vacui* no es solamente un fenómeno físico sino también un aspecto psicológico de aquellos siglos que colmaban el mundo de fábulas para suplir las lagunas de la experiencia y que poblaban de figuras decorativas o simbólicas los vacíos de los mapamundis y de los portolanos, haciéndose la ilusión de conocer el mundo en su totalidad. Y ahora tenemos ya muchas pruebas de que la misma imaginación tenía para la mayoría de los navegantes y viajeros el valor de una forma particular de experiencia vivida.[2]

La función de las imágenes y símbolos que adornaban los mapas de la geografía erudita medieval era el suplir con la imaginación las lagunas del conocimiento. Es la misma función

---

[1] Bloch, op. cit. 767-71.
[2] Olschki, pg. 162.

que tienen en los textos medievales. Cuando Marco Polo, por ejemplo, habla de los lugares que conoce su relato se organiza con precisión y sobriedad descriptiva en torno a los datos de la observación. Pero el paso, dentro del relato, a la descripción de lugares apenas entrevistos o inexplorados se acompaña siempre de una proliferación de imágenes que recogen elementos tradicionales de representación de la India en la tradición literaria y en el imaginario europeo.

Las imágenes llenan un vacío real creando la ilusión de conocer aquéllo que sólo se imagina. También legitiman el modelo propuesto por la representación al ligarlo a elementos familiares del imaginario europeo y a motivos literarios tradicionales. Pero, como señala bien Olschki, la circulación de imágenes tradicionales en el proceso de categorización y representación de realidades desconocidas en la Edad Media no es una desviación, un proceso imaginario que se desarrolla al margen de o en oposición a el proceso cognitivo. Dentro de un horizonte epistemológico que se caracteriza por un predominio de la razón simbólica, la circulación de imágenes es parte integrante de los procesos cognitivos, e indica una forma específica de conocer nuevas realidades. El proceso de identificación de elementos nuevos con imágenes, por otra parte, no es arbitrario. Hay un proceso de selección de imágenes que tiende "con una coherencia casi metódica a reconocer en los datos de la experiencia la confirmación de una realidad ideal que se impone por su valor moral o por su prestigio literario".[1]

En la Edad Media, como luego en la conquista, la imagen tradicional legitima un acercamiento a nuevas realidades que proyecta una definición implícita de conocimiento. Esta definición privilegia la correspondencia entre modelos ideales y realidades concretas sobre una categorización de la realidad basada fundamentalmente en la observación y en los datos de la experiencia.

Ese es el contexto epistemológico en el que se inscribe el fenómeno de proliferación de imágenes durante la conquista. Un contexto en el que *descubrir* equivale a desentrañar las analogías entre lo que se ve y lo que se sabe, y en el que *conocer* la realidad es parte de un proceso de reconocimiento de las coordenadas del imaginario europeo y de los motivos de la tradición literaria occidental en un ámbito ajeno. Un proceso de familiarización y no de enajenación.

Las imágenes que organizan la percepción de la realidad americana y su representación en los textos de los descubridores ligan el nuevo mundo al viejo. Pero la relación es mas compleja de lo que parece. Es verdad que América se crea en la mente y en los relatos de sus descubridores como construcción dinámica de circulación de imágenes

---

[1] Ibidem, pg. 152.

26

sacadas del archivo del imaginario europeo. Pero esta construcción se organiza de forma selectiva. Hay un criterio implícito que rige la selección de imágenes. Este criterio no se reduce a la repetición ni a la extrapolación mecánica de motivos de las representaciones tradicionales de la India, del Asia o de lugares fabulosos desconocidos para familiarizar una realidad extraña, para llenar un vacío conceptual o para autorizar una representación. La selección de imágenes durante la conquista se hace en función del deseo. Y es el deseo lo que proyecta las imágenes del pasado hacia el futuro inscribiéndolas en los procesos cognitivos de la razón simbólica que articulan el pensamiento utópico durante ese período. El ruiseñor de Colón es una imágen tradicional del *locus amoenus* medieval. Es también una forma de categorizar el pájaro exótico desconocido indentificándolo por analogía con el pájaro europeo. Pero también es, por la proyección arquetípica que tiene el ruiseñor en el imaginario —y que no tienen, por ejemplo, la golondrina o el mirlo— un símbolo de recuperación del paraíso, inseparable de la promesa de una sociedad de un mundo mejor. Es una imagen del deseo. La imagen no sólo substituye una realidad —el pájaro exótico— por otra —el ruiseñor— sino que además proyecta metonímicamente la realidad americana mas allá de la experiencia integrándola en una red de símbolos que la convierten, en la convergencia de la visión tradicional del paraíso con los movimientos milenaristas que florecen en Europa desde la Edad Media hasta el Renacimiento, en tierra prometida.

Pero, si el deseo es la clave de todo el proceso de selección de imágenes que organiza la categorización de las realidades del Nuevo Mundo, conviene detenerse a indagar la forma en que se define y configura el deseo mismo en el contexto de los siglos XV y XVI.

El deseo es siempre un producto cultural. No porque el deseo sea una creación de la cultura sino porque sólo puede manifestarse dentro de y con las formas de esa cultura. En uno de sus ensayos sobre la interpretación de culturas Clifford Geertz concluye su análisis afirmando tajantemente que no se puede hablar de una naturaleza humana al margen de la cultura: "Nuestras ideas, nuestros valores, nuestros actos, incluso nuestras emociones son, como nuestro mismo sistema nervioso, productos culturales".[1] Lo mismo hay que decir del deseo. Por eso la pregunta no es tanto qué es el deseo sino cuáles son sus formas y su dinámica en un contexto preciso. En la conquista el deseo adopta las formas de la imaginería tradicional y su dinámica articula una forma específica de acercamiento a la nueva realidad: el pensamiento utópico.

El proceso de selección que transforma la imagen en imágen del deseo se da desde el principio de la elaboración de la propuesta colombina de descubrimiento. El proyecto de

---

[1] Clifford Geertz, *The Interpretation of Cultures*, New York, Basic Books, 1973, pg. 50.

Colón, sus objetivos geográficos y comerciales continúan una tradición que enlaza con uno de los deseos colectivos más arraigados durante todo el medioevo y que tiene su orígen mas remoto probablemente en las leyendas y tradiciones que narran las conquistas de Alejandro Magno en la India. Es el deseo de desvelar los misterios del Asia apenas entrevistos y de acceder a sus tesoros y maravillas innumerables. No es sólo que durante la Edad Media el Asia y la India se asocien con lo maravilloso. Es que *son* lo maravilloso, el espacio simbólico mismo del prodigio. En sus representaciones como repositorio de tesoros, como lugar de excepción a toda regla natural, como punto de convergencia de lo real con lo maravilloso, como espacio donde desaparece la línea que separa lo posible de lo fabuloso, se funden las tradiciones de la antigüedad clásica con la árabe y la medieval. El Asia fabulosa del medioevo es —como lo será el oriente de los siglos XVIII y XIX una creación europea que combina los materiales simbólicos de varias tradiciones culturales para crear un espacio mágico de realización de quimeras, resolución de nostalgias y suspensión de leyes naturales y sociales.

La visión tradicional del Asia como objeto del deseo converge en la civilización occidental con otra tradición mítica: la del Paraíso. El Paraíso en su versión judeo-cristiana presenta una importancia y una continuidad extraordinarias dentro del imaginario europeo. Estoy de acuerdo con los Manuel cuando afirman que el Paraíso "tiene que ser considerado como la capa arqueológica mas profunda de la utopía occidental".[1] A primera vista el Asia de la geografía mítica de la antigüedad y el medioevo y el paraíso del *Génesis*, parecen dos construcciones del deseo bien diferenciadas. Pero al examinarlas mas detalladamente las coincidencias se multiplican. Geográficamente el paraíso tiende a situarse, por lo menos desde "De ave Phonix" de Lactancio en el siglo IV, en el lejano Oriente.[2] En las obras de la geografía erudita medieval se sitúa en Asia:

> El paraíso es, según Isidoro, Juan Damasceno, Beda, Estrabón y el maestro de las
> Historias, un lugar amenísimo en tierras orientales, separado por una larga distancia de
> nuestro mundo habitado; es tan elevado que toca la esfera lunar y hasta allí no llegó el
> agua del diluvio. Con todo no hay que entender que en realidad tocara el círculo de la luna,
> sino que hablando hiperbólicamente se insinúa que su altura respecto a la superficie de la
> tierra es incomparable y que llega hasta la atmósfera en calma por encima de este aire
> turbulento, donde se encuentra el fin y el límite de las exhalaciones y evaporaciones
> húmedas, cuyos flujos y reflujos se acercan al globo lunar, como expone Alejandro. Así
> pues, las aguas que caen de este elevadísimo monte forman un gran lago y en su caída

---

[1] Frank and Fritzie Manuel, op. cit., pg. 33.
[2] Para una discusión detallada de los orígenes y la situación del paraíso véase Buarque, op cit., cap. VII.

producen tanto ruido que todos los habitantes nacen allí sordos, porque a causa del estrépito tan enorme se destruye el sentido del oído entre los niños, corroboran Basilio y Ambrosio. De aquel lago se cree que, como de una fuente, proceden los cuatro ríos del Paraíso: el Fisón o Ganges, el Geón que es el Nilo, el Tigris y el Eugfrates, aunque parezca que su nacimiento tenga lugar en lugares diversos.[1]

Aunque la prohibición bíblica que pone el paraíso fuera del alcance de la humanidad geográfica y simbólicamente se mantiene hasta el descubrimiento de América, se conservan una serie de relatos medievales que narran visiones fugaces del Paraíso. Todas retoman elementos de las representaciones tradicionales del Asia o de la India fabulosa. Simón ben Yohai y Joshua ben Levi, por ejemplo, describieron al regreso de su peregrinación al Paraíso la luz cegadora que lo envolvía y que se desprendía de los metales preciosos y de las innumerables piedras preciosas que revestían las murallas de su recinto.[2] Malón de Chaide recoge los motivos edénicos tradicionales del clima inalterable, la primavera eterna, la armonía perfecta, el tiempo inmutable y los combina con motivos orientales: "Aquí las flores de los prados celestiales azules, blancas, coloradas y de mil maneras vencen en esplendor a las esmeraldas y rubíes y claras perlas y piedras del Oriente", ligando implícitamente la tradición de representación del objeto del deseo asiático con la paradisíaca. La ciudad bienaventurada que representa en su visión la armonía paradisíaca perdida retoma los atributos de las representaciones de ciudades fabulosas del Asia o de la India en una combinación análoga a la que encontramos después del descubrimiento en la descripción de algunas ciudades americanas imaginarias: "Los cimientos son de piedras preciosas: jaspe, zafiros, calcedonias, esmeraldas, jacintos, topacios. En los muros que resplandecen como el sol y que no se dejan ver por los ojos humanos se abren doce puertas y cada una es una gema. Las torres y almenas surgen cubiertas de cristal, con lazos de oro purísimo donde se engastan esmeraldas y rubíes, todo envuelto en la luz y el esplendor del verdadero Sol que allí resplandece. El suelo, calles y plazas son de oro puro".[3]

La proximidad geográfica y la duplicación de motivos se completan con el paralelismo de estructuras simbólicas. La construcción de ambos objetos del deseo —el asiático y el paradisíaco— o de las múltiples representaciones en las que van enriqueciéndose las formulaciones originales se articula sobre la neutralización de problemáticas análogas. Paraíso y Oriente fabuloso se levantan como figuraciones del deseo con una función particular: la resolución simbólica de todo aquéllo que ha convertido

---

[1] Pierre D'Ailly, *Ymago Mundi y otros opúsculos*, Alianza Editorial. Madrid, 1992, pg. 123.
[2] F. y F. Manuel, op. cit., pg. 41.
[3] Sergio Buarque, Op. cit., pg. 226.

este mundo posterior a la caída en valle de lágrimas expiatorio para una humanidad afligida y mortificada. Pobreza, enfermedad, muerte, infelicidad desaparecen en las representaciones del Asia de la geografía mítica y en las visiones del paraíso que irán recombinando el jardín mítico del Génesis, con el recinto mágico de Lactancio, la ciudad de Dios de San Agustín y las tres edades míticas de Joachim de Fiore.[1] La pobreza se resuelve con riquezas talismánicas, las aguas de fuentes maravillosas vencen la enfermedad y la muerte y la armonía resurge en un mundo imaginario sin conflicto, sin escasez y sin dolor.

Las formas del deseo, es decir la imaginería que articula el deseo y su expresión en el descubrimiento de América, son resultado de la combinación de estas dos tradiciones de representación con las leyendas de la antigüedad y la geografía erudita medieval que encontramos en obras como la *Ymago Mundi* o la *Historia Rerum*. El descubrimiento de América representa la convergencia de todas esas tradiciones de representación del deseo en un sólo objeto. Su conquista es, en una lectura simbólica posible, la voluntad inflexible de materializar en el nuevo espacio geográfico los términos del objeto utópico, cuya representación había ido desdoblándose en las tradiciones asiática y paradisíaca, de verificar la analogía de América con los modelos de esas tradiciones, de confirmar la identidad de América como *locus utopicus* por excelencia, lugar de resolución de toda frustración personal y de toda contradicción histórica.

Es imposible comprender el fenómeno de proliferación de imágenes en el descubrimiento al margen de esta doble tradición reforzada por las "noticias" indígenas sobre las propias leyendas de los pueblos americanos, como lo es el abordar el modo de percepción que organiza el conocimiento de la nueva realidad y la representación del Nuevo Mundo sin tener en cuenta sus múltiples conexiones con toda la tradición de la razón simbólica que se manifestaba en el pensamiento mágico-hermético. Proliferación de imágenes y razón simbólica son las dos caras complementarias de un proceso de aprehensión que se levanta sobre la certeza de haber alcanzado, finalmente, el espacio utópico que prometían en Oriente las islas afortunadas de Pe-chi-li y, en Occidente, la misteriosa isla de San Brandan, o la serie heterogénea e interminable de representaciones literarias o geográficas de lugares míticos en los que toda limitación personal o histórica podía ser abolida. En ese proceso la imagen es imagen del deseo que inscribe el elemento de la nueva realidad en una red de asociaciones analógicas latentes proyectando su carácter simbólico más allá del marco estricto de la experiencia. Cada elemento de la nueva realidad es signo que apunta hacia una realidad simbólica, cada imagen condensa una lectura de esos signos ligando la conceptualización de la realidad desconocida a la figuración de América.

---

1 Para una discusión de las enseñanzas de De Fiore, véase Bloch, op. cit., pg. 509-510.

Figuración que enlaza el "nuevo mundo" al mundo simbólico mas viejo de todos los mundos: el del deseo. El pensamiento utópico en la conquista de América surge de esa dinámica. Organiza una forma particular de conocimiento de la realidad en la cual cada objeto puede convertirse en signo y cada imagen proyecta su significado hacia la red de relaciones simbólicas que va delineando la figura de América como locus utópico.

El pensamiento utópico no es la única forma que organiza el conocimiento de América durante su descubrimiento y conquista. Pero si es la forma dominante. Condiciona de manera fundamental la visión inicial que tiene el europeo de América. Se manifiesta en las representaciones que desarrollan los textos de toda una primera generación de conquistadores. Sustenta aspectos centrales de la organización económica y política de las colonias. Y articula los elementos centrales que dan forma a toda una serie de alternativas propuestas por distintas órdenes religiosas. En el contexto de ese pensamiento utópico el "descubrimiento" tiene poco que ver con lo que el sentido literal del término promete. *Descubrir* nos remite a una serie de operaciones simbólicas que articulan la transformación de la América que va recorriendo la exploración geográfica en una figura particular del deseo: el locus utópico. Esa transformación se realiza a través de un proceso del imaginario que va convirtiendo un territorio desconocido y ajeno en proyección de los sueños del descubridor, aprisionando su identidad y su diferencia en una red de imágenes de archivo. En ese proceso se concreta una de las vertientes de la dinámica del pensamiento utópico en la conquista.

No me interesa aquí rastrear la genealogía de esas imágenes. Juan Gil lo ha hecho ya con admirable erudición. Me interesa la función de la imagen dentro de los procesos cognitivos que organiza el pensamiento utópico y dentro de las opciones de representación que proponen los textos de los descubridores y conquistadores. La imagen es el eslabón que enlaza el elemento concreto con la red simbólica: pájaro exótico — ruiseñor — Paraíso; islas montañosas — Cipango — Asia Fabulosa. La imagen fija la percepción de la razón simbólica y convoca la representación imaginaria —mito, leyenda, objetivo fabuloso— que promete la satisfacción del deseo. Pero la visión de América como objeto del deseo no se identifica con ninguno de los mitos específicos de la tradición europea. El objeto se fija en la imagen, la imagen remite al mito pero el mito no representa la nueva realidad. En la relación del cuarto viaje escribe Colón desde Jamaica: "El oro es excelentissimo; del oro se hace tesoro, y con él, quien lo tiene, hace cuanto quiere en el mundo, y llega a que echa las ánimas al Paraíso".[1] El dato de la experiencia se fija en la imagen del oro y la imagen remite al Asia mítica medieval de riquezas infinitas: el tesoro. Pero ese tesoro no representa la

---

[1] Cristóbal Colón, "Relación del cuarto viaje", en *Cartas y documentos completos*, ed. cit., pg 302.

nueva realidad sino que la proyecta utópicamente como figura de omnipotencia y de recuperación de la armonía que simboliza el acceso a voluntad al Paraíso. La relación que liga el referente mítico a la realidad no es representacional sino simbólica: cada mito simboliza uno o varios de los rasgos que van delineando la construcción imaginaria de América como figura utópica.

Desde las primeras descripciones de las islas del Caribe que hace Colón en su *Diario de Viaje,* las resonancias paradisíacas se multiplican. Las islas viven suspendidas en una eterna primavera, el canto del ruiseñor resuena en sus arboledas y el carácter excepcional de su flora y fauna se subraya de forma insistente para indicar que se trata de un lugar anterior a las leyes que rigen nuestro mundo. El uso repetido de los términos "maravilla" y "disforme" indica el mismo carácter excepcional, anterior a todo determinismo biológico, que la descripción detallada de los árboles que "tenían los ramos de muchas maneras y todo en un pie, y un ramito es de una manera y otro de otra; y tan disforme que es la mayor maravilla del mundo cuanta es la diversidad de la una manera a la otra. Verbigracia: un ramo tenía las fojas de manera de cañas, y otro de manera de lantisco y así en un solo árbol de çinco o seis d'estas maneras, y todos tan diversos; ni estos son enxeridos porque se pueda decir que el enxerto lo hace, antes son por los montes, ni cura d'ellos esta gente"; o la de los peces que estaban "hechos como gallos, de las más finas colores del mundo, azules, amarillos, colorados de todas las colores, y otros pintados de mill maneras, y las colores son tan finas que no hay hombre que no se maraville y no tome gran descanso en verlos".[1] Pero la primavera eterna, el ruiseñor arquetípico, el árbol multiforme y el pez maravilloso no articulan sólo una representación de América. Al convocar el referente imaginario del Paraíso como lugar de excepción a toda ley natural o histórica fijan uno de los rasgos simbólicos de la figura utópica de América. América es ya desde los primeros días que siguen al descubrimiento de Colón y antes de cualquier exploración geográfica el locus de la libertad y de la posibilidad ilimitadas, el espacio mágico que escapa a cualquier determinismo.

Años más tarde Juan Ponce utilizó con éxito el señuelo de una fuente de aguas maravillosas que curaban a los enfermos, sanaban las heridas y devolvían la juventud a los más decrépitos. El mito americano retomó elementos de una tradición que se remontaba hasta Herodoto y que atribuía a pueblos distintos o a lugares geográficos diversos la capacidad de alargar la vida humana. En Herodoto eran los etíopes los que vivían mas de 100 años. Entre los iranios la inmortalidad se lograba bebiendo el agua de la vida en la fuente Adnisur.[2] Juan de Mandeville afirmó haber visto la fuente maravillosa y haber

---

1 Cristóbal Colón, "Diario del primer viaje", *En Cartas y Documentos Completos,* ed. cit., pp. 29-37.
2 Véase Juan Gil, op. cit., pg. 264 -265.

bebido de ella en la ciudad de Polombe en la falda del monte sobre el cual se encontraba "una fuente llamada Fuente de la Juventud"[1]. Los cartógrafos medievales indicaron repetidamente en sus mapas la existencia de una isla de la Inmortalidad llamada Insula Iouis "en la que nadie moría".[2] Bartolomé de las Casas trazó en su Historia el paralelo entre los habitantes del Nuevo Mundo y el mito de los Seres, criaturas beatísimas del Asia fabulosa que escogían el momento de su propia muerte. Juan Ponce la buscó en la Florida y las Bahamas; Lucas Vázquez de Ayllon en las Carolinas; Hernando de Soto la incluyó entre los objetivos fabulosos de su expedición a la Florida. Pedro Mártir señaló las noticias de aguas milagrosas escuetamente en sus Décadas;[3] Fernández de Oviedo se burló de la credulidad de Ponce de León y Lucas Vázquez de Ayllón; y Herrera comentó irónicamente que no quedaba en todo el continente fuente de la cual los buscadores del Agua de la Vida no hubieran bebido ni río en cuyas aguas no se hubiesen bañado.

La imagen de la fuente de la vida de la tradición euroasiática reforzada por la del río de la inmortalidad de las noticias indígenas enlazó una y otra vez el territorio desconocido con el referente mítico. Y el dinamismo y la supervivencia de objetivos fabulosos que tenían entre sus elementos a la maravillosa fuente se explica por la función que cumplía el mito dentro del proceso de conceptualización de la nueva realidad. La imagen de la fuente —o del río — de aguas maravillosas simbolizaba otro de los rasgos que componían la figura de la América utópica: el triunfo sobre la muerte. En la exploración geográfica de América, en las representaciones de los textos, este rasgo de la construcción imaginaria de América como locus utópico se expresó con frecuencia en la imagen de la fuente. Pero no siempre. Juan Gil señala con agudeza la forma en que Colón se refiere a la edad de los habitantes del Caribe en su entrada del 12 de Octubre: "... y todos los que yo vi eran todos mançebos, que ninguno vide de edad de más de XXX años".[4] Los treinta años de los nativos son el equivalente de la fuente de la inmortalidad e indican lo mismo: la suspensión del tiempo y de sus leyes. Vespuccio por otra parte elige un procedimiento distinto. En su carta de 1502 escribe: "Son gente que viven muchos años, porque según sus recuerdos hemos conocido allí muchos hombres que tienen hasta 4 grados de descendientes. Y no saben contar los días ni conocen meses ni años, salvo que cuentan el tiempo por meses lunares, y cuando quieren mostrar alguna cosa, su tiempo lo muestran con piedras, poniendo una piedra por cada luna; y encontré un hombre de los más viejos que me indicó con piedras haber vivido 1700 lunarios, que son, me parece, 132 años, contando 13

---

[1] John of Mandeville cap. XXIX.
[2] Juan Gil, op. cit., pg. 265.
[3] Pedro Mártir, *Decadas del Nuevo Mundo*, Ediciones Polifemo, Madrid, 1989. Decadas III,1, VII,2 y VII, 3.
[4] Cristóbal Colón, op. cit., pg. 30.

lunarios al año".[1] Las imágenes que convocan nativos longevos o suspendidos en la flor de la vida, fuentes de aguas milagrosas o ríos de la inmortalidad articulan el razonamiento simbólico sobre las leyes de la vida en el nuevo continente y fijan otro de los rasgos de la figura utópica de América: el triunfo simbólico sobre la muerte.

Pero entre todos los mitos que impulsaron la exploración geografica organizando en el plano simbólico la transferencia de materiales del archivo del imaginario europeo y delineando en el plano cognitivo categorías de percepción de la nueva realidad, ninguno tuvo tanta fuerza y dinamismo como el del Dorado. El origen del mito no está claro. En un principio retoma elementos de leyendas y tradiciones americanas, en particular la leyenda chibcha del indio dorado y de la cacica adúltera de Guativitá.[2] Pero, tal y como señala Juan Gil, también se relaciona con los objetivos asiáticos de la primera fase de la exploración americana: Tarsis, Ofir, el Cipango, y, de manera especial, con el Quersoneso Aureo de Marco Polo.[3] Por si fuera poco el número de fuentes entre las que se divide su origen, las formulaciones del mito mismo se multiplican a lo largo del proceso de exploración. Aparece identificado con formulaciones asiáticas diversas y con objetivos americanos de lo mas variado. Sus noticias se entreveran con los ecos de las minas del oro peruano, con visiones del país de Meta, con promesas del reino de los Omaguas, con míticos templos del sol, y con expectativas despertadas por las riquezas muy reales de Sogamoso y Tunja. Lo buscan Ortal, y Ordás, y Benalcázar, y Hutten. Gonzalo Pizarro lo añade a su lista de objetivos en su fracasada expedición a la tierra de la canela. Los guías que acompañan rio abajo la expedición de Pedro de Ursúa lo adivinan entre las brumas de las márgenes, en las vueltas y revueltas de un Marañón que se pierde en recodos y bifurcaciones interminables.

No anda descaminado Juan Gil cuando ve en el mito del Dorado el hilo conductor que hilvana toda la historia de la conquista de tierra firme. Pero tal vez su función y su dinámica no son exactamente los que apunta cuando resume: "La mente de los conquistadores no consigue romper nunca la tradición heredada, y así vuelve a aplicar una y otra vez las mismas normas a realidades diferentes, a pesar de todos los desajustes que tamaño desenfoque pudiera ocasionar".[4] Hay repetición de motivos míticos pero la repetición va más allá de la reiteración simple. De hecho se trata más bien de una

---

[1] Amérigo Vespucci, *Cartas de Viaje*, edición de Luciano Formisiano, Alianza Editorial, Madrid, 1986, pg 77-8.
[2] Ese es el orígen que le atribuye Enrique Gandía en su *Historia crítica de los mitos de la conquista*, citada mas arriba. Rómulo Cuneo Vidal, por otra parte, relaciona el origen del mito con la ceremonia de toma de posesión simbólica del factor del Inca encargado de recoger los tributos en "Las leyendas del Perú de los Incas", Boletin de la Real Academia de la Historia, Madrid, 1925. En relación con el mito y sus transformaciones véase en especial Demetrio Ramos Perez, *El mito del Dorado: su génesis y proceso*, Caracas, 1973.
[3] Juan Gil, op. cit., pg. 11, 66.
[4] Ibidem, pg. 46.

reinscripción de imágenes en los procesos simbólicos que articulan el razonamiento dentro del pensamiento utópico. No es que los conquistadores no consigan romper la tradición heredada. Es que retoman elementos de esa tradición que funcionan no como "normas" de conceptualización sino como símbolos dentro de un proceso de aprehensión del Nuevo Mundo que va articulando desde las coordenadas del pensamiento simbólico la figura utópica de América. La repetición obvia se inscribe en un proceso de figuración que proyecta el significado de cada elemento repetido en un plano simbólico. El desajuste aparente entre realidad experimental y representación mítica es sólo una manifestación de la profunda coherencia simbólica que articula el proceso de figuración de América como locus utópico. En el plano de la acción sorprende la reactivación incesante de objetivos míticos heterogéneos frente a la presencia siempre irreductible de una realidad experimental que no los sostiene ni corrobora su existencia: Tarsis, Ofir, Cipango, Quersoneso Aureo, Sierra de la Plata, Meta, Reino de los Omaguas, Dorado. Pero en el plano simbólico ese desajuste al que se refiere Juan Gil se convierte en coherencia y las formulaciones y refundiciones de objetivos míticos histórica y geográficamente heterogéneos revelan el carácter analógico del pensamiento utópico que organiza los procesos cognitivos del descubrimiento. Dentro de unos procesos mentales en los que el conocimiento converge con el proceso de figuración de América como locus utópico todos esos mitos son equivalentes porque todos condensan el mismo rasgo y todos cumplen idéntica función simbólica. El rasgo de la figura que fija la reinscripción del mito es, en este caso, la abundancia ilimitada de riquezas; su función es la resolución simbólica de cualquier forma de pobreza o de desigualdad económica o social.

CAPITULO II

PENSAMIENTO UTOPICO Y ALTERIDAD

> Self-fashioning is achieved in relation to
> something perceived as alien, strange or
> hostile. This threatening Other—heretic,
> savage, witch, adulteress, traitor,
> Antechrist— must be discovered or invented
> in order to be attacked and destroyed.
>
> Stephen Greenblatt

El pensamiento utópico no es el único modo de pensamiento que organiza el conocimiento del Nuevo Mundo durante su descubrimiento y conquista. Pero tiene un papel fundamental en la producción de categorías, en la formulación de estrategias de representación y en la negociación de una serie de cuestiones fundamentales con las que se enfrenta el europeo en su relación con América. La primera de esas cuestiones es la aceptación progresiva de la realidad americana como algo distinto de lo que prometían los términos arquetípicos del modelo asiático o, de forma más amplia, todo un archivo de imágenes que se habían ido combinando y recombinando una y otra vez desde la antigüedad clásica en las representaciones de la geografía fantástica. Ya me he referido arriba a cómo el razonamiento simbólico y los procesos analógicos del pensamiento utópico organizan una visión de América como objeto del deseo que se apoya sobre la proyección incesante de elementos descriptivos en una red de relaciones simbólicas que va tejiendo los rasgos concretos de América como figura utópica. Pero junto a esta vertiente del funcionamiento del pensamiento utópico quiero detenerme aquí también en otras dos, no

36

porque sean las únicas sino porque me parecen las más importantes. La primera se relaciona con la cuestión del Otro: es decir con la problemática de la alteridad. La segunda se centra en la constitución del sujeto colonial.

Las primeras cartas de Colón —a los reyes, a Luis de Santángel y a Rafael Sánchez— organizan la narración en torno a estas tres cuestiones delineando simbólicamente tres de las vertientes fundamentales del pensamiento utópico. No importa cual fuera cronológicamente la primera porque con todas sus variaciones menores las tres siguen un orden de exposición muy parecido que, a grandes rasgos, va de la tierra a sus habitantes, para concluir con el sujeto narrador.[1] La narración se inicia con la equiparación ficticia entre la naturaleza del Nuevo Mundo: flora, fauna, clima, topografía y toda una red de motivos simbólicos que articulaban en la tradición occidental las representaciones arquetípicas del paraíso y del Asia fabuloso. Las primeras caracterizaciones de los nativos se inscriben como interrogante en este marco doblemente utópico. La caracterización por ausencia —no tienen, no conocen, no llevan— complementada por la indiferenciación generalizadora —hablan una sola lengua, se parecen todos, tienen las mismas costumbres, se pintan de la misma forma— ocupa en el discurso el lugar de una respuesta (la descripción del nativo). Pero es en realidad pregunta: si no son todas esas cosas, ¿qué son? y abre un vacío simbólico que prefigura la impenetrabilidad del otro, y la serie de imposibilidades fundamentales sobre las cuales se apoya toda la problemática de la alteridad. Y, finalmente, las tres cartas se cierran con un retorno al sujeto narrativo que lo redefine en relación con el éxito de la empresa de descubrimiento que la descripción de la tierra y de sus habitantes detallan.

En relación con la primera de estas cuestiones fundamentales, el pensamiento utópico organiza todo un proceso de aprehensión de América y un sistema de estrategias de representación que articulan la visión de América como objeto del deseo, locus utópico en el que se resuelven simbólicamente toda contradicción histórica y toda carencia personal. La escasez se convierte en abundancia, la enfermedad en salud, la muerte en longevidad, la dependencia en poder, la pobreza en riqueza. En relación con la problemática de la alteridad, el pensamiento utópico se levanta sobre el vacío que simboliza ese gran interrogante de la primeras descripciones colombinas de los nativos para formular

---

[1] En su ensayo sobre el primer documento del *Libro Copiador de Colón,* Antonio Rumeu de Armas insiste sobre una cronología que situaría la escritura de la carta a los reyes del 4 de marzo antes de la carta a Santángel del 15 de febrero. Véase su *Libro Copiador de Cristóbal Colón,* Ministerio de Cultura, Madrid, 1989, vols. I y II. Sus argumentos no me parecen convincentes pero más que nada es que la cronología exacta es irrelevante para mi análisis. Lo que importa es que las tres recogen con variaciones menores las primeras impresiones y categorizaciones del descubrimiento colombino, y que las tres construyen su narración con anterioridad a un intercambio con los interlocutores europeos con los que entrará en contacto Colón a su regreso .

estrategias de resolución de las contradicciones profundas que activa y genera la presencia irreductible del Otro. Pero la ansiedad frente a la cuestión de la alteridad no es algo nuevo para occidente en el momento del descubrimiento de América. Todo el archivo europeo de representaciones imaginarias de la geografía fantástica muestra sus huellas y, a la vez, provee muchas de las categorías e imágenes que articulan su expresión durante la exploración y conquista de América.

La geografía, dice Ernst Bloch, es el espacio donde absolutamente cualquier cosa era posible, donde el relato fantástico se entrelazaba sin problemas con el informe exacto combinando las imágenes fabulosas de tierras lejanas con las guías prácticas del viajero.[1] En la geografía imaginaria de los espacios inexplorados era posible la suspensión de las leyes naturales que gobernaban el ciclo de la vida, el ritmo de las estaciones, la morfología de las especies. Era posible la transgresión del orden establecido, la superación inmediata de condicionamientos históricos, sociales y personales que encerraban al europeo en un cuadro de limitaciones difíciles de superar. Era posible el triunfo sobre la enfermedad y sobre la muerte, sobre la pobreza y sobre la injusticia. De hecho era precisamente la dinámica de representación de esa posibilidad ilimitada lo que organizaba aspectos múltiples de la representación de lo desconocido como objeto del deseo. Pero la seducción de la libertad infinita que prometía ese objeto del deseo no lograba eliminar totalmente sus aspectos inquietantes, y la contigüidad en las representaciones de lo maravilloso y lo monstruoso revela que el horror era la otra cara de la moneda en las visiones fugaces de la felicidad que prometían los espacios inexplorados. Las riquezas de Trapobana estaban custodiadas por monstruos, aguas innavegables rodeaban la isla mágica de San Brandán. El Atlántico, que Platón y Aristóteles imaginaban como un mar de barro sumido en las tinieblas, cerraba el paso a las maravillas del oriente con todo un arsenal fantástico de remolinos, arrecifes invisibles, peces gigantes y sirenas traicioneras.

Bloch se refiere al "cordón de horrores" que rodea desde la antigüedad los objetos del deseo de la geografía imaginaria desde el paraíso hasta las maravillas de la India y señala su función de "tabús disuasorios". Pero ¿cuál era el significado simbólico de esos tabús? En el caso de los fenicios está claro que fomentaron los cuentos de terror que se asociaban con la navegación del Atlántico para bloquear el interés de otros pueblos en una zona en la que ellos explotaban sin miedo alguno las minas de estaño de Inglaterra.[2] Pero no se puede encontrar una explicación semejante al *nec plus ultra* de los pilares de Hércules, ni al hecho de que los árabes crearan su propia versión del mito en el Atlántico: una estatua de bronce que se levantaba sobre una isla en medio del océano con el brazo

---

[1] Ernst Bloch, op. cit., vol. II, pg. 753.
[2] Ibidem, pg 756.

derecho levantado en actitud de aviso o prohibición y una frase en la base que decía "No hay detrás de mí más países que explorar".[1] Creo más bien que el cordón de horrores que rodeaba los objetos del deseo y las barreras imaginarias insuperables que árabes, griegos, romanos y europeos levantaron ante el impulso descubridor eran articulaciones simbólicas de su vivencia de la alteridad. Lo monstruoso funciona en parte como interdicción, pero *es* representación simbólica de la alteridad. Digo "en parte" como interdicción porque también funciona como estímulo. En la dialéctica del viaje, todo descubrimiento encierra una promesa de expansión del mundo propio y de proyección del viajero más allá de los límites de su propia subjetividad. Pero simultáneamente encierra el cuestionamiento inevitable del mundo propio y la amenaza de destrucción simbólica del sujeto. La emoción del viaje estriba precisamente en la búsqueda de un punto de equilibrio entre lo propio y lo ajeno que permita al sujeto acceder a un mundo nuevo sin verse expulsado de su mundo originario, sentirse otro sin dejar de ser lo que es. En ese sentido todo viaje es un ejercicio de preservación frente a la amenaza de una aniquilación posible de la propia subjetividad[2] y todo descubrimiento es simultáneamente un proceso de familiarización y de enajenación.

El ejemplo paradigmático de toda esta problemática es en *Las mil y una noches* el relato de los viajes de Sinbad el marino. El punto de partida es la búsqueda de riqueza: "Viví lujosamente, pero pronto vi que el dinero disminuía. Conociendo mi error invertí el resto de mi fortuna con unos mercaderes de Bussorah y me uní a ellos en su viaje"(79). Pero a partir del segundo viaje, el objetivo material se ve desplazado por un impulso diferente: la emoción de la aventura que hace parecer insípidos por comparación todos los placeres de una vida sedentaria y acomodada. Al principio del segundo Sinbad cuenta que, contra su determinación al regreso de los peligros del primer viaje de quedarse en Bagdad, "pronto me sentí fatigado de una vida de indolencia y decidí emprender un segundo viaje".(85) En el tercero repite "pronto hastiado de una vida de ocio y lujo decidí emprender un nuevo viaje".(91) En el quinto declara: "aunque los placeres que se me ofrecían lograron hacerme olvidar mis anteriores sufrimientos y penalidades, no lograron quitarme las ganas de emprender nuevos viajes".(101) Y en el sexto, que "el espíritu de aventura se había apoderado de mi hasta el punto de que ni las súplicas de mis parientes y amigos mas queridos lograron disuadirme de emprender un sexto viaje".(108) La emoción de la aventura que impulsa estos viajes no se identifica exactamente con lo desconocido: Sinbad recorre junto con otros mercaderes rutas comerciales bien establecidas. Se identifica más

---

1 El geógrafo Ibn Khordadbeh afirmaría más tarde que no eran una estatua sino seis, cada una apuntando con el índice hacia la solitaria extensión del océano. Véase Bloch, pg. 757.

2 "Aniquilación" en un sentido más proustiano que apocalíptico. La muerte del sujeto que olvida quién era hasta el punto de que no se da cuenta de que lo ha olvidado, y en esa medida, deja completamente de ser el sujeto que era.

bien con la confrontación victoriosa de la amenaza del otro. Sin ella los viajes serían simples operaciones comerciales que dejarían un balance en términos estrictos de inversión y beneficio. Pero en cada uno de los episodios la narración se desdobla en dos vertientes: la representación del objetivo codiciado —especias, perlas, sedas, etc.— y la representación de la amenaza del otro. La promesa del éxito que supone el logro del objetivo comercial es inseparable de la sombra de la amenaza de destrucción que se expresa en la presencia incesante de lo monstruoso. Sólo el valor y el ingenio protegen al viajero frente a las manifestaciones engañosas de una realidad en la que las ballenas se confunden con islas, frente a los ataques del mítico pájaro Roc, la crueldad de los caníbales, el horror del cíclope orejudo, el sadismo del náufrago loco, la cólera de los elefantes. Las opciones simbólicas de negociación de la presencia del otro que plantea la narración no son alentadoras. Se puede devorar al otro, como en el episodio en el que los compañeros de Sinbad cascan el huevo del Roc y se comen el polluelo, o ser devorado por él, como en los episodios de los caníbales y del cíclope orejudo. En ambos casos el resultado es la destrucción. Y la tercera alternativa: cortar el cordón umbilical que une al viajero a su mundo de origen asimilándose a la realidad del otro, adoptando sus costumbres, compartiendo su existencia, tampoco es muy prometedora. En el cuarto viaje Sinbad elige esta opción al aceptar la propuesta del rey: "Deseo que te cases aquí y que te quedes para siempre entre nosotros olvidando tu tierra". (98) El resultado es la muerte en vida que simboliza el enterramiento de Sinbad al morir su esposa antes que él.[1]

Cada uno de estos episodios dramatiza simbólicamente la confrontación con la alteridad. Y en cada uno de ellos el objeto del deseo es inseparable de la imagen del horror en el sentido de que el logro del objetivo pasa necesariamente por la confrontación del Otro. El punto de partida inicial es la búsqueda de riquezas y el resultado final de cada viaje es el aumento considerable de riquezas. Claro que se puede interpretar la repetición de ese modelo como una ética del trabajo que refuerza la moraleja más obvia que encierran las palabras que Sinbad le dice a Hinbad al principio de la narración: "Para que veas que no he adquirido tantas riquezas sin trabajos te voy a contar mis viajes", y de la cual Hinbad toma buena nota al final: "Hinbad se acercó y le besó la mano humildemente reconociendo cuan insignificantes eran sus penalidades comparadas con las que había afrontado Sinbad en sus viajes".[2] Pero aunque desde la perspectiva de Hinbad lo que cuenta es la ascesis del viaje como serie de pruebas que el sujeto debe pasar para hacerse merecedor del objeto del

---

[1] Todas las referencias de páginas entre paréntesis corresponden a la versión inglesa de *The Arabian Nights*, Grosset and Dunlap Publishers, New York, 1946. Las traducciones son mías.
[2] Ibidem, pg. 123.

deseo, la dinámica maravilla-horror que articula en buena parte la narración de los viajes de Sinbad no se reduce a esto.

Vlad Godzich comenta que el Occidente siempre ha tematizado al Otro como amenaza que debía ser neutralizada, como "a potential same-to-be, a yet-not-same",[1] y no hay duda de que el relato de los viajes de Sinbad comparte esa tematización. Pero la amenaza es una de las claves del deseo mismo del viaje y determina la emoción de la aventura. Dentro del marco de la problemática de la alteridad, el deseo de riquezas se complementa con otro: el deseo de medir las propias fuerzas confrontando la amenaza del otro. En ese contexto el deseo se define como autopreservación y como control del otro, y la contigüidad objeto del deseo-monstruo, maravilla-horror expresa simbólicamente la tensión entre la exaltación del sujeto que promete el logro del objeto del deseo entrevisto en la exploración y el terror a la destrucción del sujeto, a su aniquilación en el contacto con el otro. El viaje es, en ese contexto simbólico, un ejercicio de preservación en la emoción doble de la satisfacción del deseo y del riesgo de aniquilación posible.

En el descubrimiento y conquista de América el pensamiento utópico organiza estrategias de negociación simbólica de la presencia del Otro y formula figuras de resolución de la contradicción fundamental entre lo propio y lo ajeno. Pero, aunque la problemática no es nueva, toda la cuestión de la vivencia de la alteridad tiene un carácter particular en ese contexto. América es el lugar de la diferencia pero también el espacio simbólico de la alteridad. La clarificación de la distinción entre *diferente* y *otro* es aquí particularmente importante. La problemática de la alteridad se levanta siempre sobre la diferencia. Pero no toda entidad diferente es el Otro, y no toda diferencia aparece articulada en términos de alteridad. La alteridad es más bien una forma específica de entender, percibir e interiorizar la diferencia. El nucleo de articulación de esa percepción es la amenaza; el modo de interiorización es la ansiedad. Entre el Otro y el sujeto se establece un modo de relación particular que convierte el objeto diferente en figura que amenaza la integridad del sujeto, su conciencia y su mundo. Ya sea porque hay cualidades particulares en el objeto que se prestan a ser percibidas como re-infiltración del subconsciente reprimido individual o socialmente. Es lo que sucede con la sodomía y el canibalismo en la caracterización de Bernal Díaz. Sea porque sus costumbres o la red de relaciones que constituyen su realidad proyecta potencialidades cuya realización cuestiona de manera radical los pilares fundamentales en que se apoya la estructura simbólica de la visión del mundo que tiene el sujeto. O simplemente porque el objeto se convierte a través de la percepción del sujeto en

---

[1] Se podría traducir por "lo todavía ajeno pero potencialmente propio". Vlad Godzich, *Introducción a la versión inglesa de Heterologies de Michel de Certeau*, University of Minnesota Press, Minneapolis, 1986, pg. XIII.

construcción simbólica que exterioriza las ansiedades básicas del sujeto frente a sí mismo o frente a su mundo delineando las claves de su posible destrucción.

El descubrimiento de América delinea en el plano simbólico su transformación en locus utópico. América es el lugar donde todo es posible y, por eso mismo, es el lugar donde la amenaza del Otro se presenta en toda su complejidad. Porque la posibilidad de una libertad ilimitada lleva consigo la posibilidad de transgresión ilimitada: la misma suspensión de las leyes del orden natural y social que caracterizan la figura de América como objeto del deseo la convierte en el lugar privilegiado de la alteridad. La figuración del deseo —el locus utópico— es inseparable de la figuración del horror —el Otro. Porque ese locus utópico que es figura simbólica del triunfo de toda potencialidad, de la suspensión de toda limitación es, inevitablemente, el lugar de incertidumbre. Donde todo es posible, el mal, definido como destrucción potencial del sujeto y de su mundo, irrumpe con algo más que la fuerza de una posibilidad remota. Los pilares de Hércules y los arqueros árabes que custodiaban en las aguas del Atlántico las fronteras del mundo conocido eran, al fin y al cabo, un símbolo de limitación, pero también eran garantía de seguridad para quienes escucharan su mensaje y permanecieran dentro de los confines del mundo cuyos límites indicaban. En la conquista la dialéctica monstruo-maravilla, horror-felicidad es inseparable de la apertura de un horizonte especulativo y geográfico de posibilidades infinitas, donde la realización máxima de cualquier deseo va de la mano del temor a la aniquilación mas completa. La subjetividad masculina triunfante de Colón, por ejemplo, se exalta en el primer viaje ante la perspectiva de unas riquezas que ponen el éxito soñado al alcance de la mano. Pero esas riquezas aparecen, ya en su primera carta, ligadas a la representación simbólica del temor a la destrucción del poder masculino que proyecta el mito de las amazonas, figuración simbólica del Otro de ese poder masculino hegemónico que representa el conquistador y que dará forma a todo el proceso de la conquista.

En la Europa medieval y renacentista la problemática de la alteridad se manifestaba en los tratados de la geografía erudita y en los relatos de viajeros. Pero el impacto de las representaciones imaginarias del Otro exterior[1] se veía disminuido por la distancia que mediaba entre el lector europeo y el espacio lejano posible que habitaba su amenaza. La figura utópica del Preste Juan se levantaba como figura de resolución de todos los peligros que representaba la violencia asesina de al-Hásan-ibn-Sabbah —también llamado "el gran maestro de los asesinos" y, en Mandeville, el Viejo de la Montaña—[2] pero ambos se

---

[1] Exterior por oposición a los otros *internos* de la Europa de la época como, por ejemplo, los judíos.

[2] El contrapunto entre estas dos figuras es otro ejemplo de como se expresa durante el medioevo la ansiedad europea frente al otro. El Viejo es la figura misma de la alteridad y la figura mítica del Preste Juan es la figura de resolución simbólica de la contradicción fundamental entre el europeo y sus otros exteriores. Hay un análisis muy interesante de las cartas de Preste Juan en Bloch, op. cit., pp. 766-772. En relación con la

situaban en los confines del Asia a una distancia físicamente prudencial y simbólicamente infranqueable del ámbito cultural europeo. En América la situación es muy diferente. En los ensueños colombinos el nuevo mundo había sido concebido desde antes de su descubrimiento como objeto del deseo pero será, sobre todo a partir de la liquidación del referente asiático, el espacio de la alteridad. Y esa alteridad se presenta con toda violencia e inmediatez, sin distancia que medie amortiguando su impacto.

La cuestión del Otro tiene en América mas complejidad y recovecos de lo que la fórmula que deriva Godzich del paradigma de los relatos de caballería del ciclo de la corte del rey Arturo — "a potential same-to-be, a yet-not-same"— hace suponer. Y tampoco se circunscribe a los otros raciales, sexuales y religiosos de Greenblatt.[1] De Certeau subraya, hablando del ensayo de Montaigne sobre los caníbales, dos puntos en los que me quiero detener. El primero es la no identidad del caníbal con su designación. El nombre *indica* la presencia del Otro pero no captura ni fija su identidad. En la diferencia que va entre designar exactamente la identidad del Otro e indicar su presencia se produce esa liberación del significante que "se mueve, escapa, cambia de bando", según De Certeau, y que es el segundo punto que me interesa señalar aquí. En su ensayo Montaigne logra, tal como señala De Certeau, liberar el significante y romper la equivalencia bárbaro o salvaje = Otro, "arrancándolo de las convenciones sociales que lo definen y restaurando su movilidad semántica".[2] El análisis de De Certeau revela las estrategias discursivas de las que Montaigne se sirve para restaurar la movilidad semántica del término, pero lo que me interesa subrayar aquí es que esa movilidad no es sólo un logro estilístico o una prueba de la inteligencia de Montaigne y de la agudeza de De Certeau, sino una condición fundamental para cualquier intento de convocar la presencia del Otro sin desvirtuar la dinámica de la alteridad en el período del descubrimiento de América. No sirve un acercamiento que circunscriba la alteridad a la oscilación entre la visión apolínea del salvaje y su figuración diabólica.[3] La liberación del significante en Montaigne, su progresiva relativización y disolución del nombre *bárbaro*, su diseminación en significados contradictorios, en sentidos y asignaciones opuestas, expresan la movilidad de la visión de la alteridad y las metamorfosis incesantes del Otro en ese contexto. Y también la imposibilidad de abordarlas desde un sistema simple de oposiciones binarias. Los Otros de la conquista recogen y prolongan las huellas en la memoria de todo aquello que el sujeto ha reprimido al constituir

---

leyenda del Viejo de la Montaña véase los *Viajes* de John of Mandeville. Olschki concluye su *Storia letteraria delle scoperte geografiche* con una discusión de las dos figuras. Pp. 215-222.

[1] Stephen Greenblatt, op. cit., pg. 9 y también *Litteraria Pragensia*, vol. 1, 1991, pg. 58.

[2] Michel de Certeau, *Heterologies*, pp. 69 y 72.

[3] Ibidem, pg. 75. De Certeau señala que estas eran las dos visiones del otro que competían en los relatos de viaje de la época.

su propia conciencia, configuran formas posibles de reinfiltración de todas aquellas formas que constituyen, en el nivel más recóndito, el Otro del Yo del descubridor. Los Otros de la conquista articulan la posibilidad de transformación radical del sujeto y de su aniquilación total. Pero también proyectan simbólicamente las contradicciones fundamentales —personales e históricas— en que se debaten tantos conquistadores embarcados en otros tantos proyectos personales de capturar el lugar utópico donde toda contradicción cesa.

Algunas articulaciones de la alteridad revelan la fuerza de lo irracional, la violencia latente de la violencia reprimida en la civilización occidental de la Europa de los siglos XV y XVI. Son las que se ciñen más de cerca a la figuración diabólica del Otro. En el capítulo CCVIII resume Bernal Díaz así las costumbres que tenían los indios de la Nueva España a la llegada de los conquistadores:

> Y tenían otras maldades de sacrificios, y por ser de tantas maneras no los acabaré de escrebir todos por extenso, mas los que yo vi y entendí porné aquí por memoria. Tenían por costrumbre que se sacrificaban las frentes y las orejas, lenguas y labios, los pechos y brazos y molledos, y las piernas y aun sus naturas, y en algunas provincias eran retajados y tenían pedernales de navajas con que retajaban; pues los adoratorios que son "cues" que así los llaman entre ellos eran tantos que los doy a la maldición… asi tenían en esta tierra de la Nueva España sus casas de ídolos llenas de demonios y diabólicas figuras… e demás desto eran todos los demás dellos sométicos, en especial los que vivían en las costas y tierra caliente; en tanta manera que andaban vestidos en hábito de mujeres muchachos a ganar en aquel diabólico y abominable oficio; pues comer carne humana, ansí como nosotros traemos vaca de las carnicerías, y tenían en todos los pueblos cárceles de madera gruesa hechas a manera de casas como jaulas, y y en ellas metían a engordar muchos indias e indios muchachos, y estando gordos los sacrificaban y comían y demas desto las guerras que se daban unas provincias y pueblos a otras, los que captivaban y prendían los sacrificaban y comían; pues tener eccesos carnales hijos con madres y hermanos con hermanas y tíos con sobrinas, halláronse muchos que tenían este vicio desta torpedade; pues borrachos, no lo se decir de tantas suciedades que entrellos pasaban.[1]

La sustitución de las imágenes sagradas de la tradición cristiana por los diablos y diabólicas figuras que adornan los templos de los mexicas enlaza la descripción de Bernal con la figuración diabólica del Otro. Pero la figuración desborda ampliamente el marco religioso. El Otro de Bernal se articula sobre el miedo a la destrucción simbólica de la propia

---

[1] Bernal Díaz, *Historia verdadera de la conquista de la Nueva España,* Espasa Calpe, Austral, Madrid, 1976, pp. 601-602.

subjetividad, a la desintegración de los propios parámetros culturales. Es ese miedo lo que articula simbólicamente la descripción de una humanidad amenazada y mermada por sucesivas mutilaciones —frentes, orejas, piernas— o castrada. La transgresión sexual de esa sodomía que Bernal atribuye siempre liberal e indiscriminadamente a los habitantes del nuevo mundo proyecta el terror a la disolución simbólica de la identidad masculina, al deslizamiento del guerrero viril, que es en la conquista el verdadero único sujeto de la historia, hacia el muchacho vestido en hábito de mujer. La equiparación entre seres humanos y vacas marca el miedo a la derrota ante la fuerza del bestialismo; la borrachera la degradación del orden social; el incesto la destrucción del orden familiar.

Algunas de las representaciones de la alteridad que ofrece Vespucci equiparan también el nativo a la figura del salvaje, y el salvaje al Otro.

> En aquellos países hemos encontrado tal multitud de gente que nadie podría enumerarla, como se lee en el Apocalipsis; gente, digo mansa y tratable; y todos de uno y otro sexo van desnudos, no se cubren ninguna parte del cuerpo, y así como salieron del vientre de su madre, así hasta la muerte van. Tienen cuerpos grandes, membrudos, bien dispuestos y proporcionados y de color tirando al rojo, lo cual pienso les acontece porque andando desnudos son teñidos por el sol; y tienen los cabellos abundantes y negros. Son ágiles en el andar y en los juegos y de una franca y venusta cara que ellos mismos destruyen pues se agujerean las mejillas y los labios y las narices y la orejas, y no se crea que aquellos agujeros sean pequeños, o bien que tuvieran uno solo, pues he visto muchos, los cuales tienen, en la cara solamente, 7 agujeros, cada uno de los cuales tiene el tamaño de una ciruela;... y si vieses cosa tan insólita y a un monstruo semejante, esto es un hombre que tiene solo en las mejillas y en los labios 7 piedras, de las cuales muchas son del tamaño de medio palmo, no dejarías de admirarte.[1]

Es interesante el ver cómo, a pesar de las diferencias de estilo y tono más obvias, la descripción de Vespucci no difiere tanto de la diatriba de Bernal Díaz. Como en áquella, el Otro simboliza aquí la posibilidad de aniquilación del narrador como sujeto cultural e histórico en su contacto con el nuevo mundo. La caracterización de los nativos arranca de un referencia histórica —el Apocalipsis— que simultáneamente los inscribe en la historia de la humanidad y en su destrucción definitiva. A partir de ahí la caracterización misma articula una representación simbólica que traza un proceso que va de la desposesión cultural a la pérdida de toda humanidad. Las "gentes mansas y tratables" del comienzo se transforman

---

[1] Américo Vespucci. "Carta *Mundus Novus*", en *Cartas de viaje,* edición de Luciano Formisano, Alianza Editorial, Madrid, 1986, pg. 93.

en nativos desnudos, en cuerpos que revelan en todos los detalles de sus superficies una ausencia de cultura que marca su recorrido de la vida a la muerte. La desposesión cultural que expresa la desnudez se complementa con otra forma de desposesión. Es la que convoca simbólicamente la descripción de las elaboradas incrustaciones con que se adornan. Para Vespucci esos adornos no son adornos indicadores de la cultura que ya les ha negado. Son signos de un proceso de pérdida de humanidad: la "destrucción" de la cara indica el deslizamiento hacia lo innombrable: la bestialización del ser humano, su transformación en monstruo.

En los diarios y cartas de Colón la caracterización de los nativos sigue una progresión análoga. Ya en la entrada del diario correspondiente al 12-14 de octubre asistimos al desplazamiento del buen salvaje por la bestia. El contexto específico es aquí el referente de los pueblos asiáticos descritos por Marco Polo. Se trata de decidir el grado de civilización de los americanos en términos de un concepto de civilización muy específico que incluye, por ejemplo, el uso de la ropa, el conocimiento de las leyes del comercio, y del arte de la guerra. En relación con este concepto el nativo es efectivamente desnudo porque carece de cualquiera de estos elementos. Pero lo que liga la caracterización del nativo aquí a la problemática de la alteridad no es el que carezca de los signos que Colón identifica con la civilización sino la forma en la que la bestialización ocupa inmediatamente el vacío dejado por las formas de la cultura europea. El que dentro del contexto de la civilización occidental —la única que reconoce Colón— regala lo que tiene es "generoso". El que hace lo mismo en un contexto marcado por la ausencia de esa civilización es una bestia. En los tres casos, Bernal Díaz, Vespucci y Colón, la transformación del Otro en bestia o monstruo forma parte de un ritual de exorcismo que, al relegar a ese Otro que simbólicamente puede contener todos los elementos que amenazan la integridad de la conciencia del sujeto a un plano —el de lo no humano—cualitativamente distinto de aquél en el que el sujeto esta inscrito, conjura la amenaza.

Pero ya en Colón la cuestión del Otro no se circunscribe a su identificación con el nativo. La percepción de América que formula en sus textos se relaciona con la problemática de la alteridad de dos maneras. Su exploración de América es en buena medida un intento de verificación del éxito de su proyecto de alcanzar el objeto de sus deseos. Cualquier desviación de la nueva realidad en relación con los términos del modelo es una contradicción irreductible que inscribe el elemento ajeno en la problemática de la alteridad. Por otra parte la América asiática de los ensueños de Colón, ese objeto del deseo que se empeñan en delinear sus diarios y cartas, es el lugar de la certeza y del éxito, el locus utópico de legitimación de toda una trayectoria personal llena de altibajos y de transformación de un navegante-aventurero de fortuna desigual en almirante de la mar océana y virrey de las Indias. La reafirmación liberadora de la identidad del descubridor, que promete el logro del objetivo utópico, pasa por esa verificación. Por eso, cualquier elemento que rompa el espejismo de equivalencia entre América y Asia amenaza la identidad del Colón como enviado de Dios, como sujeto narrativo y como sujeto histórico convocando el espectro del Otro del descubridor: el aventurero fracasado. En las estrategias de negociación de ese otro interior que amenaza al sujeto con la aniquilación, no desde afuera, como hacía el salvaje, sino desde el ámbito simbólico de su propia subjetividad y desde el espacio de su propia cultura, se concreta la segunda vertiente fundamental de la negociación utópica de la problemática de la alteridad durante la conquista. Se trata de un grado distinto de alteridad, cuya necesidad de neutralización a través del pensamiento utópico complementa, en los textos las, estrategias de resolución simbólica de la amenaza del Otro americano.

El Otro de las cartas de Hernán Cortés no coincide ni con el salvaje de Díaz y Vespucci ni con el fracasado de Colón. El Otro de Cortés es el rebelde y toda la escritura de las Cartas se articula como ceremonia simbólica de neutralización de esa figura de la alteridad. De nuevo se trata aquí de un Otro subjetivo e interior frente al Otro exterior antropológico que fijan las descripciones de los nativos en Colón o Vespucci. El mayor problema con el que se enfrenta Cortés es el hecho de que el rebelde y el sujeto son la misma persona. Cualquier ilusión de distancia entre los elementos que configuran la identidad del sujeto narrativo y los que lo amenazan de destrucción se vuelve difícil de sostener. Pero precisamente una de las cosas que ilumina el desarrollo de la problemática de la alteridad en los textos de Cortés es el carácter ilusorio de la radical oposición Yo-Otro. Los rasgos que configuran los Otros en el tipo de figuración diabólica de la alteridad que ilustraban Díaz, Colón y Vespucci son proyecciones del inconsciente generadas por el miedo a la disolución de la propia subjetividad. La expulsión simbólica de las imágenes que concretan ese miedo es el primer momento del exorcismo. La figura de la alteridad se construye como objeto exterior —el salvaje—que aparece identificado con esas imágenes. Pero ese objeto no es de carácter representacional sino simbólico y no remite al Otro sino al sujeto. Por eso se hace imposible ver siquiera y menos conocer la realidad del Otro: el ámbito de su diferencia es usurpado instantánea e incesantemente por los demonios propios. Y, en ese contexto, la confrontación de la alteridad se reduce indefinidamente a un ritual de preservación del sujeto. El primer momento de ese ritual vacía el Otro de contenido propio: es la desnudez de la figuración colombina. El segundo llena su espacio con las imágenes que proyectan los propios miedos articulando con ellas la figura de la alteridad: es el proceso que simboliza la descripción detallada que hace Vespucci de cómo los nativos se destruyen la cara transformándose en monstruos. El tercer momento es el de la destrucción.

Esa destrucción puede tomar la forma de asimilación a los parámetros que configuran la conciencia del sujeto o de liquidación total. Pero es una destrucción no sólo legítima sino necesaria. La desaparición del Otro se convierte en condición necesaria de la preservación del sujeto al igual que la supresión del subconsciente era condición necesaria para la constitución de su conciencia.[1] En una confrontación simbólica de la alteridad articulada en estos términos cualquier violencia es lícita. Ya se trate de Otros raciales, sexuales o culturales el sujeto se ve justificado en utilizar una violencia que se hace tanto más fácil cuanto que el Otro así constituido —ya sea indio, negro, mujer, judío, etc.— no tiene identidad propia, es sólo una compleja proyección de la propia ansiedad, y que su sola existencia es amenaza de aniquilación del sujeto.

En las cartas de Cortés la problemática de la alteridad se centra en la figura del rebelde. Y la estructura narrativa de la segunda y tercera *Cartas de Relación* nos muestra que la neutralización de esa figura no es precisamente una operación sencilla. La amenaza de destrucción del sujeto viene aquí de la propia rebelión pero el proceso de neutralización comparte elementos con el de destrucción de cualquier Otro exterior. El primer paso en el exorcismo de las cartas es la transformación del rebelde en objeto exterior marcando su separación radical con respecto a Cortés. Esa es la función que cumple toda la caracterización de Velázquez como figura de la traición. El segundo paso deseable que proponen las dos cartas es la destrucción de la figura. La verdad es que Cortés no logró nunca totalmente la destrucción de Velázquez, aunque la consumó en el plano simbólico de su escritura, pero no será porque no lo intentara. Y de todos modos, a medida que Cortés vió su propio poder legitimado por el rey, esa destrucción dejó de ser estrictamente necesaria y la figuración de la alteridad centrada en el rebelde fue cediendo el paso a otras formulaciones simbólicas.

Es interesante ver como, a pesar de diferencias obvias, hay más puntos de contacto de lo que parece a primera vista entre la forma en que se articula la problemática de la alteridad en Cortés y en Lope de Aguirre. El segundo es en cierto modo una imagen especular del primero. El ritual de preservación del sujeto va en las cartas de Cortés de la rebeldía a la legitimidad: el rebelde del comienzo tiene que ser exorcizado a través de una transferencia simbólica de sus cualidades a Velázquez para que pueda continuar existiendo el sujeto de la narración. En las de Aguirre va de la legitimidad a la rebeldía. Es precisamente el orden legítimamente establecido lo que amenaza de destrucción al sujeto y la rebelión configura las condiciones simbólicas de su preservación. El Otro de Aguirre se articula por oposición a un referente mítico: la figura del godo que simboliza la visión del

---

[1] Véase en relación con esto Michel de Certeau, *Heterologies, Psychoanalysis and Its History*, pp. 3-16.

mundo del ideal heroico caballeresco. Ese Otro es la autoridad, centrada en su máximo representante: el rey devorador y satánico de la carta a Felipe II. Pero es también el colono que representa la "gente de caçabe y arepas" contra la que clama Aguirre en sus parlamentos y cartas. Frente a un Otro que encarna la decadencia del mundo mítico de valores heroicos con el cual la conciencia de Aguirre se identifica totalmente el rebelde aparece investido de toda la autoridad que le confiere el referente mítico —el godo— que simboliza su preservación.

La diferencia con la que se articula la problemática de la alteridad en Colón, Vespuccio, Díaz, Cortés y Aguirre nos da una idea del dinamismo de la figuración del Otro y de la complejidad extraordinaria de esa problemática durante el descubrimiento. El pensamiento utópico de los descubridores delinea la figura de América como locus utópico de posibilidades ilimitadas. Pero en el centro mismo de la figura se inscribe, inquietante, tal como apunta Marin, el espacio simbólico de la alteridad en su doble vertiente: antropológica y subjetiva: "Como un relámpago, antes de que llegue a fijarse la imagen en la figura utópica, en una representación 'ideal', aparece el *otro* : la contradicción ilimitada".[1] ¿Cómo se relaciona pues ese pensamiento utópico que organiza la figuración de América como objeto del deseo con la problemática de la alteridad y cómo se define su función en ese contexto, específicamente en relación con las tres cuestiones fundamentales a las que me refería más arriba?

En términos generales se puede decir que frente a las contradicciones históricas de la conquista el pensamiento utópico formula estrategias de resolución simbólica. Se manifiesta en relación con la aprehensión y representación del Nuevo Mundo en los procesos simbólicos que transforman el continente desconocido en figura del deseo. Se manifiesta en relación con la problemática de la alteridad en la formulación de alternativas de transformación simbólica de la alteridad en diferencia; en la propuesta de estrategias de neutralización del Otro; y en la creación de figuras de resolución de las contradicciones que suscita la experiencia de la alteridad en su vertiente antropológica y subjetiva. Y, finalmente, se manifiesta, en relación con la constitución de la subjetividad del colonizador, en la proyección de figuras de resolución simbólica de las limitaciones que delinean su identidad en su contexto originario; de las contradicciones que provoca su vivencia de la alteridad y su experiencia de la conquista; y de la escisión de su conciencia como sujeto colonial.

Toda la cuestión de la constitución del sujeto colonial es en realidad inseparable de la problemática de la alteridad como lo es del proceso de figuración de América como locus

---

[1] Louis Marin, op. cit., pg. 7.

utópico.[1] América, figura utópica que retoma los atributos del paraíso entrelazándolos con fábulas y mitos de orígen oriental, europeo o americano, esa figura que es "ficción y construcción de fábulas" es también "narrativa antropomórfica",[2] increíble escenario en el que se va articulando otra vertiente del proceso de figuración utópica centrado ahora no en el escenario sino en los personajes. En el escenario simbólico que va delineando la figuración utópica del nuevo continente, las coordenadas sociales que limitan y condicionan el moldeamiento de la propia identidad en España se flexibilizan y diluyen mientras se fraguan identidades en un incesante cambio de papeles. El sujeto comparte dentro del marco trazado por descubrimiento y posesión la proyección utópica del objeto.

Claro que el proceso de moldeamiento de identidades no es nuevo. Los seres humanos son, después de todo y tal como afirmaba Geertz, "artefactos culturales". Pero ese moldeamiento adquiere una importancia particular en los siglos XV y XVI. Para Agnes Keller lo que caracteriza al sujeto renacentista por encima de otras cosas es precisamente la deliberada construcción de la propia identidad, la creación de su *persona*. [3] Y Stephen Greenblatt coincide con la visión de Burkhardt y Michelet al afirmar que el moldeamiento de la propia identidad concebido como proceso de manipulación artificiosa se vuelve más consciente y deliberado que nunca durante ese período. En la conquista de América la creación de esos artefactos culturales es una de las constantes que hilvanan los textos en que se narran los hechos de esa conquista. De Colón a Ercilla el autorretrato ocupa un lugar central en diarios, relaciones y cartas. La propia identidad se construye a través del discurso y es una de —y a veces, como en el caso de la segunda *Carta de Relación*— la función primordial del discurso.

En el marco del locus utópico la propia identidad puede ser re-inventada libre de los condicionamientos sociales e históricos que rigen el moldeamiento identitario en España. Ese descubrimiento que es en realidad, en el plano simbólico, la creación de América como figura utópica, se prolonga en un descubrimiento análogo: el de la propia identidad que se va delineando en relación con la figura de América como locus utópico como parte del mismo discurso figurativo que articulan los textos de los conquistadores. Y, del mismo modo que los rasgos de la figura utópica del continente se van esbozando en una dinámica que conjuga la dependencia con respecto a paradigmas imaginarios y conceptuales europeos con la negociación de la alteridad, las identidades de los conquistadores que habitan y

---

[1] Basta pensar en las descripciones del Nuevo Mundo, siempre en función de sus expectativas personales y de su visión de sí mismo, que ofrece Colón en sus diarios y cartas; o en la forma en que Cortés subordina la caracterización del territorio a los imperativos de su autorretrato como modelo maquiavélico.

[2] Estoy tomando los dos términos entrecomillados de Louis Marin.

[3] Agnes Keller, *Man in the Renaissance*, Budapest, 1967. Véase también Eugenio Garin, *Renaissance Characters*, University of Chicago Press, 1991.

definen ese escenario se construyen en la convergencia de condicionamientos histórico-sociales personales, que la figuración del sujeto cancela simbólicamente, con la amenaza del Otro --caníbal, salvaje, rebelde, fracasado— que la nueva identidad promete siempre neutralizar. Y si la figura utópica de América es figura de resolución simbólica de toda una problemática histórica europea (injusticia, desigualdad, pobreza, explotación, etc.) la serie de retratos en que se expresa la dinámica de constitución del sujeto colonial es una galería de figuras de resolución simbólica tanto de las problemáticas personales de los conquistadores como de las contradicciones que ilumina la sociedad colonial y que provoca la presencia del Otro.

La confrontación de la alteridad está en el centro mismo de toda la problemática de la constitución del sujeto colonial. Hablando de la dinámica entre autoridad y alteridad que condiciona, según él, el proceso de moldeamiento de identidades en el renacimiento Greenblatt señala que: "Cuando tanto la autoridad como lo ajeno se situan fuera del sujeto, se viven a la vez como necesidades internas, de tal modo que tanto la sumisión como la destrucción han sido ya interiorizadas.[1] En la conquista el proceso de moldeamiento de la propia identidad aparece con frecuencia, para los conquistadores, ligado a objetivos económicos y políticos inmediatos y ésto explica, en parte, el carácter deliberado de sus estrategias de caracterización. Pero la toma de conciencia de la propia identidad como algo no dado sino creado, moldeado en respuesta a unas circunstancias específicas, se relaciona en América con la dialéctica mismo/Otro en que aparece enmarcado todo el proceso del descubrimiento. La llegada de los españoles al Nuevo Mundo inicia una dialéctica en la que el Otro americano se construye simultáneamente como proyección y negación del sujeto a la vez que ilumina su identidad. El proceso de conceptualización del *Otro* se hace siempre en relación con lo *mismo* cuyos contornos delinea primero, reafirma después y, finalmente, cuestiona. Ceremonia de proyección y también de conocimiento en el reconocimiento y el extrañamiento iniciales, el descubrimiento inicia una dinámica de relativización y de progresivo cuestionamiento de la identidad individual y colectiva de los descubridores. Nombrar al Otro —ya sea éste el caníbal (vertiente caótica de la alteridad) o Diego de Velázquez (vertiente demónica) —se convierte en acto de poder que sustenta el control simbólico y real del nuevo mundo. Ese es el alcance preciso de la apropiación simbólica de la cultura y de la historia de los nativos que lleva a cabo Colón en sus diarios y cartas por la sencilla operación de despojarlos de la capacidad de hablar —es decir de nombrar. Y ése es el alcance de la caracterización que equipara a Velázquez con la traición en las cartas de Cortés. Ese ritual de apropiación y de control a través de la palabra se realiza y se renueva

---

[1] Stephen Greenblatt, *Renaissance Self-fashioning,* ed. cit., pg. 9.

en tensión incesante con la experiencia renovada de la alteridad, de la presencia de esos Otros que la palabra cautiva simbólicamente, y de la propia fragilidad. Pero el carácter ilusorio de ese ritual de captura en relación con el Otro americano es precisamente lo que se expresa en las desapariciones del salvaje que señala de Certeau a propósito del ensayo de Montaigne y en la desconexión entre palabra y objeto que revela el desplazamiento del significante que escapa como un "ferret on the run".[1] La experiencia del Otro americano que desemboca en el reconocimiento que fija simbólicamente la palabra puede ser el primer paso hacia su dominio pero implica menos la posibilidad de conocimiento del Otro que el cuestionamiento ineludible del sujeto y su relativización.

En los textos de la conquista la caracterización del narrador expresa simbólicamente el proceso de constitución del sujeto colonial. Con lo cual no quiero decir que haya *un* solo sujeto colonial. Son muchos y muy diferentes, pero todos se definen en una dinámica de resolución de la tensión entre autoridad y alteridad y esa tensión se inscribe permanentemente en la figura como cifra de su fragilidad. Greenblatt se refiere a este proceso en los siguientes términos: "… podemos decir que el moldeamiento de la propia identidad se produce en el punto de encuentro de la autoridad con el Otro, y que el producto de ese encuentro participa tanto de las cualidades de la autoridad como de las del Otro que se percibe como amenaza y que, por lo tanto, toda identidad lograda contiene siempre dentro de sí el gérmen de su propia subversión o pérdida".[2] Dentro de este marco general el pensamiento utópico articula, como revelan los ejemplos que siguen, una serie de figuras de resolución simbólica que proyectan opciones identitarias particulares en las que se expresa la convergencia de la problemática personal del sujeto con los condicionamientos históricos de la conquista.

En Bernal Díaz la alteridad se articula en torno a la figura del salvaje. La relación entre el español y el indígena muestra las huellas de la exterioridad más radical. Aquí si que el americano se presenta en completa oposición al español, su figura es una inversión radical de la del conquistador, punto de referencia absoluto de toda civilización y humanidad. La identidad del conquistador se construye en relación con una función: la transformación de lo Otro en lo mismo. Pero —y aquí nos topamos de nuevo con el vacío que señala de Certeau a propósito de Montaigne— un Otro concebido de entrada como inversión simbólica de lo mismo: sodomita, caníbal, hereje. El salvaje de Bernal es una figura de exorcismo y por lo mismo no tiene otro contenido que la preservación simbólica de lo que se ve como propio. La identidad del conquistador se apoya sobre esta función: el conquistador es *el* sujeto del exorcismo, el agente de transformación simbólica de lo ajeno

---

[1] Michel de Certeau, op. cit., pg 72.
[2] Stephen Greenblatt, op. cit., pg. 9.

en lo propio: "y tenían otros muchos vicios y maldades y todas estas cosas por mi recontadas quiso Nuestro Señor Jesucristo que con su santa ayuda que nosotros los verdaderos conquistadores que escapamos a las guerras y las batallas y peligros de muerte ya otras veces por mi dichos, se los quitamos y les pusimos en buena pulicía".[1] Frente a una alteridad concebida como caos, frente a un Otro percibido como figura de destrucción de los valores morales, culturales y religiosos centrales de la civilización occidental, Bernal articula en su *Historia* la figura utópica del conquistador como figura alquímica de transmutación de la alteridad. La virtud de la cultura propia sustituye al vicio de la ajena, la pulicia del propio orden al caos de la alteridad.

En los textos de Colón el sujeto colonial se constituye en el juego de tres facetas fundamentales que corresponden a grandes rasgos a las tres fases de la trayectoria simbólica que seguía la caracterización de Colón en la carta a Santángel.[2] Frente a la realidad inquietante de un continente inexplorado el narrador es figura de conocimiento que resuelve la incógnita y promete descifrar sus misterios. Por eso "entiende" a los nativos, "conoce" sus costumbres, "descifra" los signos de la naturaleza. Es la encarnación misma del heroe hermético, y también del mago que emprende el viaje alquímico de búsqueda de un paraíso en el que convergen el jardín perdido con el Asia fabulosa.[3] Pero viaje alquímico o no, el descubrimiento es también un proyecto comercial. La figuración del nuevo continente incluye todo un proceso de familiarización de lo desconocido —la vegetación tropical se equipara a las especias asiáticas, cada accidente del terreno es un indicador posible de yacimientos de metales preciosos, cada isla montañosa promete el reino de Saba— que va articulando simbólicamente la figura de América como utopía comercial. La segunda faceta de la caracterización se relaciona precisamente con ese aspecto de la utopía americana y define el narrador como figura de apropiación. Desde el diario del primer viaje hasta la relación del cuarto viaje Colon se presenta una y otra vez como el agente de trasformación y de transferencia a la corona de todos los tesoros que debe contener América. En la carta a Santángel del 15 de febrero y en la del 4 de marzo a los reyes promete entregarle a la corona todas las especias y metales preciosos que se puedan desear. En la relación del tercer viaje les ofrece el Paraíso. En la dolida súplica a Doña Juana recuerda todas las riquezas en oro, perlas y especias que ha logrado para la corona. En una nota a los reyes escrita poco después de su prisión vuelve sobre su toma de posesión en nombre de la corona de todo el nuevo mundo: "allá he puesto so su Señorío mas tierras que non es Africa

---

[1] Bernal Díaz, op. cit., pg 602.
[2] Véase supra, pg.
[3] Ernst Bloch se refiere a la reinscripción de la figura del descubridor en los textos de alquimia de los siglos XVII y XVIII. *The Principle of Hope*, ed. cit., vol II, pg. 750.

y Europa y mas de setecientas mill islas allende la Española que boja más que toda España". Y en la relación del cuarto viaje les comunica que ya son propietarios de las míticas minas del rey Salomón ya que "aquellas minas de la Aurea son unas y se contienen con estas de Beragna".[1] Colón es el que posee y el que da. Posee y da incluso aquello que no esta en su mano dar ni poseer: el paraíso, las minas del Rey Salomón, y todas las imágenes del deseo que marcan la diferencia entre los tesoros que América contiene realmente y los que según las necesidades y los deseos de Colón debe contener. El deslizamiento de la caracterización hacia la figura utópica se apoya sobre esa diferencia. La caracterización de Colón como descubridor poderoso de un nuevo continente pertenece al plano de lo histórico. Su figuración como agente de apropiación del objeto del deseo —la figura utópica de América— se inscribe en el plano utópico.

La última faceta que quiero discutir de la figuración utópica del sujeto en los textos de Colón lo define como figura de autoridad frente a América, sus habitantes, los otros colonos, la corte y los propios reyes. La figura conjura la amenaza del desprestigio y la realidad de la erosión de poder con la que se enfrentó el Almirante desde el segundo viaje de descubrimiento. El Otro subjetivo de Colón es el desposeído —punto de partida de su trayectoria simbólica— el fracasado, el marginado. La caracterización de Colón como figura de autoridad es expresión simbólica de la ansiedad de Colón frente a su Otro interior, y funciona como figura utópica de resolución de la tensión éxito-fracaso. El providencialismo de Colón, las voces misteriosas que escucha entre sueño, sus visiones angelicales cumplen una función clara dentro de ese contexto. El providencialismo se apoya en la autoridad de las escrituras para presentar a Colón como elegido de Dios, garantizando simbólicamente en términos generales el éxito de su empresa y el carácter excepcional del personaje. Las visiones por otra parte se producen en relación con las situaciones de mayor vulnerabilidad: el desprestigio que rodea la prisión de Colón al regreso del tercer viaje, la desesperación de su exilio forzoso en Jamaica al final del cuarto. En su carta a Doña Juana dice: "me consoló Nuestro Señor milagrosamente y dixo: 'Esfuerça, no temas. Yo proveeré en todos: los siete años de término del oro no son passados y en ellos y en lo otro te dará remedio'. Esse día supe que avia ochenta leguas de tierra y en todas, cabo ellas, minas." En la Carta de Jamaica continúa:

> Subí assi trabaxando lo mas alto, llamando a voz temerosa, llorando y muy aprisa los
> maestros de la guerra de Vuestras Altezas, a todos cuatro los vientos, por socorro, mas

---

[1] Todas las citas y referencias menos la de la carta del 4 de marzo son de la la edición de Consuelo Varela. Documentos LXIV, XLI, XLII, XXV, V. La carta del 4 de marzo es del *Libro Copiador*, ed. de Antonio Romeu de Armas.

nunca me respondieron. Cansado me adormecí gimiendo. Una voz muy piadosa oí
diciendo: "O estulto y tardo a creer y servir a tu Dios, Dios de todos ¿qué hizo El más por
Moises o por David, su siervo? Desque nasçiste, siempre El tuvo de ti muy grande cargo.
Cuando te vido en edad de que El fue contento, maravillosamente hizo sonar tu nombre n
la tierra. Las Indias, que son parte del mundo tan ricas te las dio por tuyas, tú las repartiste
adonde te plugo, y te dio poder para ello. De los atamientos de la mar Occéana, que
estavan cerrados con cadenas tan fuertes, te dio las llaves; y fuiste ovedescido en tantas
tierras y de los cristianos cobraste tanta honrada fama. ¿Qué hizo El más al tu pueblo de
Israel, cuando lo sacó de Egipto, ni por David, que de pastor hizo Rey en Judea? Tórnate a
El y conoce ya tu yerro: su misericordia es infinita. Tu bejez no impedirá a toda cosa
grande. Muchas heredades tiene El grandíssimas. Abraam passava de çien años cuando
engendró a Isaac; ni Sara era moça. Tú llamas por socorro. Inçierto, responde: ¿quién te ha
afligido tanto y tantas vezes: Dios o el mundo? Los privilegios y promesas que da Dios
no las quebranta, ni dice, después de aver recibido el serviçio, que su intención no era esa
que se entiende de otra manera, ni da martirios por dar color a la fuerza. El va al pie de la
letra; todo lo que El promete cumple con acrescentamiento... No temas, confía: todas
estas tribulaciones están escritas en piedra mármol y no sin causa.[1]

La autoridad de la figura viene de su estrecha alianza con Dios. Esa alianza es el punto
central que articula la figuración utópica del personaje de Colón que iluminan las dos citas.
Es la clave de resolución simbólica de todo lo que amenaza el poder del almirante.
Garantiza la exactitud de la visión del almirante, único entre todos los mortales a quién Dios
"le dio las llaves" del Nuevo Mundo. Asegura el éxito renovado de su trayectoria de
descubridor —más minas de oro en la carta a Doña Juana y "toda cosa grande" en la carta
de Jamaica, sin que la vejez ni el desprestigio del momento —una "tribulación" pasajera—
puedan ponerlo en entredicho. Reafirma los títulos de posesión del almirante por derecho
divino — "las Indias tan ricas te las dio por tuyas"— y neutraliza simbólicamente la
amenaza de destitución real recordándoles no tan sutilmente al rey y a la reina que cualquier
acto que atente contra los derechos y privilegios que delimitan por acuerdo previo la
extensión del poder de Colón en el Nuevo Mundo es un acto que atenta contra los deseos
de un Dios que no es sólo el de Colón sino el "Dios de todos".
       En las cartas de Hernán Cortés la figuración utópica del sujeto colonial se
desarrolla en negociación con una doble alteridad. Está el Otro subjetivo y demónico de

---

1 Las dos citas son de *Textos y documentos completos*, edición de Consuelo Varela, pp. 250 y 297-8
respectivamente. La visión a la que se refiere en la carta a Doña Juana aparece narrada también en la *Vida del
Almirante* de Hernando Colón, F.C.E., México, 1984, pg 259.

Cortés —el rebelde— y están los nativos, su Otro antropológico caótico —tlaxcaltecas, cholultecas y, sobre todo, aztecas. La figura utópica de Cortés se presenta como figura de resolución simbólica de los problemas que genera la alteridad en su doble manifestación y es, en relación con ambas, figura de control. A partir de su sublevación contra la autoridad de Velázquez Cortés empieza a tejer los hilos de una narración —las "amorosas palabras" a que se refiere Bernal Díaz— que tiene como objetivo principal exonerar a a Cortés y restablecer la legitimidad de su empresa. Pero esa legitimación pasa necesariamente por la neutralización de la rebelión. Cortés resuelve la contradicción fundamental entre rebelde y servidor a través de la figura del vasallo. El rebelde es el Otro que condensa en su figura toda la amenaza de liquidación del poder absoluto de la monarquía. Es figura de traición y de desintegración. El vasallo encarna la sumisión al poder del rey y proyecta la resolución simbólica de la amenaza múltiple que convoca el rebelde. Es figura de orden y de continuidad. La figuración utópica de Cortés como vasallo del rey se articula sobre el contrapunto de la caracterización de Cortés con la de Velázquez. Los papeles se invierten y Velázquez aparece transformado en el Otro en un juego de caracterización en el que la traición que se les atribuye a él y a los suyos ilumina de forma creciente la lealtad inquebrantable de Cortés, modelo de vasallos. Cortés es un hombre capaz de visión relativista en una época dominada por absolutos y esa visión determina algunas de las estrategias que sostienen su ficticia inocencia. En el caso de la figuración de Cortés como vasallo la estrategia de la narración de las cartas es simple: la destrucción simbólica del marco de referencia — el poder legítimo que representa Velázquez— libera la figura del rebelde que pasa a representar la legitimidad y la lealtad a la corona.[1] La figura utópica del vasallo se construye con todos los atributos que exorcizan la posibilidad de un atentado al poder y la autoridad del rey y que neutralizan simbólicamente la figura del rebelde, el Otro del yo de las cartas. Es generoso y capaz de cualquier sacrificio por su rey. Su obediencia es total y su lealtad y sumisión a la autoridad son inquebrantables.

La figuración utópica de Cortés en relación con el Otro exterior que son los habitantes de México complementa dentro de las cartas el proceso de caracterización que acabo de resumir pero juega con un conjunto de elementos muy diferentes. En este contexto Cortés es figura de control de un Otro que representa la amenaza de destrucción del proyecto imperial en su aspecto político y en su aspecto religioso. Es, sin la realeza, el hombre de estado que duplica los atributos del príncipe de Machiavelli. En su persona se concentra todo el poder de preservación del modelo imperial. Es clave de orden frente a la posibilidad de un caos exterior. Es garantía de continuidad del poder real frente a la

---

[1] Para un estudio detallado de todas las estructuras de caracterización de Cortés en sus cartas y relaciones véase Beatriz Pastor, *Discursos narrativos de la conquista*, Ediciones del Norte, 1988, capítulo II.

amenaza de desintegración. Es guerrero mítico, político maquiavélico, gobernante infalible. La eficacia sin fisuras de su acercamiento análitico a las realidades de la conquista se complementa con la humildad de su sometimiento simbólico en la pirámide que representa la jerarquia de poder. Arriba está Dios, por debajo de él el rey y en la base Cortés en un modesto tercer lugar que lo coloca a ras de suelo, que es de lo que se trataba.

La figuración utópica de Cortés en relación con el Otro exterior se apoya sobre un proceso de escritura selectiva de la historia de la conquista. En ese proceso el Cortés histórico que provocó la agitación que desembocaría con la ayuda de la masacre de Alvarado en la sublevación azteca se convierte en figura utópica de control benevolente. Ni rastro queda del comportamiento escandaloso de Cortés en el derrocamiento de los ídolos del gran cu, que nos narra Tapia con asombro.[1] El derrocamiento es en el relato de Cortés acción compartida de españoles y aztecas después de una conmovedora prédica de Cortés que basta para abrirles los ojos a los aztecas sobre el camino erradísimo que siguen. También se elimina de la narración por los mismos imperativos de la figuración utópica del personaje cualquier referencia a la liberación de Cuitlahua, el otro gran error político de Cortés que provocó la rebelión organizada que concluiría con la pérdida de Tenochtitlán.[2] Pero esa figura utópica del poder que es Cortés, figura de resolución simbólica de la contradicción insoluble entre vasallo y rebelde y figura de control de la amenaza caotica de la alteridad, es también figura de resolución de la contradicción histórica fundamental del proceso de conquista. Me refiero al conflicto profundo entre conquista violenta e ideales cristianos que enfrentaba a críticos como Bartolomé de las Casas con los conquistadores y con la corona. En la escritura de las cartas se impone y subraya una y otra vez la benevolencia del Cortés vencedor a la vez que se minimiza hasta hacerla casi desaparecer la violencia que inflige en los nativos.[3] Cortés es figura justiciera y paternal. La función de ese paternalismo es precisamente el borrar el impacto de la violencia conciliando en la figura utópica los dos términos irreconciliables: la compasión igualitaria entre todos los seres humanos que predica el evangelio con la brutalidad impresionante del proceso de conquista imperial. El poder de Cortés, amenaza muy considerable que urge conjurar, queda, a través de la figuración utópica del personaje, neutralizada, en su reintegración simbólica a la pirámide que lo inscribe en el orden establecido por partida doble: su sumisión al poder del rey y a los principios de la iglesia.

---

[1] Andrés de Tapia, *Relación de la conquista de México,* Col. Crónicas de la Conquista, UNAM, México, 1939, pg. 87.

[2] Véase la versión de los hechos que narra Cervantes de Salazar en su *Crónica de la Nueva España,* Madrid, 1914.

[3] Véase, por ejemplo, su narración de la masacre de Cholula reducida a dos lineas en contraposición a la exhibición de compasión que sigue a su derrota final de los aztecas (que han pasado de ser "perros" a ser "tristes") en la tercera carta.

Alvar Núñez concluye su Proemio a la relación de los *Naufragios* pidiéndole al rey que acepte su relación como servicio señalado "pues este sólo es el que un hombre que salió desnudo pudo sacar consigo". Toda la empresa del descubrimiento de América es una jornada de toma de posesión, de apropiación. Pero en Alvar Núñez la figura del sujeto colonial se introduce a través de una cualidad fundamental que expresa todo lo contrario: la desnudez. El desposeimiento se contrapone implícitamente a la posesión, la indefensión del náufrago al poder del conquistador. El punto de arranque simbólico de la figuración utópica del sujeto colonial de los *Naufragios* es la figura creada por Cortés. El objetivo de la relación es el demostrar que los méritos de Alvar Núñez son comparables a los de esa figura, que su servicio al rey es equivalente, a pesar de que Cortés ha conquistado el imperio Azteca y Alvar Núñez no ha conquistado nada. A pesar de que toda la trayectoria de Cortés hasta la conquista del imperio azteca es un recorrido rutilante de éxitos que materializa como la de pocos conquistadores la equivalencia simbólica entre Asia fabulosa y América inexplorada mientras que la de Alvar Núñez es una serie de naufragios de resultado más que dudoso. La figura utópica del sujeto colonial se articula dentro de la relación de los *Naufragios* como figura de resolución simbólica de esa contradicción fundamental. El Otro interior de Alvar Núñez es el fracasado —el náufrago del principio de la relación— y el discurso utópico de los *Naufragios* traza la transformación simbólica de ese náufrago que es figura de indefensión en figura de poder y de control. En el marco de un discurso utópico que se desarolla como proyección simbólica de la confrontación entre la civilización occidental y el Otro americano, la jornada de Alvar Núñez se inicia con la desnudez simbólica del náufrago. Pero toda la trayectoria que lleva al sujeto a través de sucesivas metamorfosis de náufrago a esclavo, de esclavo a mercader, de mercader a curandero milagroso y de ahí a hijo del sol es una trayectoria simbólica de adquisición de poder y control. La figura utópica del sujeto colonial que construye Alvar Núñez exorciza a través de su trayectoria simbólica la amenaza de disolución del sujeto histórico neutralizando la figura del fracasado. Pero simultáneamente propone alternativas de resolución simbólica de la problemática de la alteridad en relación con el Otro exterior: el nativo.

La figura utópica del sujeto colonial es en los *Naufragios* la del experto. Es el que tiene un conocimiento único de la alteridad adquirido a través de la experiencia directa. Es el que, a partir de una ruptura forzosa y radical con la cultura occidental, aprende a leer y a manipular los signos de otra cultura. La interpretación y manipulación de esos signos en la representación designa a Alvar Núñez como intermediario excepcional. Pero también prefigura un modo de control del Otro, diferente de la dominación violenta, aunque igualmente dominador y aparentemente mas eficaz. Porque finalmente la adquisición del conocimiento se traduce inmediatamente en poder frente al Otro y la confrontación con Alcaraz al regreso a Nueva Galicia demuestra la superioridad de un poder basado en el conocimiento frente a cualquier poder basado en la violencia. Toda la fuerza de las armas de Alcaraz no ha conseguido mas que dispersar a los nativos por los montes, pero las exhortaciones Alvar Núñez logran que la tierra se repueble y las relaciones entre españoles y nativos se "normalicen" es decir se vuelvan productivas. Esa es la clave del poder en la figura utópica del sujeto colonial que delinea Alvar Núñez. En la relación los efectos de ese poder demuestran que es eficaz como modo de conquista. El conocimiento etnográfico que despliega el viajero, por otra parte, sustenta una relación con el Otro americano que conjuga la resolución simbólica, a través de la experiencia del etnógrafo de la pregunta sin respuesta que planteaba la presencia del Otro con su control. Simultáneamente, el modelo que propone la figura utópica del sujeto se presenta como solución que reconcilia simbólicamente los dos objetivos declarados del proyecto imperial, que estaban enfrentados en el proceso mismo de la conquista: "Como la relación dello es aviso, a mi parecer, no liviano para los que en su nombre fueren a conquistar aquellas tierras y juntamente a traerlos a conoscimiento de la verdadera fee y verdadero señor y servicio de Vuestra Magestad".[1]. Los principios cristianos y los objetivos imperiales convergen sin conflicto en un proceso de sumisión en el que la iglesia ("verdadera fee") y la monarquía ("verdadero señor y servicio") aparecen tan estrechamente ligadas que es imposible separar una sumisión de otra.

Toda la cuestión de la alteridad funciona de forma muy diferente de los ejemplos anteriores en el caso de Lope de Aguirre. La figuración utópica del sujeto colonial que se desarrolla en sus cartas aparece anclada en la decadencia en que entran los valores heroicos medievales durante el renacimiento y en la crisis del poder central de la monarquía en las colonias. En la percepción de Aguirre las transformaciones ideológicas y políticas del período se condensan en una visión simbólica que identifica todo cambio con traición a los valores heroicos de un pasado mitificado y toda crisis con la disolución inaceptable de una sociedad mítica (que para él se identifica con la España de la reconquista) basada en ideales cristianos y caballerescos. En la visión de Aguirre el Otro americano funciona como trasfondo de una oposición fundamental entre dos figuras: la del caballero heroico medieval y la del encomendero: la "gente de caçabe y arepas" que solo se guía por intereses materiales. La figura utópica del sujeto colonial es aquí el nuevo "godo", figura de resolución simbólica de la compleja problemática ideológica y social con la que se enfrentan en las colonias Aguirre y tantos otros que como él no han logrado realizar sus sueños de

---

1 Alvar Núñez, proemio a los *Naufragios*, Ed. de Trinidad Barrera, Alianza Editorial, Madrid, 1985, pg. 62.

conquista. La figura utópica del godo se articula sobre una serie de rasgos bien definidos. Frente al poder de una burocracia codiciosa y corrompida es incorruptible y generoso. Frente a una clase de encomenderos que no tiene mas aspiración que sacar provecho de la explotación de las Indias y medrar socialmente es idealista y solidario. Es figura de espiritualidad y de pureza en una sociedad de frenesí material y de confusión racial.

La figura utópica del sujeto colonial se constituye, como sucedía en los *Naufragios*, a través de una jornada geográfica y simbólica. El recorrido espacial que sigue Lope de Aguirre por el Marañón abajo es inseparable de la trayectoria simbólica en la cual se va definiendo, a través de toda una serie de metamorfosis la figura utópica. El propio Aguirre deja muy claro el sentido simbólico de la jornada en su carta al rey[1]. En ella la jornada geográfica que detalla la "verdadera relación" que consigna islas, millas, afluentes y desiertos es eclipsada por la jornada espiritual. La "verdadera relación" se convierte en "falsa" porque no narra las realidades de esa jornada existencial de muertes, malas venturas y desesperación en la que se fragua la figura de Aguirre. Y la carta de Aguirre al rey se convierte en relación simbólica que detalla el juego de contradicciones en que se debate el sujeto histórico y cuya resolución promete la figura utópica.

En la visión simbólica de Aguirre América es el caos. Su alteridad es una amenaza de desintegración de los valores tradicionales de la España medieval que ya se ha hecho realidad. Es el lugar donde, en el contacto con el Otro, se ha consumado ya la decadencia de la nobleza, la corrupción de la burocracia real, el triunfo de la herejía y el libertinaje de los frailes. La figura del godo es figura utópica de orden que conjura el caos de la colonia convocando la posibilidad de un retorno utópico a la armonía de un pasado mitificado. La carta de Aguirre al rey se incia con la reafirmación de sus señas de identidad: vasallo, cristiano viejo, hijo-dalgo, vascongado. Son los atributos simbólicos que definen la figura del godo: pureza de sangre, ortodoxia religiosa, ideología caballeresca medieval. Pero esa figura que se constituye a lo largo de la jornada simbólica que es para Aguirre la experiencia de la conquista pasa, de manera análoga a lo que sucedía con la de Alvar Núñez, por distintas metamorfosis. En relación con el poder establecido es el loco, el traidor, el tirano.[2] Pero, en el contexto de la jornada simbólica de definición utópica del sujeto colonial Aguirre es el mártir, dispuesto a "rescibir martirio por los mandamientos de Dios". Es el "romero" con el cuerpo cubierto de cicatrices, el "espíritu de hombre muerto" que mas allá

---

[1] Véase la "Carta de Lope de Aguirre al rey Felipe II". En *Jornada de Omagua y Dorado*, Ediciones Miraguano, Madrid, 1980, pg. 122.Y también el capítulo IV de Pastor, *Discursos narrativos.*.

[2] Esa es la caracterización que desarrollan todas las relaciones contemporaneas de la rebelión de los Marañones. Véase Beatriz Pastor, *Discursos narrativos de la conquista,*ed. cit, cap. III, secs. II y III. También de Pastor "Lope de Aguirre: Knowledge and Madness", en *Dispositio*, 1988 y "Lope de Aguirre: La voz de la soledad", en *Revista de Crítica Literaria Latinoamericana*, 1990.

de la vida y de la muerte ha jurado lealtad inquebrantable a los ideales caballerescos. Y es, sobre todo, "el peregrino" que firma la carta a Felipe II.

La figura del peregrino es emblemática de todo el proceso de constitución del sujeto colonial en la jornada de Aguirre. El punto de partida existencial de esa jornada es el terror a la disolución de Aguirre como sujeto: "nos han usurpado y robado nuestra fama, vida y honra". En la relación de esa jornada simbólica que es su carta al rey los términos de la cronología se invierten ficticiamente en el orden linear del discurso y el godo —vascongado, cristiano viejo, hijo-dalgo— precede al peregrino cuando en realidad es su mutación final: el godo utópico se constituye *a través de* la peregrinación espiritual. El godo es figura de resolución simbólica del juego de contradicciones y frustraciones en que se debate Aguirre en su experiencia de la conquista y es coherente con el proyecto utópico que formula: el retorno al pasado mitificado a través de la reconquista espiritual de América. Es figura de inmovilismo en el marco de una visión simbólica de la crisis ideológica y política de la sociedad colonial que sólo ve como solución posible a la amenaza de desintegración que convoca la experiencia de la alteridad el imposible salto hacia atrás, la eliminación del tiempo histórico y la huída hacía el tiempo mítico e inalterable de la utopía. Pero el peregrino es todo lo contrario. Es figura de movimiento y de búsqueda incesante. Es emblema de desplazamiento espacial y temporal. La contigüidad de estas dos figuras antagónicas proyecta la tensión insoluble de la constitución del sujeto colonial en la visión de Lope de Aguirre. La dialéctica estatismo/cambio está en el centro mismo de una figura escindida entre contrarios. El peregrino, es emblema del proceso de resolución utópica de la problemática que se condensa en la figura estática del godo. Pero es figura de desplazamiento y como tal contiene el germen de la destrucción de esa figura utópica. En la vivencia de esa contradicción se encuentra, tal vez, la clave de la desesperación de Aguirre. "De ese modo —dice Marin— podemos comprender la desesperación que acompaña toda representación utópica: el instante de la predicción, el momento de la buena nueva y del tiempo fuera del tiempo de pura diferencia se proyecta ya en un tiempo de luto".[1] La figura del peregrino con la que se cierra la relación de la jornada simbólica de constitución del sujeto colonial en la carta al rey indica la imposibilidad de suspender tiempo e historia y, por lo tanto, la imposibilidad de la solución utópica que elige Aguirre. Y, al convocar en contrapunto con la figura utópica del godo imágenes de desplazamiento incesante, introduce también la vivencia de una subjetividad que se vive como pérdida.

Alonso de Ercilla es uno de los escritores del período que profundizan en esa vivencia y que presentan la alienación que se expresa en ella como una de las condiciones

---

[1] Louis Marin, op. cit., pg XXVI.

61

inescapables del sujeto colonial. En *La Araucana* la experiencia de la alteridad a través del proceso de descubrimiento y conquista es inseparable de un proceso de cuestionamiento y erosión progresiva de la identidad del conquistador. Ese proceso de erosión se representa simbólicamente de dos maneras fundamentales. Por una parte el poeta vuelve una y otra vez sobre la decadencia, en el contexto de la conquista, de los valores tradicionales de la sociedad española: generosidad, valentía, sentido del honor etc. Y por otra lleva a cabo una inversión progresiva de los términos de la caracterización de españoles y araucanos.[1] Los araucanos pasan a representar los valores tradicionales que los españoles han perdido y por eso mismo salen victoriosos de cada confrontación con ellos. En la visión utópica de Ercilla la recuperación de esos valores equivale a la resolución simbólica de toda la problemática en la que se debate el sujeto colonial. Entre todos los vicios que Ercilla les atribuye a los españoles en su caracterización hay uno que pasa a condensar simbólicamente todas las causas de la transformación del español en la conquista: la codicia. La codicia es para Ercilla un vicio, es decir una categoría moral que define y estigmatiza un comportamiento inaceptable dentro del marco de los principios cristianos. También fué —toda la historia del descubrimiento y la conquista lo demuestra— una realidad histórica que jugó un papel fundamental en la forma en que se desarrollaron los acontecimientos. Pero en *La Araucana* la codicia tiene, además de esos dos sentidos, una función utópica. Es un símbolo, es la clave de todas las contradicciones que atormentan al poeta en su experiencia de la conquista, y, por lo tanto, es también la clave de su resolución simbólica. La caracterización y trayectoria de los araucanos ilustran esa función: desprovistos de la corruptora codicia cultivan los ideales de la tradición heroica occidental, y esto es precisamente lo que les asegura el éxito frente a los decadentes conquistadores una y otra vez. El caso de Valdivia, por otra parte, dramatiza simbólicamente la degradación del conquistador que se deja arrastrar por ella :

> Pero dejó el camino provechoso,
> y, descuidado dél, torción la vía,
> metiéndose por otro, codicioso,
> que era donde una mina de oro había,
> y de ver el tributo y don hermoso
> que de sus ricas venas ofrecía,
> paró de la codicia embarazado

---

[1] Para un análisis detallado de las estructuras de caracterización de *La Araucana*, véase Beatriz Pastor, *Discursos narrativos de la conquista*, ed. cit., capítulo V, especialmente secciones I y II.

cortando el hilo próspero del hado.

(La Araucana, Canto II, pg. 44)[1]

El fracaso y la derrota se presentan como resultado directo de esa elección: es la codicia la que corta el "hilo próspero del hado". Pero la recuperación simbólica de esa identidad, coherente con los valores ideales heroicos y anterior a la experiencia de la conquista, se traduce, como en el caso del episodio de Lepanto, en la inmediata victoria.

En Ercilla, la vivencia de la propia alienación se manifiesta inicialmente en una visión caótica de la identidad colectiva de los españoles: el desorden, la anarquía y la desintegración caracterizan todas las acciones del bando español. Y la figura utópica del sujeto colonial que va delineando Ercilla en el poema se define de entrada por el juego de la distancia que lo separa de lo propio —los españoles— y lo ajeno: los araucanos. La escisión es el punto de partida de la figuración utópica del sujeto. La caracterización del poeta desarrolla metafóricamente el juego incesante de contradicciones insolubles. El desplazamiento de la responsabilidad frente a la accion de la conquista se expresa estilísticamente en el juego pronominal. El *yo* se utiliza únicamente cuando el poeta narra acciones, situaciones o reflexiones con las que se siente plenamente identificado. En *La Araucana* el uso de este pronombre se reserva casi exclusivamenta para los episodios intercalados y para las reflexiones morales. El uso del *nosotros* marca el primer paso en la distancia cada vez mayor que irá creando el narrador entre su conciencia cada vez más atormentada y las acciones españolas durante la guerra contra Arauco, e indica el inicio de la condena moral. *Españoles, española gente,* y *ellos* son las formas que irá utilizando el poeta para expresar un mayor grado de rechazo de responsabilidad y para intensificar la condena moral. Y, finalmente, el poeta se desvincula totalmente de atrocidades particularmente injustificables del bando español —ahorcamientos en masa, ejecuciones indiscriminadas, etc.— utilizando distintos tipos de construccion impersonal. Todo el juego pronominal de la caracterización del poeta expresa la red de contradicciones en que se debate el sujeto, sus conflictivas lealtades, la progresión de su conciencia desde una identificación armoniosa con los valores de la España imperial hasta la vivencia aguda de una alienación que es resultado inevitable del reconocimiento de la alteridad y de la experiencia directa de la violencia horrorosa de las guerras contra Arauco. La contradicción fundamental con la que se enfrenta Ercilla en su experiencia de la conquista es la que enfrenta su visión de si mismo como representante de unos valores e ideales honorables y cristianos con su participación en los horrores de la guerra contra los nativos americanos. Esa guerra es de una crueldad tan difícil de asimilar incluso para alguien que, como Ercilla,

---

[1] Todas las citas de *La Araucana* son de la edición de Porrúa, Mexico, 1975.

no ha cuestionado nunca radicalmente la ideología imperial que, en algunos momentos, le lleva a condenar globalmente el proceso de conquista:

> La mucha sangre derramada ha sido
> (si mi juicio y parecer no yerra)
> la que de todo en todo ha destruido
> el esperado fruto desta tierra;
> pues con modo inhumano han excedido
> de las leyes y términos de guerra,
> haciendo en las entradas y conquistas
> crüeldades inormes nunca vistas.
>
> (*La Araucana*, canto XXXII, pg. 437.)

Los episodios intercalados que narran los encuentros del poeta con Lauca, Tegualda y Glaura funcionan dentro del poema como espacios alternativos de resolución simbólica de los conflictos que escinden la subjetividad del narrador. Abren la posibilidad de una solución utópica. En ellos el poeta —siempre representado por la primera persona singular— se mueve en un universo ficticio en el que el sujeto puede actuar sin conflictos ni escisiones, en armonía perfecta con los ideales y valores que la realidad de la conquista traiciona. La figura del sujeto que aparece en ellas —el *yo* narrativo— es una figura sin conflictos ni fisuras pero sólo funciona como figura de resolución dentro del espacio simbólico de las intercalaciones. El final del episodio intercalado señala el eclipse del *yo* utópico y el retorno de las contradicciones.

Pero el *yo* de las intercalaciones no es la única figuración del sujeto colonial que se desarrolla en *La Araucana*. Hay otra figura que se mueve no en el espacio utópico de las intercalaciones sino en el tiempo histórico que representa la acción del poema. Es la figura de un sujeto colonial que se define por el conocimiento y por la conciencia moral. Es el que fue "siempre amigo e inclinado/ a inquirir y saber lo no sabido", el que halló la verdad "en el suelo,/por más que digan que es subida al cielo", el Alonso de Ercilla que "llegó donde otro no ha llegado". Esta figura del sujeto colonial es figura utópica de resolución de la escisión de la conciencia del narrador y es también figura utópica de resolución de las contradicciones ideológicas y morales en que se debate el conquistador en su confrontación de la alteridad y en su experiencia de la conquista. Como el peregrino de Aguirre, el viajero buscador de verdades de Ercilla es figura de desplazamiento que indica, en la transposición de la acción en reflexión, en la sustitución del plano histórico por el moral, la imposibilidad de resolver la contradicción fundamental que la figura proyecta simbólicamente. No hay reconciliación posible en el plano histórico entre el humanismo que proponen los ideales cristianos de la cultura española con los que quiere identificarse el poeta y la brutalidad del proceso de conquista.

Tanto en Aguirre como en Ercilla encontramos una transformación simbólica de la experiencia de la conquista en jornada espiritual, en peregrinaje. En Aguirre los horrores de las guerras del Perú y de los acontecimientos sangrientos de la expedición de Ursúa se convierten en una jornada espiritual del sujeto a través de todas las formas de la desesperación. Es la jornada a través de la cual el loco se convierte en cuerdo, el rebelde en peregrino. En Ercilla la participación del soldado en la guerra contra Arauco y en unas formas de violencia y explotación de las que es cómplice y juez al mismo tiempo se resuelve simbólicamente en la transformación del poeta en "buscador de verdades" y de la conquista en jornada de conocimiento, jornada que culmina en esa sabiduría nunca alcanzada por otro conquistador que parece reclamar la inscripción que graba el poeta en la corteza de un árbol al final de su expedición al sur de Chile. En ambos autores el peregrino es figura utópica de resolución de la problemática de autodefinición del conquistador como sujeto colonial. Pero es una figura cargada de ambigüedad: es, en el sentido que le da Marin al término, una figura *neutra* que representa un tercer término posible entre los dos términos de la contradicción, pero un término no sintético sino suplementario. Es figura de resolución que proyecta la imposibilidad de toda resolución de la oposición que la genera. Fija en una imagen la dinámica de alienación del sujeto colonial pero es una imagen de desplazamiento, de duda, de movimiento incesante que proyecta la imposibilidad de fijar esa dinámica en una figura. En ella, tal como señala Marin, "como un relámpago, antes de lograr fijar la imagen en la figura utópica... irrumpe el *otro,* la contradicción ilimitada".[1]

* * *

---

[1] Louis Marin, op. cit, pg. 6-7. Para una discusión detallada del concepto de neutro véase, en especial, pp. 3-31.

CAPITULO III

SOBRE EL DISCURSO UTOPICO

> Utopian discourse occupies the empty
> —historically empty—place of the historical
> resolution of a contradiction. It is the zero
> degree of the dialectical synthesis of
> contraries.
>
> Louis Marin

El conjunto de relaciones, cartas, historias y obras literarias que narran el proceso de descubrimiento y conquista de América constituye un cuerpo documental muy heterogéneo. Esos textos comparten a grandes rasgos una misma materia narrativa pero difieren profundamente tanto en las posiciones desde las cuales se narra esta materia como en las estrategias textuales particulares que articulan las distintas narraciones. Es difícil considerar los textos individuales desvinculándolos de otros textos del período con los que comparten rasgos argumentales y discursivos y en relación con los cuales pueden incluso ser leídos como parte de un mismo discurso.[1] Pero es imposible englobar la multiplicidad de discursos que articulan bajo una sola categoría.

---

[1] Es ese el acercamiento que utilicé en *Discursos narrativos de la conquista* en un análisis que agrupaba los textos en tres discursos fundamentales y que abordaba cada texto individual como parte de un discurso más amplio que incluía otros textos muy diversos.

Los textos de la conquista no son textos utópicos. Son manifestaciones heterogéneas de conceptualizaciones y percepciones diversas de la experiencia de la conquista. Se articulan como estrategias textuales que proyectan toda una serie de vivencias individuales, objetivos personales, opciones políticas, conceptualizaciones particulares. Pero aunque no es exacto el definir esos textos como textos utópicos, incluso desde una perspectiva más amplia que la clasificación genérica implícita en la evaluación de los Manuel, sí es posible trazar el desarrollo de un discurso utópico que expresa en ellos aspectos fundamentales de una percepción particular del descubrimiento de América y de su conquista. Es posible abordar esos textos con una lectura en clave utópica que libere una serie de discursos simbólicos en los que se expresa el pensamiento utópico de la conquista como forma específica tanto de conceptualizarlas realidades múltiples del nuevo mundo como de negociar la experiencia de la alteridad y la problemática de la redefinición del sujeto.

El análisis de los discursos utópicos que se van articulando simbólicamente en los textos de la conquista ilumina los mecanismos y las opciones del pensamiento utópico que impulsa el proceso de producción de figuras. Y el proceso de producción de figuras es la manifestación textual de una alternativa epistemológica, un modo particular de pensar y explorar las relaciones del sujeto con el mundo y de definir sujeto y mundo. Ese modo particular es el pensamiento utópico.

El discurso utópico de la conquista no se apoya sobre el concepto sino sobre la figura. Es un discurso de producción de figuras, en palabras de Marin, "un modo de discurso figurativo particular".[1]La figura utópica se define como tal en primer lugar por su función. Es figura de resolución simbólica de una contradicción personal o histórica que se vive como insoluble: la realidad americana en Colón, la rebelión en Cortés, la alienación en Aguirre. Se sitúa en la distancia que media entre los términos de la oposición fundamental: América~Asia, rebelde~vasallo, cruzado~colono.[2] Es una figura ambigua porque proyecta la imagen equívoca de una síntesis de elementos reales que es sólo posible en el plano simbólico ocultando y revelando a la vez una contradicción fundamental en el plano ideológico o histórico. Funciona, dice Marin, "como simulacro de síntesis a la vez que significa la contradicción que está en su orígen".[3] En segundo lugar, la figura utópica se define por su relación con la realidad. Situada en el punto cero de la oposición cuya resolución simbólica proyecta, la figura utópica no *significa* la realidad sino que la

---

[1] Louis Marin, op. cit., pp. 8-9.
[2] Utilizo aquí el símbolo matemático ~ para expresar una oposición en la que uno de los términos niega al otro: A= negación de B y B= negación de A.
[3] Louis Marin, op. cit. pg. 11.

neutraliza simbólicamente. Su referente no es la realidad sino el negativo de la realidad (el vasallo fiel en el caso de Cortés) que la figura simultáneamente proyecta y oculta. *Indica* la realidad como término ausente (el rebelde en Cortés) y *significa* la contradicción sobre la que se levanta la figura misma.

El discurso utópico es un discurso simbólico. Genera figuras textuales que proyectan en el plano simbólico soluciones imaginarias a las contradicciones con las que se enfrenta el sujeto. Se genera en la proyección simbólica de los elementos de articulaciones discursivas diversas —el discurso historiográfico en Las Casas, el analítico en Cortés, la representación poética en Ercilla. No es un género sino que se apoya en las formas genéricas de la historiografía, de la relación, de la epopeya proyectando simbólicamente una articulación figurativa de múltiples aspectos la problemática de la conquista. Su práctica significativa se opone a la de la teoría científica porque implica, siguiendo a Marin, un desplazamiento hacia afuera del espacio históricamente determinado.[1] Es ese desplazamiento, siempre simbólico aunque se presente a veces como simple desplazamiento espacial o temporal, lo que permite la creación de *la figura*. En la teoría científica, por otra parte, el análisis de los elementos concretos conduce a la elaboración del *concepto*.

El discurso utópico funciona, tal como señala Marin, como figura textual que dramatiza una solución imaginaria a una contradicción fundamental abriendo un espacio simbólico de neutralización de oposiciones. Podemos representar, por ejemplo, la contradicción en la que A= negación de B y B= negación de A de este modo: A~B. Utilizando este modelo en relación con algunos de los textos analizados tenemos

A	~	B
	D	
América	Discurso Utópico (América Colombina)	Asia
Rebelde	~ Discurso Utópico (Figura de Cortés)	Vasallo fiel
Traidor	~	Godo

---

[1] Ibidem, pg. 139.

Discurso Utópico
(El peregrino)

La figuración de América como locus utópico que desarrolla el discurso utópico de los textos colombinos neutraliza la oposición América~Asia y propone una solución imaginaria a una contradicción real. La figura mítica del Cortés del discurso utópico de las *Cartas de relación* neutraliza la oposición real Rebelde~Vasallo y dramatiza una solución imaginaria a la contradicción que la genera. El peregrino de la figuración utópica de la carta de Lope de Aguirre a Felipe II neutraliza la oposición Traidor ~Godo y simboliza una solución imaginaria a la vivencia de la propia alienación que se expresa en sus términos.

El discurso utópico se sitúa en el punto cero de la oposición A~B. Es el tercer término imposible del segundo principio de la lógica Aristotélica, aquel que determina que no hay término intermedio posible en una oposición del tipo A~B. Pero su posición no señala el lugar que ocupa en la *distancia* que separa A y B. Indica el lugar *neutro* que ocupa en la *relación* que opone A y B y, simultáneamente, simboliza la posibilidad misma de una alternativa que rompe los límites del principio de oposición binaria. No podemos representar la distancia simbólica que media entre A y B como dos series numéricas simétricas:

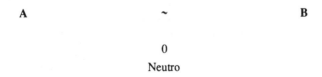

A   ~   B

9 8 7 6 5 4 3 2 1   0   1 2 3 4 5 6 7 8 9

porque el punto neutro que corresponde al 0 no equivale a A-9 o B-9 sino que indica el punto de salida de la oposición binaria y simboliza la apertura hacia una alternativa a un modelo de pensamiento, el *logos,* que se expresa en los tres principios fundamentales de la lógica aristotélica. Una representación mas exacta sería pues:

A   ~   B

0
Neutro

Neutro en este sentido no indica *intermedio* sino apertura hacia una alternativa posible fuera de la serie —una serie que no implica progresión espacial o numérica sino que indica la cadena simbólica de operaciones del pensamiento que configura la relación A~B— o, como dice Bloch, "es el nombre que damos a lo que indica la salida de la serie y la entrada en un destino modificable".[1]

El *Diario del primer viaje,* la *Carta a Santángel,* el *Memorial Torres,* la carta escrita desde Jamaica en 1503 marcan las etapas fundamentales del descubrimiento colombino. Podemos seguir a través de ellas las líneas del desplazamiento geográfico, la descripción de la tierra y de sus habitantes, el recuento de riquezas posibles, de maravillas entrevistas o adivinadas. También podemos trazar el desarrollo, las vueltas y revueltas de un discurso utópico que se sitúa simbólicamente entre los dos términos de la contradicción fundamental América~Asia y que articula una representación de América como figura de resolución de esa contradicción.

El objeto del deseo es el Asia fabulosa. El objeto de la acción es la toma de posesión de ese objeto del deseo. El discurso utópico se apoya en una serie de representaciones del Nuevo Mundo y del descubridor. Estas representaciones son selectivas de una forma particular: representan América en términos de los elementos fundamentales del arquetipo del objeto del deseo (flora, fauna, riquezas, etc.). Proyectan simbólicamente la neutralización utópica de la oposición A~B a la vez que garantizan su apropiación segura. En la *Carta a Santángel* la oposición real entre las expectativas que configuran la imagen del objeto del deseo —civilizaciones avanzadas, comercio, riquezas ilimitadas, naturaleza edénica— y la realidad que encuentra Colón a lo largo de su descubrimiento —civilizaciones primitivas, naturaleza salvaje, escasos indicios de riquezas, falta de comercio— se resuelve en el texto en un tercer término —la figuración utópica— que neutraliza la contradicción entre América y Asia. Toda la caracterización de América en esa carta se apoya sobre una red de elementos simbólicos que la refieren al objeto del deseo. La descripción geográfica delinea un mapa simbólico en el que Cuba se confunde con Catay y Mangi, Puerto Rico con el Cipango, Venezuela con el Paraíso, Panamá con la Conchinchina de las minas del rey Salomón. La naturaleza duplica simbólicamente los rasgos de la tradición de representacion del Asia fabulosa con la que enlazan Ailly y Marco Polo-Rusticello[2]. Digo simbólicamente porque no es tanto que el discurso utópico de Colón duplique necesariamente los elementos concretos de esas representaciones —aunque a veces lo hace— como que compone una figura de América que duplica en el plano simbólico las cualidades particulares del objeto del deseo (armonía, belleza, abundancia, riqueza…). La relación entre representación y realidad aquí es la relación característica del

---

[1] Citado por Marin, op. cit., pg XIX.
[2] Leonardo Olschki analiza la presencia de Rusticello en el relato de Marco Polo y la relaciona con toda la tradición de representación de los relatos medievales. Pg. 76 y ss.

discurso utópico: el referente de la representación no es la realidad (A) sino su negación (B). Es Asia, no América, el referente ausente de la representación utópica de América que delinea Colón en su narración del descubrimiento. Y en esa representación geografía y naturaleza indican el objetivo real: las riquezas que detallará Colón en el último párrafo de la carta: "Oro, especiería, algodón, almástica, lignaloe, esclavos, ruibarvo y canela".[1]

El discurso utópico colombino no se limita a la resolución simbólica de la contradicción América~Asia. Hay otro elemento conflictivo que afecta la naturaleza del objeto y, sobre todo, su apropiación. Es el nativo. La situación que describía Marco Polo —un Asia habitada por civilizaciones avanzadas— preveía un modo de negociación de la propiedad: el comercio. Pero el nativo que habita la América que recorre Colón cuestiona la identidad del objeto: es América el Asia fabulosa o ¿qué es?, y bloquea la toma de posesión. El habitante del Caribe no puede ser facilmente integrado en una visión del objeto del deseo que anticipaba a los súbditos del Gran Khan. Por eso el nativo comienza a funcionar ya desde las entradas del *Diario* del primer viaje correspondientes al 13 y 14 de Octubre y, definitivamente, en la *Carta a Santángel* como obstáculo que se interpone entre el sujeto y la realización del deseo. Por eso debe ser neutralizado, y su figuración utópica se encarga de ello. Esta figuración tiene tres vertientes. Primero su asimilación transitoria, durante los primeros días del descubrimiento, al contexto edénico —hermoso, inocente, longevo— que convoca simbólicamente la proximidad del Paraíso asiático de la tradición, confirma la identidad América = Asia y el éxito del almirante. Pero paralelamente a esa caracterización se desarrolla su transformación en entidad sin contenido, segunda vertiente de la figuración. Es un ser sin ropa, sin armas, sin propiedad, sin comercio, sin civilización, sin religión. En el vacío simbólico que crea la caracterización por ausencia se desarrolla la tercera vertiente que lo presenta desde la perspectiva sistemática de un discurso simbólico de dominación y apropiación que simultáneamente lo neutraliza como obstáculo y lo valida como objeto. La primera vertiente de la caracterización intenta la asimilación imposible de A a B. La segunda indica por ausencia el referente real de la representación: los pueblos asiáticos descritos por Marco Polo. La tercera, que los presenta como indefensos, sumisos, cobardes etc., funciona como el tercer término que resuelve simbólicamente la contradicción transformando el obstáculo en mercancía: esclavo, bestia, pieza, cabeza.[2]

En el *Diario* del primer viaje y en la *Carta a Santángel* la narración del descubrimiento abre un espacio simbólico en el que se articulan las figuras de resolución de

---

1 *Cartas y Documentos*, ed. de Consuelo Varela, pg. 145.
2 Esta última caracterización empieza a funcionar desde los primeros días del descubrimiento (Varela, pp. 140-142) y continúa hasta el final del cuarto viaje (véase, por ejemplo, el *Memorial a la reina*, de 1495 y la *Carta de Jamaica*, de 1503).

un discurso utópico. Lo que define a ese discurso como utópico no es la referencia a mundos maravillosos o a sueños inalcanzables. Es su función: la resolución simbólica de las contradicciones fundamentales que amenazan la constitución del objeto del deseo y su apropiación. La figuración utópica que se articula como proyección simbólica de la representación de América y sus habitantes que empieza a desarrollar Colón ya en el *Diario* y en la *Carta a Santángel*, confirma la identidad de América como objeto del deseo y asegura su toma de posesión.

Tanto la situación personal de Colón como la visión general que se tiene de las tierras recién descubiertas es muy distinta, en estos primeros documentos, de las que definen el contexto de la *Relación del tercer viaje*. Sin embargo en esta, igual que en el *Memorial Torres* o en la *Carta de Jamaica* que narran el segundo y cuarto viaje respectivamente, podemos también seguir las huellas de un pensamiento utópico que se manifiesta en la proyección simbólica de la narración del viaje de descubrimiento sobre la que se articula la figuración utópica. En su *Relación del tercer viaje* Colón les promete a los reyes una narración que es "escriptura y pintura de la tierra".[1] Los elementos de esta narración son, por ejemplo, el resumen del trasfondo de intrigas que preceden la partida de la expedición, las quejas sobre la situación precaria de Colón en la corte donde se siente atacado y rechazado, los detalles de la armada, el relato de la partida de España, de la travesía, de la exploración geográfica de la costa de Venezuela, la descripción de tierras y gentes, el inventario de mercancías. Pero esta narración que promete Colón va trazando en el plano simbólico las tres líneas maestras que enmarcan el discurso utópico, los tres ejes de resolución necesaria que iluminan, neutralizándolas, las tres contradicciones fundamentales. El primero indica la contradicción entre las hazañas de Colón, que lo hacen, en su opinión, merecedor de mercedes y poder ilimitados, y un poder que se le escapa más y más de entre las manos como resultado de su propia incompetencia y de las envidias e intrigas de sus rivales. El segundo indica la contradicción posible Descubrimiento~Exito, que amenaza la identidad misma del almirante convocando la posibilidad de lo innombrable: el fracaso. El tercero indica la persistente ambigüedad de un mundo nuevo que se resiste obstinadamente a la resolución simbólica de América~Asia en un tercer término —el discurso utópico de Colón— en el que se resuelve la oposición América~Asia y, por lo tanto, también Descubrimiento (fracaso en relación con las expectativas del arquetipo asiático)~Exito (demostrado con la figura utópica que crea el discurso).

El discurso utópico de la *Relación del tercer viaje* se desarrolla como figura textual de resolución simbólica de estos tres ejes de contradicción. La narración ofrece una

---

[1] *Relación del tercer viaje*, en Varela, pg. 221.

caracterización de Colón que lo presenta como súbdito cumplidor y digno de todo crédito que volvió "muy presto con la experiencia de todo cuanto avía dicho en la mano" después de haber descubierto, tal como prometió, "la tierra firma, fin de Oriente, y setecientas islas... allende de lo descubierto en el primero viaje" y el monte Sopora con las minas del rey Salomón. El es el que trajo "abastante muestra de oro" y "muchas maneras de especierías" y "grande cantidad de brasil", y todo ello "por virtud divinal".[1] La caracterización es notoriamente inexacta si la comparamos con la trayectoria del descubridor entre 1492 y 1498. Las críticas que asediaban al Almirante en España y en América tenían que ver con el hecho, ya comprobado al regreso de su segundo viaje, de que las promesas fantásticas de Colón no acababan de materializarse.[2] Pero la proyección simbólica de los elementos de la caracterización delinea una figura de resolución simbólica de esa problemática. La lista ficticia de logros proyecta el primer rasgo de la figura: la competencia. El recorrido por el mapa imaginario de la geografía colombina confirma —de la tierra firme de Catay Mangi hasta el monte Sópora de las minas de Salomón— el éxito de su empresa. La "virtud divinal" refuerza la autoridad y el poder de la figura con el aval insuperable del apoyo que extiende Dios a su "mensajero elegido".

La caracterización de Colón es sólo una de las vertientes del discurso utópico en su relato de la exploración de Paria. La *Relación del tercer viaje* contiene descripciones detalladas de las tierras de Paria y sobre ellas se levanta un relato sorprendente: el hallazgo del Paraíso, y también una de las teorías mas extraordinarias de todos los textos de la conquista: la de la no esfericidad de la tierra. En las descripciones destacan una serie de elementos que organizan la representación de América. La gente es más blanca, longeva ("todos mançebos"), " y de muy lindo gesto y fermosos cuerpos y los cabellos cortados a la guisa de Castilla, y traían la cabeça atada con un pañuelo de algodón texido a labores y colores, el cual creía yo que era almaizar".[3] El clima es de eterna primavera: "la temperancia del cielo muy suave y no discrepa de la cantidad, quier sea invierno, quier sea en verano".[4] El golfo de Paria se caracteriza por "el rugir muy grande del agua", el agua del mar por ser "más dulce y más sabrosa", la naturaleza por "tierras y árboles muy verdes y tan hermosas como en Abril las huertas de Valencia".[5] Las civilizaciones son avanzadas, como indican

---

[1] Todas las citas vienen de la *Relación del tercer viaje*, Varela, pp. 205 y 206.
[2] En relación con las estructuras de aplazamiento del cuestionamiento del arquetipo en los textos colombinos sobre el segundo viaje, véase Pastor, *Discursos,* Cap. I sección 2 y 3.
[3] Ibidem, pg 209.
[4] Ibidem, pg. 214.
[5] Ibidem, pg. 212.

las casas "muy grandes y hechas a dos aguas, y no redondas como tienda de campo", las sillas, los tejidos que parecen "de seda" y, sobre todo, el pan y el vino.[1]

Pero la figuración utópica de América no se identifica con los aspectos idílicos de un lugar de belleza extraordinaria y verificable. El discurso articula sobre la percepción simbólica de los elementos de la representación la figura utópica de resolución de los tres ejes de contradicción a los que me refería más arriba: el Paraíso. La primavera eterna convoca la suspensión uópica del tiempo histórico, el Edén. El rugido indica (siguiendo la autoridad de Ailly) la situación asiática de las nuevas tierras junto a las fuentes del Paraíso. El agua dulce confirma la proximidad del objeto del deseo: el Asia fabulosa de Ailly y Marco Polo, con el caudal torrencial de las fuentes de los cuatro grandes ríos sagrados. La función de la teoría sobre la no esfericidad de la tierra es confirmar, en un plano teórico científico, la exactitud de la figura utópica.

El discurso utópico de la *Relación del tercer viaje* transforma las tierras de Paria en el Asia mítica de las proximidades del jardín perdido. Paria se convierte en este texto en figura utópica que neutraliza simbólicamente las oposiciones de los tres ejes de contradicción: convierte América en el objeto del deseo; reafirma la clarividencia, competencia y autoridad de su descubridor; y reclama un poder más que merecido para quien ha cumplido su palabra y coronado su empresa con el éxito.

En la segunda *Carta de relación* de Hernán Cortés la identidad del narrador se va delineando a través de toda una red de estructuras de caracterización. La selección y presentación del material —los hechos de la conquista de México— se subordinan a esa caracterización. El autorretrato se apoya sobre una combinación de cualidades reales que se magnifican —valor, lucidez, etc— con un proceso de abstracción mitificadora que elimina sistemáticamente cualquier forma de vulnerabilidad física o moral, cualquier debilidad, cualquier error, para crear el modelo ideal de todo conquistador. Pero la selección de los rasgos específicos que componen el autorretrato marca la apertura hacia un discurso utópico. El modelo de conquistadores es simultáneamente figura utópica de resolución de la oposición rebelde~vasallo.

En el contexto de esa oposición la narración de la conquista de México se articula como discurso utópico que proyecta en el plano simbólico figuras textuales de resolución de esa oposición y de otra no menos importante: la que enfrenta el poder de Cortés a la autoridad del rey. La figura utópica de Cortés neutraliza simultáneamente ambas contradicciones. Es figura de poder que proyecta el control absoluto de toda fuerza disruptiva del modelo imperial. Y es figura de sumisión incondicional que conjura cualquier

---

[1] Ibidem

74

amenaza al poder real. La manipulación de la cronología, la selección del dato histórico y el falseamiento de algunos aspectos fundamentales del proceso de conquista y reconquista de Tenochtitlán[1] son los puntos de apoyo en la narración de un discurso utópico de resolución de la problemática personal en que se inscribe el narrador. Pero el foco de ese discurso utópico rebasa ese estrecho marco que, en última instancia, se presenta como una manifestación particular de una problemática mucho más amplia. La oposición rebelde~vasallo se recorta contra el telón de fondo de la oposición caos~orden y, en el contexto específico de la conquista, la oposición Otro~Europa. Esta última enmarca toda la experiencia del descubrimiento desde la perspectiva europea. Porque el descubrimiento que transforma América en objeto del deseo, en locus de realización de cualquier posibilidad tiene también una dimensión inquietante que se manifiesta en toda la serie de elementos que van iluminando —en la caracterización del nativo (Vespucci), en la localización de amazonas y monstruos (Colón), en la descripción de la tierra (Elvas), o en la figuración del sujeto colonial(Aguirre)— las vueltas y revueltas de la problemática de la alteridad.

En el discurso utópico de la segunda carta la caracterización del narrador y la descripción de Tenochtitlán se proyectan simbólicamente como figuras utópicas en las que la cara obscura del descubrimiento que había alumbrado desde el terror recóndito de los descubridores amazonas y monstruos, sodomitas y caníbales, aparece iluminada por la razón ordenadora de una figura utópica de orden y control: Cortés.

La descripción fascinante de la capital del imperio Azteca que nos ofrece Cortes en su segunda carta enlaza con una larga tradición de representación de ciudades maravillosas, míticas o reales. Recoge, por supuesto, resonancias del relato de Marco Polo sobre el esplendor inaudito de la corte del Gran Khan —sobre todo en la detallada representación de ceremonias y rituales. Pero también prolonga toda una tradición de representación de Constantinopla que, a lo largo de toda edad media, se va desarrollando en los textos de los cruzados y en las miniaturas que ilustraban los textos, retomando algunos de sus elementos. Constantinopla era, en esa tradición que enlaza los relatos de las cruzadas —Foulcher de Chartres, Geoffroy de Villehardouin, Robert de Clari, Ottone du Deuil y Guillermo de Tiro— con textos de naturaleza muy distinta, como la Carta del Preste Juan, más que una ciudad maravillosa. Era la cifra del Oriente misterioso y deslumbrante. Como Tenochtitlán es la cifra de las posibilidades del Nuevo Mundo en el relato de Cortés. Los ecos de esa tradición se dejan oir claramente en el texto de Cortés. La visión de Tenochtitlán, atravesada por canales y puentes, cubierta de jardines, coronada por las cuarenta torres de un Gran Cu que Cortés transforma en esplendorosa mezquita

---

[1] Por ejemplo, el derrocamiento de los ídolos del templo mayor, el matanza de Alvarado, la liberación de Cuitlahua.

hispanoárabe, con salas, corredores, aposentos y patios, convoca las imágenes de Ottone du Deuil cuando evoca de Constantinopla:

> Les clochiers et egles et les ponts reluisanz...
> Destre part la citet demie lieue grant
> Troevent vergiers plantez de pins et loriers blancs.[1]

Las imágenes de la descripción de Ottone du Deuil, por otra parte, enlazan ya en su momento con las de otras visiones de ciudades fabulosas y, tal como señala Olschki, funcionaban como elementos intercambiables que los narradores de la tradición medieval usaban en combinaciones similares que pasaban a representar realidades diferentes.[2] El reciclaje y la duplicación de elementos en la representación medieval se relacionan con un concepto particular de lo que es describir. La monotonía de los motivos descriptivos y las cifras hiperbólicas son manifestaciones, entre otras muchas, de una forma narrativa y dialógica particular que se caracteriza por un predominio de la evocación simbólica sobre la representación descriptiva. Olschki se refiere a esta visión en su análisis de la representación medieval:

> Ya se sabe que el instinto realista medieval es secundario y rudimentario. Es el de una
> sociedad educada y acostumbrada a considerar el valor espiritual de las cosas, su forma
> interior, su expresión simbólica, su significado recóndito, ya se trate de manifestaciones
> del arte o de la naturaleza.[3]

El discurso utópico que va delineando la figua de Tenochtitlán en la segunda carta de Cortés enlaza con esa tradición simbólica que construye durante el medioevo, como en una galería de espejos interminable, las imágenes de ciudades maravillosas, combinando elementos arquitectónicos —torres y cúpulas, plazas y patios— con riquezas extraordinarias —oro, sedas, pedrería, especias— y con las formas de un refinamiento inaudito que se manifiesta en lujo, artificio, en elaboradas ceremonias y en complejos rituales.[4] Pero aunque la verosimilitud y la autoridad de la descripción de Cortés se apoyan

---

[1] Ottone du Deuil, *Pelerinage de Charlemagne*, versos 260-265. Citado por Olshcki en su *Storia*, pg. 117.
[2] "Nulla di specificamente caratteristico in questa enumerazione descrittiva ed enfatica, adattabile, se si vuole, anche ad altre cittá, proprio come quei 'clichés' usati dai miniaturieti e dagli incisori della tradizione medievale i quali, mutando soltanto il nome, si servivano dello stesso disegno per rappresentare le piú diverse vedute di cittá". Olschki, op. cit., pg 118.
[3] Olschki, op. cit., pg 135.
[4] Véase Olschki, pg. lll-l2, y la descripción de la corte del Gran Khan en los *Viajes* de Marco Polo.

precisamente en esa continuidad, la descripción de Tenochtitlán se inscribe en un contexto simbólico mucho mas complejo. Esa figura de descripción construida en diálogo con la tradición de los viajeros medievales es también una figura utópica. No nos proyecta hacia el viejo mundo y su tradición orientalista. Ni tampoco captura con exactitud imposible la realidad del México pre-cortesino en oposición a la visión del mundo europea. La figura es el tercer término imposible de esa alternativa hecho realidad textual y proyecta las imágenes de un espacio simbólico que significa la contradicción sin identificarse con ninguno de los dos términos de la oposición: el espacio utópico. En el espacio creado por el texto, el plano de Tenochtitlán, se constituye la figura utópica de resolución de la oposición Europa~Otro en el contexto particular de la conquista de México. Esa figura es el cosmos cortesino. El discurso utópico va delineando los contornos de un espacio simbólico: el plano de la ciudad. Este discurso puede ser leído, tal como sugiere Marin, como discurso que "traduce un diagrama (blueprint) en lenguaje, una superficie escrita que transpone palabras e ideas en bosquejos de figuras".[1] En ese espacio simbólico se va bosquejando la figura utópica de un cosmos ordenado por la razón cortesina: Tenochtitlán.

La descripción de Tenochtitlán se inscribe dentro de un contexto utópico más amplio que narra, en las cartas de Cortés, toda la conquista de México como transformación simbólica del caos (el Otro) en el orden (el cosmos de Cortés). El agente de esa transformación es el propio Cortés.

> Ya, muy católico Señor, dije al principio de ésta cómo a la sazón que yo me partí de la
> Villa de la Vera Cruz en demanda de este señor Mutezuma, dejé en ella ciento cincuenta
> hombres para hacer aquella fortaleza que dejaba comenzada, y dije asímismo cómo había
> cejado muchas villas y fortalezas de las comarcanas a aquella villa, puestas debajo del real
> dominio de vuestra alteza y a los naturales de ella muy seguros.[2]

El relato resume la estrategia de conquista de Cortés —ocupación, población, fundación— y a la vez proyecta en el plano simbólico la reinscripción de la amenaza de un espacio problemático, América, en la "seguridad" del orden imperial. Pero reinscripción no equivale en el discurso utópico de Cortés a asimilación, lo Otro no se convierte en lo propio. La oposición México~España se resuelve simbólicamente en un tercer término. Es el mapa simbólico del México ocupado. Un mapa del que toda contradicción, todo conflicto —naturaleza, tribus rivales, etc.— han sido eliminados, un mapa ármonico constelado de

---

[1] Marín, op. cit., pg. 113.
[2] Hernán Cortés, *Segunda carta de relación*, ed. cit., pg. 53.

villas y fortalezas, un mapa que neutraliza la contradicción y proyecta el modelo de conquista de Cortés como figura de orden.

La figura utópica de Tenochtitlán que se va delineando como proyección simbólica de la descripción de la ciudad es articulación metonímica de ese cosmos. Tenochtitlán es, en primer lugar, figura utópica de orden. Su carácter emblemático está inscrito ya en su situación espacial —el centro de la laguna— y en su relación con la tierra firme: las calzadas que pueden cortarse a voluntad con sólo sacar las puentes.[1] La descripción proyecta de entrada la transformación del espacio americano en orden, su humanización en la parcelación en calzadas, calles, puentes y plazas, casas y mezquitas que configura el plano de la ciudad. La naturaleza sólo aparece, cautiva, en patios y jardines, en canales trazados como con tiralíneas, y el los zoológicos particulares de Moctezuma. Pero Tenochtitlán es también —prolongando aquí el segundo de los dos atributos que definían la figura utópica del propio Cortés— figura de control. Su descripción delinea la figura utópica del objeto del deseo —América— neutralizando su amenaza. La figuración del objeto del deseo se articula, como las casas de Moctezuma que lo simbolizan en el texto, sobre el principio del placer. "Tenía —dice la carta— así fuera de la ciudad como dentro, muchas casas de placer... donde el dicho Moctezuma se venía a recrear."[2] Pero el recorrido de esas casas que hacemos de la mano de Cortés avanza en una tensión constante entre la seducción y la amenaza. Comienza con la la imagen radiante del jardín de las aves, seguida inmediatamente de la maravilla ambigüa e inquietante de los albinos: "Sobre cada alberca y estanques de estas aves había sus corredores y miradores muy gentilmente labrados, donde el dicho Moctezuma se venia a reacrear y a las ver. Tenía en esta casa un cuarto en que tenía hombres y mujeres y niños blancos de su nacimiento en el rostro y cuerpo y cabellos y cejas y pestañas."[3] Las "muy gentiles losas" de un patio "como tablero de ajedrez" de otra de las casas conducen a un espacio habitado por aves de rapiña. Y toda la casa se levanta sobre "ciertas salas bajas, todas llenas de jaulas grandes de muy gruesos barrotes" donde estan encerradas las fieras. La última casa del recorrido es la de los monstruos: "Tenía otra casa donde tenía muchos hombres y mujeres monstruos, en que había enanos, corcovados y contrahechos, y otros con otras disformidades, y *cada una manera de mostruos en su cuarto por si.*"[4] La progresión que comienza con las aves se desliza hacia elementos cada

---

[1] Esta relación prefigura también la conflictiva relación de la Nueva España y de las demás colonias con España durante el primer siglo de la conquista, los continuos forcejeos entre conquistadores y autoridades reales en una incesante lucha por el poder que culminan a veces en la rebelión abierta, como en el caso de Gonzalo Pizarro.

[2] Hernán Cortés, ibidem, pg 67.

[3] Ibidem, pg. 67.

[4] Ibidem. pg. 67. El subrayado es mío.

vez más inquietantes que proyectan, en el centro mismo de la maravilla, la amenaza del Otro. Y la oposición entre la razón que simboliza el ajedrez y el espacio subterráneo de las fieras enjauladas retoma simbólicamente la contigüidad maravilla/monstruo en que se manifiesta la ansiedad frente al objeto del deseo.

Sobre la descripción de los refinamientos de Moctezuma el discurso utópico proyecta un modelo de resolución de la amenaza, del monstruo, que es la otra cara del objeto del deseo: la maravilla. Es la figura utópica de la ciudad, donde naturaleza y caos aparecen controlados: las aves en su jardín, las fieras en sus jaulas, y los monstruos cada uno en su cuarto. Donde el modelo de orden se expresa de forma insistente en la representación cortesina del sistema de comercio, en la clasificación rigurosa de todas las mercancíás por calles: la calle de la caza, la de los materiales de construcción, la de la leña, la de las frutas y verduras. Donde la actividad se ordena en profesiones y las profesiones se agrupan en casas: las de barberos, boticarios. Y donde la administración de la justicia garantiza la preservación del orden y la transformación de la amenaza en poder.

Tenochtitlán es la figura utópica en la que se expresa simbólicamente la visión que tiene Cortés de la relación con ese Otro que es América en su descubrimiento, y también su concepto personal de lo que constituye el orden de la civilización frente al caos de la barbarie. Entre todas las manifestaciones del refinamiento de Moctezuma hay un elemento que fascina completamente a Cortés y que proyecta simbólicamente esa visión: las réplicas que manda hacer en oro Moctezuma.

> Y no le parezca a vuestra majestad fabuloso lo que digo, pues es verdad que todas las cosas criadas asi en la tierra como en la mar, de que el dicho Mutezuma pudiese tener conocimiento, tenían contrahechas muy al natural, así de oro como de plata, como de pedrería y de plumas, en tanta perfección que casi ellas mismas parecían.[1]

Las maravillosas figuritas proyectan simbólicamente una transformación de la naturaleza en tesoro que combina la riqueza (el oro) con el arte. Son, dentro del discurso utópico, figuritas de resolución en el contexto americano de la oposición Naturaleza~Civilización y la prueba incuestionable de la civilización de esos aztecas que el discurso utópico nos presenta armónicamente integrados en el cosmos de Cortés. "¿Qué más grandeza puede ser que un señor bárbaro como éste tuviese contrahechas de oro y plata y plumas, todas las cosas que debajo del cielo hay en su señorío, tan al natural lo de oro y plata que no hay platero en el mundo que mejor lo hiciese... ?" Pero también iluminan por analogía el

---

[1] Ibidem, pg. 61.

proceso de constitución de la figura utópica de la propia Tenochtitlán: la figuración que va transformando los elementos inquietantes de una realidad ajena en una figura utópica bellísima —la ciudad— que "casi parece" la capital del imperio azteca pero que es en realidad una joya más, producto de todo un proceso que conjuga, en el texto, la imaginación de Cortés con su razón.

La figura utópica de Tenochtitlán, como las figuritas de oro que representaban la naturaleza, neutraliza la oposición América~Europa proponiendo un tercer término de resolución simbólica —el cosmos cortesino— cuya realización depende sólo de otra figura utópica: el Cortés de las *Cartas de Relación*. La ciudad es figura utópica de ese tercer término. Su descripción es la articulación simbólica del espacio geográfico, económico y cultural en el que se encarna la visión política de Cortés. Es, como dice Marin hablando de la ciudad en la *Utopía* de More, " la imagen de un mapa cuyo comentario va desarrollando el discurso utópico".[1]

La lectura en clave utópica de los textos de Colón y de Cortés ilumina los mecanismos de constitución del discurso utópico en la conquista. Los textos de Colón son totalmente diferentes de las cartas de Cortés. Y el discurso utópico que articulan los diarios y cartas de Colón es muy distinto del de la segunda *Carta de Relación*. Pero la diferencia no viene del modo de articulación de los mecanismos de constitución ni de la función análoga de las figuras que el discurso proyecta sino del hecho de que esos discursos utópicos se articulan respectivamente como discursos simbólicos de resolución de oposiciones diferentes: Asia~América y Descubridor~Fracasado en Colón, Vasallo~Rebelde y Europa~Otro en Cortés. Me gustaría ahora referirme a un texto muy diferente a los anteriores —La Araucana— para ilustrar el funcionamiento del discurso utópico dentro de un texto propiamente literario.

En *La Araucana* hay un discurso simbólico de constitución del sujeto colonial, que ya analicé más arriba, que traza la transformación del conquistador en figura utópica de resolución simbólica de las contradicciones históricas y personales en que se debate el narrador. Es la figura del peregrino buscador de verdades. Pero, estrechamente ligada a esta figuración utópica del sujeto colonial, el discurso utópico presenta otra vertiente en *La Araucana* La narración épica de las guerras de Arauco proyecta un discurso simbólico de resolución de las dos contradicciones fundamentales que agudiza en el narrador la experiencia de la conquista. La primera es una contradicción ideológica que opone los valores de un ethos heroico cristiano a los horrores cotidianos de la guerra y a la degradación de la realidad colonial. El narrador, figuración utópica del sujeto colonial, es la

---

[1] Louis Marin, op. cit., pg. 127.

figura de resolución simbólica de esa contradicción. La segunda se relaciona con la destrucción de América como objeto del deseo. Los dos términos de la oposición América ~Colonia son aquí por una parte la América utópica de las expectativas europeas y de las figuraciones de los textos de sus descubridores y, por otra, la realidad de unas colonias que se levantan sobre su destrucción. Toda la poética de *La Araucana* responde a estrategias de resolución simbólica de esas dos contradicciones fundamentales. Pero aquí me quiero circunscribir a un episodio particular para mostrar la articulación del discurso utópico en la narración que hace Ercilla de la conquista de Arauco: la expedición al sur de Chile que se narra en los cantos XXXV y XXXVI.

Las coordenadas históricas de la narración son la expansión de la frontera hacia el sur del continente y la resistencia del pueblo araucano. Pero las coordenadas simbólicas —es decir el juego de oposiciones fundamentales que el discurso utópico debe neutralizar— son la destrucción del espacio utópico americano y la vivencia de la fragmentación de la conciencia de un sujeto colonial escindido entre valores y realidades mutuamente exclusivos. En el contexto histórico la destrucción de la América utópica se relaciona con procesos económicos, políticos y sociales muy específicos: sistema de encomienda, economía colonial, castas, explotación y esclavización de nativos y africanos, corrupción de las autoridades coloniales, etc. Pero desde el comienzo de la narración de la expedición la responsabilidad histórica se ve desplazada por la transgresión moral (la codicia) que funciona como contexto simbólico del episodio, y ese desplazamiento marca el ingreso en la figuración utópica de la expedición que se va a ir desarrollando como proyección simbólica de la narración. El canto XXXV se inicia con cuatro estrofas de diatriba contra el interés y la codicia que definen el punto de partida simbólico de la jornada. No es un punto de partida geográfico ni histórico sino moral, y se identifica con la destrucción del objeto del deseo.

A partir de ahí la jornada de exploración se desarrolla como jornada simbólica de recapitulación de la experiencia de la conquista y del proceso de colonización de América durante el primer siglo de su descubrimiento. La visión utópica de una América que se concibe como objeto del deseo:

> … Sus, tomad posesión todos a una
> desas nuevas provincias y regiones,
> donde os tienen los hados a la entrada
> tanta gloria y riqueza aparejadas,

81

se ve pronto desplazada por la experiencia del territorio desconocido y de los extremos de una naturaleza hostil y despiadada:

> Pasamos adelante, descubriendo
> siempre más arcabucos y breñales
> la cerrada espesura y paso abriendo
> con hachas, con machetes y destrales;
> otros con pico y azadón rompiendo
> las peñas y arraigados matorrales,
> do el caballo hostigado y receloso
> afirmase seguro el pie medroso.
>
> Nunca con tanto estorbo a los humanos
> quiso impedir el paso la natura
> y que así de los cielos soberanos,
> los árboles midiesen el altura,
> ni entre tantos peñascos y pantanos
> mezcló tanta maleza y espesura,
> como en este camino defendido,
> de zarzas, breñas y árboles tejido.
>
> También el cielo en contra conjurado
> la escasa luz nos encubría
> de espesas nubes lóbregas cerrado,
> volviendo en tenebrosa noche el día,
> y de granizo y tempestad cargado
> con tal furor el paso defendía,
> que era mayor del cielo ya la guerra
> que el trabajo y peligros de la tierra.[1]

Fallan las tácticas disuasorias del jefe indígena frente a la fuerza del impulso utópico que logra mantenerse frente a realidades intolerables. Y las "guías mentirosas" van alimentando la visión utópica de América, manteniendo la "esperanza de bienes y riquezas" que sigue impulsando la exploración frente al desajuste creciente entre utopía y realidad. Pero

---

[1] Alonso Ercilla, *La Araucana,* ed. cit., pp. 482 (4) y 486 (3, 4, 5,).

82

finalmente se impone el desengaño en un ejército que no ha cosechado mas que frustración en ese recorrido simbólico a través de todo el proceso de la conquista de América.

> Y demas del trabajo incomportable
> faltando ya el refresco y bastimento
> la aquejadora hambre miserable
> las cuerdas apretaba del tormento;
> y el bien dudoso y daño indubitable
> desmayaba la fuerza y el aliento,
> cortando un dejativo sudor frío,
> de los cansados miembros todo el brío.[1]

Ese desengaño es en el texto a la vez punto final de la representación del proceso de conquista y punto de partida de la figuración utópica de una expedición que aparece transformada por el discurso utópico en descubrimiento de "un otro nuevo mundo". Las oposiciónes América~objeto del deseo, y locus utópico~América colonial se resuelven simbólicamente en ese tercer término: un "otro nuevo mundo" que neutraliza ambas oposiciones proyectándose como figura de resolución de dos contradicciones fundamentales del proceso de la conquista: en el plano ideológico la contradicción entre ideología cristiana caballeresca y violencia de la conquista y colonización; y en el plano histórico la destrucción del objeto del deseo a través de su transformación en una entidad económica, política y social que cuestiona —como señalan encarecidamente, junto a Ercilla, disidentes como Las Casas— algunos de los valores centrales de una España cristiana.

El nuevo espacio utópico en el que la historia de la conquista puede ser cancelada simbólicamente y el objeto del deseo reconstituido y recuperado flota, como todo buen espacio utópico, en las aguas, a una distancia prudencial del espacio histórico, la tierra firme conquistada. Esta separación, subraya el texto, es la condición necesaria de su preservación:

> Estaba retirada en esta parte
> de todas nuestras tierras excluida,
> que la falsa cautela, engaño y arte
> aun nunca habían hallado aquí acogida.[2]

---

[1] Ibidem, pg. 486.
[2] Ibidem, pg 491.

La figura que crea el discurso utópico como proyección simbólica de la descripción de las tierras del archipiélago del sur de Chile tiene unas características muy particulares, y muy diferentes de, por ejemplo, la figura de Tenochtitlán que crea Cortés en su segunda *Carta de relación*. Tenochtitlán, situada en el medio de la laguna, es una figura central en la que se concentran todo el poder y la autoridad de la figura monólitica de un único orden posible. La figura utópica del sur de Chile que crea Ercilla es una figura múltiple, fragmentaria y dispersa como las islas del archipiélago. La armonía de esa figura diversa y múltiple como las islas de un archipiélago, su unidad —el archipiélago— no deriva de una concentración monolítica de poder y autoridad en un solo punto, ni de la reducción de la pluralidad que se expresa en su fragmentación y dispersión a un sólo término. Viene de la negociación de toda diferencia: entre tribu y tribu, entre americano y europeo, entre europeo y americano. En la figura de Tenochtitlán el orden emana del poder y autoridad una figura de control —Cortés— que representa la única visión legítima. Pero la figura del archipiélago que crea Ercilla es justo lo contrario. Expresa la descentralización de toda visión. La armonía de esos "rincones/ libres de confusión y alteraciones" no resulta de la concentración máxima del poder sino de su máxima dispersión: el océano abierto se opone a la laguna cerrada, las islas a *la* isla. Y esa armonía no se mantiene por el ejercicio paternalista o abierto de la fuerza con que se respaldan poder y autoridad en la utopía de Cortés sino por la persuasión de la tolerancia y por la negociación de la diferencia de perspectivas.

> Y si queréis morar en esta tierra,
> tierra donde moréis aquí os daremos;
> si os place y os agrada más la sierra,
> allá seguramente os llevaremos;
> si quereis amistad, si quereis guerra,
> todo con ley igual os lo ofrecemos:
> escoger lo mejor, que a elección mía,
> la paz y la amistad escogería.[1]

El discurso utópico de Cortés resuelve la contradicción Otro(México)~Europa con la creación de una figura: Tenochtitlán. La figura proyecta simbólicamente el cosmos cortesino como neutralización de la oposición fundamental y como tercer término —la utopía— en el que se resuelve la contradicción que esta en su orígen. Pero Tenochtitlán es,

---

[1] Ibidem, pg. 492 (2).

como las figurillas de oro que duplican las maravillas de la naturaleza, figura de control y de apropiación: de la naturaleza, de México, de América, del Otro. En *La Araucana* el discurso utópico que proyecta simbólicamente la narración de la exploración del sur de Chile crea una figura de resolución de la oposición objeto del deseo~América colonial. Esta oposición expresa la vivencia de la destrucción de América como locus utópico y su desintegración en el caos de la guerra y de la explotación. Pero en el carácter plural de la figura se expresa una visión utópica de la realidad posible de ese locus que contrasta profundamente con la de Cortés. El archipiélago es figura de relativización de absolutos, de negociación de pluralidades. La América monolítica del cosmos cortesino que proyecta la figura utópica de Tenochtitlán en las *Cartas de relación* ha recuperado su carácter dinámico, múltiple y plural en la figura utópica de Ercilla. La resolución simbólica que propone esa figura múltiple no pasa por la intensificación del control español, ni por la asimilación del Otro, ni por la reducción de realidades heterogeneas a un orden único. Pasa por la negociación de toda diferencia, única estrategia capaz de hacer de cualquier espacio el espacio de la armonía, y de preservarlo como tal.

El discurso utópico de *La Araucana* se articula, como el de los dos cantos a los que me acabo de referir: como discurso simbólico de resolución de contradicciones fundamentales. La figura utópica del archipiélago, en la que culmina el recorrido simbólico por la historia del descubrimiento de América y de su conquista, es el término utópico que indica la salida de la serie de esa historia, abriendo el espacio simbólico de una alternativa utópica de armonía fraternal y plural. Pero, aunque el poema crea en y por el discurso esa figura utópica de resolución simbólica, la relación entre esa figura —la utopía- y la narración épica —la historia— es en el poema inequívoca. La utopía puede darse sólo en condiciones de separación total: la isla de Utopus después de la destrucción del istmo, Tenochtitlán en el centro de la laguna, el archipiélago separado por las aguas del océano de la tierra firme de Sudamérica. El contacto, es decir la intersección del plano utópico con el histórico, lleva consigo la destrucción instantánea del locus utópico:

> Pero luego nosotros destruyendo
> todo lo que tocamos de pasada,
> con la usada insolencia el paso abriendo
> les dimos lugar ancho y ancha entrada;
> y la antigua costumbre corrompiendo,
> de los nuevos insultos estragada,
> plantó aquí la cudicia su estandarte

Utopía e historia aparecen indisolublemente ligadas en el plano simbólico pero radicalmente opuestas en relación de exclusión en el plano histórico. Es por eso que en *La Araucana* la única utopía posible es la utopía personal: el repliegue del narrador desde el plano histórico —el de las complicidades y responsabilidades del sujeto colonial— hacia el plano filosófico —el de la reflexión moral, la transformación de la figura histórica del soldado en la figura utópica del peregrino.

*　　*　　*

Los textos colombinos articulan una primera representación de América que la identifica con el jardin del Edén. En las cartas de Aguirre y la poética de *La Araucana* el proceso de figuración utópica del sujeto colonial culmina en una misma figura: el peregrino. Jardín y peregrino son más que símbolos. Son figuras emblemáticas de toda una dinámica utópica que articula formas de percepción fundamentales del nuevo mundo, del descubridor y de la relación múltiple entre ambos. Son los polos simbólicos que enmarcan las oscilaciones del pensamiento utópico en el proceso de descubrimiento y conquista de América.

La figura mítica de las islas afortunadas de Pe-chi-li se proyecta desde la tradición china como una maldición. El juego de ocultamientos y rechazos con que responden a cualquier intento de aproximación escenifica minuciosamente la naturaleza destructora del deseo y la imposibilidad de su realización. Las islas misteriosas eluden al que las busca, desaparecen en las profundidades al verse asediadas, y destruyen al sujeto que, desafiando sucesivas barreras de interdicciones simbólicas, logra alcanzarlas. La representación simbólica del deseo como maldición no es, sin embargo, exclusiva de la tradición china. El mito del pecado original escenifica la misma percepción del deseo como amenaza. El jardín del Edén es el espacio simbólico de la armonía perfecta, el lugar en el que reina la felicidad absoluta. Pero se trata de una felicidad absoluta que no viene de la libertad incondicional —la fruta prohibida define precisamente sus límites— sino de la ausencia del deseo. La serpiente no introduce ningun objeto nuevo en el entorno de Adán y Eva. Se limita a introducir el deseo fijándolo en un elemento que ya estaba allí pero no como objeto del deseo sino como símbolo de autoridad superior. Es la transformación en la conciencia de Eva del símbolo de la autoridad en símbolo del deseo lo que provoca simultáneamente el primer acto libre y la destrucción del paraíso. Aquí, como en Pe-chi-li, el deseo no se satisface: Eva y Adán no accederán a la sabiduría que prometió la serpiente. Pagarán la

---

[1] Ibidem, pg. 493 (4).

elección de deseo sobre obediencia con la expulsión del ámbito mágico, el sufrimiento, la infelicidad y la muerte.

Propongo que tanto la formulación mítica de la geografía fantástica china como el mito del Génesis se articulan en torno a un mismo elemento central: el deseo. Y que con todas las diferencias narrativas las dos construcciones simbólicas comparten una visión análoga de la naturaleza del deseo y de su dinámica. Esta visión se expresa en dos rasgos fundamentales. En primer lugar, la identificación del deseo con el mal. La identificación es indirecta en el caso chino —el mal se manifiesta en los efectos del deseo, es decir en la destrucción del sujeto que se deja llevar por él, y mucho mas directa en el mito del Génesis donde el deseo, además de acarrear la destrucción simbólica del sujeto y de su mundo, es inseparable de la figura demoníaca del mal que representa la serpiente. En segundo lugar, la imposibilidad de su realización. La sabiduría que promete la serpiente es tan inalcanzable como las islas que se divisan entre cambiantes jirones de bruma. Finalmente, la función de ambas construcciones es análoga: proyectar la figura de la maldición que se cierne sobre todo el que ceda a impulso tan manifiestamente nefasto.

Toda utopía conjura esa maldición, y todo pensamiento utópico se define de entrada por su naturaleza transgresora frente a ella. El pensamiento utópico articula desde la razón del deseo figuras, percepciones de la realidad, y modelos epistemológicos que indican y proyectan la centralidad del deseo en la relación del sujeto con su mundo. El descubrimiento de América marca una eclosión sin precedentes de ese pensamiento en la convergencia histórica de toda una tradición literaria de expresión simbólica del deseo, reprimido o frustrado, con un espacio geográfico real inexplorado que pasa instantáneamente a funcionar en el plano simbólico como locus utópico o espacio de realización del deseo. Es en el marco de esa identificación del espacio geográfico con el locus utópico donde se define el simbolismo preciso de la reactivación del mito del Paraíso y su función en el descubrimiento de América. El jardín mítico es figura emblemática de la percepción utópica de América. No exactamente porque existan una o muchas correspondencias entre los elementos naturales del nuevo mundo —flora exhuberante, fauna insólita, nativos inocentes — y los elementos narrativos del jardín. La correspondencia se establece en el plano simbólico. El jardín mítico fija las coordenadas simbólicas que organizan la percepción de América como locus utópico: armonía, suspensión de leyes naturales e históricas, posibilidad ilimitada. Y es figura emblemática que proyecta la función primordial del deseo en todo un proceso de aprehensión de la realidad del nuevo mundo que converge con el de figuración de América como locus utópico.

La función primordial del deseo en el descubrimiento y la conquista de América, que simboliza la figura del jardín, es un arma de doble filo. El jardín recoge únicamente su aspecto positivo: la búsqueda de un espacio mágico donde el deseo y la realidad convergen utópicamente en la creación de un mundo armónico, sin serpientes y sin mal. Pero todo el proceso de la conquista misma desmiente esa armonía y, de hecho, muestra como la visión utópica de aspectos múltiples de la realidad americana resulta con frecuencia no en la armonía sino en el horror. El deseo es precisamente la clave de ese horror. Toda la relación del conquistador con el nuevo mundo se articula como relación entre el sujeto y el objeto del deseo. El deseo es la fuerza que impulsa toda una relación que identifica en el plano simbólico la satisfacción absoluta del deseo con la posesión del objeto. Esa satisfacción es posible en el locus utópico y de hecho es precisamente esa posibilidad lo que define América como locus utópico. Pero en el marco de esa relación particular todo lo que se interpone entre sujeto y objeto es dominado o destruido con la misma violencia. La energía que convoca el deseo cuando impulsa acciones notables como el transporte de trece bergantines a través de la cordillera que protege Tenochtitlán es la misma que reduce a unos nativos, que solo existen como obstáculos que se levantan entre el sujeto y la realización del deseo, a la categoría de bestias de carga, que masacra para asegurar la posesión de Tenochtitlán a treinta mil cholultecas, que explota sin piedad en el trabajo de los campos y de las minas a tainos o mexicas hasta su liquidación casi total. La figura del jardín americano excluye la serpiente y conjura la presencia del mal. Pero el mal es aquí la otra cara de la visión utópica de la realidad: ante la posibilidad de ese absoluto que promete la posesión del objeto del deseo, ante la posibilidad de la realización de todo deseo, cualquier obstáculo es deleznable, cualquier crueldad se justifica, cualquier destrucción cobra sentido.[1]

Para el descubridor ese locus utópico que conjuga en una figura todos los elementos imaginarios del objeto del deseo es también el espacio de la libertad. Una libertad que se define de entrada en el marco simbólico de la suspensión posible de toda continuidad histórica y de todo condicionamiento social. América es el lugar donde la historia personal y colectiva se relativiza en el contacto con la historia de otros pueblos y de los pueblos "sin historia". Donde puede comenzar de nuevo borrando la caída original —Las Casas— o dar un salto atrás regresando al tiempo mítico de los ideales heroicos del medioevo—Aguirre. Donde el pobre puede ser rico, el marginado poderoso; donde el soldado anónimo puede alcanzar la gloria y donde el segundón puede heredar la tierra. El sentimiento de la propia

---

[1] Claro que este mecanismo no es exclusivo de la conquista. Es verificable en el desarrollo de procesos históricos tan diversos como la revolución francesa y la construcción de los paises socialistas de Europa del este bajo la bota de Stalin, que comparten una misma pérdida de valor de los elementos concretos de la realidad inmediata ,que se justifica por el valor extraordinario de los objetivos ideales que se persiguen.

libertad ante la flexibilización de los condicionamientos históricos y de los procesos sociales es lo que impulsa la compleja dinámica de moldeamiento de identidades que se expresa en la galería de autorretratos que proyectan los textos de una primera generación de conquistadores y cronistas españoles.[1] En el lugar utópico de la realización del deseo las posibilidades de moldeamiento de la propia identidad se multiplican en toda una serie de figuras utópicas que proyectan la resolución simbólica de toda contradicción personal o histórica. Las figuras utópicas proyectan y exploran simbólicamente distintas estrategias de resolución de los conflictos que atormentan o amenazan al sujeto en su experiencia de la alteridad y en su vivencia de las contradicciones fundamentales del proceso de conquista. Al mismo tiempo abren posibilidades alternativas de relaciones con la autoridad —Alvar Núñez— con el Otro —Ercilla- o de organizacion social —Las Casas. En la *Utopía* de More la fundación del espacio utópico se complementa con la creación de una raza utópica: "...Al comienzo esto no era una isla, sino parte del continente. Al conquistarla, Utopus (cuyo nombre aún lleva ya que su nombre original fue Abraxa) impuso entre los rudos y bárbaros habitantes un gobierno y una civilización tan perfectos que hoy superan con mucho a los del resto de la humanidad. Hecho esto decidió separarlos del continente, rodeándo el territorio de mar por todas partes".[2] En *Utopía,* como en la conquista, la posibilidad de esa humanidad utópica se levanta contra el telón de fondo de una separación radical simbólica con respecto al ámbito originario: el "continente". En los textos de la conquista tanto la figuración utópica de los nativos —Las Casas— como la de los conquistadores proyectan la posibilidad de una humanidad diferente y mejor que la que habita el incómodo y tormentoso espacio de la historia. El rebelde se convierte en modelo de vasallos, el loco en caballero cristiano, el soldado cómplice en buscador de verdades, el náufrago en sabio, el aventurero en elegido de Dios. Cada una de las figuras utópicas en que se expresan los vaivenes del moldeamiento identitario del colonizador fija por un instante el juego de contradicciones en una figura ideal de resolución. Pero sólo por un instante. Porque la definición de la propia identidad se revela como un proceso sin clausura posible en virtud de la propia dinámica interna del moldeamiento identitario.[3]

El peregrino es figura emblemática de esa dinámica incesante de construcción y destrucción de identidades que caracteriza el proceso de constitución subjetiva del sujeto colonial en la conquista. Y es precisamente el loco Aguirre quien, en uno de sus

---

[1] Subrayo aquí "españoles" porque, como se verá más adelante, toda la problemática utópica se desarrolla de una forma muy diferente en los textos de los cronistas indígenas.

[2] Thomas More, *Utopia,* in *Famous Utopias,* ed. Frederic R. White, Hendricks House, Vermont, 1981, pg. 41-42.

[3] Es el proceso al que se refiere Greenblatt cuando señala una inestabilidad fundamental: ya que cualquier identidad lograda participa tanto de la autoridad como del Otro, contiene inevitablemente en sí misma el germen de su propia subversión o pérdida.

deslumbrantes momentos de lucidez desgarradora, equipara la experiencia subjetiva de un complejo proceso histórico que conjuga la exploración del Nuevo Mundo con la destrucción del mundo precolombino y con la creación de la América colonial, con una jornada simbólica de pérdida y y recreación de identidades. En su carta a Felipe II, todo el descenso del cauce del Marañón se transforma en jornada emocional que revela en el recorrido minucioso de la propia desesperación la transformación simbólica del "espíritu de hombre muerto" en "peregrino" y, más exactamente —utilizando un término de Baltasar Gracián— en "peregrino del ser."[1]

En el discurso de Aguirre el peregrino es figura de resolución simbólica que anuda en una continuidad subjetiva los momentos fragmentarios del proceso de constitución de la propia identidad. Las figuras del caballero cristiano, del loco, del traidor y del rebelde que expresaban la fragmentación de una conciencia escindida entre vivencias contrarias se hilvanan en una continuidad que se ordena subjetivamente como trayectoria de descubrimiento de la propia identidad. El peregrino es aquí figura de resolución de toda la problemática que se representa en la narración de la jornada simbólica del río Marañón que construye Aguirre en su carta al rey. En Ercilla, por otra parte, el peregrino que al final de la jornada utópica de descubrimiento del "otro nuevo mundo" del sur de Chile llega "adonde otro no ha llegado" es figura de resolución de todas las contradicciones que escinden la conciencia de un soldado-narrador-poeta atrapado en la red de lealtades incompatibles que se va creando en su experiencia de la brutalidad e injusticia de las guerras contra Arauco. En ambos el peregrino es figura utópica que, a la vez, anticipa y proyecta el conocimiento de la propia enajenación.

El peregrino es una figura dual que simultáneamente proyecta y anticipa —en aparente paradoja— el conocimiento de la realidad. En esa dualidad se apoya precisamente su carácter emblemático de la dinámica de los procesos del pensamiento utópico mismo. El símbolo: el peregrino, desplaza el concepto: la alienación. Pero ese desplazamiento no implica una evasión frente a la problemática en la que se debate el sujeto ni un eclipse de los procesos cognitivos. Indica un modo de conocimiento diferente. La figura anticipa todo el análisis de una problemática de redefinición de sujeto, experiencia y realidad que desarrollarán durante el barroco pensadores como Baltasar Gracián.[2] Pero a la vez proyecta un conocimiento exacto de la experiencia del aislamiento y la fragmentación del sujeto[3] que

---

[1] Véase en relación con esto Beatriz Pastor, "Lope de Aguirre the Wanderer: Knowledge and Madness", en *Dispositio*, 1988; y *Discursos narrativos*, capítulo IV, sección 3.

[2] Véase Jose Antonio Maravall, "Un esquema conceptual de la cultura Barroca", *Cuadernos Hispanoamericanos*, 1963, n. 273.

[3] En el sentido en el que Vlad Godzich se refiere a "fragmentation of the self". En su prólogo a *Heterologies*, ed. cit., pg.IX.

está en la base de esa problemática y ofrece estrategias simbólicas de resolución. La razón que hilvana vasallo-traidor-rebelde-loco como facetas de una figura única —el peregrino— o que propone el juego poeta-narrador-viajero como estrategia de resolución de la escisión de la conciencia del sujeto, es la razón simbólica. No es la razón analítica que organiza los ensayos de Gracián. Pero la figura es resultado y emblema de unos procesos cognitivos que sustentan una visión simbólica profundamente lúcida y exacta de una misma problemática: la alienación.

En su análisis de la *Utopía* de Thomas More, Marin se refiere al carácter ambiguo y contradictorio que el discurso utópico mantiene con la literatura y con la historia:

La naturaleza diferencial de la utopía es estilística. Se basa en una tipología de los géneros que se ordena desde otra sintaxis. En el caso de la Utopía de Thomas More, por ejemplo, he observado que la utopía, a través de su múltiple y variado *juego espacial* literario (narrativa historiográfica, relato de viajes, descripción, narracions ilustrativas, etc.) es el lugar textual de producción de una figura representativa, de una imagen visual dentro el texto cuya función es el disimular en su metáfora una contradicción histórica —la narrativa histórica— proyectándola en una pantalla. La proyecta como representación dándole la forma de una estructura de equilibrio armónico e inmóvil. [1]

Pero cuando explica su florecimiento extraordinario a partir del siglo XVI lo hace de una manera que me parece incompleta. "El discurso utópico, dice, aparece como forma ideológica de toma de conciencia. La percepción del conflicto entre las fuerzas productivas de la burguesía y unas condiciones feudales de producción se vuelve similar a una formación sintomática de las posibilidades de existencia de nuevas condiciones de producción en una sociedad feudal que se desmorona". [2] Hay, yo creo, otra manera posible de contextualizar la eclosión del pensamiento utópico que se manifiesta en ese desarrollo extraordinario del discurso utópico. El lugar que ocupa el discurso mismo entre los dos términos de la contradicción histórica indica la dirección de esa contextualización. En el contexto histórico que describe Garin, de pugna entre el poder ascendente de la razón del logos y la tradición del pensamiento heterodoxo (pensamiento mágico y hermético, razón simbólica, astrología y alquimia), el pensamiento utópico recoge y revitaliza elementos fundamentales de esa tradición. El contexto ineludible de esa opción no es solamente la lucha de clases del período sino, y sobre todo, el descubrimiento de América y la experiencia de la alteridad como vivencia que conduce inevitablemente a un cuestionamiento

---

1 Marin, ibidem, pg 61.
2 Ibidem, pg. 199.

91

de las emergentes formas hegemónicas de pensamiento y discurso del renacimiento. La *Utopía* de Thomas More subraya como construcción simbólica la importancia fundamental de ese contexto. La tradición heterodoxa no es nueva en el momento del descubrimiento. Pero la experiencia de descubrimiento y conquista que se expresa en los textos y que circula por toda Europa durante los siglos XVI y XVII cataliza una tradición antigua que se expresa de una forma nueva: en la articulación del pensamiento utópico y en las estrategias textuales del discurso utópico.

El discurso utópico abre un espacio simbólico en el que se proyectan como figuras de resolución las representaciones múltiples del descubrimiento y la conquista del Nuevo Mundo. Pero la creación de ese espacio no es sólo una estrategia particular de representación literaria. Es, de forma mucho mas amplia, síntoma y expresión de una tradición heterodoxa y proyecta simbólicamente, frente al poder del logos, la posibilidad de una alternativa epistemológica y crítica.[1]

---

[1] Es también, en muchos aspectos, un precursor simbólico del trabajo que llevaron a cabo lógicos como Jan Lukasiewicz, Emil Post y Alfred Tarski cuando demostraron sistemáticamente ya en las primeras décadas del siglo XX la existencia de modelos lógicos con mas de dos términos ("three-valued logic"). Véase en relación con este desarrollo Edna E. Kramer, *The Nature and Growth of Modern Mathematics*, Princeton University Press, 1970.

II

LOS BUSCADORES DEL REINO

CAPITULO IV

LAS CLAVES SIMBOLICAS DE LA HISTORIA

> En todo se distinguen figuras y signos: el
> espectáculo de lo terreno posee en su
> ambigüedad lecciones de eternidad.
> Sergio Buarque de Holanda

El 19 de febrero de 1547 fray Francisco de la Parra, uno de los frailes franciscanos que participaban en México en el extraordinario proyecto de evangelización concebido por la orden, escribe al emperador Carlos V. Su carta plantea una serie de reivindicaciones que van desde la petición de refuerzos —autorizada como está mandado por cita bíblica: *"Mesis quidem multa; operarii autem pauci. Petite et accipietis; quaerite invenietis; pulsate et aperietur vobis. Rogamus ergo dominum messis, ut mittat operarios in vineam suam"*[1]— hasta la crítica acerba a las nuevas medidas tributarias, para concluir con una propuesta directa de organización en los nuevos territorios de un gobierno presidido por los señores naturales y no por oficiales de la corona. Reivindicaciones, peticiones y propuestas no son particularmente nuevas: recogen algunos de los puntos principales que encontramos en muchos otros ejemplos de correspondencia franciscana con el rey, la jerarquía eclesiástica, la inquisición o el consejo de Indias durante el primer siglo de la conquista y colonización de América. Lo que hace de esta carta un documento especialmente interesante es la forma específica en que las peticiones se integran en una construcción literaria —la carta— que va

---

[1] Fray Francisco de la Parra, *Carta al emperador de febrero de 1545*, ed. por Joaquín Icazbalceta en *Nueva colección de documentos para la historia de México*, México, 1941, vol. II, pg. 177.

articulando una representación particular de la conquista y de su significado. Es una representación que se apoya sobre una serie de metáforas cristianas tradicionales: la vida es el mar amenazador por el que los seres humanos navegan, marineros improvisados guiados tan sólo por las virtudes cristianas. El marinero, leemos, es "el varón sabio que en todas cosas teme" en un mar "donde los avisados marineros suelen llevar una cuerda larga, al fin de la cual atan algún plomo para ver cuánta agua hay en aquel lugar, porque no tope la nao en lo bajo y padezca detrimento; y también se rigen por la carta de marear donde hallan muchos peligros descriptos para su aviso".[1] La mención de velas y agujas de navegar completa la representación de la lucha del ser humano en esta vida en la que todo son peligros y prepara la analogía que cierra la representación: el ámbito general de la vida que en la representación cristiana tradicional se equipara al mar se ve desplazado en la carta por un ámbito histórico específico: el de la conquista. Este es el ámbito particular al que se refiere la carta cuando habla de "el gran mar de *este* mundo" donde navegan en "las naos que son los santos ejercicios de la virtud", dando aviso de los bajos y trazando las nuevas cartas de marear los franciscanos, "menores marineros" encargados de la conquista espiritual del Nuevo Mundo. A ellos les corresponde dirigir la empresa de esa conquista en nombre del rey, piloto elegido por Dios. Ellos son los encargados de configurar el mapa simbólico que va delineando ante los ojos de ese piloto remoto y poderoso las complejas realidades del Nuevo Mundo: "justa cosa es que los menores marineros de la Orden de los Menores Frailes de la Observancia que navegamos de estotra parte, demos aviso de los bajos que por aquí se navegan, para que V.M. ponga en su real entendimiento, como en carta de marear".[2]

La carta de fray Francisco recicla metáforas tradicionales en una representación simbólica de América y de su conquista que revela los procesos de articulación del pensamiento utópico. El proceso histórico de la conquista se va desplazado por la construcción simbólica: América prolonga por analogía, en un nuevo espacio simbólico, el mar cristiano de la vida. En ese espacio simbólico el fraile navega enla nave de la virtud y a él le corresponde el papel de líder y de guía. Su misión en la conquista es el delinear los trazos de una carta de marear simbólica que permita sortear los peligros de lo desconocido y que asegure el éxito de la travesía. La representación simbólica de América como mar cristiano indica el objetivo final de su travesía. Ese objetivo es para el franciscano la cristianización del Otro: espacio, historia, cultura, nativo.

Las imágenes a las que recurre la representación simbólica de fray Francisco no son nuevas. Su visión de América enlaza sin problema con la que se expresa en innumerables

---

[1] Ibidem.
[2] Ibidem, pp. 178-179.

cartas, relaciones y memoriales franciscanos. Es esa visión más amplia franciscana que articula la representación de fray Francisco lo que me interesa analizar. Cartas y documentos recogen y revelan una visión coherente del Nuevo Mundo y del significado de su conquista. Es la visión que hilvana toda la gama de actividades franciscanas en la conquista, desde las catequizaciones aceleradas y los bautismos multitudinarios hasta las cuidadosas y eruditas investigaciones sobre lenguas y antigüedades mexicanas; desde las condenas de hechicerías y supersticiones de un fray Andrés de Olmos hasta los estudios admirables de las religiones y costumbres precolombinas de un Motolinía. Es una visión que fructifica con riqueza extraordinaria en América pero que no se origina aquí. Es una visión que se levanta sobre una concepción apocalíptica de la historia y que aborda la nueva realidad con las categorías simbólicas de un pensamiento utópico.

En el primer capítulo de sus *Memoriales* fray Toribio Motolinía sitúa con toda claridad esa visión en el origen mismo de la larga y compleja relación histórica entre los franciscanos y el Nuevo Mundo. Motolinía se refiere en su narración a la decisión del emperador de responder a la petición de Cortés enviando a México en 1524 la misión de los primeros doce franciscanos. Entre ellos se encontraba el propio Motolinía que resume su primera impresión de América en los siguientes términos:

> Vista la tierra y contemplada con los ojos interiores, era llena de grandes tinieblas y
> confusión de pecados, sin orden ninguna, y vieron y conoscieron morar en ella horror
> espantoso, y cercada de toda miseria y dolor, en sujeción de Faraón, y renovados los
> dolores con otras mas carnales plagas que las de Egipto.[1]

A una visión implícita que consignaría con la observación los detalles de la realidad física y geográfica de la tierra ("vista la tierra") se opone en el texto la contemplación ("contemplada"). Es la contemplación "con los ojos interiores" lo que revela la realidad profunda del Nuevo Mundo: una realidad simbólica de tinieblas, confusión, horror, miseria y dolor. El paralelo entre Moctezuma y el Faraón y la referencia a Egipto convoca un referente simbólico —el antiguo Testamento— e inscribe la realidad de los nativos en el marco de una concepción apocalíptica de la historia que se remonta a través de más de dos siglos de tradición franciscana a las lecturas de las Escrituras y del Apocalipsis de Joachim de Fiore.[2] La caracterización del Nuevo Mundo como caos "sin orden ninguna" delinea el

---

[1] Fray Toribio Motolinía, *Memoriales*, Biblioteca de Autores Españoles, Madrid, 1970, pg. 10.
[2] Joachim de Fiore (1130-1202), monje cisterciense que tuvo una influencia decisiva en San Francisco de Asís, expone en sus dos obras fundamentales, *Concordia Novi ac Veteris Testamenti* y *Liber introductorius in espositionem in Apocalipsim*, una compleja interpretación simbólica del Antiguo Testamento y del Apocalipsis de San Juan que periodizaba la historia de la humanidad en tres tiempos: El

marco simbólico de la misión de los franciscanos en América: la transformación del caos precolombino en el cosmos cristiano de la "nueva iglesia" de Cristo. Los "ojos interiores" que contemplan las profundidades de la realidad simbólica de América son los ojos del pensamiento utópico franciscano en la conquista de América.

Pero esos ojos interiores con los que Motolinía y los demás franciscanos contemplaron las complejas realidades del México recién conquistado enlazan con una larga tradición y tienen un referente simbólico preciso. El referente simbólico está en el Apocalipsis o, más exactamente, en la periodización de la historia que propuso Joachim de Fiore basándose en una lectura de las Escrituras que utilizaba el Apocalipsis como clave simbólica de interpretación. La referencia a Egipto que contiene el texto de Motolinía, por otra parte, nos remite a la tradición bíblica con la que enlazan algunos elementos fundamentales del pensamiento utópico franciscano en Europa y América, aunque esta no sea la única fuente de esos elementos, como se verá.

El pensamiento utópico franciscano organizó una percepción del Nuevo Mundo y dio forma a unas representaciones de las realidades americanas que proyectaban América como figura de resolución simbólica de una contradicción fundamental: la que oponía la Iglesia romana de la Europa cristiana de los siglos XV a XVI a la verdadera iglesia fundada por Cristo con sus apóstoles. Para los franciscanos la iglesia romana se identificaba con la Babilonia del Apocalipsis y América se convirtió en el locus utópico de la "nueva iglesia" y del milenio de armonía que seguiría a la apertura del séptimo sello y precedería el juicio final.

$$\text{Iglesia primitiva cristiana} \quad \sim \quad \text{Iglesia romana}$$

$$\text{Iglesia del Milenio: América}$$

La crítica franciscana al poder y a la riqueza de la iglesia romana, su reivindicación de la pobreza, enlazaron desde la fundación de la orden con la visión extraordinaria de Joachim de Fiore. Pero de hecho se remontaban dentro de la tradición judeocristiana hasta mucho más lejos. Ya en el *Libro de los reyes* se va perfilando la crítica a la opulencia de Salomón frente a la pobreza circundante: "Y el rey hizo que abundara la plata en Jerusalén como las piedras, y multiplicó los cedros hasta que abundaron como los sicomoros en el valle, y toda la congregación de Israel vino y habló a Rehoboam diciendo: Tu padre nos oprimió con un

tiempo de la letra del Antiguo Testamento, el de la letra del Nuevo Testamento y el de la concordia espiritual. La última etapa, el tiempo del espíritu Santo, sería una edad de armonía, edad de los monjes que aboliría la iglesia romana. Este tiempo estaba aún por llegar y, una vez comenzado, habría de durar mil años. Véase George Baudot, *Utopía e historia en México*, Espasa-Calpe, Madrid 1983, pp. 88-89

pesado yugo; alivia ahora tú nuestro servicio, volviendo más ligero este yugo que él colocó sobre nuestros hombros".[1] Amos clama contra la traición de una iglesia —la casa de Israel— que ha abandonado la pureza de los preceptos de Dios y de los ideales cristianos primitivos, que "vende a los justos por plata y a los pobres por un par de zapatos"(*Amos* II,7); que detesta al virtuoso que levanta críticas (V, 10); que aflige al justo, acepta sobornos y rechaza al pobre privándolo de sus derechos (V, 11).[2] La visión utópica de América como lugar de la nueva iglesia del milenio, por otra parte, enlazaba con la del milenio de armonía y paz de la visión apocalíptica de la historia de Joachim de Fiore pero se remontaba también al Antiguo Testamento, por ejemplo en los escritos de Micaías:

> Y muchas naciones vendrán y dirán ven, déjanos llegar a la montaña del Señor... y El nos enseñará sus leyes y seguiremos sus pasos. Y juzgará entre muchos pueblos y humillará fuertes naciones lejanas. Y forjarán arados con sus espadas y hoces con sus lanzas; y ningún pueblo alzará las armas contra otro, y ninguno aprenderá a hacer la guerra; sino que cada hombre se sentará bajo su parra y bajo su higuera; y nada le inspirará temor; y todas las gentes caminarán en el nombre de Dios para siempre jamás.[3]

El 24 de febrero de 1209 San Francisco de Asis fundó la orden franciscana. Esta fundación no fue un hecho único ni aislado. El pensamiento cristiano de San Francisco se apoyaba en dos puntales: la crítica a la Iglesia institucional de Roma, demasiado ligada al poder y a la riqueza, y la propuesta de revitalización de un espíritu cristiano primitivo centrado en la pobreza. Este nuevo espíritu estaría en la base misma de la nueva iglesia de Cristo. Tanto la crítica como la propuesta estaban profundamente arraigadas en un movimiento de reivindicación de la pobreza como virtud cristiana fundamental. En él participaban tanto algunas de las órdenes monásticas medievales reformadas —el Cister al que pertenecía el propio de Fiore, por ejemplo y, en forma aun más extrema, San Juan de la Flor, la casa fundada por el propio de Fiore— como algunas de las corrientes críticas más radicales que acabarían siendo declaradas heréticas por la Iglesia: "Vagabundos, mendigos que nos recuerdan la palabra divina, los doce compañeros de San Francisco son, en primer

---

[1] *Libro de los reyes I*, 10: 27 y 12:4 The Holy Bible. King James version. London 1939. Collins Clear-Type Press. Todas las traducciones de este y de los otros textos que se indican en las notas al pie de página son aproximadas y mías.

[2] Ernst Bloch señala la continuidad que enlaza el espíritu de Joachim de Fiore en su rechazo radical de la iglesia de Roma — "they deck the altars and the poor man suffers bitter hunger"— con las críticas de los mas antiguos profetas del Antiguo Testamento: "Amos, who says of himself that he is a poor cowherd who picks mulberries, is the oldest of the prophets, and perhaps the greatest... 'I hate and despise your feast days, and I will not smell in your solemn assemblies'. Ernst Bloch *The Principle of Hope*, Vol. II, pp. 496-499. *Amos II*, 5-7.

[3] *Micaias*, IV: 3,4,5.

lugar, los humildes, los últimos de todos, los hermanos menores, es decir 'los frailes menores'". Su espectacular despego de lo terreno se inscribe así en una corriente cristiana de la época feudal que se ha llamado el "movimiento de la pobreza y en el cual coinciden tanto las grandes órdenes monásticas reformadas como los cistercienses, como corrientes heterodoxas perseguidas como los cátaros".[1]

Pero el pensamiento franciscano no se redujo a una crítica de la Iglesia ni se circunscribió a una propuesta de reforma institucional. Apuntaba a la creación de una nueva iglesia para una nueva era de la humanidad: el milenio. En esta vertiente, que es su vertiente específicamente utópica desde los orígenes mismos de la orden, el pensamiento franciscano enlaza directamente con la visión de la historia que formuló Joachim de Fiore en sus obras *Liber introdictorius in expositionen Apocalipsim* y *Concordia Novi ac Veteris Testamenti*.[2] En el *Apocalipsis* de San Juan se encuentran, según de Fiore, las claves simbólicas para la interpretación del desarrollo de la historia. Su lectura revela, tal como señala Baudot, "la clave del pasado y del porvenir".[3] El texto del *Apocalipsis* se convierte en cifra del significado del mundo y del desarrollo de la humanidad. Su lectura simbólica identifica la periodización de la historia con los sellos del Apocalipsis y el futuro que se vislumbra al final del largo período de pruebas que concluye con la destrucción de la iglesia corrompida, con el advenimiento del milenio:

> ... Y vi las almas de los que fueron decapitados por dar testimonio de Jesús y por la palabra de Dios, y a todos los que no habían adorado a la bestia ni a su imagen, ni habían recibido su marca en la frente o en la mano; y vivieron y reinaron con Cristo por mil años... Bienaventurados los que participan en esta primera resurrección: la segunda muerte no tendrá poder sobre ellos sino que serán sacerdotes de Dios y de Cristo y reinarán con Él mil años.[4]

En las obras de Joachim de Fiore la lectura histórica del laberinto del Apocalipsis con su complejo sistema de correspondencias simbólicas traza las coordenadas de una visión apocalíptica de la historia. Tanto la lectura particular que historiza los símbolos de las revelaciones de San Juan como la visión simbólica que periodiza la historia de la humanidad estableciendo correspondencias con los sellos del Apocalipsis muestran las huellas de los procesos del pensamiento utópico. El concepto es desplazado por el símbolo

---

[1] George Baudot, *Utopía e historia en México*, pg. 88.
[2] Existe una reedición fotográfica de ambas publicada en Francfort en 1964.
[3] Baudot, ibidem, pg. 89.
[4] San Juan, *Apocalipsis, XX*, 4-6. La traducción es mía.

y cada uno de los elementos de la realidad que se quiere comprender —aquí
específicamente la historia pasada, presente y futura— se categoriza y define en función de
la figura utópica de resolución de las contradicciones históricas fundamentales que de Fiore
quiere neutralizar. La nostalgia desesperada por la utopía cristiana de la iglesia primitiva de
Cristo y el rechazo radical de una iglesia degradada cristalizan en el pensamiento utópico de
de Fiore en una oposición fundamental:

$$\text{Iglesia de Cristo} \qquad \sim \qquad \text{Iglesia Romana}$$
$$\text{Nueva Iglesia del Milenio}$$
$$\text{(Utopía)}$$

En la lectura de de Fiore la iglesia se ha convertido en "el lugar que habitan los demonios,
en la morada de todo espíritu maligno, en la jaula que encierra a todo pájaro odioso e
impuro" (*Apocalipsis*, XVIII, 2). Con ella "fornican todos los reyes del mundo y gracias a
la abundancia de sus refinamientos se han enriquecido todos los mercaderes de la tierra"
(XVIII, 3). La elección misma de la caracterización virulenta que hace San Juan de la nueva
Babilonia como clave simbólica de interpretación del significado histórico de la iglesia
romana revela el radicalismo feroz de la crítica de Joachim de Fiore. Desde esa visión
radical la Iglesia aparece irremisiblemente corrompida a través de siglos de traición repetida
a los principios de la iglesia primitiva de Cristo, de alianzas con el poder (fornicación con
reyes) de decadencia y de degradación moral :"for her sins hath reached unto heaven and…
how much she hath glorified herself" (XVIII). Su destrucción es el primer paso necesario
para la fundación de la nueva iglesia de Cristo y, según de Fiore, el *Apocalipsis* contiene la
promesa de esa destrucción: "Venid a mi, pueblo mío, para que no participeis en sus
pecados ni sufráis sus plagas… sus plagas la asolarán en un solo día… y será
completamente destruída por el fuego: porque fuerte es el Dios que la ha juzgado" (XVIII,
8).

En el pensamiento de Joachim de Fiore la destrucción simbólica de la iglesia romana
marca el nacimiento de la iglesia nueva del milenio y el desplazamiento del tiempo histórico
—que aparece indicado simbólicamente en el texto por la destrucción que detallan plagas,
jinetes y sellos—por el tiempo utópico de la armonía sin falla del reino milenario. El gesto
fundacional del reino milenario es la eliminación de toda contradicción: es lo que simboliza
el encarcelamiento de Satanás que marca la separación total del mal y del bien :

Y vi bajar un ángel del cielo, y llevaba en la mano la llave del abismo sin fondo y una
gruesa cadena. Y agarró al dragón, a esa vieja serpiente que es el Demonio y Satanás, y lo

100

amarró por mil años, y lo arrojó al abismo sin fondo y lo encerró y selló para que no

pudiera engañar más a los pueblos hasta que hubieran transcurrido los mil años. (XX, 1-4)

Lo que sigue es la visión utópica de un mundo sin mal, habitado sólo por los que no se dejaron seducir por la bestia, gobernado por aquellos que participaron en la primera resurrección, los nuevos sacerdotes que rechazaron la nueva Babilonia. Es la "edad de los monjes" a la que se refiere Bloch,[1] la época de recoger la mies que, según de Fiore, fue sembrada en el Antiguo Testamento, germinó en el Nuevo y alcanza finalmente su madurez en el reino de mil años de armonía prometido por el *Apocalipsis* (XX y XXI), la edad de plenitud espiritual e intelectual que sucederá a la edad de gracia del Nuevo Testamento y a la edad de control y miedo del Antiguo.

En el *Apocalipsis* la representación de la Nueva Jerusalén (XXI) articula simbólicamente la figura utópica del reino. La lectura de sus elementos como claves simbólicas de la visión utópica de San Juan revela los rasgos fundamentales que componen la visión utópica de la armonía que retomó Joachim de Fiore en su interpretación del texto. Frente a la apertura e inestabilidad del número siete que funciona en los primeros capítulos del Apocalipsis como cifra de destrucción (7 Angeles, 7 Sellos etc.), el doce es la cifra de la armonía que proyecta orden y simetría en el juego de factores que permite descomponerla en series simétricas de 2, 3, 4 y 6. El número doce es la cifra que indica el enlace entre utopía e historia. La historia, referente ausente de toda figura utópica, aparece así inscrita simbólicamente en la figura de la nueva Jerusalén en una cifra que convoca simultáneamente la historia del pueblo de Israel y la del cristianismo. Las doce puertas por las que hay que pasar para entrar a la nueva Jerusalén llevan inscrito el nombre de las doce tribus de Israel ("y sobre las puertas estaban escritos los nombres de las doce tribus de Israel", XXI: 12) y los doce cimientos tienen grabado el nombre de los doce apóstoles ("Y en cada uno de los cimientos el nombre de uno de los doce apóstoles del Cordero", XXI: 14). Pero aunque la historia aparece simbólicamente inscrita en ella por la cifre doce, la figura utópica del reino de la armonía se muestra tan desvinculada del espacio y del tiempo históricos como la isla de Utopus después de la destrucción del istmo. La figura cae del cielo como proyección directa de Dios, absoluto de perfección: "Y me llevó en espíritu lejos de allí a una montaña grande y alta y me mostró la gran ciudad, la sagrada Jerusalén que descendía del Dios de los cielos" (XXI: 10). En ella queda abolida toda progresión, toda distancia, y toda historia en relación con el absoluto de perfección y armonía del que emana: "Y no hay en ella templo alguno porque el propio Dios todopoderoso y el cordero son su templo" (XXI: 22). La nueva Jerusalén, figura del reino milenario, es figura de armonía

---

[1] Ernst Bloch, *Principle of Hope,* vol II, pg 510.

perfecta: en ella se contiene toda perfección y sabiduría y en ella queda abolido el deseo: "Y la ciudad no necesitaba que la alumbraran la luz del sol ni el resplandor de la luna porque la gloria del mismo Dios la ilumina y el cordero es su luz" (XXI: 23). De ella han sido eliminados el mal y las tinieblas: "Y sus puertas no se cerrarán jamás durante el día: porque en ella no existirá la noche" (XXI: 25).

La figura utópica aparece en las visiones de San Juan suspendida entre el cielo y la tierra y su localización espacial es emblemática de su condición utópica: es el tercer término que neutraliza en el pensamiento utópico la oposición irreductible entre los dos términos que la originan —cielo y tierra— marcando no su resolución sino la salida de la serie. Es el tercer término imposible del principio de contradicción aristotélico. Y es un término que, a la vez que afirma su existencia sobre el rechazo del principio y se sitúa fuera de la línea de pensamiento que proyecta la oposición, modifica radicalmente los términos mismos de esa oposición: A ~ B, cielo ~ tierra, se mantiene como referente simbólico de la figura pero transformados en nuevo cielo y nueva tierra: "Y vi un nuevo cielo y una nueva tierra: porque el primer cielo y la primera tierra habían desaparecido" (XXI: 1). Y esa transformación de los términos de la oposición, contra la cual se levanta la figura utópica, nos recuerda la contradictoria dinámica misma de la relación entre utopía e historia.

La nueva Jerusalén del *Apocalipsis* es una figura utópica. Se articula como figura de resolución simbólica de una serie de oposiciones fundmentales —cielo~tierra, divinidad~humanidad, perfección~falibilidad— que van proyectando en juego de incompatibilidades incesante la oposición originaria fundamental entre el paraíso y el valle de lágrimas, es decir entre el reino de gracia de Dios y el mundo pecador al que fue arrojada la humanidad después de la caída. Pero, en la lectura de Joachim de Fiore, la nueva Jerusalén se identifica muy específicamente con otra figura utópica: la nueva iglesia del milenio. Es Joachim de Fiore el que codifica por primera vez los atributos de esa nueva figura utópica en oposición simbólica a la Nueva Babilonia con la que su análisis del texto de San Juan identifica la iglesia romana. La figura recoge el deseo de purificación y perfección de mas de 600 años de reformas monásticas: desde la fundación de San Benito en el siglo VI,[1] y neutraliza simbólicamente una oposición fundamental contra cuyo telón de fondo se proyecta el programa y la regla de cada una de esas órdenes: la oposición cristianismo ~ historia.

La lectura simbólica que hace de Fiore del texto de San Juan es una respuesta particular —y utópica— a una problemática histórica, y contiene las claves simbólicas de

---

[1] El siglo VI es un período de grandes acontecimientos para la Iglesia. Es por una parte el siglo de las grandes conversiones de los pueblos bárbaros que han ocupado el imperio romano. Y es también el siglo de la fundación del papado medieval con Gregorio el Grande y de la fundación de la primera de las órdenes monásticas: la orden benedictina, que será la única durante casi 600 años.

esa problemática. Es la que se ha ido desarrollando desde la fundación de la iglesia primitiva cristiana por el propio Jesucristo y sus apóstoles. Incluye tanto el cambio de foco de un pensamiento religioso que ha terminado por abandonar una visión que originalmente definía la misión de la iglesia como preparación de la llegada inminente del reino de Dios, como las vicisitudes de la institucionalización de la iglesia de Roma como centro del poder fundador de la "Civitas Dei" de San Agustín en este mundo.[1] Es la misma problemática que forma el trasfondo de la larga serie de movimientos reformistas o heréticos que van cuestionando la transformación histórica de la iglesia de Roma y proponiendo de distintas maneras el retorno purificador a los ideales cristianos primitivos a lo largo de toda la edad media. Contra ese trasfondo la lectura de Joachim de Fiore es una lectura histórica del *Apocalisis* que propone, desde los modos de articulación propios del pensamiento utópico, una visión apocalíptica de la historia que culmina en la nueva Iglesia, figura utópica de resolución de todas las contradicciones históricas de la iglesia anterior.

El texto de San Juan es un texto utópico. Propone las figuras encadenadas del reino milenario y de la segunda resurrección como figuras de resolución simbólica de todas las contradicciones que afligen a la condición humana frente a la perfección de una divinidad sin fallos y sin historia. Pero la visión utópica de San Juan articula sus figuras en relación con un contexto inmediato: la llegada inminente del fin de los tiempos que se anuncia repetidamente en el Nuevo Testamento. Diez siglos más tarde el pensamiento utópico de Joachim de Fiore va tejiendo en su lectura del *Apocalipsis* toda una serie de correspondencias simbólicas que proyectan la figura de resolución simbólica de una problemática muy distinta y que contienen las claves de un contexto histórico diferente: los diez siglos de pactos y alianzas entre Iglesia y Poder sobre los que se levanta la hegemonía de la iglesia de Roma, y los seis siglos de deseo de perfección y de propuestas de retorno al cristianismo primitivo que van cristalizando periódicamente en la creación o reforma de las órdenes monásticas y en la proliferación de sectas heréticas. Es en ese sentido preciso que podemos decir que la lectura simbólica del texto de San Juan que hace de Fiore es una lectura histórica. Es el pensamiento utópico de de Fiore el que va transformando a través de una lectura particular la visión utópica del *Apocalipsis* en recodificación de la historia. En su lectura simbólica, de Fiore convierte el texto de San Juan en instrumento de legitimación de su crítica contra la iglesia de Roma y en texto profético que anuncia la realización del

---

[1] Bloch señala críticamente las implicaciones de ese desplazamiento de objetivos: "Precisely such a powerful dream of the future as that of the millenium is sacrificed to the Church, in which it is supposed to be already fulfilled... The defusing of the milllenium into the church was little hindrance, especially as civitas Dei, being such a high vision, constantly gave the lie to the corrupting Church's claim to be the millenium... the kingdom of God became the revolutionary magic formula throughout the Middle Ages..." Ernst Bloch, *The Principle of Hope*, Vol. II, pg. 507-8.

deseo: la perfección. Es el pensamiento utópico el que transforma la Nueva Babilonia en la iglesia de Roma y la Nueva Jerusalén en la Nueva Iglesia de Cristo, inscribiendo simbólicamente en un proceso histórico —las tres edades que culminan en el milenio— la realización del deseo que movía las distintas reformas monásticas en la nueva figura utópica de la iglesia del milenio, que el texto profético de San Juan legitima con su autoridad. La lectura de de Fiore revela una convergencia simbólica entre dos problemáticas históricas: la del cristianismo primitivo y la de las órdenes reformadoras del medioevo, que enlaza a través de los siglos un mismo deseo: la armonía del ideal de perfección cristiano, y un mismo objetivo utópico: la llegada del reino de Dios. Un reino sin mal, sin contradicciones y, sobre todo, sin historia. Porque ambas figuraciones utópicas —la del texto de San Juan y la de la interpretación de de Fiore— se levantan sobre una misma neutralización de la historia, y en ambas esa neutralización es condición necesaria de acceso al reino que anticipa el gesto simbólico fundacional de toda utopía. Es el gesto de separación temporal y espacial, de eliminación simbólica de cualquier forma de continuidad que Utopos retomará y dramatizará con la destrucción del istmo. Y ese gesto simbólico ilumina la relación misma del pensamiento utópico con el logos, la discontinuidad implícita en un modo particular de acercamiento a la realidad y de visión de la historia que no plantea soluciones simbólicas ni alternativas dentro de una continuidad —es decir entre infinitos juegos posibles de oposiciones binarias— sino a partir de un rechazo de esa continuidad histórica y de una salida impensable desde el logos —utópica— de ese juego que no puede más que remitir incesantemente a sí mismo y a su propia historia.

La convergencia profunda de la visión utópica de San Juan con la de Joachim de Fiore no es un hecho fortuito sino histórico. Las resonancias simbólicas sobre las cuales de Fiore articula su visión de la historia de occidente y de la iglesia a través de su lectura del *Apocalipsis* revelan una misma opción del pensamiento frente a las contradicciones insolubles de la naturaleza, de la humanidad y de su historia: la alternativa utópica, el rechazo de la serie, la elección del tercer término imposible de la lógica aristotélica y la realización del deseo en la salida de la serie. Pero, ¿hasta qué punto se difunden más allá de San Juan y de Joachim de Fiore esa opción epistemológica, esa visión de la historia, esa concepción del mundo? ¿Cómo se van atando a través de los tres siglos que separan la fundación de la Casa de San Juan de la Flor del descubrimiento de América los cabos que enlazan la interpretación que hace del laberinto del Apocalipsis un monje medieval con la compleja visión de América y sus habitantes que anima las primeras misiones franciscanas en el Nuevo Mundo? ¿Qué elementos ligan un modo de pensar con otro, una interpretación simbólica de una realidad —la lectura de Joachim de Fiore— con otra: la visión franciscana de América y del significado de su conquista?

La conexión entre el pensamiento de de Fiore y la visión que plasmó San Francisco en la fundación de su orden es un hecho bastante indiscutible. Las reglas mismas de la orden, su insistencia en el desprendimiento, en el desapego frente a todo poder terrenal y en la humildad frente a los humildes —de ahí el término "menores" que se aplica a los frailes de la orden— y sobre todo en la pobreza, retoman los principios que rigieron la Casa de San Juan de la Flor, fundada por el propio de Fiore en los últimos años del siglo XII. "La inspiración de San Francisco —dice Baudot— proviene en este punto de los análisis y de los sueños del abad cisterciense Joaquin de Fiore (1130-1202) cuyas obras de carácter escatólogico habían conocido el mayor éxito... Hijo de un notario calabrés, Joaquín de Fiore iba a fundar una nueva casa, San Juan de la Flor, que se caracteriza por una defensa enérgica de la regla monástica en su pleno rigor y una insistencia excepcional en la virtud de la pobreza".[1] La pobreza es sin duda la piedra angular de la regla franciscana como lo fue de la Casa de San Juan de la Flor. Pero su importancia central no viene sólo de su función mas obvia en el rechazo de la seducción del poder y la riqueza. La pobreza tiene un significado a la vez práctico y simbólico. Es una opción y un modo de vida que se presenta como alternativa radical a la degradación de la iglesia de Roma. En ese aspecto enlaza con todo un pensamiento analítico que va formulando la crítica del poder y la corrupción de la iglesia y que se manifiesta en las sucesivas reformas monásticas y herejías medievales. Pero la pobreza tiene también, dentro del pensamiento de San Francisco y de Fiore, un valor simbólico que la convierte en punto de anclaje del pensamiento utópico de ambos. La pobreza es más que programa de acción, más que signo de rechazo de la corrupción de la iglesia: es un símbolo de redención. Es el talismán necesario que abre las puertas del reino utópico: es "la condición misma del cumplimiento de las profecías, el estado necesario que abre el camino a la realización de las promesas de la Escritura".[2]

El valor simbólico de la pobreza es uno de los elementos centrales que enlazan el pensamiento de Joachim de Fiore con el de San Francisco y con las reglas de su orden. Pero aunque el enlace de esas dos manifestaciones del pensamiento utópico es clave para contextualizar y comprender aspectos fundamentales de la visión franciscana de América, de la misión de la orden y del verdadero alcance de su conquista espiritual, la influencia de de Fiore es sólo uno de los elementos que explican la forma en que los franciscanos abordaron la evangelización del Nuevo Mundo, es decir, la realización de su objetivo utópico. El pensamiento utópico de de Fiore dió forma al pensamiento utópico franciscano, a la forma en que los primeros franciscanos percibieron América — como locus utópico del advenimiento del reino milenario— y a su propia visión del significado de su misión

---

[1] George Baudot, op. cit., pg 88.
[2] Ibidem, pg 88 y nota 9.

evangelizadora: preparar la llegada del milenio y la fundación de la nueva iglesia de Cristo con la conversión de los últimos gentiles que profetizaba San Juan. Pero tanto en la percepción como en el programa de acción evangelizadora se manifiesta una actitud que determina estrategias específicas, y cuyo origen hay que relacionar con un trasfondo histórico y con una tradición de relaciones con culturas y religiones ajenas que constituye un fenómeno más amplio y complejo y cuya riqueza no puede reducirse a una sola fuente. Es un origen que incluye los preceptos de órdenes monásticas y también los de sectas místicas islámicas; que se remonta al *Código de las siete partidas* de Alfonso X el Sabio y también al texto sagrado del Corán; que incorpora tanto la visión que se expresa en las lecturas simbólicas de un monje calabrés como la que revelan las vueltas y revueltas del pensamiento deslumbrante de un Raimon Llull.

No es posible comprender, sin relacionarla con el pensamiento de San Francisco y de Joachim de Fiore, la mirada de esos "ojos interiores" a los que se refiere Motolinía, ni el significado de la figura utópica que esa mirada simbólica va configurando. Pero tampoco es posible explicar, sólo en relación con esa línea de pensamiento utópico que acabo de esbozar, desde San Juan hasta los doce primeros,[1] las estrategias específicas de evangelización en que se fueron plasmando el plan de conquista espiritual de los franciscanos en América. Me refiero, por ejemplo, a la decisión de aprender las lenguas de los nativos y de profundizar en el conocimiento de sus culturas. O a la visión de los infieles que se expresa en los escritos franciscanos. La pasión con la que los franciscanos se volcaron en el estudio de las lenguas nativas y el ardor con el que defendieron la humanidad y dignidad de los americanos contrastaba claramente tanto con la actitud generalizada entre los conquistadores —con la excepción de Cortés y pocos más— como con la actitud de creciente intolerancia y ortodoxia que iba a ir caracterizando todo el cuadro de relaciones sociales, políticas y religiosas que cristalizó en las colonias de forma definitiva en la segunda mitad del siglo XVI. En cambio, enlazaba sin problema con actitudes y posiciones muy difundidas y aceptadas durante los siglos de convivencia pacífica de las tres religiones en la península.[2] Era la misma actitud frente al no cristiano que encontramos en Alfonso el Sabio y que expresa Raimon Llull cuando dice en su *Blanquerna:* "Que nuestra alma no se olvide de los infieles pues son de nuestra sangre y tienen nuestra misma forma. Hay en ellos ignorancia de fe y de ciencia por faltar quienes se la muestren".[3] El mismo interés por el conocimiento de lenguas y culturas vinculado a estrategias de evangelización que

---

[1] Los doce frailes que integraban la primera misión franciscana enviada por el rey a petición de Cortés en 1524.
[2] Américo Castro, *España en su historia*, Editorial Crítica, Barcelona, 1983. Especialmente capítulo V, pg. 201-2.
[3] Raimon Llull, *Evast e Blanquerna,* 1935, pg. 202. Citado por Castro en op. cit.

desarrollaron los franciscanos tenía precedentes en España que se remontaban al siglo XII. Sólo un ejemplo para ilustrar este punto. Hacia 1262 se produce la "conversión" de Raimon Llull. Después de una serie de experiencias que interpreta como manifestaciones de la voluntad de Dios, promete cambiar de vida y dedicarse a la propagación de la fe. Como parte de ese proyecto promete fundar un monasterio en Miramar donde doce frailes menores podrán dedicarse al estudio riguroso del árabe y otras lenguas orientales con vistas a una evangelización mas eficaz y dialogada.[1] La promesa del monasterio de Miramar subraya tres puntos relevantes para la acción y el proyecto de los franciscanos en América. En primer lugar la línea de continuidad que enlaza su visión con la de Llull. En segundo lugar la existencia de una tradición medieval de estrategias de cristianización, en este caso el estudio de lenguas y culturas de los pueblos que se desea convertir, con la que enlazan las de los propios franciscanos. En tercer lugar la continuidad de una actitud de rechazo de la fuerza y del autoritarismo y de reafirmación del diálogo y la negociación como única forma aceptable de cristianización. Es una actitud que se remonta hasta el propio Corán que afirma: "No hay violencia en la religión". Y que se difunde en la España musulmana alentando la tolerancia frente a otras religiones que se expresa de forma inequívoca en el *Código de las siete partidas* : "Por buenas palabras e convenibles predicaciones deven trabajar los christianos de convertir a los moros, para fazerles creer la nuestra fé... non por fuerza ni por premia... ca si la voluntad de nuestro Señor fuesse de los aducir a ella, e de gela fazer creer por fuerça, El los apremiaría si quisiesse; mas El no se paga del servicio que fazen los omes a miedo, mas de aquel que se faze de grado, e sin premia ninguna".[2] Es la misma actitud que retoman los franciscanos de las primeras misiones en América y que encontramos en el centro mismo de los argumentos de Las Casas contra la conquista y la evangelización forzosa de los nativos americanos.

Los "ojos internos" de Motolinía tienen pues una larga historia. La visión de América y de sus habitantes que van configurando se inscribe en una línea de pensamiento utópico cristiano que se remonta, a través de las lecturas de de Fiore, hasta el Apocalipsis. Y las estrategias y modos de acción que moviliza su visión, inscrita en la convergencia del deseo de realización del reino milenario con la misión evangelizadora en tierra de infieles, enlaza simultáneamente con la ética que se plasma en las reglas de la orden y con la de algunos movimientos disidentes de purificación del Islam, como el de los sufís cuyo modo de vida coincidía casi exactamente con el que proponían dentro del cristianismo los grandes

---

[1] Sus otras dos promesas incluyen el escribir un libro comparando Islam y Cristianismo y demostrando la superioridad del segundo, y su propio martirio en la propagación del cristianismo entre los infieles. Antonio Oliver, "Raimundo Llulio", *Ciclo Politeia*, pg. 3. Madrid 1993.
[2] Alfonso X, *Código de las siete Partidas*, VII, tít. XXV, ley 2. Citado por Américo Castro en op. cit., pg 201.

monjes reformistas como de Fiore y San Francisco de Asis: "Para enseñar al pueblo sencillo quién es Dios… el sufí ha de vestir pobremente, no ha de tener morada fija, ha de recorrer los caminos del polvo, comer de lo que le den, hablar en vulgar… "[1]

Dentro de la línea del pensamiento utópico con la que enlaza la visión de los ojos internos de Motolinía, 1519 es una fecha simbólica que marca la convergencia de los tres elementos fundamentales sobre los que se irá articulando la visión utópica franciscana de América. Es el año de la conquista de Tenochtitlán. Es el año en que triunfa, después de muchas vicisitudes, la reforma franciscana de fray Juan de Guadalupe con el reconocimiento por las autoridades eclesiásticas de la Custodia de San Gabriel, fundada en 1517 como Provincia independiente. Es precisamente de San Gabriel de donde proceden los franciscanos de la primera misión de los doce que viajaron a México a petición expresa de Cortés. Y 1519 es, finalmente, el año en que la obra de Joachim de Fiore, específicamente su *Liber Concordia Novi ac Veteris Testamentii,* se publica y difunde en ámbitos mucho mas amplios que el del estrecho círculo de iniciados que había tenido acceso a su pensamiento desde el siglo XIII.

> Conocida desde muy pronto, en el ambiente exacerbado y ferviente de la provincia reformada de San Gabriel, la proeza de Cortés toma forma de signo, de anuncio conforme a las esperanzas escatológicas mas audaces. Siguiendo el sistema de concordancias tan usado por Joaquín de Fiore, un Mendieta llegaría a ver en Cortés el Moisés del Nuevo Mundo que inspira el Espíritu Santo.[2]

En el espacio utópico del México recién descubierto por Cortés los monjes franciscanos de San Gabriel, el sector mas dinámico de la orden reformada, se volcaron en la tarea de desbrozar el terreno para la llegada del reino que prometía, según de Fiore, el Apocalipsis. La convergencia de tres elementos fundamentales: espacio utópico americano, interpretación joaquinista de la historia, y visión simbólica de la nueva realidad, fija en el año mismo de la conquista de México las coordenadas simbólicas de una conquista paralela. Es la que se realizará desde una visión utópica que no se apoya —como era el caso de los conquistadores— en la red de asociaciones simbólicas que articulaban en el imaginario europeo la representación de la realización del deseo de felicidad, de posesión o de armonía, sino en el referente simbólico de una visión apocalíptica de la historia, una visión que propone la transformación de América en nueva figura utópica de realización del deseo, esta vez a través de su conquista espiritual.

---

[1] Oliver, ibidem, pg. 7.
[2] George Baudot, op. cit. pg. 100

CAPITULO V

OJOS INTERIORES Y VISION UTOPICA

> Cuando el hombre con los ojos ve al
> hombre, fabrica en la fantasía la imagen del
> hombre, y luego se vuelve a ese imagen para
> juzgarla. Mediante ese ejercicio, el alma
> dispone el ojo de la mente para ver la razón o
> idea del hombre, que es en sí luz divina.
>
> Marsilio Ficino

La visión utópica de los ojos interiores de Motolinía fija los contornos de la percepción franciscana de América y traza las coordenadas que enmarcan el proceso de evangelización como modo específico de relación entre los misioneros y cada uno de los elementos del Nuevo Mundo. América se convierte en el locus de la realización de las profecías del Apocalipsis; la cristianización de los nativos, últimos gentiles a los que alude San Juan, en la condición simbólica de la llegada del mnilenio. La visión franciscana va articulando una percepción utópica en la que, a través de las actividades que organizan la misión histórica evangelizadora de la orden en la conquista, se va delineando, como en la comunicación de fray Francisco de la Parra al Emperador, la carta de marear simbólica que, anotando accidentes y señalando escollos, va trazando la ruta óptima que debe recorrer el misionero hacia la llegada del milenio, objetivo utópico final, realización plena del deseo. Tanto la percepción de la realidad americana —pueblos, lenguas y culturas— como la posición política de apoyo a la conquista militar que adoptaron de manera consistente los

109

franciscanos, y el discurso particular sobre la colonización y evangelización de América que enlazaría las cartas particulares de distintos miembros de la orden con obras fundamentales como los *Memoriales* de Motolinía o la *Historia* de Bernardino de Sahagún, tienen sus raices más profundas en esa visión utópica particular. Visión y discurso se articulan desde un pensamiento utópico que enlaza de forma muy específica con la lectura simbólica del texto del Apocalipsis. Pero de manera más amplia ese pensamiento franciscano muestra también las huellas de la razón simbólica del pensamiento hermético con su "invitación a mirar más allá de la opaca superficie de la realidad para descubrir en todas partes el sello de una armonía oculta... que anima y unifica la totalidad".[1] La clave de esa "armonía oculta" que hay que descifrar entre la complejidad aparentemente caótica de las lenguas, pueblos y culturas de América está en el Apocalisis, referente simbólico que convierte en la visión franciscana el caos turbador de la conquista en "armonía oculta" integrándo la historia de la conquista en el orden utópico de una progresión simbólica hacia la armonía del milenio. Para el pensamiento hermético de Marsilio Ficino el mundo era un libro de signos que al ser descifrado revelaba la sabiduría de su creador. Para los fanciscanos América era un libro de signos cuyo desciframiento contenía las claves de la llegada del milenio.

En la *Segunda Carta de Relación* Hernán Cortés subraya la relación entre su control creciente de la realidad y una actitud fundamental frente al territorio desconocido que se resume en estar "atento a las señales". También la actitud fundamental de los franciscanos puede caracterizarse en estos términos, pero referida a una red de signos muy diferente de la de Cortés. Las señales que busca Cortés son las que le permiten ir elaborando un análisis de la relación de fuerzas entre su ejército y los mexicanos que le irá asegurando un control creciente de la situación hasta alcanzar su dominio total. Las señales que buscan los franciscanos son las del cumplimiento de las profecías. La coincidencia en un mismo año de la revitalización y difusión en España del pensamiento de Joachim de Fiore con el triunfo de la reforma guadalupana y con la conquista de México por Cortés cobra un significado muy especial para alguien que, como fray Martín de Valencia, el franciscano elegido para dirigir la misión de los primeros doce predicadores, busca afanosamente una concordancia entre sus propios deseos de evangelización de infieles y un plan divino que promete la purificación de la Iglesia, seguida de la instauración de la armonía en este mundo durante el reino de los mil años.

> Y vínole a la memoria la conversión de los infieles; y meditando en esto, los salmos que
> iba diciendo en muchas partes hallaba entendimientos devotos a este propósito, en especial

---

[1] Eugenio Garin, "Imagenes y símbolos en Marsilio Ficino", op. cit. pp. 216-217.

en aquel salmo que comienza: *Eripi me de inimicis meis:* y decía el siervo de Dios entre sí: "¡Oh! ¿Y cuando será esto?¿Cuando se complirá esta profecía? ¿No sería yo digno de ver este convertimiento, pues ya estamos en la tarde y fin de nuestros días y en la última edad del mundo?[1]

La misma interpretación simbólica del momento histórico de la conquista y del significado oculto del descubrimiento expresa Bernardino de Sahagún:

Pues sea notorio a todas las advenideras generaciones que cien años atrás deste de 1564 en todo lo poblado del mundo se ignoraba que hubiese gente, población ni tierra habitable en estas partes del mar océano, mas antes casi todos los astrónomos, phisicos, cosmógrafos dexaron en sus escripturas afirmado como cosa muy averiguada que toda la tierra que cae debaxo del sodíaco (que por otro nombre se llama la tórrida zona) es inhabitable por causa de los grandes ardores del sol y aun dexaron escripto que desde la línea equinoccial hasta el norte del antártico ninguna gente habitaba, lo qual sabemos agora por experiencia ser falso, pues nos consta que nuestro Señor Dios tenía en esta tierra tan diversas gentes y reinos (que son casi innumerables, ni se halla fin della) *y a la tenido ocultada por sus secretísimos juizios hasta nuestros tiempos (noticias había muchos tiempos antes en la yglesia que avía gente y población que avía de venir al gremio de la yglesia) como parece en las revelaciones de Sancta Brígida. Pues llegado el tiempo por nuestro Señor Dios ordenado para manifestar y traer al gremio de su yglesia esta muchedumbre de gentes, reynos y naciones, cerca de los años de mil quinientos, puso en el conraçon la gente española que viniese a descubrir por el mar occéano hacia el Occidente.*"[2]

Motolinía en su *Historia* y Sahagún en sus *Coloquios* verifican un mismo hecho: la coincidencia del tiempo simbólico que marca el principio del milenio en el Apocalipsis con el tiempo histórico del descubrimiento y la conquista de América. Inscrito en esa coincidencia profética el nuevo continente es, sin duda alguna, el lugar de la realización del deseo. El texto de Motolinía contextualiza esa visión de América como locus utópico relacionándola con el deseo en dos manifestaciones distintas. Primero con el deseo individual de Martín de Valencia —análogo al que se expresaba en la tercera promesa de Raimon Llull[3]—que Motolinía subraya así: "El varón de Dios que tanto tiempo estaba

---

[1] Fray Toribio Motolinía: *Historia de los indios de la Nueva España.* BAE, Atlas, Madrid, 1970, pg. 279.

[2] Bernardino de Sahagún: *Colloquios y doctrina christiana con que los Doze Frailes de San Francisco embiados por el Papa Adriano sesto y por el Emperador Carlos quinto convirtieron a los Indios de la Nueva España.* Biblioteca Aportación Histórica, México, 1944, pp. 4-5. El subrayado es mío.

[3] La de padecer martirio en aras de la propagación de la fé.

111

esperando que Dios había de cumplir sus deseos bien puede cada uno pensar qué gozo recibiría su alma con tal nueva, por él tan deseada".[1] Luego con el deseo colectivo de la orden de trabajar en el cumplimiento de las condiciones que según el Apocalipsis permitirían la llegada del milenio. Entre ellas destacaba la conversión de los "últimos gentiles". Para fray Martín de Valencia, como para los demás franciscanos de la misión de los doce, no había duda de que esos últimos gentiles eran precisamente los habitantes del Nuevo Mundo. Así lo indicaban las profecías y así lo confirmó una visión extraordinaria de la cual despertó fray Martín de Valencia sobresaltado de verse en su celda con la puerta atrancada y los postigos clavados:

> Le encomendaron que dijese las lecciones, y se levantó y las comenzó a decir, y las mismas lecciones que eran del profeta Isaías y hacían a su propósito, levantábanle más y más su espíritu, tanto que estándolas leyendo en el púlpito vió en espíritu muy gran muchedumbre de ánimas de infieles que se convertían y venían a la fe y bautismo. Fue tanto el gozo y alegría que su ánima sintió que no se pudo sufrir ni contener sin salir fuera de sí, y alabando a Dios y bendiciéndole dijo en muy alta voz tres veces: "Loado sea Jesucristo, loado sea Jesucristo, loado sea Jesucristo;" y esto dijo en muy alta voz porque no fue en su mano dejarlo de hacer así. Los frailes, viéndole que parecía estar fuera de sí, no sabiendo el misterio, pensaron que estaba loco, y tomándole le llevaron a una celda, y enclavando la ventana y cerrando la puerta por defuera tornaron a acabar los maitines... y desde que se vio así encerrado tornó a pensar y contemplar la visión que había visto y rogar a Dios que se la dejase ver con los ojos corporales, y desde entonces creció más el deseo que tenía de ir entre los infieles y convertirlos a la fe de Jesucristo.[2]

Para Martín de Valencia estaba claro que los gentiles del Apocalipsis y los infieles de América eran una misma gente. Como lo estaba para Motolinía al concluir su narración de este episodio ejemplar de la biografía de Martín de Valencia con este comentario: "Esta visión quiso Nuestro Señor mostrar a su siervo cumplida en esta Nueva España".[3] Para ellos, como para los demás franciscanos que ven en la conquista espiritual de América una misión sagrada, revelada por el texto de San Juan pero prevista desde el origen de los tiempos, la percepción de América, sus gentes y sus culturas se iba a articular de forma sistemática contra el telón de fondo de esa revelación. Y su evangelización se orientaría hacia la realización del deseo de armonía profetizado. Tanto el proyecto de conquista

---

[1] Motolinía, *Historia*, pg. 280.
[2] Motolinía, *Historia*, pg. 280.
[3] Ibidem.

espiritual como la percepción de América que van articulando los textos franciscanos se ven impulsados y condicionados en buena medida por la necesidad incesante de verificar dos coincidencias: la del tiempo simbólico del milenio del Apocalipsis con el tiempo histórico del descubrimiento; y la de la visión simbólica de América, como locus utópico de realización de las profecías del Apocalipsis con la realidad histórica de su conquista y colonización.

Sobre la necesidad de esa doble verificación se fue tejiendo, con resultados a veces admirables, la red de correspondencias simbólicas que subyace la percepción de América que Motolinía, Olmos, Mendieta, Sahagún y tantos otros fueron articulando en sus proyectos de investigación y en sus textos —catecismos, coloquios, cartas, crónicas e historias— con diferencias individuales considerables pero dentro de una visión coherente y común a todos ellos. Es una percepción que desde las ópticas múltiples que representan los distintos autores mantiene una misma voluntad de integración de todos los elementos de la compleja realidad americana en la progresión simbólica hacia la utopía milenarista que anunciaba el Apocalipsis.[1] La función de las correspondencias simbólicas y de los paralelismos que engarzan de forma casi tediosa elementos de la realidad americana con motivos de la tradición bíblica en una misma serie o en series análogas es precisamente el demostrar esa integración. En la *Historia* de Sahagún las palabras de Quetzalcoatl convergen con las de Joachim de Fiore en un mismo anuncio de la inminencia de la llegada del reino: "Sabed que manda nuestro señor Dios que os quedéis aquí en estas tierras, de las cuales os hace señores y os da la posesión; el cual vuelve de donde vino y nosotros con él; pero vase para volver, y tornaráos a visitar cuando fuere ya el tiempo de acabarse el mundo".[2]

Desde ese "fin de los tiempos que precede la primera resurrección del Apocalipsis" Motolinía recorre la historia terrible de la conquista de México a la luz simbólica del Antiguo Testamento capturando el desorden inquietante de la conquista en el orden reconfortante de una voluntad divina para la que todo está previsto —incluso el sufrimiento y el castigo— y que todo lo encamina a buen fin: la utopía del reino. Inscrito en ese marco simbólico el sentido de la realidad americana y de su conquista se transforman. El destino del pueblo méxica duplica el de los antiguos egipcios: "Hirió Dios esta tierra con diez plagas muy crueles por la dureza y la obstinación de sus moradores y por tener cautivas a las hijas de Sión, esto es, sus propias ánimas so el yugo del Faraón".[3] En la narración de

---

[1] Véase Baudot, op. cit. pg. 100-101.
[2] Bernardino de Sahagún, *Historia General de las cosas de Nueva España*. Alianza Universidad, Madrid, 1988, pg. 671
[3] Motolinía, *Memoriales*, Atlas, BAE, Madrid 1970, pg 10. El subrayado es mío.

Motolinía el paralelo es detallado: cada horror de la conquista se corresponde con una de las plagas. Viruelas, epidemias, muertes, esclavitud y explotación se suceden en un texto en el que Motolinía va demostrando cuidadosamente la correspondencia exacta —siempre simbólica— entre dos series ordenadas por una misma voluntad divina de castigo: las plagas de Egipto y los desastres de la guerra de conquista. El agua ensangrentada de la primera plaga del antiguo Egipto, por ejemplo, corresponde al agua contaminada de cadáveres apestados de la ciudad de Tenochtitlán, asolada por la viruela, y también al segundo vaso del Apocalipsis :

> Esta primera plaga fue bien semejante a la de Egipto, de la cual se lee que fueron heridas las aguas y vueltas en sangre, ansí los rios como las fuentes y arroyos, estanques y toda el agua que estaba en las vasijas e vasos, toda fue vuelta en sangre: murieron los peces y por todas partes hedía la sangre y las aguas. Digamos que esta tierra, *como otro Egipto, en ella el agua fue convertida en sangre de aquella cruel enfermedad,* de la cuel los menores hasta los mayores murieron casi la mitad, y el agua fue hecha hedionda, cuando muchos morían y no los pudiendo enterrar, hedían por todas partes; y ansí como en esta tierra había mucha crueldad y derramamiento de sangre humana ofrecida el demonio, angel de Satanás, bien así el segundo ángel derramó sobre ella su vaso como sobre otra mar amarga y flutuosa, y fue hecho el mar, esto es, esta tierra, como sangre de muerto. 'Secundus angelus effudit phialam suam in mar, et factus est sanguis tanquam mortui'.[1] La sangre del vivo es hedionda y mala, cuanto mas la del muerto; y estos que derramaban y ofrescían al demonio sangre de muertos FUERON en esta tribulación puestos, lo cual dice el mismo capítulo: Sanguinem effuderunt et sanguinem eis dedisti bibere.[2]

En la primera plaga, dice Motolinía, "castigó Dios por la mayor parte a los pobres y pequeños" pero en la segunda, "que fue de ranas, las cuales fueron tantas que henchían los rios y arroyos y estanques, y de allí salieron y hinchieron hasta las casas y cámaras", castigó a los jefes del pueblo mexica: "a los señores y principales que son gente de guerra, superba", figurados en la segunda de Egipto. Las ranas de la segunda plaga prefiguran en el Antiguo Testamento, según Motolinía, los cadáveres que flotan en la laguna de México: "el agua cenosa de la laguna de México en lugar de peces dio ranas, *en la cual andaban los muertos hinchados, sobreaguados, a manera de ranas tienen los ojos salidos del casco sin cejas ni cobertura, mirando a una parte y a otra,* denotando en esto que los pecadores

---

[1] *Apocalipsis XVI,* 3.
[2] La cita latina es del *Apocalipsis, XVI,* 6. La cita del texto de Motolinía es de sus *Memoriales,* ed. cit., pg. 10-11. El subrayado es mío.

son disolutos sin guarda en el corazón, y estos eran los que en esta plaga murieron".[1] El hambre que atormenta con su aguijón implacable a una población vencida y desesperada, a la que "aflige cruelmente, y punje y da retortijones en el estómago y tripas hasta la muerte", duplica la tercera plaga de mosquitos zumbadores que afligió a los egipcios porque "estos mosquitos salieron del polvo, porque la tierra seca y hecha polvo no fructifica ni da de sí mantenimiento que es causa de hambre; *y salir los mosquitos del polvo no es otra cosa sino afligir el estado miserable de los pobres figurados por el polvo como ha acontecido en esta hambre*, de la cual muchos pobres murieron".[2] La cuarta plaga es la de estancieros y criados cobradores de tributos que corresponden a "los opresores egipcíacos que afligían al pueblo de Israel, porque en todo se semeja en las obras y en el hacer de los ladrillos. También son como las moscas gravísimas de la cuarta plaga de Egipto que agraviaba la casa del Faraón y de sus siervos".[3] Y así sucesivamente.

En cada uno de los casos la correspondencia entre el Antiguo Testamento y la realidad americana se apoya sobre una visión simbólica de esa realidad. Es esa visión la que transforma el agua en sangre, el cadáver en rana, el hambre en mosquitos, los estancieros en moscas, la destrucción en orden, el horror en razón divina. En cada uno de los casos la función de la transformación es la misma: integrar las realidades terribles de la conquista en el orden descifrado por de Fiore en el texto del Apocalipsis, el de la progresión hacia el milenio. La "lectura" de la conquista y sus desastres que hace Motolinía en estas páginas no es delirante ni arbitraria. Responde a un razonamiento sistemático —el del pensamiento utópico— que interpreta y reordena con la razón simbólica los acontecimientos históricos y las realidades particulares integrándolos en un proceso más amplio: el de la realización del deseo que cristaliza en la figura de América como locus utópico del cumplimiento de las profecías. La transformación en símbolos de los elementos que sustentan la analogía de las dos series de plagas confirmando la realidad de la visión apocalíptica se realiza con toda naturalidad. Solo en el caso de la séptima plaga reconoce Motolinía la existencia de un proceso de interpretación y de profunda transformación de la realidad en su narración:

Es agora de ver la séptima plaga de Egipto si no concuerda con esta; y, aunque a prima faz parece no concordar, bien considerada, mucha significación tiene esta con aquella, en la cual mandó Dios a Moisés que levantase la vara en alto al cielo, y fueron hechos truenos y relámpagos, y descendió gran tempestad de granizo, envuelta con fuego del cielo aereo, claro que son claros los cristianos por la fé, fueron hechos oscuros en la

---

[1] Motolinía, *Memoriales*, ed. cit., pg. 12. El subrayado es mío.
[2] Ibidem, pg 13. El subrayado es mío.
[3] Ibidem, pg. 13.

115

edificación de la superba ciudad, fueron hechos una casa llana, la mejor que ninguno de su linaje había tenido, levantaban casas de torres de cuatro cuartos, como si fueran caballeros de salva. *No es pequeño viento este, ni da chico tronido los terremotos de piedra y granizos con todas las tribulaciones y trabajos que cayeron sobre los indios e edificadores de la ciudad, haciéndola a costa suya.* También concuerda la séptima plaga o fiola del Apocalipse con esta cuando derramó el séptimo ángel su vaso, y fueron hechos truenos y relámpagos, y fué hecha gran tempestad, y la gran ciudad fue hecha en tres partes; y las ciudades de los gentiles cayeron. Hacerse la gran ciudad Tenuchtillan-Mexico tres partes, qué otra cosa sino reinar en ella aquellas tres cosas que S. Juan dice en su Canónica. La una parte es codicia de carne; la segunda, codicia de los ojos; la tercera soberbia de la vida; que no faltó soberbia levantar tales edificios que para los hacer oviesen de derribar las casas y pueblos de los indios gentiles... [1]

Pero la distancia que toma Motolinía aquí con respecto al metodo de búsqueda de correspondencias que organiza su narración no tiene el efecto de cuestionar su narración sino que la legitima. Esa es la función específica de la referencia al Apocalipsis del final de la cita: legitimar la interpretación simbólica de la conquista conjugando la autoridad del Antiguo Testamento con la del Nuevo. Al mismo tiempo la estrategia de legitimación revela simultáneamente las fuentes y los referentes simbólicos del pensamiento utópico que organizó la percepción franciscana de América, y su inscripción sistemática en una visión apocalíptica de la historia de su conquista.

En el marco de un pensamiento utópico que empareja la percepción de América con su inscripción en el orden simbólico del advenimiento del milenio las posibilidades de conocer las realidades prehispánicas se precisan: conocer se aproxima peligrosamente, por una parte, a detallar y verificar el conjunto de las condiciones necesarias para la realización de la utopía milenarista y, por otra, a descubrir los mecanismos que permitan el control de la realidad necesario para el pronto cumplimiento de las profecías.[2]

Sería difícil, al margen de este doble proceso, comprender el conocimiento notable que alcanzaron algunos franciscanos de las costumbres, historia y culturas prehispánicas. La observación detallada, el análisis cuidadoso, el inventario minucioso y a veces exhaustivo de los signos de la alteridad en las lenguas y culturas autóctonas son inseparables de la visión utópica y, a la vez, responden a una filosofía de la evangelización

---

[1] Ibidem, pg. 14.
[2] Este hecho no les resta valor a los trabajos extraordinarios en los que los franciscanos estudiaron y recogieron muchas de las particularidades de las culturas prehispanicas. Pero creo que no hay que perder de vista, a la hora de evaluar la información que esos primeros trabajos de investigación sobre la América precolombina ofrecen, que se insertan en un marco epistemológico dominado por el pensamiento utópico.

de carácter sumamente pragmático. Es la misma que mueve, tres siglos antes, a Raimon Llull a fundar el monasterio de Miramar, convencido de que el conocimiento de las lenguas de los infieles es el vehículo más eficaz para una evangelización profunda, que debe basarse en el diálogo y descartar el uso de la fuerza.[1] Y tampoco hay que olvidar que en la visión franciscana del descubrimiento la cristianización de los "últimos gentiles" es la condición necesaria para el cumplimiento de las profecías de San Juan. Así, aunque aparentemente exista una contradicción entre una visión que restringe la percepción a los límites prefijados por un orden simbólico anterior —el del Apocalipsis— y otra que indaga apasionada y minuciosamente en los misterios más inquietantes de las culturas ajenas de esos últimos gentiles, en realidad están ligadas por un mismo pensamiento utópico y un mismo objetivo: la preparación de la llegada del reino y la creación de la nueva iglesia que regirá el milenio de la "edad de los monjes".

En los escritos de Motolinía las analogías entre la conquista espiritual de América y la creación de la iglesia de Cristo en el Nuevo Testamento van puntuando y autorizando los términos de la percepción que revelan los textos como otros tantos gestos fundacionales de la nueva utopía. Los doce franciscanos de la primera misión son "a semejanza de los doce apóstoles" (*Memoriales*, pg. 9), la iglesia de América es "como la primitiva iglesia de Dios" (*Historia*, pg. 249), el martirio de los niños de Tlaxcala duplica los martirios de las épocas de persecución del cristianismo en el imperio romano (*Historia*, Cap. 14, pp. 314 y ss.). Entrelazado con la aparente tersura del discurso historiográfico la narración va tejiendo un discurso simbólico que inscribe el caos de la conquista en el orden de la revelación, transformando la realidad histórica en figura utópica. En esa figura se resuelven simbólicamente las contradicciones históricas que enfrentaban desde la Edad Media en oposición irreconciliable a la Iglesia de Roma con los ideales primitivos cristianos. Pero también se neutralizan los aspectos mas problemáticos —inaceptables desde ese mismo ideal cristiano— de la conquista misma. La violencia, la explotación, el sufrimiento, la destrucción, la crueldad contra las cuales clamará Las Casas se integran en la visión franciscana en el orden simbólico de la progresión hacia la utopía y se justifican en relación con el absoluto de perfección que promete la figura. Son el castigo elegido y administrado —como la felicidad o el perdón— por la voluntad divina. Son parte necesaria de un plan

---

[1] Américo Castro subraya la estrecha conexión entre algunos aspectos del pensamiento evangelizador de Llull y la tradición de tolerancia del Islam. Y es posible prolongar esa tradición hasta la filosofía de la evangelización de algunas de las órdenes de predicadores de la conquista que se propugnan una línea pacifista que no difiere substancialmente de la que enuncia el propio Corán cuando dicen "Y combate (a los no creyentes) hasta que cese la persecución; y la religión sea sólo para Allah; pero si desisten, entonces no debiera haber hostilidad sino contra los opresores (II, 193). No hay violencia en la religión" (II, 256). Américo Castro, *España en su historia,* Editorial Crítica, Grijalbo, Barcelona, 1983, pp. 198-205 y 268-282.

concebido por una sabiduría superior y cumplen en él una función tan necesaria como el voto de pobreza o la evangelización de los infieles.

Es muy revelador en relación con esa idea de la destrucción de la conquista y la justificación del sufrimiento de los nativos el texto de los *Colloquios y doctrina cristiana,* llamado también *Libro Perdido de las Pláticas o Coloquios de los Doce Primeros Misioneros de México,* de Bernardino de Sahagún. En uno de los diálogos entre los franciscanos y los notables mexicas que narra el texto, Sahagún pone en boca de los franciscanos la siguiente explicación:

> **C.** Sabido tenemos y entendido, amados amigos, no por oydas sino con lo que por nuestros propios ojos emos visto que no conoceis al solo verdadero Dios por quien todos vivimos, ni le temeis, ni acatais, mas antes cada día y cada noche le ofendeis en muchas cosas y por esto aveis incurrido en su yra y desgracia que esta en gran manera enojado contra vosotros; y por esta causa embió delante a sus siervos y vasallos los españoles, para que os castigasen y afligiesen por vuestros innumerables pecados en que estais. **D.** Por esto nos a embiado acá el gran Sacerdote de todo el mundo para que os instruyamos en como aplaqueis al solo verdadero Dios porque no os destruya del todo.[1]

Sahagún no hace mas que expresar aquí una actitud que comparte con los demás franciscanos y que es perfectamente coherente con el pensamiento utópico que impulsa la evangelización y que organiza su percepción de la realidad. El contexto: la llegada del tiempo del cumplimiento de las profecías y la visión de América como el espacio utópico de fundación de la nueva iglesia de Cristo y del milenio. En ese tiempo profetizado y en ese espacio utópico la evangelización cumple un papel crucial: es la conversión de los últimos gentiles. El sufrimiento y el castigo son signos de la voluntad de Dios más que resultado de la brutalidad de los invasores. En ese contexto simbólico cada elemento de la realidad puede ocupar un lugar prefijado en el orden revelado por San Juan, descifrado por de Fiore, y previsto por Dios desde el principio de los tiempos. El significado de la historia cambia y la noción misma de responsabilidad individual se modifica. Porque ese orden superior que se acepta sin reservas —la progresión utópica hacia el milenio— delimita las opciones y

---

[1] Bernardino de Sahagún, *Colloquios y Doctrina Cristiana, Con que los Doce Frailes de San Francisco embiados por el papa Adriano sesto y el emperador Carlos quinto convirtieron a los Indios de la Nueva España.* Biblioteca de Aportación Histórica, México, 1944, pg. 37. El manuscrito original fue transcrito en Tlateloco a partir de las notas y apuntes de Sahagún en una primera versión en nahuatl hacia 1564. El manuscrito estuvo perdido durante varios siglos hasta que reapareció —con dieciseis capítulos menos que la versión primera— en el archivo secreto del Vaticano. Este es el texto sobre el que se ha hecho la edición que utilizo aquí para las citas. El texto narra en forma de diálogo las discusiones sobre las respectivas religiones y el significado de la conquista que mantuvieron los doce primeros franciscanos con los notables de México en Tlateloco.

transforma la responsabilidad inseparable de toda elección en obediencia a una voluntad superior.

En el pensamiento utópico franciscano la piedra angular sobre la que se apoya la realización de las profecías es la conversión de los últimos gentiles a los que se refiere el Apocalipsis como la nueva base de la nueva iglesia. Pero, ¿quiénes y cómo son esos infieles que adquieren en la visión simbólica el carácter de cifra de cuya interpretación exacta depende la realización del deseo que se expresa en la figura utópica? Si la transformación del infiel en cristiano es condición necesaria de la llegada del milenio, es preciso acelerar todo lo posible esa transformación, y, con este fin, se vuelve imperativo el descifrar con la mayor exactitud su naturaleza para llevar a cabo una evangelización eficaz y rápida. Descartada la fuerza, hay que aprender sus lenguas, conocer sus culturas, desentrañar sus creencias, familiarizarse con su concepción del mundo para poder establecer un diálogo que permita ir derribando uno a uno los puntales de la visión errónea de los infieles reemplazándola con una visión cristiana. Baudot señala esa percepción de los nativos y subraya su relación con el pensamiento utópico franciscano: "El trato con esa población hizo comprender en seguida a Motolinía que ella representaba un elemento fundamental en los procesos a realizar para preparar la llegada del reino del Espíritu Santo. Es, de alguna manera, la materia prima necesaria para establecer la nueva Iglesia. Pero, por lo mismo, resulta necesario en primer lugar conocerla con la suficiente exactitud como para servirse de ella. Del mismo modo que se debe procurar entender bien su lugar en el ordenamiento simbólico en los siempre precisos criptogramas del Antiguo Testamento".[1]

A primera vista la actividad de los franciscanos en América parece contradictoria. Por una parte se lanzan a un programa de cristianización acelerada, desplegando una actividad casi frenética encaminada a substituir el viejo orden religioso precolombino por las enseñanzas y preceptos de la Iglesia católica. Por otra se dedican con igual ardor al aprendizaje de las lenguas y al conocimiento e inventario detallado de las religiones y costumbres mismas que trabajan en extirpar. Sus trabajos sobre unas realidades culturales que están firmemente decididos a borrar de la faz de la tierra nos revelan a veces tanto el interés decidido del etnógrafo como la reducción implacable del censor. Irónicamente sus textos constituyen hasta hoy una de las fuentes mas valiosas y ricas para el conocimiento de las realidades de la América prehispánica. Pero la contradicción es sólo aparente: ambas actividades expresan una misma visión simbólica: América es el locus utópico del cumplimiento de las profecías. Y ambas se integran en un mismo acercamiento sistemático a la realidad: el pensamiento utópico. Cristianización y etnografía, erradicación y

---

[1] Baudot, op. cit., pg 101.

preservación de culturas, imposición de las propias creencias y estudio minucioso de las múltiples caras de la alteridad no se contradicen aquí ni se excluyen. Son manifestaciones complementarias de una visión que se articula en torno a un objetivo único: la realización de la utopía milenaria en el Nuevo Mundo.

La figura utópica de América se constituye en la visión y en los textos de los conquistadores en la intersección del deseo individual con las imágenes que organizan en el imaginario europeo del renacimiento las representaciones múltiples de lo desconocido. La figura utópica de la América del conquistador es objeto imaginario del deseo que conjuga la satisfacción de toda necesidad material con la resolución de contradicciones personales y sociales de todo tipo. En ambos casos el foco de atención principal es el *espacio*. Es el espacio del Nuevo Mundo concebido como espacio utópico lo que abre la posibilidad de resolución de carencias y contradicciones. Para el conquistador, América se convierte en el *escenario* de posibilidades ilimitadas y de su propia transformación. En ese escenario el sujeto se crea y se recrea en la acción y en la escritura, con una libertad insólita, que le permite borrar orígenes, trastocar señas de identidad, reescribir la historia, modificar trayectorias y transgredir límites, poniendo en sus manos el control simbólico de su pasado y de su futuro. En sus textos, los habitantes del Nuevo Mundo tienen con frecuencia un papel secundario en el mejor de los casos, y de comparsas molestas en la mayoría. Son un obstáculo incómodo que se levanta entre el conquistador y el control deseado de la figura utópica, entre el deseo y la posesión. Se interpone entre el soñador y su sueño, entre el buscador y el oro, entre el proyecto imperial y su realización. Lo que importa es su sujeción a la voluntad del colonizador y el medio mas rápido de lograrla es generalmente la fuerza.

En la visión utópica franciscana de América este cuadro de relaciones y prioridades se modifica radicalmente. El foco principal se desplaza de América a sus habitantes. Lo único que importa en relación con el escenario es que sea nuevo, separado, otro, es decir no ligado a la historia europea ni contaminado por ella. Esa separación que convierte América en "casi otro mundo" —en palabras de Sahagún—[1]es la condición fundamental sobre la que se constituye la figura de América como espacio utópico. El texto del primer capítulo de los *Memoriales* de Motolinía va delineando a través del juego de etimologías los contornos de esa figura:

> No se debe dubdar, de que es argumento probable el propio é universal nombre de esta tierra, que es *Anauac*, que quiere decir "tierra grande y cercada y rodeada de agua"; y más particular y especial interpretación quiere decir "mundo". Que aquesto sea ansi verdad,

---

[1] Sahagún, *Historia*, ed. cit., pg. 671

claro se prueba de la interpretación del vocablo é de su etimología, porque á todo el mundo llámanlo en esta lengua *Cemanahuac*, de *Cem* y *Anauac*. Esta dicción *cem* es congresiva ó capitulativa, como si dijésemos "todo junto *Anahuac*". También es nombre compuesto de *atl*, que quiere decir *agua*, y *nauac* dentro ó en derredor, esto es, cosa que está dentro de agua, ó cercada de agua, dícese *Cemanauac*, que es todo lo criado debajo del cielo, sin hacer división alguna, según la significación verdadera de la dicción *cem*: quitada la *cem*, *Anahuac* es ansimismo "que está entre agua ó cercada de agua", que sea grande y tal que exceda á isla, porque el nombre y vocablo de isla es *tlatelli*, *onde Anahuac no quiere decir isla sino tierra firme é casi otro mundo, no todo el mundo junto porque la falta la dicción cem sino una tierra grande que en vulgar solemos decir un mundo.*[1]

El análisis de etimologías va articulando un discurso utópico que transforma la palabra —aquí el nombre de América: *Anahuac* — en clave simbólica del significado y de la identidad utópica de la figura. Es el signo que abre las puertas del espacio utópico de realización del deseo, que verifica la coincidencia exacta del descubrimiento con el tiempo simbólico del cumplimiento de las profecías, y la correspondencia simbólica entre América y el reino milenario de la armonía. La figuración del espacio utópico que traza el texto de Motolinía a través de las etimologías anticipa la figuración del propio More en su descripción de la fundación de Utopus. La palabra *Cemanauac* de la lectura etimológica de Motolinía corresponde simbólicamente a la *Abraxa* de More: "al comienzo esto no era una isla sino parte del continente", dice el texto de More.[2] Ambas designan tierras distantes ligadas a tierra firme por un istmo, geográfico en More y lingüístico en Motolinía. La eliminación del sufijo *Cem* indica simbólicamente en el texto de Motolinía la salida de la serie histórica y, a la vez, anticipa el gesto inicial de la *Utopía* de More: la destrucción del istmo. En ambos casos la ruptura simbólica de cualquier enlace con el resto del mundo, la transformación de la "parte del mundo" que son tanto Abraxa como Cemanauac, en tierra separada —la isla de Utopía y el "casi mundo" de Anahuac— es el gesto fundacional (que marca el ingreso en la lógica de lo imaginario) y que define el nuevo espacio como espacio utópico. En Motolinía es un espacio de realización de la utopía cristiana —la nueva Iglesia— y en More de utopía social: la sociedad de Utopía.

Dentro de ese espacio utópico el pensamiento franciscano va articulando las correspondencias simbólicas que definen la relación entre los misioneros y la realidad. A la visión utópica del conquistador que convierte América en repositorio simbólico de todo

---

[1] Motolinía *Memoriales*, pg. 9. Las itálicas son del texto original pero el énfasis final es mío. El cambio de ortografía de Anauac a Anahuac es también del texto original.

[2] Thomas More, *Utopia*, ed. cit., pgs. 41.

121

tesoro imaginable, con el oro como emblema, se opone la percepción del pensamiento utópico franciscano que transforma en oro el emblema de un deseo diferente— las almas. "De una cosa se podrá alabar V.M. que tiene renta del más precioso oro que hay en el mundo por cuanto otro oro es oro de tierra y lo vuestro es oro de almas, oh católico Príncipe";[1] y que desplaza el relumbre de una figura utópica de América concebida como cueva de Ali-Baba con la certeza del espacio utópico del reino de Dios que, para Sahagún, "es como una casa de riquezas celestiales que Dios tiene acá en el mundo, muy guardada y cerrada".[2] A la sed de gloria y poder que impulsaban al conquistador en su relación con el Nuevo Mundo el pensamiento franciscano substituye el deseo de evangelización: "Podemos asimismo decir —señala Motolinía— que estos doce hijos del verdadero israelita Sant Francisco vinieron a esta tierra como a otro Egipto, no con hambre de pan sino de ánimas, do hay abundancia, no tampoco para de ella sacar o llevar vituallas o mantenimientos, más a traerles alimentos de fé ó doctrina evangélica y sacramentos".[3] El desplazamiento en los textos franciscanos de todo objetivo material —oro y riquezas— por el de conquista espiritual —almas— va puntuando el desplazamiento que señalé más arriba. Son los pueblos de América —las almas— el centro de atención de un pensamiento que los percibe como el elemento clave para la fundación del reino utópico en el espacio americano.

El desplazamiento mismo del término *bárbaro* o *infiel* por *alma* indica la dirección que va a tomar la visión simbólica al ir articulando en la figuración utópica de los nativos una percepción muy particular. Es el desplazamiento inicial que los inscribe de pleno en la visión de América que va contruyendo el pensamiento utópico e implica, de entrada, una reducción fundamental: la de la complejidad contradictoria y problemática de un individuo Otro, su personalidad, su cultura, su historia a una representación simbólica parcial —el alma— que permite inscribirlo plenamente en proyecto utópico eliminando contradicciones. A partir de ese desplazamiento que transforma al individuo americano en lo que Baudot llama "materia prima" de salvación y de realización de la utopía, fijando un cuadro de relaciones inequívocamente colonial, se va delineando en los textos la caracterización franciscana de los habitantes del Nuevo Mundo.[4]

Esta percepción es, como lo fue la actividad de los franciscanos en América, una percepción paradójica, contradictoria, escindida entre una caracterización que los presenta como los últimos gentiles, cristianos perfectos sin cristianismo —naturales— y otra de

---

[1] *Carta colectiva de los religiosos franciscanoss de México al emperador. México, 1 de Mayo de 1533.* En Cuevas, M.S.J., *Documentos inéditos del S. XVI para la historia de México.* México, 1914., pp. 13-16

[2] Sahagún, *Colloquios*, pg. 47.

[3] *Memoriales*, pg. 10.

[4] Los textos franciscanos a los que me refiero en mi análisis son de la conquista de México. Pero la visión Franciscana no establece diferencias cualitativas en este sentido entre unos y otros pueblos de América.

122

rasgos casi demoníacos que los muestra como presa —del demonio— que los franciscanos tienen la misión histórica de arrebatar. La contradicción entre las dos vertientes de la caracterización expresa la escisión de la visión franciscana entre naturaleza —que en los habitantes del Nuevo Mundo es naturalmente cristiana—y cultura. La cultura se define en su conjunto como la red que ha tejido el demonio para mantener unas almas destinadas al bien y a Dios fuera del cristianismo. No todo es malo en las culturas nativas que con tanta pasión estudian los franciscanos, pero están dominadas por el error de una religión equivocada inspirada por el demonio: "vivís entenebrecidos —dirán los doce primeros en sus diálogos con los principales aztecas—metidos en muy espesas tinieblas de gran ignorancia, y hasta agora alguna escusa an tenido vuestros errores".[1] La vertiente positiva de la caracterización garantiza simbólicamente la realización de la utopía franciscana. La vertiente demoníaca simboliza los obstáculos que los misioneros tienen que vencer para hacer posible esa realización.

La caracterización positiva se apoya sobre unos rasgos que duplican exactamente las virtudes centrales del ideal franciscano. Motolinía la resume en su *Historia:*

> Estos Indios cuasi no tienen estorbo que les impida ganar el cielo de los muchos que los Españoles tenemos y nos tienen sumidos, porque su vida se contenta con muy poco, y tan poco que apenas tienen con que se vestir y alimentar. Su comida es muy paupérrima, y lo mismo es el vestido; para dormir la mayor parte de ellos aun no alcanza una estera sana. No se desvelan en adquirir ni guardar riquezas ni se matan por alcanzar estados ni dignidades. Con su pobre manta se acuestan, y en despertando estan aparejados para servir a Dios, y si se quieren disciplinar no tienen estorbo ni embarazo de vestirse ni desnudarse. Son pacientes, sufridos sobremanera, mansos como ovejas; nunca me acuerdo haber visto guardar injuria; humildes, a todos obedientes ya de necesidad ya de voluntad, no saben sino servir y trabajar. Todos saben labrar una pared, y hacer una casa, torcer un cordel y todos los oficios que no requieren mucho arte. Es mucha la paciencia y sufrimiento que en las enfermedades tienen; sus colchones es la dura tierra sin ropa ninguna; cuando mucho tienen una estera rota, y por cabecera una piedra, o un pedazo de madero; y muchos ninguna cabecera sino la tierra desnuda. Sus casas son muy pequeñas, algunas cubiertas de un solo terrado muy bajo, algunas de paja, otras como la celda de aquel santo abad Hilarión, que mas perecen sepultura que no casa....Sin rencillas ni enemistades pasan su tiempo y vida, y salen a buscar el mantenimiento a la vida humana necesario, y no más. Si a alguno le duele la cabeza o cae enfermo, si algún médico entre ellos facilmente se

---

[1] Sahagún, *Colloquios*, ed. cit., pg. 64.

puede haber, sin mucho ruido ni costa vanlo a ver, y si no, más paciencia tienen que Job.[1]

En la visión simbólica que articula el discurso de la caracterización de Motolinía, las condiciones terribles en que viven los nativos después de la conquista se convierten en privilegio. El razonamiento es simple y claro: son pobres, sufridos, mansos, pacíficos, desprendidos, resignados y tienen más paciencia que Job con las condiciones inhumanas en que viven y los infortunios que los persiguen. Por eso "no tienen casi estorbo que les impida ganar el cielo... y tienen pocos impedimentos para seguir y guardar la vida y ley de Jesucristo".[2] Su situación y su naturaleza confirman el éxito seguro de una conversión que, simultáneamente, garantiza su salvación y abre las puertas del milenio. Es interesante comparar el discurso de Motolinía, que articula la percepción de la realidad de Nueva España desde una visión simbólica, con el discurso crítico del oidor Alonso de Zorita, que desarrolla una presentación analítica de las mismas realidades: "... lo que siembran —dice Zorita,

> es tan poco, que apenas les basta lo que cogen para su año, porque no tienen posibilidad para sembrar y labrar más que aquella que cada uno y su mujer y hijuelos, si los tienen, pueden labrar, y como de lo poco que cogen les llevan media fanega para el tributo, que suceda bien ó mal el año, aunque V.M. tiene proveído que los años estériles no paguen tributo, es gran agravio que reciben; porque aunque parece que hará poca falta media fanega, les hace mucha, como es tan poco y limitado lo que cogen, y es todo su sustento el maiz para su comida y vestido, porque con ello lo han, y si no lo cogen, no tienen donde haberlo ni con que comprarlo; y si les falta mueren de hambre y comen yerbas y raíces y algunas frutillas que los corrompe y les da cámaras y mueren fácilmente, porque demás de lo dicho tienen poco refrigerio, porque todos en común son pobrísimos, que no alcanzan más que el trabajo de sus manos, y algunos una poca tierra alrededor de su casa para su sementera, y una muy vil manta con que se cubren, y una estera en que duermen, y una piedra para moler el maiz para el pan que cada día han de comer, y algunas gallinas, que todo puede valer hasta diez pesos, y aun esto no lo alcanzan todos... [3]

---

[1] Motolinía, *Historia*, pp. 234-235.

[2] Ibid. 234-35.

[3] Alonso de Çorita, *Breve y sumaria Relación*, dirigida a C.R.M. del Rey Don Felipe. Publicada por Joaquín García Icazbalceta en *Nueva Colección de Documentos para la Historia de México*, México 1944, ed. en 3 vols. Vol III, pp.69-205. Zorita fue oidor en Nueva España hacia 1566-70. De su relación, uno de los documentos más interesantes sobre el primer siglo del México colonial, se conserva el manuscrito original en la Biblioteca Nacional de México. Se conservan copias en Madrid, en la Real Academia de la Historia, en el Archivo Histórico Nacional y en la Biblioteca del Palacio Real.

Los datos que seleccionan las dos narraciones son muy semejantes, pero el marco en el que se integran esos datos es radicalmente distinto. En Motolinía la pobreza y el sufrimiento de los méxicas se integran en la ética franciscana y en el orden simbólico del cumplimiento de las profecías. Son signos de redención que anuncian la llegada inminente del reino de la armonía. En el texto de Zorita falta la dimensión simbólica y la realidad colonial se presenta como una pesadilla de miseria y privación cuyo único desenlace posible es la destrucción definitiva del mundo de esas gentes que "se van disminuyendo y acabando aunque algunos digan lo contrario".[1] Zorita tiene, como los franciscanos, una visión positiva de los nativos. Pero su visión se constituye en una evaluación de los logros y cualidades de los habitantes de Nueva España que no privilegia la dimensión simbólica —el alma— sobre la histórica : el individuo. Son generosos, pacientes y sufridos. Pero son mucho más que eso, y no porque formen parte de un plan divino sino porque "tienen tan buena razón" que han alcanzado en el plano histórico logros y cualidades excepcionales, que los hacen comparables a los pueblos de occidente. De hecho la *Relación* de Zorita contiene una de las defensas mejor argumentadas de los habitantes de la América prehispánica y, a la vez, una de las más lúcidas críticas de las contradicciones y prejuicios que se manifiestan una y otra vez en la visión Europea de América y que articulan la problemática de la alteridad en el contexto del descubrimiento. El razonamiento y la crítica de Zorita anticipan algunos de los elementos centrales del análisis que desarrollará Montaigne, años más tarde, en su ensayo "Des cannibales".[2] El punto de partida del argumento de Zorita es la contradicción que señala en la *Segunda Carta de Relación* de Cortés entre una presentación de la civilización de los aztecas que subraya su complejidad, refinamiento y cultura y una conlusión final que los califica de "bárbaros":[3] "¿Por qué concluye —dice Zorita— con decir que es gente bárbara y sin razón, diciendo luego que es cosa admirable la que tienen en todas las cosas"?[4] La pregunta de Zorita revela el prejuicio que provoca esa contradicción. En su respuesta Zorita reafirma el alto grado de civilización de los aztecas y cuestiona la actitud que se manifiesta en la descalificación que implica el uso del término *bárbaro* para describirlos. La discusión etimológica del término le permite cuestionar su significado liberándolo en una serie de recontextualizaciones que lo relativizan. Contrasta el uso del término entre los griegos, egipcios y romanos con el uso de los españoles: "llaman los españoles bárbaros a los indios por su gran simplicidad, y por ser como es de suyo gente

---

[1] Zorita, *Relación,* pg. 181.
[2] Montaigne, *Essais,* Livre I, Chap. XXXI. NRF, Bibliothéque de la Pléiade, 1953, pp. 239-254.
[3] Hernán Cortés, *Cartas de Relación,* Porrúa, México, 1975, pg. 66.
[4] Zorita, op. cit., pg 135.

sin doblez y sin malicia alguna, como los de Sáyago en España y todos los que viven en las aldeas y montañas y en partes apartadas donde no tratan con gente política".[1] La barbarie es en Zorita, como en Montaigne, cuestión de definición y de criterio que cambia radicalmente según tiempos y contextos. Es concepto relativo que puede aplicarse tan fácilmente y adecuadamente a los aztecas desde una perspectiva española como a los españoles o italianos desde las perspectivas múltiples de todos los Otros que pueblan América, tejen su historia, crean sus culturas:

> E a los que están en su pura simplicidad les venden trompas de París, cuentas de vidrio, cascabeles y otras burlerías, y por ello les dan muy buenos rescates, y oro y plata donde lo alcanzan; pero en este sentido también se podría llamar bárbaros a los españoles, pues hoy en día, aun en las ciudades muy bien regidas se venden espadillas, o caballitos, e pitillos de alatón... y vienen muchos extranjeros con ello de sus tierras y con otras invenciones de matachines y de títeres..y se junta mucha gente vulgar a los oir... y en Italia públicamente hay charlatanes que en las plazas se juntan cantidad de gente a los oir... y pues esto hay y pasa entre nosotros y entre gente tan sabia y en repúblicas tan bien ordenadas, de qué nos maravillamos de los indios, o por qué los llamamos bárbaros... que por lo mismo nos lo podrían llamar a los españoles, y a otras naciones tenidas por de mucha habilidad y prudencia.[2]

Para Zorita la historia de los americanos no tiene más que una cosa que envidiar a la de los europeos: los buenos pregoneros que ha tenido: "... se hallará que en todo igualaron con ellos o les faltó poco: y la falta que en sus cosas hay es que podrían tener envidia, como Alejandro la tuvo de Aquiles, de haber tenido por pregonero de sus hazañas a Homero, de que aquellos otros tuvieron raros y tan excelentes historiadores, é haberles faltado a ellos para que engrandecieran sus cosas".[3]

El razonamiento de Zorita desarma la reducción reconfortante de una visión mucho mas frecuente durante la conquista; la visión universalista y autoritaria de Bernal Díaz y de tantos otros testigos presenciales. El concepto de barbarie se vacía en Zorita de contenido estable y se convierte en signo de la alteridad: lo que es bárbaro para unos puede ser civilizado para otros y viceversa ya que el concepto se redefine según el contexto. Aquí, como ocurrirá más tarde en el texto de Montaigne, "barbaro... es una totalidad desgarrada por el texto... Ese desgarramiento revela la naturaleza polisémica de la

---

[1] Ibidem, pg. 136.
[2] Ibidem, pg.137
[3] Ibidem, pg. 137.

expresión, socavando el uso común del término (el salvaje o el bárbaro es el otro); lo desarraiga de las convenciones sociales que lo definen restituyéndole su mobilidad semántica".[1] Zorita, como Montaigne, relativiza la barbarie en el juego de referencias a distintas fuentes de autoridad: antiguos, opinion común, observación directa.[2] Pero en el caso de Zorita, al contrario de lo que sucede en Montaigne, el observador y el narrador se funden en un mismo personaje que invoca su experiencia del Nuevo Mundo para autorizar la crítica de la actitud española frente a la alteridad. Los europeos son tan crédulos, simples e ignorantes como los americanos: lo que cambia es la forma específica de la barbarie que se asigna con tanta naturalidad desde el contexto propio a la totalidad de lo ajeno. Tanto la percepción de los nativos que encontramos en los textos de los franciscanos como la que ofrece la *Relación* de Zorita son, en su conjunto, muy positivas. Ambas subrayan la civilización, la humanidad, la cultura y la razón de los habitantes del Nuevo Mundo. Pero hay una diferencia fundamental. La visión franciscana es la de una razón que se apoya en correspondencias simbólicas entre la nueva realidad y la lectura de las profecías del Apocalipsis. La caracterización se articula desde un pensamiento utópico que preasigna la identidad y naturaleza de los nativos de acuerdo con su función específica en el proyecto de resolución simbólica que representa la figura utópica del Nuevo Mundo. La visión de Zorita, por otra parte, es —como será mas tarde la de Montaigne— la de una razón analítica. La legitimación de la alteridad que va desarrollando su argumento no se basa en ninguna correspondencia con un referente simbólico anterior sino en la lucidez de una observación individual que se esfuerza por contextualizarse histórica, social y culturalmente. La primera sólo reconoce la alteridad y la valida a través de su integración en el marco de una autoridad simbólica anterior: el Apocalipsis de de Fiore. La segunda se acerca a la nueva realidad con un doble movimiento: el de reconocimiento y observación cuidadosa de una realidad ajena, y el de cuestionamiento y relativización de la propia.

La diferencia entre pensamiento utópico y pensamiento analítico explica en buena medida el resultado, tan distinto en la percepción franciscana y en la de Zorita: la figuración del nativo como realización del ideal franciscano en el primer caso y una caracterización inscrita en la distancia que impone una visión crítica de toda la problemática de la alteridad en el segundo. Desde esa distancia cada elemento se relativiza: lengua, cultura, historia, humanidad y razón. No todo es positivo en la caracterización de Zorita, pero en su perspective no cabe una visión demoníaca de los nativos. El mal mismo es también relativo y se da entre americanos y europeos, entre infieles y cristianos: "*Verdad* es que hay *algunos* viciosos y malos; pero *lo mesmo es* entre los españoles, siendo hijos y nietos y

---

[1] Michel de Certeau, *Heterologies*, ed. cit., pg 72.
[2] Ibidem, pg. 73.

más adelante de cristianos, y nacidos y criados y doctrinados en ello".[1] La existencia del mal es un hecho, una "verdad" en el Nuevo Mundo. Pero es una verdad cuidadosamente acotada primero por el adjetivo "algunos" y luego contextualizada por la comparación que relativiza el mal mismo.

En el pensamiento que articula la visión utópica franciscana de América, por el contrario, el mal es —como el bien— simbólico. La bondad de los últimos gentiles coincide exactamente con las condiciones necesarias para el cumplimiento de las profecías; el mal condensa simbólicamente los obstáculos que bloquean la realización del deseo. En ambos casos el razonamiento es análogo. La condición necesaria para el cumplimiento de las profecías es la conversión. El milenio que anuncia esa conversión es figura utópica de la armonía absoluta. Todo lo que pueda obstaculizar o amenazar la conversión profética sobre la que se apoya la realización de esa utopía pasa a representar el mal. La visión utópica franciscana percibe a los nativos como ejemplo vivo del ideal de virtud franciscana. Esa virtud es "natural" en ellos aunque, por haber vivido apartados de las enseñanzas del cristianismo, se ha manifestado en unas creencias y unas formas culturales —desde la idolatría hasta el sacrificio humano— erróneas. El estado de esos "últimos gentiles" americanos no es el pecado sino el error. Desde una óptica franciscana la existencia misma de esas formas culturales tan cuestionables no plantea un problema insoluble por dos razones. En primer lugar porque no es resultado de la maldad o el vicio sino de la ignorancia. En segundo lugar porque hay una cualidad esencial en los nativos que se reafirma una y otra vez en la visión franciscana y que asegura la neutralización segura de ese mal concebido en la ignorancia. Una cualidad en la que se condensa simbólicamente la posibilidad de neutralización de toda la amenaza de la alteridad. Es la *maleabilidad* de unos seres que la visión simbólica percibe como "cera blanda" a la espera del moldeado de la evangelización,[2] o como "niños de teta" listos para recibir de los franciscanos el sustento espiritual que les permita crecer y acceder al estado adulto: la cristiandad. La *Relación de Quauhtinchan* desarrolla con gran detalle esa visión simbólica de la relación entre franciscano y nativo iluminando los papeles respectivos:

No te debes maravillar, padre, —dicen en la *Relación* los nativos— que digamos esto, porque bien sabes que cuando un niño está criado á los pechos de su madre ó ama que le da leche desde que nació, y viene ya á tener un poco de conocimiento, se le hace á par de muerte desamparar á su madre, ó á la que siempre tuvo por madre, y ir en los brazos de

---

[1] Zorita, *Relación*, pg. 134. El subrayado es mío.
[2] Motolinía, *Memoriales*, pg. 59. En relación con esto véase también Maravall, J.A., *La utopía político-religiosa de los franciscanos en Nueva España*, Estudios Americanos, Sevilla, 1949, pp. 202 y 222.

otra persona extraña que nunca conoció ni trató, por muchos regalos que le haga; y así nosotros como los hijos de S. Francisco fueron los que nos escaparon de las uñas de nuestros enemigos los demonios y nos sacaron de las tinieblas de nuestra antigua infidelidad, y en sus manos fuimos regenerados y de nuevo nacimos por el agua del baptismo que nos administraron, y *nos han sustentado con la leche y mantenimiento de la doctrina cristiana*... ellos nos lavaron y alimpiaron y *nos sacaron como de nuevo molde*".[1]

A lo que contestan los franciscanos:

Vosotros habeis imitado en vuestro sentimiento a los niños de teta, y os habeis vuelto á semejanza dellos... Así os ha acacido a vosotros porque los frailes de San Francisco que como primeras madres os dimos desde vuestro nacimiento en la fe la leche del Santo Evangelio y doctrona de Jesucristo, por no poderos más sustentar y mantener á nuestro contento os dábamos a criar á los padres de Santo Domingo que predican y enseñan la misma doctrina, no habeis hecho sino llorar y vocear y quejaros y pernear, hasta que aquellos padres, de mohinos, os hubieron de dejar, y á nosotros nos ha sido forzado, por el amor que como madres os tenemos, el volver á tomaros en nuestros brazos ... Veis aquí la leche que hasta aquí habeis mamado: hartaos y satisfaceos que no os faltará otra vez.[2]

En la visión franciscana el contacto entre el nativo y esa "nueva madre" que es el franciscano marca el nuevo nacimiento de una nueva humanidad que se alimenta de la leche de las enseñanzas de Cristo. El nativo-niño es, como toda criatura recién nacida, inocente y maleable y esas cualidades garantizan el éxito de su indoctrinación y relegan simbólicamente la complejidad de su propia historia y de su propia cultura al limbo de un estado prenatal cuyo fin —el encuentro con occidente— marca el ingreso a la verdadera vida.

En la visión utópica franciscana que identifica la diferencia con la inocencia y la maleabilidad, relegando de manera muy conveniente la historia de los pueblos americanos a un espacio simbólico anterior —el prenatal— la percepción de los nativos es, a grandes rasgos, positiva. Se integra en una visión que permitió el desarrollo de un conocimiento detallado de las culturas de la alteridad en el que no interfería inicialmente la necesidad de mutilar ni condenar una diferencia que no se veía como amenaza a las propias creencias,

---

[1] *Relación de lo que hicieron y pasaron los indios del pueblo de Quauhtinchan.* Incluida en la *Historia Eclesiástica Indiana* de Fr. Jerónimo de Mendieta, libro III, caps. 57 y 58. La edición que utilizo aquí es la de la *Colección* de Joaquín García Icazbalceta, vol. I, pg. 70.
[2] Ibidem, pg. 82.

sino como falta transitoria de conocimiento de la verdad. Pero sólo inicialmente. En el proceso de evangelización esa convicción se vio asediada por contradicciones profundas y fenómenos inexplicables que la experiencia no podía dejar de revelar. Fue en la perplejidad y en la frustración frente a esas contradicciones que amenazaban la visión utópica donde fue tomando cuerpo y se fue delineando el espacio del mal. En los textos de Bernardino de Sahagún el espacio del mal es el histórico —es decir el de la conquista— que aparece implícitamente contrapuesto a la perfección de un mundo anterior que se caracterizaba, a pesar de sus errores, por la armonía de una sociedad "muy conforme a la filosofía natural y moral"[1], y a la promesa del futuro utópico de la nueva iglesia profetizada. Sahagún se afana por explicar lo que, desde la perspectiva de la visión utópica franciscana de América, es totalmente inexplicable. Por una parte el fracaso de toda una serie de intentos e iniciativas franciscanas; por otra la tenacidad de la resistencia de los nuevos gentiles a la conversión a la fe cristiana. Esa es una de las mayores diferencias entre la visión que se expresa en los textos de Motolinía y los de Sahagún. La primera expresa la visión utópica, y la segunda la necesidad dolorosa e insoslayable de cotejar e integrar visión utópica y experiencia histórica. Un hecho es indudable: la trasformación de los nativos no ha seguido el curso que preveían las esperanzas franciscanas. Sahagún vuelve una y otra vez sobre las razones posibles de ese desajuste y de lo que percibe como degradación creciente de los nativos. En su perplejidad va elaborando una interpretación particular de los efectos de la conquista. El telón de fondo es siempre el contraste implícito entre el México precolombino —en el que, paradójicamente, las costumbres y organización social eran excelentes ("paréceme que era muy buena", pg. 629) aunque "estaban mezcladas con ritos de idolatría y acompañadas con ceremonias idolátricas, lo cual había casi en todas las costumbres que tenía la república"[2]— y una realidad colonial que "cría gente muy viciosa y de muy malas inclinaciones y de muy malas obras".[3] El mal no aparece pues ligado a la cultura prehispánica sino a la realidad colonial. Pero el razonamiento es oblicuo: consigue evitar una identificación directa entre el mal y la alteridad —señalando que el vicio no existía en el mundo precolombino— a la vez que evita culpar directamente al nuevo orden de su aparición. El mal, razona Sahagún, está en la *naturaleza* del Nuevo Mundo —en la tierra, en el aire, en el clima— no en sus gentes ni en sus culturas. Por el contrario: los nativos han logrado crear una cultura y una sociedad muy superiores a la europea a la hora de neutralizar los efectos de ese mal intrínseco al "clima y constelaciones de esta tierra". Subraya la sabiduría de los nativos:"es gran vergüenza nuestra que los indios naturales, cuerdos y sabios antiguos supieron dar remedio

---

[1] Sahagún, *Historia,* libro X, pg. 627.
[2] Ibidem, pp. 627 y 629.
[3] Ibidem, pg. 628.

a los daños que esta tierra imprime en los que en ella viven".[1] Y este razonamiento le permite explicar toda una serie de fenómenos que la visión utópica de los "nuevos gentiles" no podía haber previsto —"los vicios y sensualidades que esta tierra cría"— como manifestaciones de una realidad natural que la sociedad precolombina había sido más diestra y eficaz en reprimir que el orden colonial que no mantiene "el rigor y la austeridad que se criaban en tiempo de su idolatría".[2] La conquista los ha dejado transitoriamente en un limbo suspendido entre la virtud del antiguo orden, clausurado por conquista y evangelización, y la perfección de esa nueva iglesia de los gentiles convertidos que no acaba de materializarse.

En el contacto cotidiano con una realidad colonial que "cría una gente ansí española como india que es intolerable de regir y pesadísima de salvar", los "niños de teta" han resultado no ser tan niños y la cera mucho menos maleable de lo que cabía esperar. En la visión de Sahagún el espacio simbólico del mal coincide con las manifestaciones múltiples de una resistencia indígena que brota y rebrota por todos lados, desde la simple borrachera hasta la idolatría: "… Ellos hicieron entender a los más de los religiosos que toda la idolatría, con todas sus ceremonias y ritus, estaba ya tan olvidada y aborrecida que no había por qué tener ese recatamiento, pues que todos eran baptizados y siervos del verdadero Dios. Y esto fue falsísimo, como después acá lo hemos visto muy claro, que ni aún agora cesa de haber muchas heces de idolatría y de borrachería y de muchas malas costrumbres".[3] Tanto la caracterización siempre profundamente negativa de cualquier manifestación de resistencia indígena como la profunda frustración de Sahagún frente a esa resistencia revelan los límites de la visión utópica franciscana. Todo el conocimiento detallado de las antigüedades que tan minuciosamente van acumulando los franciscanos, todo el difícil aprendizaje en lenguas nativas que abre posibilidades inauditas de comunicación, no consiguen tender un puente capaz de resistir las exigencias de la visión utópica. La perfección del objetivo no admite compromisos. La visión utópica de América asigna papeles de forma inequívoca y verifica realidades proféticas no negociables. El error pasado forma parte del plan divino pero la persistencia en el error es cosa del demonio y debe ser tratada como tal. La lealtad de los nativos a sus dioses no es una manifestación de una voluntad diferente que escoge los caminos de su propia libertad. Revela la falta de voluntad y de libertad de unas gentes esclavizadas por la duplicidad de unos diablos que aparentan ser dioses: "… los que fueron vencidos… fueron encarcelados en la región del ayre tenebroso, fueron hechos diablos horribles y espantables… y se fingieron ser dioses y a

---

[1] Ibidem, pg. 629.
[2] Ibidem, pg. 629.
[3] Ibidem, pp. 630-631.

muchos engañaron, y los creyeron y adoraron, y ansí os engañaron a vosotros".[1] Desde esta perspectiva la complejidad de las religiones prehispánicas y la diversidad de los rituales no es un indicio de la civilización de los nativos, sino de la astucia y lucidez de Lucifer. Sahagún dramatiza ese desplazamiento que le permite la descalificación de todas las religiones de América en el capítulo II de sus *Coloquios* que narra las "Cortes que hizo Lucifer" después de su derrota y las instrucciones que dió a sus seguidores:

> Vosotros que sois de más alto entendimiento, con toda diligencia y aviso tentarlos eys
> para que ydolatren, que adoren por dios al sol y a la luna y a las estrellas y a las estatuas
> hechas de piedra y de madera, a las aves y serpientes y a otras criaturas, y también los
> provocaréis para que nos adoren y tengan por dioses a nosotros para que desta manera
> ofendan especialmente a su criador, para que provocado a yra contra ellos los avorrezca y
> deseche como a nosotros... A todos los demás con rigor os mando que sin cesar entendais
> en provocar y inducir a todos los hombres a todo género de pecados, para que de muchas
> maneras ofendan a Dios en sobervia, en avaricia, en luxuria, en gula y en borrachería, en
> embidia, yra y acidia, porque siempre enojen a su criador.[2]

Religión y ritual se convierten en manifestaciones de la voluntad del demonio y la determinación de la resistencia indígena en fiel indicador de su poder. La lucha cada vez más implacable de los franciscanos contra esa resistencia que fray Andrés de Olmos describe como "llaga" en su *Tratado de hechicerías y sortilegios*[3] no se vive como lucha contra los nativos sino contra el demonio que los tiene cautivos. La pugna entre franciscanos y rebeldes simboliza la que enfrenta el reino del bien con las tinieblas del mal, Dios con Lucifer, la utopía con la realidad. Contra el telón de fondo de esta confrontación entre absolutos cualquier violencia o represión puede, tal vez, justificarse. Como se justifica la duplicidad de toda una red de niños catequizados y entrenados para delatar a sus padres y amigos: "Estos muchachos servieron mucho en este oficio; los de dentro de casa ayudaron mucho más para destirpar los ritus idolátricos que de noche se hacían, y las borracheras y areitos que secretamente y de noche hacían a honra de los ídolos; porque de día éstos espiaban a dónde se había de hacer algo desto de noche; y de noche, a la hora conveniente, iban con un fraile o dos, sesenta o ciento destos criados de casa, y daban secretamente sobre los que hacían alguna cosa de las arriba dichas, idolatría, borrachera o

---

[1] Sahagún, *Coloquios*, pg. 73.
[2] Sahagún, ibidem, pp 74-77.
[3] Véase pp. 26 y 92.

fiesta".[1] Como se justifica también la severidad del castigo: "prendíanlos a todos, y atábanlos, y llevábanlos al monasterio donde los castigaban y hacían penitencia, y los enseñaban la doctrina cristiana, y los hacían ir a maitines a la media noche, y se azotaban".[2]

En la visión utópica franciscana América era el lugar simbólico de la realización de las profecías y sus habitantes la piedra angular de un reino simbólico que era figura del deseo de perfección donde toda contradicción y todo conflicto cesan. En el proceso de evangelización de América el carácter absoluto del objetivo utópico fue contaminando todo obstáculo que interfiriera con su realización. Es en el marco de estas oposiciones simbólicas donde se va perfilando el lado inquietante de toda visión utópica. Los mismos frailes que ensalzaron al nativo como último gentil y que recogieron con inteligencia y pasión extraordinarias en el estudio de sus culturas las claves simbólicas de su condición de elegidos y los secretos de una redención que abría las puertas del paraíso espiritual en este mundo, organizaron el asedio implacable y la represión minuciosa para asegurar el cumplimiento sin estorbos de las profecías. La misma visión de perfeccción de un reino de Cristo en la tierra que impulsó el conocimiento admirable de lenguas y culturas prehispánicas organizó las estrategias más eficaces para su erradicación definitiva. En la perfección y magnitud de la figura utópica del reino milenario, que ahora sí estaba por fin al alcance de la mano, se galvanizaba la energía que alentaba el descubrimiento y la comprensión de mundos y visiones profundamente ajenos. Pero también se justificaba la complicidad con una conquista militar que se percibía como parte necesaria del proceso de conquista espiritual. Una y otra vez los franciscanos intentaron separar las dos conquistas asignando espacios separados a repúblicas separadas: la de los indios y la de los españoles.[3] Pero no cuestionaron nunca a fondo la legitimidad misma de un proceso histórico de apropiación de espacios y gentes, y de destrucción de culturas, que en su lectura de la historia aparecía integrado proféticamente en el advenimiento de un reino de perfección. La llegada inminente de ese reino volvía —en la desproporción entre utopía e historia— deleznable a la segunda, justificando sus accidentes y contradicciones frente a la realidad posible de un orden utópico infinitamente superior. El mismo impulso arrollador que minimizaba las dificultades, sufrimientos y penalidades de los misioneros en su búsqueda incesante del absoluto los ensordeció y cegó ante la presencia de realidades concretas de represión, de crueldad, de explotación y de injusticia, cuya importancia se desdibujaba ante la grandeza incuestionable del reino del bien.

---

[1] Sahagún, *Historia,* pg 631.
[2] Ibidem, pp. 631-32.
[3] La propuesta de separación de repúblicas es una de las constantes de la negociación entre los franciscanos y el poder colonial. La encontramos en las cartas individuales y colectivas al rey y a distintos oficiales coloniales de Motolinía, Mendieta, Olmos y otros.

La distancia que separa la visión de los nativos que se expresa en los textos de Motolinía de la que presentan los de Sahagún o el *Tratado de hechicerías* de fray Andrés de Olmos condensa simbólicamente la que separa cualquier utopía de su realización. El pensamiento utópico rompe los límites del pensamiento que codifican las leyes de la lógica aristotélica liberando al sujeto de la historia en la posibilidad de realización del deseo de armonía. La salida simbólica de la serie histórica neutraliza contradicciones, cancela conflictos alentando una sed de absoluto que puede volverse implacable en la búsqueda de su satisfacción. Para un pensamiento utópico que contempla la perfección espiritual, personal o social como posibilidad real, la importancia de las contradicciones, imperfecciones o errores con que se enfrenta el sujeto en el proceso de alcanzarla se minimizan. Frente a la magnitud del objetivo, frente a la armonía inmutable de la utopía entrevista, toda realidad histórica concreta de la lucha por su realización, por cruel o indamisible que sea, puede justificarse o adquirir un carácter transitorio, y hasta el horror puede parecer formar parte de un plan divino.

La carta colectiva de los franciscanos de México al emperador, de julio de 1533, es un ejemplo de esta contradicción aparente. La carta contiene, como muchas otras cartas de franciscanos antes y después, críticas y peticiones de reforma de la colonia. Y, como en tantas otras, la crítica se plantea como queja de abusos particulares más que como crítica radical de la conquista misma. Es una de las cartas franciscanas más duras en su enjuiciamiento del comportamiento de los colonos y de la responsabilidad del emperador. Y también es un ejemplo revelador de cómo la visión utópica franciscana del significado escatológico del descubrimiento y colonización de América interfiere con el cuestionamiento radical de la conquista y limita incluso el alcance de la crítica de aspectos específicos. Comienza señalando la paciencia y dedicación con la que los franciscanos han llevado a cabo su labor tolerando violencias y abusos hasta ese momento y explica esa tolerancia —que en la práctica se tradujo en lo que para una visión anticolonialista más radical como la de Las Casas sería complicidad con el poder colonial— a través de un paralelo: el de las condiciones de fundación de la nueva iglesia americana con las de la primera iglesia de Cristo:

Si nuestro Redentor e maestro Jesucristo no nos hobiera dejado el dechado de perfección, muchas veces estos capellanes e siervos de V.M. hobiéramos desamparado esta nueva iglesia e tan grande, que Dios con tan manifiesto y excesivo milagro nos encomendó, según las persecuciones, estorbos y molestias que se han padecido por su defensión y amparo; pero considerando que tanto más las obras se juzgan por de Dios cuanto más son contradichas y estorbadas, porque la Iglesia con su santísima muerte se plantó, con la sangre e persecuciones de los apóstoles se sustentó, con los tormentos de los mártires se defendió, e con el trabajo doctrina y perseverancia de los confesores se multiplicó... [1]

La violencia liga las dos fundaciones legitimando un paralelo que bloquea la crítica y justifica la inacción integrando simbólicamente el horror de la conquista en el orden del plan divino del reino milenario. Y cuando critica el problema específico que provoca la queja —la esclavitud— la carta denuncia abusos pero no elimina radicalmente la posibilidad de una esclavitud legítima, limitándose a señalar que "la concesión del hierro es contra ley divina" y que los esclavos que se hacen no son de los que el Real Consejo llama "justamente esclavos" sino "macehuales libres". Para los franciscanos la conquista militar es parte del mismo plan divino en el que se integra su propia misión evangelizadora. Por eso su crítica tiende a circunscribirse en la cuestión de la esclavitud —como en otras cuestiones tan importantes como el repartimiento[2]— a la reglamentación o control de abusos, más que a plantearse como rechazo inequívoco y radical de las formas "legítimas" de explotación colonial.

---

[1] *Carta colectiva de los Franciscanos de méxico al Emperador Carlos V, México, 31 de Julio de 1533*. En Cuevas, op. cit., pg. 13.
[2] Véase la *Carta del 8 de Marzo de 1594*, en ibidem, pg 66-7.

CAPITULO VI

UTOPIA Y REVOLUCION

> Until the formula is found, let us note in
> passing that, in their positive aspects,
> alchemy and utopia coincide: pursuing in
> heterogeneous realms a dream of
> transmutation that is related, if not identical,
> one attacks the irreductible in nature, the
> other the irreductible in history. And it is
> from one and the same hope that the elixir of
> life and the ideal city derive.
>
> E.M. Cioran

Lado por lado con esa visión utópica de América, que impulsa la conquista
espiritual franciscana y a la vez limita la crítica de la colonización que se formula desde ella,
se escucharon voces disidentes que iban denunciando y condenando con radicalismo
creciente cualquier forma de complicidad con el poder, cualquier pacto con el régimen
colonial, ya fuera impulsado por la codicia, por la ambición o por el deseo de absoluto que
prometían satisfacer tanto las utopías religiosas —franciscanos— como políticas —Cortés.
El sermón de fray Antón de Montesinos reivindicó desde el púlpito ya en 1511 la
humanidad de los nativos, condenando su explotación en todas sus formas.[1] En 1519 los
dominicos de la Española escribieron una carta al señor de Chievres. En ella exponían
detalladamente los horrores y atrocidades que habían cometido y seguían cometiendo contra
los indios los colonos de la Española y subrayaban el carácter sistemático de un modo de

---

[1] Véase Beatriz Pastor, *Discursos narrativos de la conquista de América*, Ediciones del Norte, Hanover
1988, pp. 356-358.

136

relación entre Europa y el Nuevo Mundo: la explotación colonial más despiadada que sólo podía culminar en la destrucción total de América, una vez se hubiera extendido el modelo de la Española a los otras islas y territorios.

Más impresionante todavía que las enormes crueldades citadas como ejemplo es el eslabonamiento de los estragos. Después de las matanzas gratuitas y del despilfarro insensato de seres humanos, tratados al principio como viles piezas de una abundante caza, viene la organización de la encomienda y del trabajo forzado: lo que queda de los indios es cada vez más ásperamente disputado por los españoles, a medida que el indígena es más escaso, sin que ello signifique una mayor protección de su vida, pues la inestabilidad de los repartimientos incita a los encomenderos a usar y abusar de los indios mientras los tienen... Lo que los dominicos describen con un lujo de detalles estremecedor es una importación de indios de las islas vecinas (Lucayas e Islas de los Gigantes) a la que acompaña una inmensa matanza... aniquilamiento por hambre de 3000 insulares en un islote esperando su transporte a La Española; convoyes que dejaron en el mar una estela de cadáveres; una carga de 800 cuyas tres cuartas partes mueren en los dos días anteriores a su desembarco en La Española y son lanzados muertos al mar, que los arroja a la playa de Puerto de Plata.[1]

A su regreso a España hacia 1566 el oidor Zorita desarrolló en su *Breve y Sumaria Relación* una crítica devastadora de los abusos que promovían los mecanismos legítimos del poder colonial. Zorita enumera en el capítulo X las causas de la destrucción de los nativos y de la despoblación del Nuevo Mundo contraponiéndolos a las justificaciones de encomenderos y a los razonamientos de los representantes del poder colonial: "Dicen que les acaban las sementeras... y están muy engañados; otros quieren decir que las borracheras son causa de la falta que hay" y concluye: "Por manera que no ha sido esto ni las obras de su república lo que los acaba".[2] Sigue una lista terrible de los distintos modos de explotación que utiliza los textos del propio Motolinía para denunciar las mil formas de la crueldad de colonos y conquistadores, mostrando cómo, en la colonización del Nuevo Mundo, todo —hasta la utopía— se construye sobre la destrucción de los colonizados.[3] La

---

[1] Marcel Bataillon, *Estudios sobre Bartolomé de las Casas*, Ediciones Península, 1965. pp. 56-57. La carta de los dominicos se incluye con fecha del 4 de junio de 1516 (aunque la fecha exacta en que se escribió fue el 4 de diciembre de 1519; véase la nota de Bataillon en pg. 56) en la Colección de Documentos Inéditos del Archivo de Indias (D.I. I.), Madrid 1864, vol VII, pp. 397-430.

[2] Alonso de Zorita, op. cit., pp. 157-58.

[3] Zorita se apoya aquí en los *Memoriales* donde Motolinía resume simbólicamente el proceso de destrucción de la realidad prehispánica sobre el que se levanta la construcción de la utopía, en este caso la de Cortés: "No faltó soberbia en levantar tales edificios *que para los hacer hubieron de derribar las casas y*

ciudad de México, figura espacial de la utopía política de Cortés, se caracterizaba en los *Memoriales* de Motolinía como plaga bíblica. En la *Breve y Sumaria Relación* la ciudad es simultáneamente microcosmos de la sociedad de Nueva España y representación simbólica de los estragos de la realidad colonial que abre la serie de causas de despoblación y destrucción que Zorita contrapone a las de los colonos:

> Los trabajos que se referirán de la Nueva España han sido también generales en todas las Indias... y esto los a destruído y disminuído en todas partes y los acabará... Lo que los ha consumido é aun consume en estos tiempos es los grandes edificios de cal y canto que han edificado y edifican... Halos destruido y los ha consumido y consume los grandes y desordenados tributos... Halos disminuido los esclavos que de ellos se hicieron para servicio de los españoles... Halos también apocado llevarlos á millaradas á las minas de oro u de plata con grandes trabajos á ellos no usados... Halos asimesmo consumido llevarlos de mil en mil y más y menos con grandes y pesadas cargas de mercaderías reventando,... Halos consumido hacerlos hacer gran suma de estancias de ovejas, vacas, puercos y cercas para ellas... Halos consumido llevar los tributos en cada un año a los pueblos de los españoles a sus cuestas... Halos consumido el servicio ordinario que daban y dan en algunas partes hoy en día para las casas de sus encomenderos, ó alquilándolos para las minas.[1]

En esa continuidad, a veces tenue, que va enlazando los textos disímiles de la disidencia desde las prédicas de Montesinos hasta los escritos de Vitoria se alza con una fuerza extraordinaria la voz de Bartolomé de las Casas.

La galería de retratos del dominico que nos ha llegado es contradictoria a más no poder: los sentimientos que despertó tanto entre sus contemporáneos como en la serie interminable de estudiosos que se han ocupado de él oscilan entre la mayor admiración y el rechazo feroz. Probablemente sus cualidades personales, su capacidad de persuasión y seducción junto con su intransigencia y su pasión por el juego político bastarían para justificar tales extremos y explicarían en parte tanto el fervor de sus partidarios como la inquina de sus detractores. Contó con la admiración y el apoyo del cardenal Cisneros y con el de miembros notables de su orden, como fray Miguel de Arcos; también con el de grandes juristas como Vitoria y teólogos del prestigio de fray Francisco de San Pablo y

---

pueblos de los indios, pues acaeció deshacer muchos edificios y sus propias casas, y llevar de muy lejos los materiales a México para edificación de la superba ciudad". (El subrayado es mío.) Zorita, pg. 160. La versión de los Memoriales, ligeramente distinta, está en pg. 14.
[1] Ibidem, pp. 158 a 168.

Melchor Cano.[1] Conservó la amistad de algunos de los más destacados franciscanos como fray Andrés de Olmos y Bernardino de Sahagún, cuyas obras incorporó en la *Apologética Historia*. Pero hizo de Motolinía un enemigo encarnizado y provocó también la cólera del obispo Marroquín, quien tan calurosamente lo había apoyado inicialmente en Guatemala. Se autodenominó "defensor de los indios" y contó en sus propuestas con el apoyo decidido de la población india y de la mayoría de la vanguardia reformista y radical de las órdenes predicadoras. Pero Motolinía lo acusó de ser "hombre tan pesado, inquieto e importuno y bullicioso y pleiteista en hábito de religioso, tan desasosegado, tan injuriador y perjudicial y tan sin reposo",[2] y lo acusó de explotar a los indios. Marroquín, por otra parte, le acabó reprochando su soberbia, envidia, hipocresía y avaricia[3] y lo acusó de "atrevido y favorido" a la vez que proponía como obispo del Yucatán al propio Motolinía. La maquinaria imperial de la Europa del XVI celebró su *Brevísima* y Theodore de Bry inmortalizó su crítica de la conquista en la serie de grabados que pasó a simbolizar todo el horror de la colonización. La ilustración lo bendijo por su defensa del buen salvaje y lo condenó por su propuesta de importación de esclavos negros a América. Y Menéndez Pidal, saliendo en defensa del honor patrio frente a la leyenda negra, lo descalificó como psicópata paranoico alucinado, un enfermo mental, un megalómano insensato, haciéndole responsable de toda calumnia e infundio contra el heroísmo de los conquistadores y la gloria de España.[4]

En cualquier caso de lo que no cabe duda es de que nadie logró sacudir los cimientos ideológicos y éticos mismos del poder colonial con la violencia y profundidad con que lo hizo Las Casas. También es innegable que la herencia de su pensamiento vive hasta hoy con la intensidad de un torbellino que desbarata la autocomplacencia de defensores y detractores, forzando una y otra vez la indagación renovada en los horrores y contradicciones profundas de la realidad colonial.

Si hay un punto en el que defensores y detractores de Las Casas parecen estar de acuerdo es en el carácter utópico de las propuestas lascasianas. Tanto en el caso de los unos

---

[1] Véase Baudot, op. cit., pg. 304.
[2] Motolinía, *Carta al Emperador del 2 de Enero de 1555*, conocida también como la "Diatriba". Ed. J.S. Bravo Ugarte, *Motolinía. Carta al emperador*, México, Editorial Jus. 1949, pg 60-62.
[3] Carta del obispo Marroquín a Carlos Quinto, del 1 de diciembre de 1545. En A.G.I. Guatemala, núm. 156. Resumida en la Colección Muñoz (R.A.H. Madrid). Citada por Baudot en op. cit., pg 291, nota 145.
[4] Véase Marcel Bataillon, *Estudios sobre Bartolomé de las Casas*, pg 15. Bataillon concluye su crítica de la visión de Menéndez Pidal así: "Menéndez Pidal le compara en tanto que paranoico a Don Quijote. Pero este último es el tipo mismo del monomaníaco, concebido como tal por un novelista. Su idea fija, anacrónica lo aísla de sus contemporáneos, de los que es la burla. Las Casas ha sido el enderezador de entuertos terriblemente reales y actuales; lejos de ser un aislado es, en su tiempo, el más célebre y el más notorio de los evangelizadores defensores de los indios, que forman una minoría activa en todas partes aborrecida por los colonos, pero que éstos deben más o menos escuchar sobre el terreno, de igual manera que les escuchan en la Corte los legisladores". Pg. 15.

como en el de los otros, ese utopismo se identifica con la idealización de América y con el carácter irrealizable de sus propuestas. Quiero aquí partir de mi propia teorización del pensamiento utópico para reconsiderar la obra de Las Casas en relación con ese modo de pensamiento particular. Reenfocado desde esa perspectiva el análisis revela que hay, en efecto, una dimensión utópica muy importante en la visión particular que tuvo Las Casas de América y de su conquista. Pero esa dimensión no se circunscribe a su idealización de América ni al carácter más o menos práctico de sus críticas a la conquista y propuestas de reforma de la sociedad colonial. Forma parte de la dinámica compleja que articula aspectos diferentes y a veces contradictorios del extraordinario pensamiento que articula Las Casas frente a la experiencia de la realidad colonial. Y juega un papel fundamental tanto en la forma en que va articulando su conocimiento de América y de su conquista como en la formulación en sus escritos y en la práctica de modelos alternativos.

Las Casas comparte a grandes rasgos con los franciscanos y con otros miembros de su propia orden, como Vitoria, una misma visión de la historia como movimiento progresivo hacia la realización de una forma de armonía que identifica con la Ciudad de Dios. Esa visión constituye el nexo que enlaza de entrada su pensamiento con algunas de las manifestaciones más importantes del pensamiento utópico durante la edad media y el renacimiento: el milenarismo. "Para Las Casas lo mismo que para Vitoria, la historia de la humanidad marcha hacia la progresiva integración de todas las naciones, no dentro de la cultura occidental sino de la Cristiandad de la Ciudad de Dios".[1] Las diferencias que separan esta visión del futuro de la humanidad previsto por la providencia del milenarismo franciscano son grandes. Pero los puntos de contacto son importantes y el propio Las Casas expresa una visión apocalíptica del descubrimiento de América en su *Historia,* donde llega a hablar de la evangelización como "principio de la última predicación del Evangelio en lo último ya del mundo" y alude a una nueva Iglesia que suplantará a la del Viejo Mundo en el Nuevo donde Dios" había de dilatar su santa Iglesia y quizá del todo allá pasarla".[2] Y en el *Octavo Remedio* vuelve a inscribir el significado de descubrimiento y conquista en una lectura profética de la historia: "Nueva invención, Señor, fue esta de dar la fe a los infieles simples e inocentes que guardó el padre de las familias, Dios, para que *a la hora undécima del mundo* no con yugo infernal de servidumbre como estos han padecido y padecen..sino... dulcemente y con halagos se llamasen y convidasen".[3] La herejía del dominico fray Francisco de la Cruz es un indicio de la difusión de la visión milenarista más

---

[1] Bataillon, op. cit., pg. 24.
[2] Bartolomé de las Casas, *Historia de las Indias,* B.A.E. Libro.I, cap. LXXIX, pg. 337 y cap. XXX, pg. 160.
[3] Bartolomé de las Casas *Tratados de 1552, Obras completas,* vol. X, Alianza Editorial, Madrid, 1992, pg. 303. El subrayado es mío.

allá del ámbito franciscano y de la seducción que ejercía esa visión del descubrimiento entre los dominicos. El milenarismo de fray Francisco se apoyaba sobre dos puntos fundamentales: los nativos americanos eran el nuevo pueblo de Israel descendido de las tribus perdidas; América era el lugar de la Nueva Iglesia que seguiría a la destrucción de Roma y España por los turcos. Las citas a que me referí más arriba apoyan desde la *Historia de las Indias* y el *Octavo Remedio* el segundo de esos puntos. Y fray Juan de Torquemada nos recuerda en su *Monarquía Indiana* que Las Casas compartía también el segundo.[1]

La importancia del contexto milenarista es innegable y no se circunscribe a los franciscanos. Y la concordancia de puntos de vista que revelan la presencia de una visión apocalíptica de la historia y de una lectura simbólica del significado de la conquista y evangelización del Nuevo Mundo entre Las Casas y sus contemporáneos franciscanos está bastante clara. Pero hay un punto que, desde muy pronto, separa radicalmente a Las Casas de los demás. Es un punto fundamental sobre el que se irá articulando de forma cada vez más sistemática todo el alcance revolucionario del pensamiento lascasiano: la violencia. No es que las demás órdenes no criticaran la violencia. Pero su tolerancia de los abusos de los conquistadores y sus buenas relaciones con el poder (con Cortés, por ejemplo) son una clara indicación de los límites de su crítica. Motolinía no vacila en expresar su posición con respecto a la conquista y a la violencia en su *Carta de 1555:* "Pues a V.M. conviene de oficio darse priesa que se predique el santo Evangelio por todas estas tierras, *y los que no quisieren oir de grado el santo Evangelio de Jesucristo, sea por fuerza*; que aquí tiene lugar aquel proverbio 'más vale bueno por fuerza que malo por grado'".[2] Vitoria, por otra parte, se apoya en el "jus peregrinandi" para proponer la conquista pacífica que abre la puerta a toda una serie de posibilidades de guerra legítima, basadas en la respuesta de los infieles a la prédica o su actitud frente a la presencia extraña de los invasores, aunque señalando que el bien puede degenerar en mal si se busca con malos medios.[3]

Para Las Casas no hay compromiso posible: la guerra y la violencia contra los nativos no pueden ser consideradas legítimas en ningún caso. Dicho de otro modo: la perfección de la Ciudad de Dios o del reino de la armonía no pueden neutralizar la realidad histórica; la felicidad y la satisfacción del deseo que promete la armonía del futuro utópico no pueden ni legitimar ni compensar el despojo, el sufrimiento o la muerte de uno sólo de

---

[1] Fray Juan de Torquemada, *Monarquía Indiana*, Libro I, cap. IX, Madrid, 1723, pg. 24b. Véase Bataillon, pp. 297-98
[2] Motolinía, *Carta al emperador de 1555*, pg 7.
[3] "Bonum est ex integra causa, malum autem singulis defectibus". Véase Bataillon, op. cit., pg 25

esos últimos gentiles sobre cuya conversión se levantará la nueva iglesia del reino de las profecías.

La visión de América y las propuestas de evangelización pacífica que se expresan a lo largo de la obra de Las Casas han sido, como ya señalé más arriba, generalmente consideradas como utópicas. En juicios menos ponderados —como el de Menéndez Pidal— el adjetivo utópico se substituye por el de delirante o demencial. El acuerdo general sobre el utopismo de Las Casas se basa en lo que se perciben como puntos de contacto entre las propuestas lascasianas y toda una tradición de formulación de modelos de sociedades cristianas ideales que arranca de San Agustín y se prolonga hasta los grandes utopistas del renacimiento, y, específicamente, *Utopía* de More.

Pero, desde otra perspectiva, la calificación de Las Casas como utópico en relación con el paradigma de More no puede ser, sin embargo, más irónica porque si el personaje de la narrativa de More hubiera sido Las Casas en lugar de Utopus, Utopía sencillamente no habría existido, Raphael Hythlodaeus no la abría visitado, ni se la habría podido describir a Peter Giles. Y, por supuesto, Thomas More no habría podido escribir ese mismo texto a cuya luz se determina tan decididamente el carácter utópico del pensamiento de Bartolomé de las Casas. La diferencia radical que existe entre la visión de Utopus, fundador paradigmático de la utopía moderna, y Las Casas, es la misma que separa a este último de Motolinía y sus demás contemporáneos: la justificación de la violencia. Y esa diferencia es lo bastante central como para poner en tela de juicio cualquier analogía simple entre Utopus y Las Casas, entre la utopía de More y la alternativa que propone Las Casas a la América colonial. Este es el texto que resume la fundación de Utopía: "Al conquistar esta tierra (que lleva su nombre puesto que su nombre originario era Abraxa) Utopus impuso a sus rudos y bárbaros moradores un gobierno y unas costumbres tan excelentes que ahora superan con creces al resto de la humanidad; y habiéndolos subyugado, decidió separarlos del continente y rodear todo el territorio de mar ".[1] En el texto de More la visión de los nativos —rudos, no civilizados— legitima la forma de socialización: conquista y sumisión. La representación simbólica de la historia de Utopía que se condensa en este pequeño fragmento de la narración contiene dos elementos fundamentales que proyectan simbólicamente la diferencia radical entre la utopía de More y el pensamiento utópico de Las Casas. El primero es la justificación de los medios —conquista y dominación— por el fin : la sociedad ideal. El segundo es el gesto fundacional de separación que marca el nacimiento de la utopía. Volveré sobre ambos más adelante cuando me refiera al análisis específico del pensamiento utópico de Las Casas. Pero ya desde ahora quiero señalar que la diferencia

---

[1] *Famous Utopias*, pp 41-41. El subrayado es mío.

entre la visión que se expresa simbólicamente en el texto de More y en la fundación de Utopus y la de Bartolomé de las Casas es fundamental, como lo es la que separa a Las Casas de la mayoría de sus contemporáneos, para poder comprender la dinámica del pensamiento utópico en las propuestas políticas de Las Casas y la representación de América y de su conquista que articula el discurso simbólico de textos clave como la *Brevísima*.

La trayectoria personal de Bartolomé de las Casas fue larga y llena de giros radicales. Su pensamiento no es monolítico: sigue una evolución que revela los hitos fundamentales de la trayectoria que lleva del encomendero al defensor de los indios. Algunos de los virajes o aparentes contradicciones de su pensamiento —su posición inicial en relación con la esclavitud de los negros, por ejemplo— se esclarecen al relacionarlos con su contexto específico en esa trayectoria tan accidentada. El primer gran viraje lo dio Las Casas cuando en 1514, influido por las ideas de algunos de los más radicales, entre los franciscanos y dominicos, sobre la crueldad del sistema de la encomienda y la necesidad de proteger a los nativos y exigir su tratamiento como seres humanos —las mismas ideas que resumió fray Antón de Montesinos en su célebre sermón de 1511— se desprendió de indios y encomiendas y se hizo clérigo.[1] Fue la primera conversión y marcó el principio de su lucha por la transformación del régimen colonial. Entre 1514 y 1522 Las Casas se embarcó con actividad febril en toda una serie de escritos, proyectos y negociaciones. El trasfondo de su pensamiento es la despoblación de las Antillas, la injusticia del régimen colonial, la explotación desaforada de los nativos en trabajos forzados y la crueldad del sistema de encomiendas. Todos sus proyectos de este período revelan un mismo objetivo fundamental: la reforma del sistema colonial. Hanke y Bataillon subrayan el carácter estrictamente reformista del período anterior a su ingreso en la orden de los dominicos: "Si se sigue sin ideas preconcebidas toda su actividad reformadora de 1516 a 1520 se ve que la evangelización no es más que un trasfondo ideal, la justificación última, mientras que la organización de la explotación colonial según otros sistemas más satisfactorios que la encomienda es la razón más apremiante de sus proyectos sucesivos".[2]

---

[1] Sin embargo, estas posiciones que Las Casas compartía con otros muchos miembros de las ordenes de predicadores distaban mucho de ser unánimes. El dominico Domingo de Betanzos, por ejemplo, se pronunció repetidamente en contra de la racionalidad de los indios y comunicó sus reservas al Consejo de Indias. El 11 de mayo de 1533 la audiencia de México se pronunció en contra de sus opiniones, acusándolo de ignorancia y de prejuicio contra la obra de los franciscanos, pero la conmoción que crearon sus ideas —que los encomenderos enarbolaron repetidamente como justificación de la explotación despiadada de los nativos— es una indicación de la división de pareceres incluso dentro de los sectores de la población más comprometidos con la protección de los nativos. Cf. Baudot, op. cit., pg 117.

[2] Bataillon, op. cit., pg.49. Y también Lewis Hanke: Estudios sobre Bartolomé de las Casas, Universidad Central de Venezuela, Caracas, 1968

La conversión de 1514 supuso, sin duda, un cambio de orientación importante para aquel encomendero que según sus propias palabras "comenzaba a tener fama de codicioso". Pero su actitud con respecto a cuestiones tan fundamentales como la esclavitud de los negros revela hasta que punto distaba aún de adoptar las posiciones mucho más revolucionarias de crítica radical del colonialismo que elaboró a partir de 1522 y, sobre todo, a partir de 1542 (con la redacción del *Confesionario* y la *Brevísima*, por ejemplo). En 1516 Las Casa todavía se identificaba con los intereses de los encomenderos lo bastante como para proponer como remedio de la explotación de los indios la importación de africanos "para el bien común de los españoles, que todos estaban muy pobres y que aquello se les diese de gracia y de balde" porque, concluye en otro lugar: "con ellos se sustentarían en la tierra y dejarían libres a los indios".[1] El plan de colonización que se detalla en el memorial de 1516 ilumina el alcance de la crítica de Las Casa en esta primera fase y recoge las contradicciones fundamentales que resultaban de los conflictos de lealtades en que se debatía en su nueva posición de clérigo reformador. El proyecto ha sido considerado un "noble proyecto utópico"[2] pero su lectura detallada revela una nobleza más bien limitada y un carácter utópico muy discutible. Las contradicciones dentro del plan mismo —cuyo objetivo declarado es el crear un modelo de convivencia pacífica y mutuo beneficio para españoles y nativos— con su pensamiento posterior a 1522 son numerosas. Por una parte se propone una asociación de españoles y nativos en la que "los unos se casarían con los otros formando una única república, una de las mejores y quizá la más pacífica y cristiana del mundo".[3] No hay duda de que esa comunidad proyecta implícitamente en la armonía en que vivirían españoles y nativos la resolución simbólica de todos los problemas que enfrentan en las colonias a los conquistadores con los conquistados. En ese sentido es una propuesta utópica. Pero el alcance de esa proyección utópica se desmorona por la base cuando leemos que el régimen de trabajo al que se someterá en la nueva comunidad a los nativos —ya reconocidos como hombres libres— sigue siendo un régimen de trabajo forzado.[4] Es un trabajo forzoso que se reglamenta cuidadosamente en los turnos de minas, en los desplazamientos, en el tipo de herramientas, pero que deja intacto, como lo dejaban intacto las ordenanzas de gobierno de Hernán Cortés, el principio de dependencia del español de la mano de obra indígena y su derecho a explotar esa mano de obra para su subsistencia. El plan de 1516 revela una actitud crítica con respecto a los abusos de todo tipo que habían provocado un descenso vertiginoso de la

---

[1] B. de las Casas, *Historia*, BAE, pg 417.
[2] Por Bataillon, y Hanke. *Estudios sobre Bartolomé de las Casas*, pg.76.
[3] B. de las Casas, *Historia*, ed. Millar, México 1951, T. III, pg. 179.
[4] *Memorial de 1516*, en D.I.I., t. VII, pg. 52-57.

población de las Antillas entre l492 y 1515. Pero no cuestiona a fondo las bases mismas de un régimen de explotación colonial. "Aspira a racionalizar humanizando y a humanizar racionalizando más que a cambiar la economía colonial... quiere que la colonización sea racionalizada y se salde por un crecimiento de la población y no por un espantoso déficit humano".[1]

La visión utópica de una comunidad en la que vivan en justicia y paz nativos y españoles se apunta en el proyecto de 1516 pero no se sostiene en la formulación de los aspectos específicos que trazan su realización en el *Memorial*. Para algunos críticos la causa de esa vacilación, que limita el potencial radical de la propuesta, es claro: el conflicto entre la visión del clérigo reformador y las lealtades todavía vivas del antiguo encomendero. La utopía colectivista y humanitaria que se insinúa como posibilidad en el proyecto se queda en "la racionalización de su experiencia de encomendero".[2]

El plan de 1517 desarrolla un poco más la idea de comunidades pacíficas basadas en la asociación entre campesinos españoles y nativos. La organización de las comunidades agrícolas presididas por un "padre" y una "madre" de familia parece recoger el modelo de la familia rústica propuesto por More en su *Utopia* en 1516. Ya el memorial de 1516 afirmaba categóricamente la libertad de los nativos, pero el plan de 1517 propone una estructura de sociedad comunal basada en familias campesinas presididas por el "padre de familia" y retoma muchos de los aspectos del régimen de intercambio (protección e instrucción a cambio de trabajo) que proponía en términos ideales el modelo de la encomienda.

El último de los planes de colonización que formuló Las Casas durante ese período fue el de 1518. El foco geográfico se desplazaba aquí de las Antillas, ya muy destruídas, hacia la prometedora Tierra Firme. Pero la visión que se expresa en este último proyecto no es cualitativamente distinta de las dos anteriores. De nuevo el objetivo se circunscribe a un intento de combinar en un mismo proyecto el humanitarismo cristiano con la eficacia y el provecho en un régimen de explotación colonial racional: "Lo que parece que le había seducido entonces era lograr una colonización constructiva, humana e inmediatamente rentable".[3] El proyecto fue presentado firmado por "Bartolomé de las Casas, clérigo procurador de los indios" al Canciller Le Sauvage en la primavera de 1518.[4] Proponía un plan de explotación comercial que se apoyaba sobre dos bases fundamentales: el rescate con los nativos y el tributo de los nativos cristianizados; "El fin perseguido es la transformación de los indígenas, tranquilizados por ese método, en neófitos del cristianismo, en súbditos

---

[1] *Estudios sobre Bartolomé de las Casas,* pp. 66 y 74.

[2] Ibidem, pp. 76 y 60.

[3] Ibidem, pg. 96

[4] Publicado en los apéndices de su *Vida de Las Casas,* Colección de Documentos de Indias, t. LXX, pp. 453-59.

obedientes y tributarios voluntarios de la corona de Castilla. Las Casas contrata a destajo con la corona como recaudador general de impuestos; pero un recaudador que gracias a la acción original de unos fascinadores de hombres haría surgir y luego crecer en una región salvaje un pueblo de contribuyentes".[1] La evangelización formaba parte del programa, ya que era la seducción de esos "fascinadores de hombres" lo que garantizaría la transformación pacífica de los nativos asegurando su amistad. Pero no era ni el objetivo fundamental ni el fin desinteresado de un proyecto en el que el propio Las Casas —que combinaba su papel de organizador con el de socio capitalista— podía recibir beneficios considerables.

El plan de 1518 culminó en 1521 con un estrepitoso fracaso. Un fracaso hasta cierto punto previsible cuando repasamos la serie de compromisos y obligaciones que Las Casas fue contrayendo con la corona y con las autoridades coloniales a lo largo del proceso de negociación. Pero este fracaso parece haber tenido una significación extraordinaria para Las Casas, obligándole a enfrentarse con la imposibilidad de conjugar los intereses y realidades de un sistema de explotación colonial con cualquier modelo de evangelización y de sociedad comunitaria justa y legítima. El plan de colonización de l518 fue un fracaso económico y político para Las Casas, pero también una lección moral que le obligó a enfrentarse con sus propias contradicciones, con el conflicto de lealtades que había marcado los límites de su pensamiento reformista entre l516 y 1522 y con su propia complicidad y responsabilidad en un proceso de destrucción que había rechazado en términos generales desde 1514. Su decisión de ingresar en la orden de los dominicos simboliza, a través de la aceptación del voto de obediencia y de pobreza, la ruptura definitiva del cordon umbilical que todavía lo ligaba a la visión del encomendero y a los intereses del poder colonial.

De manera progresiva entre 1516 y 1520 y ya de forma insoslayable después de su último fracaso en 1522, Las Casas se enfrenta con una contradicción fundamental: la que enfrentaba cualquier intento de colonización pacífica y cristiana que definiera la protección de los nativos como prioridad con los intereses y necesidades de una sociedad colonial que dependía para satisfacer sus deseos de poder y de riqueza de la explotación de los nativos. Una sociedad que veía cualquier forma de colonización que reemplazara el uso y abuso sistemático de la fuerza por la negociación y la persuasión como aplazamiento de su propio provecho; cualquier defensa de los derechos de los nativos como menoscabo de sus privilegios. En los planes de 1516 a 1520 Las Casas había tratado de conciliar lo irreconciliable. La experiencia de su intento de colonización en Tierra Firme demostró como no había compromiso posible que pudiera satisfacer a los colonos —sus socios en esta

---

[1] Para detalles y cifras de la propuesta de Las Casas en el plan de 1518 véase Bataillon, *Estudios,* pp.117 y ss.

última empresa— y a la vez proteger a los nativos, revelando la imposibilidad de conciliar los intereses del poder temporal, que controlaba la población de conquistadores y encomenderos y que administraban los oficiales de la corona, con las exigencias del compromiso espiritual y moral que se había impuesto como "procurador de los indios".

Las Casas se enfrentaba, en ese punto clave de su trayectoria, con una contradicción histórica. Toda la empresa de la conquista se había concebido como empresa de ganancia, de apropiación y de provecho. Los textos de los conquistadores proyectan simbólicamente las caras múltiples de una visión que percibía América como figura utópica de resolución de toda carencia, de suspensión de toda limitación, de satisfacción absoluta de un deseo que invariablemente se articulaba en términos de ganancia material —tesoros— o de ascenso social —poder, gloria, títulos. La codicia, rasgo definitorio que condensa en una categoría moral definitoria la caracterización de los españoles en los textos, de Colón a Ercilla, es simultáneamente una realidad tangible y verificable que impulsa proyectos y dicta prioridades, y el símbolo de una mentalidad: la mentalidad depredadora que enlaza en la tradición hispánica el ethos de la reconquista con el desarrollo, ya en la conquista de América, del imperialismo colonial.

Fue la vivencia de esa contradicción fundamental lo que determinó el viraje de Las Casas en 1524 y su decisión de entrar en la orden. Sobre la certeza que tenía ya del carácter irreductible de esa contradicción se apoyaría todo su pensamiento posterior, y en ella se fundaron las razones fundamentales de sus divergencias con los franciscanos y, específicamente, con Motolinía. La importancia de esas diferencias es central: ilumina la distancia que separa el utopismo milenarista de los franciscanos del pensamiento utópico revolucionario de Las Casas. Hay en ambos —Motolinía y Las Casas— una proyección claramente utópica que se expresa en sus percepciones respectivas de América, de sus habitantes y del proceso histórico de la conquista. Pero, a pesar de los puntos de contacto numerosos entre ambos, el utopismo franciscano se traduce políticamente en toda una serie de alianzas y complicidades con las autoridades coloniales —encomenderos, conquistadores y oficiales de la corona— mientras que la visión utópica radical de Las Casas se plasma en una crítica devastadora del poder colonial y de la sociedad que se levanta sobre él, en unos escritos que proponen de forma cada vez más sistemática a partir de 1522 un conjunto de estrategias para su destrucción. Las posiciones que representan Motolinía y Las Casas no son sólo diferentes: son incompatibles. Y esa incompatibilidad explica, por ejemplo, la ira de Motolinía en los ataques que lanzó contra Las Casas en su carta al emperador de 1555 y la inflexibilidad de Las Casas a lo largo de toda la polémica en torno al confesionario. La toma de posición radical de Las Casas en sus *Tratados* de 1552 con respecto a la encomienda, el repartimiento y la esclavitud catalizó un desacuerdo profundo entre ambos que se remontaba hasta 1536, casi veinte años antes de la publicación de los *Tratados,* y que estalló con toda su violencia en la *Carta* de Motolinía al emperador de 1555. En su carta Motolinía se refiere a un incidente ocurrido en Tlaxcala en 1535 que condensa simbólicamente uno de los aspectos de esa incompatibilidad: "Entonces yo, con otros frailes, rogamos mucho al de las Casas que baptizase a aquel indio, porque venía de muy lejos, y después de muchos ruegos demandó muchas condiciones de aparejos para el babtismo, como si él sólo supiera más de todos y ciertamente aquel indio estaba bien aparejado. Y ya que dijo que lo babtizaría, vistiose una sobrepelliz con su estola, y fuimos con él tres o cuatro religiosos a la puerta de la iglesia do el indio estaba de rodillas, y no sé qué achaque se tomó que no quiso babtizar al indio, y dejónos y fuese".[1]

El incidente ilustra una diferencia general entre los métodos de evangelización de los franciscanos y los de los dominicos: frente a los bautismos multitudinarios de los franciscanos los dominicos insistían en una catequización más rigurosa y mostraban un escepticismo considerable en relación con la profundidad de la conversión de los nativos que tan prestamente, según los franciscanos, se mostraban dispuestos a recibir el bautismo. La conversión y el bautismo acelerados eran para los franciscanos una manera de acelerar el cumplimiento de las profecías. La acitud más cautelosa de los dominicos, que ejemplifica Las Casas en este incidente, amenazaba directamente el objetivo utópico hacia el cual se orientaba toda la visión franciscana de América y de su evangelización: el milenio. Por otra parte, la divergencia que registra el incidente narrado por Motolinía esta ligada a otra, también fundamental, que estalló a propósito de la confesión: la tolerancia de los abusos de los encomenderos —que los franciscanos veían como parte no deseable pero inevitable y transitoria del proceso histórico de realización de la utopía— y su sanción implícita a través de la absolución en el confesionario. Sería completamente injusto juzgar a Motolinía por su carta de 1555 analizándola fuera de ese contexto de utopía amenazada. Sus duras críticas contra Las Casas y todo el hilo de su argumentación sólo cobran sentido en relación con la necesidad de preservar y proteger lo que para Motolinía son las condiciones necesarias para la llegada inminente del reino utópico del bien, en el cual todos los horrores que perciben los franciscanos y que denuncia Las Casas dejarán paso a una armonía en la que los nativos, sobre los cuales va a edificarse la nueva iglesia, y los buenos cristianos llevarán, por fin, la mejor parte. Pero, sin perder de vista ese contexto específico, el análisis de la *Carta* de 1555, y su comparación con los *Avisos para Confesores* de Las Casas, es fundamental para mostrar la dinámica y las implicaciones de dos opciones muy diferentes dentro del pensamiento utópico religioso de la conquista de América. Motolinía escribe su

---

[1] *Carta* de 1555, pg. 61.

carta en enero de 1555 en reacción a la llegada a México de los *Tratados* impresos por Las Casas en Sevilla en 1552. Pero aunque los *Avisos* se publican por primera vez entre esos *Tratados* son de hecho una recopilación y revisión de toda una serie de reglas y propuestas que Las Casas había formulado con anterioridad, y de actitudes que había mantenido de forma consistente en la Española desde 1531 y en Nicaragua en 1536.[1] Las mismas que difundió, para mayor desesperación de Motolinía y otros franciscanos, como obispo de Chiapas en forma de proclamación oficial en 1545,[2] provocando tal escándalo entre la población española que Antonio de Mendoza las mandó recoger. En 1554 volvieron los mismos *Avisos*, impresos y debidamente autorizados, a las colonias: "Agora, en los postreros navíos que aportaron a esta Nueva España han venido los ya dichos confisionarios impresos, que no pequeño alboroto y escándalo han puesto en toda esta tierra porque a los conquistadores y encomenderos y a los mercaderes los llama muchas veces, tiranos, robadores, violentadores, raptores, predones. Dice que siempre e cada día están tiranizando los indios, asímismo dice que todos los tributos de indios son y han sido llevados injusta y tiránicamente."[3] Motolinía señala que tanto la publicación de los *Tratados* como su crítica a Las Casas en esa carta de 1555 son la culminación de un largo proceso de definición de estrategias de evangelización divergentes y de posiciones opuestas frente a la conquista militar. Todos los elementos fundamentales que articulan esas divergencias se encuentran indicados en estos dos textos que condensan simbólicamente aspectos fundamentales del enfrentamiento entre dos opciones del pensamiento utópico religioso en la conquista de América.

En su carta de 1555 Motolinía consigna con concisión y claridad la visión simbólica de la conquista sobre la que se articulaba todo su pensamiento y sobre la cual se apoyaba todo el razonamiento de su ataque contra Las Casas y su defensa de la posición franciscana. "Yo no me meto a determinar —dice— si fueron estas guerras más o menos lícitas que aquellas, o cual es más lícito tributo éste o aquel... Lo que yo a V.M. suplico es el quinto reino de Jesucristo significado en la piedra cortada del monte sin manos, que ha de henchir y ocupar toda la tierra, del cual reino V.M. es el caudillo y capitán, que mande V.M. poner

---

[1] Ahí es donde, según Baudot, había entrado por primera vez en conflicto con los franciscanos en relación con los métodos de evangelización y la cuestión de la absolución.

[2] Baudot detalla la génesis y difusión de los *Avisos* con anterioridad a su publicación bajo ese título en Sevilla en 1552. El punto de partida de redacción del texto fue una carta pastoral redactada por Las Casas en México en 1545. El texto original de los *Avisos* se elaboró durante las asambleas dominicas en México en 1546 y se difundió bajo el título *Confessionario de doze reglas para los confesores de Españoles que han sido en cargo de indios*, de fray Bartolomé de las Casas. Ya en 1547 Las Casas logró hacer aprobar las tesis centrales de su *Confessionario* por fray Francisco de San Pablo, Melchor Cano, Sotomayor y Galindo. Véase Baudot, op. cit., pg. 304.

[3] Motolinía, *Carta de 1555*, pg 57.

toda la diligencia que sea posible para que este reino se cumpla y ensanche".[1] Tres cosas están claras en este fragmento. La primera es el carácter simbólico de la visión de la conquista que Motolinía resume en clave en la referencia al Apocalipsis: la piedra cortada del monte sin manos. La segunda es el carácter absolutamente prioritario del objetivo milenarista: el quinto reino de Jesucristo, y la subordinación de todo lo demás a su llegada. La tercera es la abdicación de toda crítica de la realidad concreta de la conquista con ese "yo no me meto a determinar" que inicia la argumentación. Quiero aclarar que la suma de estos tres elementos no implica en sentido literal que los franciscanos, incluido el propio Motolinía, no criticaran nunca los abusos de la conquista. Lo hicieron repetidamente, de forma individual (en cartas protestando por la aplicación del tributo y denunciando abusos, por ejemplo) y colectiva, como en la carta colectiva de los franciscanos al emperador de 1533. Pero lo que el fragmento a que me he referido ilumina es el cuadro de opciones que se contemplan, y el orden de prioridades que rige posición y conducta cuando la figura utópica es punto de articulación simbólica de percepción y acción. Si la crítica de la realidad concreta amenaza la realización de la utopía esa crítica se suprime incluso cuando esa supresión impone un bloqueo transitorio de los deseos y objetivos que la figura utópica proyecta simbólicamente. En este caso concreto, por ejemplo, el bloqueo del deseo de justicia, igualdad, caridad y armonía. El fragmento condensa simbólicamente la dinámica del pensamiento utópico de Motolinía e ilumina sus implicaciones: la galvanización de la energía admirable que contempla la realización segura del bien absoluto en el milenio, y la clausura del cuestionamiento y rechazo radicales de la realidad colonial.

La argumentación que desarrolla Motolinía en su carta de 1555 para demostrar lo errado de la visión que expresa Las Casas en sus escritos sintetiza las líneas generales que organizan el pensamiento franciscano en torno a la conquista y clarifica las opciones específicas que elige en su tarea de evangelizador. El contexto inmediato de esa síntesis, que va a ir eliminando gradaciones y sutilezas acentuando contrastes y oposiciones en la carta, es preciso: la amenaza que representa la crítica de las Casas para el cumplimiento de las profecías. La necesidad de acentuar contrastes y oposiciones dictada por la retórica de persuasión que organiza la carta estilísticamente explica las contradicciones, a veces flagrantes, que enfrentan los argumentos y posiciones de Motolinía en la carta con sus propias actividades y declaraciones en otros contextos y en cuestiones tan fundamentales como la imposición de tributos en Nueva España o el tratamiento de los nativos al concluir la conquista de Tenochtitlán. En la carta Motolinía afirma retóricamente que no se mete a evaluar el carácter de la guerra o la justicia del tributo. Pero si se mete, aunque, al revés de

---

[1] Ibidem, pp. 72-73.

Las Casas, no para condenarlos sino para legitimarlos. Legitima la guerra de dos maneras: por tradición y por voluntad divina. Motolinía recorre la historia de la civilización precolombina representándola como una serie de guerras que van marcando los hitos del acceso al poder de los grupos más civilizados: los primeros mexicanos "habían ganado o usurpado" México a sus anteriores pobladores que "vivían como salvajes". Después llegaron los culhuacanos y, "como fuese gente de más habilidad y de más capacidad que los primeros habitantes poco a poco se fueron enseñoreando de la tierra". Y, finalmente, vinieron los indios llamados mexicanos que "se enseñorearon en esta Nueva España por guerra... y después, también por guerras, estuvo el señorío en un señor y pueblo que se llama Ascapulco". Motolinía complementa su representación de la tradición guerrera de México con la de la historia de occidente que hilvana, similarmente, como una sucesión de guerras y destrucciones: los babilonios "tomaron por guerra" a los asirios; los persas"destruyeron " a los babilonios; los griegos "destruyeron" a los persas y "conquistaron" Asia y, finalmente, los romanos "subyugaron" a los griegos.[1] La visión que tiene Motolinía de la historia se organiza como visión profética, y en su representación esa visión se expresa en la identificación simbólica en su carta de las distintas etapas de la historia de occidente con la estatua de cabeza de oro, cuerpo de metal y pies de hierro de la visión de Nabucodonosor: "Y este reino de Nabucodonosor fue la cabecera de oro de la estatua que él mismo vio, según la interpretación de Daniel, cap. 2; y Nabucodonosor fué el primer monarca y cabeza del imperio. Después los persas y medos destruyeron a los babilónicos en tiempo de Ciro y Darío, y este señorío fueron los los pechos y brazos de la misma estatua... Después los griegos destruyeron a los persas.. y este señorío fue el vientre y los muslos de metal... Después los romanos subjetaron a los griegos, y estos fueron las piernas y pies de yerro, que todos los metales consume y gasta. Después la piedra cortada del monte sin manos, cortó y disminuyó la estatua e idolatría... "[2] La guerra de la conquista de América se legitima así a través de su reinscripción en el contexto simbólico de la visión profética de Nabucodonosor. Pero hay todavía en la carta de Motolinía una segunda estrategia de legitimación: la eliminación del pecado. "Dios muda —dice Motolinía— los tiempos y edades y pasa los reinos de un señorío a otro; y esto por los pecados, según que lo pasó Dios en los hijos de Israel con grandísimos castigos; y el reino de Judea, por el pecado y muerte del Hijo de Dios lo pasó a los romanos; y los imperios aquí dichos."[3] La función del pecado es doble. Liga los hitos específicos del movimiento de una historia hecha de guerras y desplazamientos violentos a la voluntad

---

[1] Ibidem, pg 51-52.
[2] Ibidem, pg 71-72.
[3] Ibidem, pg 72.

151

divina: la destrucción se convierte en castigo divino por los pecados cometidos. Y justifica el horror y el sufrimiento inseparable de guerra y conquista como parte de un castigo justo y necesario ordenado por Dios. La conquista y la violencia se integran pues en el plan divino.

La presentación esquemática y negativa que hace Motolinía en esta carta de la América prehispánica, tan distinta de la que minuciosamente detalla en sus *Memoriales*, en los huehuetollis que recoge y en su *Historia*, cumple una función muy específica: la identificación de lo precolombino con el diablo —"y sepa V.M. que cuando el Marqués del Valle entró en esta tierra, Dios Nuestro Señor era muy ofendido... y el demonio nuestro adversario era muy servido con los magos, idolatrías e homecidios más crueles que jamás fueron"— y, consecuentemente, de la conquista con la salvación.[1] Dentro de la visión providencial que identifica destrucción con salvación, hasta las mayores injusticias pueden integrarse sin rechazo radical. Se justifica el tributo con referencias al Nuevo Testamento (*Carta*, 71). Se aprueba la preservación de un sistema de castas y privilegios para protección de la nueva sociedad, cuya estabilidad podría verse comprometida si, por ejemplo, se les dieran caballos a los nativos "porque si se hacen los indios a los caballos muchos se van haciendo jinetes y querranse igualar por tiempo a los españoles" (*Carta*, 76). Y con el mismo criterio se aplaude la ocupación militar y se justifica la represión de los negros que Motolinía percibe como amenaza al orden y seguridad de la colonia. En cuanto a la esclavitud de los nativos, Motolinía la justifica implícitamente en su rechazo del razonamiento de Las Casas en su *Tratado Cuarto*[2] con tres argumentos. En primer lugar, la ignorancia de Las Casas en relación con la esclavitud en la América prehispánica. Acusación sorprendente si pensamos que Las Casas en su estudio sobre la América prehispánica no se limitó a su propia experiencia sino que se apoyó de manera fundamental en las investigaciones de los franciscanos y en los borradores y escritos que algunos de ellos, incluido el propio Motolinía, le dieron de sus trabajos. [3] En segundo lugar, en las exageraciones de Las Casas en cuanto al número de esclavos que existieron en la colonia. En tercer lugar, en el buen tratamiento de los esclavos por sus amos que documenta con la autoridad de los frailes: " Y los frailes de acá han visto y sabido un poco más que el de las Casas cerca del buen tratamiento de los esclavos".[4] La pequeña hagiografía de Cortés que cierra la carta confirma simbólicamente la validez de la conquista y concluye, con la

---

[1] Ibidem, pg. 53.

[2] *Tratado sobre los indios que han sido hechos esclavos*, Obras Completas, Alianza Editorial,, 1992, vol. 10, pp. 219-287.

[3] Para el uso de las fuentes franciscanas que hizo Las Casas véase Baudot, op. cit., pp. 147,177, 204, 227, 230-31.

[4] *Carta de 1555*, pg. 92.

presentación resumida de una Nueva España idílica para "casi todos los indios", esa especie de alegato desesperado que es la *Carta* de 1555. Un alegato que ilumina, conjugándolos en un mismo razonamiento persuasivo, los puntos de apoyo de la visión utópica franciscana de la conquista, delineando implícitamente las estrategias posibles y los compromisos necesarios para su preservación.

Las reglas y preceptos que se contienen en los *Avisos* para confesores desde su primera versión de 1536 dinamitan por la base la visión utópica de la conquista que se expresa en la "diatriba"[1] de Motolinía y cuestionan de forma implacable las estrategias y compromisos que tan aplicadamente han ido elaborando los franciscanos en América.

Frente a una caracterización de la conquista como parte de un plan divino de cumplimiento de las profecías y como salvación de los nativos, el punto de partida de la visión que se expresa con toda claridad en los *Avisos* es la definición de toda la conquista como empresa ilegítima que viola simultáneamente el derecho natural, el derecho de gentes y el derecho divino. A partir de ahí el razonamiento de Las Casas es cristalino: las instituciones que se han creado desde la conquista no tienen una base legal porque aparecen ligadas en su origen a una guerra injusta. Nada de lo que se ha obtenido de esa guerra consituye legítima posesión "porque todas las cosas que se han hecho en todas estas Indias, así en la entrada de los españoles en cada provincia de ella como la sujeción y servidumbre en que pusieron estas gentes con todos medios y fines y todo lo demás que con ellos y cerca dellos se ha hecho, ha sido contra todo derecho natural y derecho de las gentes y también contra derecho divino; y por lo tanto es todo injusto, inicuo, tiránico y digno de todo fuego infernal, y, por consiguiente, nullo, inválido y sin algún valor y momento de derecho".[2] Todas las relaciones sociales, políticas, laborales y económicas que se han levantado sobre esta base son ilícitas. Y todos los que han participado en la creación o perpetuación de ese cuadro de relaciones, y todos los que, de una forma u otra, se han beneficiado de él o se han hecho cómplices de él son culpables: todos "los que hobieren sido conquistadores en ellas, o hobieren tenido indios en repartimiento o hobieren tenido parte de los dineros que con indios o de indios se hobieren adquerido".[3] La definición de la propia responsabilidad deja pocos resquicios. No se circunscribe a las propias acciones —"los muy grandes pecados que son los cometió en hacer y ayudar a hacer tan grandes daños y males a los indios"— sino que se extiende a las de los demás: "Y no sólo ha de hacer penitencia por lo que por sus manos hizo, pero también de todos los males e daños

---

[1] *La Carta de 1555* se conoce también como "la diatriba".

[2] *Avisos, para confesores,* o *Tratado Sexto,* Alianza, O.C. vol. 10, pg. 375.

[3] Ibidem, pg 369.

que los otros con quién anduvo hicieron, porque a todos es obligado 'in solidum'".[1] Así, en la clasificación de Las Casas, no sólo son culpables los conquistadores que participaron en la guerra o se beneficiaron de sus despojos sino que hasta "los mercaderes que llevaron armas, como arcabuces, pólvora, ballestas, lanzas y espadas y, lo peor de todo, caballos estando actualmente los españoles conquistando y tiranizando los indios como lo estan hoy e siempre lo han estado... pecaron mortalmente e son obligados a todos los males e daños que aquellos tiranos hicieron".[2]

Las reglas que contiene el *Tratado Sexto* detallan para uso de los confesores los elementos de un manual práctico para la evaluación del comportamiento de los pobladores españoles de Indias. Pero el conjunto de reglas y argumentos que en él se contiene proyecta una visión particular que identifica la conquista con la injusticia, la sociedad colonial con la ilegitimidad y el conquistador y colono con el pecado. El manual no es un documento legal pero funciona como tal en un espacio particular: el confesionario. De hecho su función adquiere todo su alcance radical precisamente en el desplazamiento simbólico de la sociedad por el confesionario, un desplazamiento que anticipa otros desplazamientos en la actividad de Las Casas sobre los que volveré más adelante. Si la sociedad es el espacio de convergencia del individuo con la historia, el confesionario es el espacio simbólico de convergencia de la ley divina con la humana, de la esfera social con la espiritual. Es el espacio donde se verifica una y otra vez la concordancia entre la ley de Dios y el deseo de los seres humanos. En la visión que se expresa en los avisos del *Tratado Sexto* el confesionario es el espacio simbólico donde la historia se juzga a la luz de la religión y donde se reafirma la prioridad de los principios que rigen la segunda sobre las necesidades que impulsan la primera. Es el lugar de la verificación y de la condena de toda acción individual o colectiva, privada o pública que no se apoye en la triple obediencia a las leyes del derecho natural, del divino y del de gentes.

En el conjunto de reglas de los *Avisos* se inscriben ya las líneas maestras que van a ir articulando la crítica radical del colonialismo en los escritos de Las Casas. Pero aunque este hecho tiene ya en sí mismo importancia lo que es fundamental es que la crítica se ligue precisamente al sacramento de la confesión y que tome la forma particular de un cuerpo de leyes que va a regir el funcionamiento de la sociedad desde el espacio simbólico del confesionario. Porque esta transformación simbólica de la crítica moral en la ley anticipa lo

---

[1] Ibidem, pg. 371-72.
[2] Ibidem, pg. 377-8. Desarrolla aquí Las Casas un concepto de responsabilidad extraordinariamente moderno: el mismo que se debatió en episodios tan recientes como los juicios de Nuremberg y el mismo que está en la base de la polémica actual sobre el tráfico de armas y los límites de la legitimidad y responsabilidad que se aplican a dicho tráfico.

que será la estrategia fundamental de Las Casas a partir de su salida de las Indias en 1547 y apunta ya a la proyección profundamente revolucionaria de su pensamiento utópico.

La transformación de la condena moral en ley aparece en los *Avisos* ligada inequívocamente al desplazamiento de un espacio histórico: la sociedad, por un espacio simbólico: el confesionario. Pero el desplazamiento no indica un repliegue sino todo lo contrario: es precisamente en ese espacio símbólico —donde la crítica se convierte en ley— donde se la puede hacer incidir con toda su fuerza en el espacio histórico exigiendo su transformación. El confesionario de Las Casas no es un refugio. Es el escenario simbólico donde se jugaban hasta el límite y en pequeña escala las opciones de la misma estrategia que llevó a Las Casas a dejar las Indias por España, la Vera Paz por el escenario jurídico-teológico de la corte de Carlos V, la acción por la ley.

El *Tratado Sexto* no deja ninguna duda, como no la dejarían a partir de 1547 los demás escritos y actividades de Las Casas, sobre su intención de incidir en el espacio histórico exigiendo su transformación. Y esa exigencia, que marca siempre la vertiente revolucionaria del pensamiento de Las Casas, se concreta aquí en un punto que supone un cambio cualitativo dentro del ejercicio tradicional del sacramento de la confesión: el desplazamiento de la penitencia por la restitución.

Este es el desplazamiento que estuvo en el centro de toda la polvareda que levantó el *Confesionario* —el "alboroto y escándalo" de los que habla Motolinía— desde su primera divulgación en Nicaragua en 1536. Y el que provocó la recogida por cédula real del 28 de Noviembre de 1548 que menciona su carta de 1555: "que por mandado de V.M. y de vuestro Consejo de Indias me fue mandado que recogiese ciertos confisionarios que el de las Casas dejaba acá en esta Nueva España escriptos de mano, entre los frailes, e yo busqué todos los que había entre los frailes menores y los di a Don Antonio de Mendoza, vuestro visorrey y el los quemó porque en ellos se contenían dichos y sentencias escandalosos".[1] Una vez comprobada la reacción Las Casas, que era plenamente consciente de sus implicaciones, se preocupó de cimentar la autoridad de sus propuestas de dos modos. En primer lugar añadiendo la "Adición a la primera y quinta reglas" —que expandía cuidadosamente el razonamiento de las versiones anteriores aduciendo nueva documentación y reforzando las bases jurídicas del principio de restitución— a la publicación de 1552. En segundo lugar asegurándose la aprobación de sus tésis por parte de teólogos del prestigio de Francisco de San Pablo, Melchor Cano, Sotomayor, y Galindo.[2]

---

[1] *Carta de 1555*, pg 56-7.
[2] Véase Baudot, pg. 304.

En los *Avisos* Las Casas detalla los particulares del principio de restitución minuciosamente para que los confesores sepan exactamente a qué atenerse en cada caso. Es obligatoria la restitución a los nativos de todo lo que "es habido de indios o con indios", es decir, de toda la propiedad adquirida en América (pg. 370). Es obligatoria la liberación con pago de salarios atrasados e indemnización por daños de todos los siervos, criados o esclavos (pg. 370-71). Se invalida cualquier derecho a herencia: "que aunque el defunto tenga cien hijos legítimos no les ha de dar ni aplicar un maravedí porque se les deba de derecho ni les venga de herencia, ni tengan parte en aquella hacienda" (pg. 373). Es obligatoria la restitución de todos los tributos habidos y de todos los servicios recibidos (pg. 374). El confesor está obligado a exigir la restitución en la confesión por derecho canónico que prevee "que se les deniegue el sacramento de la penitencia o al menos no sean absueltos"[1] y también por derecho divino que dicta que "el confesor es juez espiritual puesto por Dios en su universal Iglesia para utilidad y provecho de las ánimas, señaladamente de aquella que en sus manos se pone en el acto de la confesión; el cual es obligado de derecho natural y divino a juzgar justamente ejercitando justicia".[2] Y para que sea posible la absolución debe completarse con un propósito de enmienda que incluye un doble compromiso: el no participar nunca más en guerras contra indios sea cual sea la naturaleza de la complicidad o participación; y el no participar en ninguna rebelión contra las leyes promulgadas en defensa de los derechos de los naturales.[3] En el caso de pronunciarse la absolución sin haber recibido claras garantías del cumplimiento de todas estas restituciones y enmiendas el confesor se hace cómplice y responsable de las culpas del penitente: "Mire pues el confesor si ha de temblar de no ser compañero ni partícipe del crímen y del pecado del que roba y destruye a los prójimos y de la obligación a la restitución de lo robado".[4]

Tomadas en su conjunto las reglas que rigen en los *Avisos* la aplicación del principio de restitución tienen unas implicaciones económicas, sociales y políticas muy claras. Suponen simplemente la liquidación del régimen colonial. Las reglas, junto con la argumentación que las acompaña —conquista=guerra injusta, colonia=ilegal, colonos=pecadores— dinamitan una por una todas las bases de una sociedad que se levanta sobre la apropiación incontrolada de recursos, la explotación de los nativos y la imposición sistemática de la voluntad de un grupo sobre todos los demás. El manual expresa ese "análisis implacable de un sistema maléfico" del que habla Bataillon refiriéndose al

---

1 Decretales Gregorii Papae IX, cap. super eo, de raptoribus. Alianza o.c. vol 10, pg. 379.
2 *Avisos,* Adición, op.cit., pg. 380.
3 Docena regla, op. cit., pg. 378.
4 Ibidem, pg. 378.

pensamiento que articula otros escritos de Las Casas.[1] Pero en él, como en otros textos de Las Casas, la crítica y las estrategias de transformación de la realidad revelan las huellas inconfundibles del pensamiento utópico. Esas huellas se indican, de entrada, en un desplazamiento espacial de la sociedad por el confesionario, es decir del ámbito histórico por el utópico, que convoca inevitablemente la imagen del istmo destruido de Utopus, apuntando al gesto fundacional de toda utopía. Y se inscriben claramente en la visión del confesionario como espacio simbólico de resolución de todas las contradicciones de la conquista de América que está implícita en los *Avisos para confesores*. En tanto que espacio del poder de la ley divina, el confesionario se convierte en el espacio simbólico de resolución y prefigura el otro espacio simbólico desde el cual actuará Las Casas a partir de 1547: el del poder legislativo: corte, Iglesia, consejos, rey.

El utopismo del pensamiento que se expresa en las propuestas de los *Avisos* y que se expresará en los demás tratados de 1552 y en los escritos posteriores no se identifica con el caracter irrealizable de sus exigencias, aunque es obvio que no eran fáciles de implementar. Se relaciona con dos constantes fundamentales. La primera es la visión simbólica de la conquista de América como confrontación entre absolutos: el Bien de la América precolombina y el Mal de la conquista, ligada a una visión utópica de la historia más próxima a Vitoria que al milenarismo de los franciscanos. La segunda es la búsqueda infatigable, a través de la ley divina primero —en el espacio simbólico del confesionario— y humana más tarde —desde el poder legislativo— de una salida de la serie histórica. Una serie que Las Casas conoce como nadie y que sabe gobernada por la misma codicia y la misma violencia que se manifiestan en los horrores de esa conquista que denuncia hiperbólica e infatigablemente.

De todos los textos de Bartolomé de Las Casas en los que se expresa su visión simbólica de la conquista de América escojo aquí para ilustrar la proyección utópica de esa denuncia uno en particular: la *Brevísima relación de la destruición de las Indias*. Es sin duda el más polémico, agresivo y —como diría Motolinía— escandaloso de todos sus escritos. Y es también el que tal vez ilumina con mayor claridad la visión simbólica sobre la que se articula todo el pensamiento crítico de Las Casas.

Las fechas de redacción y publicación de la *Brevísima* y el contexto preciso con el que se relaciona son importantes. Las Casas redactó la primera versión de este texto en 1542. Lo que impulsó su redacción fué la ambigüedad de algunos puntos de las Leyes Nuevas de Indias, que según Las Casas se prestaban a interpretaciones que legitimaban la continuación de las entradas de conquista. El desarrollo de los acontecimientos que

---

[1] Bataillon, *Estudios sobre Las Casas*, pg. 30.

siguieron a la promulgación de las Leyes Nuevas, desde las rebeliones de conquistadores y encomenderos hasta la continuación y hasta intensificación en algunas zonas —Ecuador, Colombia, Amazonía— de las expediciones de conquista, confirmaron sus peores temores. En 1547 Las Casa viajó a España y comenzó a trabajar infatigablemente, desde el Consejo de Indias y la corte, para conseguir la ejecución plena de las Leyes Nuevas y, finalmente, la suspensión de todas las entradas de conquista. El 3 de julio de 1549 el Consejo de Indias pidió al emperador la suspensión de las conquistas. El emperador las suspendió en Abril de 1550. En julio de 1551 se creaba la junta que debía dictaminar de forma definitiva sobre la legitimidad de esas conquistas; y en Agosto de 1551 tenían lugar en Valladolid los debates entre Las Casas y Ginés de Sepúlveda. Los argumentos de Las Casas derrotaron a Sepúlveda pero la junta no logró acordar unánimemente la suspensión de las conquistas. A partir de ahí las peticiones de licencias de conquista se multiplicarían y el ritmo de concesiones y expediciones se intensificó de nuevo. Ese es el contexto preciso en el que se inscribe la edición de 1552, en la que Las Casas publica por primera vez la *Brevísima* junto con los otros siete *Tratados*.

No es fácil pensar en otros textos que hayan tenido desde el momento mismo de su publicación y de forma casi ininterrumpida hasta hoy el impacto que tuvo la *Brevísima*. Motolinía formula ya en su carta de 1555 algunas de las críticas más constantes que se le han hecho a ese texto implacable desde su publicación: exageración de cifras, acumulación exhaustiva de horrores, generalización sistemática de crueldades. A estas se fueron añadiendo con los siglos otras que con frecuencia no revelaban una lectura menos simple de un texto complejo. No es que los rasgos específicos por los que se ha criticado el texto de la *Brevísima* y descalificado a su autor no estén ahí. Lo que sucede es que no están ahí por error, por parcialidad ideológica o por ineptitud expositiva, como se ha pensado, sino que forman parte de una estrategia deliberada y sumamente lúcida. Configuran un conjunto de estrategias de representación que articulan dentro del discurso de persuasión de la *Brevísima* la visión particular de América y de su conquista que tenía Bartolomé de las Casas, ligando los elementos particulares de la realidad histórica concreta a las categorías simbólicas que organizan racionalmente su crítica y condena de la conquista.

Las categorías de análisis que organizan la crítica de la *Brevísima* son las mismas que enmarcan los *Avisos*. La conquista es una guerra injusta, la sociedad colonial no tiene ni puede tener legitimidad, los conquistadores y pobladores son todos culpables de una empresa que esta destruyendo las Indias en violación flagrante de todo derecho divino, natural y de gentes. Pero, a diferencia de los *Avisos* que detallaban todo un programa para el remedio de esa situación, la *Brevísima* se propone demostrar el carácter intolerable e inadmisible de la conquista, mostrando en una representación simbólica el horror de una conquista que se identifica con el mal.

En el *Argumento* añadido por Las Casas a la versión de 1552 se especifica la intención: "informar al emperador nuestro señor" y en el prólogo se confirma esa importancia de la función informativa de la Brevísima ya que "si algunos defectos, documentos y males se padecen en ellas (las Indias) no ser otra la causa sino carecer los reyes de la noticia dellas; las cuales si les constasen, con sumo estudio y vigilante solercia extirparían".[1] Pero ya desde ese mismo prólogo se indica la forma que va a tomar esa información a través de una equivalencia fundamental: la conquista es el mal: "conviene saber que la noticia sola del mal en su reino es bastantísima para que lo disipe, e que ni por un momento solo, en cuanto en sí fuere, lo pueda sufrir". El párrafo contiene ya una exigencia doble de acción inmediata: extirpar y disipar ese mal sin dilación. Pero esa exigencia se apoya sobre una visión simbólica de la realidad histórica que identifica todo el proceso de la conquista de América con la presencia del mal en el reino. La equivalencia indica el carácter simbólico de la visión de la conquista de Las Casas y, a la vez, abre el discurso simbólico que va tejiendo la narración de la *Brevísima*.

Es un discurso puntuado por toda una serie de resemantizaciones y configurado por unos rasgos estilísticos muy específicos, que se proponen convocar la presencia del mal a través del intento renovado de representación del horror, es decir de lo irrepresentable. Y es un discurso que, a la vez que proyecta una visión simbólica de América y de su conquista, articula minuciosamente la crítica de esa conquista y de cada uno de los pilares sobre los que se levanta una sociedad colonial, ilustrando como en una sucesión de imágenes terribles sus implicaciones concretas para la realidad de la América hispánica. Las hazañas de los conquistadores son "males e daños, perdición e jacturas"; sus conquistas son "inicuas, tiránicas, por toda ley natural, divina y humana condenadas, detestadas e malditas".[2] El requerimiento es "absurdo, irracional e injustísimo". El repartimiento y la encomienda son una farsa que encubre malamente una sórdida realidad de abusos y explotación: "E así repartidos, a cada cristiano dábanselo con esta color: que les enseñasen en las cosas de la fe católica, siendo comunmente todos ellos (los conquistadores) idiotas y hombres crueles, avarísimos, viciosos, haciéndoles curas de ánimas. Y la cura o cuidado que tuvieron fue enviar a los hombres a las minas a sacar oro, que es trabajo intolerable, e a las mujeres ponían en las estancias... No daban a los unos ni a las otras de comer..secábanseles la leche de las tetas a las mujeres paridas e así murieron en breve todas

---

[1] *Brevísima relación de la destruición de las Indias*. Para todas las citas uso la edición de Isacio Pérez Fernández. Editorial Tecnos, 1992, pg. 8.
[2] Ibidem, pp. 8-9.

las criaturas"[1] Las autoridades coloniales son tan crueles y abusivas como los encomenderos —"oficial del rey hubo en esta isla... que el diablo le llevó el alma". Y la esclavitud es un negocio infernal que atenta contra la libertad sagrada de los nativos, que disfruta de la mayor impunidad y que se ejerce con la mayor crueldad en la captura, el transporte y la venta.[2]

En la *Brevísima* la fuerza persuasiva de toda esa crítica, que no difiere en sus rasgos analíticos centrales de la crítica que desarrolló Las Casas en sus demás tratados, se apoya en un elemento fundamental muy distinto de los argumentos teológicos y jurídicos que invoca para autorizarla en los otros textos. Ese elemento es el horror. Es la estrategia de persuasión que busca de forma primordial intensificar la fuerza de la crítica con la experiencia del horror lo que distingue la *Brevísima* de los demás textos y configura su textualidad.

Desde el comienzo y de forma insistente a lo largo de toda la exposición la *Brevísima* subraya el carácter selectivo de la representación: "deliberé por no ser reo callando de las perdiciones de ánimas y cuerpos infinitas que los tal perpetraran poner en molde algunas e muy pocas que los días pasados colegí de innumerables que con verdad podría referir".[3] Y, sin embargo, uno de los rasgos más sobresalientes del texto es la acumulación. Es una acumulación que se logra por medio de toda una serie de procedimientos estilísticos que incluyen de manera sobresaliente el inventario o lista, el uso de superlativos, la insistencia en cifras, la exageración en el cómputo y la repetición. El efecto total es la magnificación del desastre y la comunicación de su extensión creciente. Sólo una lectura literal de la *Brevísima* puede criticar el uso de esos procedimientos por razones de exactitud o de objetividad. La acumulación de superlativos, las repeticiones de listas casi idénticas de atrocidades o injusticias, el recurso a paradigmas fijos de representación de instancias diversas de entradas de conquista o de contacto con los nativos no cumplen en este texto una función documental ni tampoco representativa. *Indican* reiteradamente la presencia central de lo irrepresentable: el horror, la cesura del discurso donde la palabra no alcanza a capturar ni a representar el objeto de la representación, el lugar simbólico del espanto. Algo parecido sucede con las cifras y con las exageraciones numéricas a veces comprobables —los 30.000 ríos de la Vega de Maguá o la longitud de Cuba que Las Casas declara ser mayor que la distancia entre Roma y Valladolid— que se le han reprochado, intentando descalificar sus acusaciones por la inexactitud de su representación. Las cifras de la *Brevísima* no tienen un valor cuantitativo sino simbólico:

---

[1] Ibidem, pp. 32 y 41-42.
[2] Ibidem, pp. 72, 79, 102.
[3] Ibidem, pg. 9.

son la cifra del horror inexpresable. Indican la imposibilidad de cuantificar el sufrimiento, la destrucción y la muerte; no pretenden ofrecer el cómputo exacto de la desgracia.

La narración de la *Brevísima* sigue un orden que corresponde a la cronología de la expansión geográfica de la conquista: de las islas a tierra firme, de Nueva España a América central y a Suramérica. Pero la narración de episodios particulares se tipifica en paradigmas fijos que se repiten de episodio en episodio, de lugar en lugar. El orden se repite con variaciones mínimas: lugar geográfico, fecha, nombre y retrato del conquistador-tirano, presentación general de la destrucción completa en que resulta invariablemente la entrada de conquista, ejemplos y detalles de crueldades señaladas y conclusión: gerra=injusta, españoles=bestias, conquista=destrucción, colonización=despoblación. La representación multiplica como en un juego de espejos interminable el mismo paradigma. Un ejemplo:

> Por la provincia de Paria sube un río que se llama Yuyaparí, más de doscientas leguas la tierra arriba. Por él subió un triste tirano muchas leguas el año de mil e quinientos e veinte y nueve con cuatrocientos o más hombres, e hizo matanzas grandísimas quemando vivos y metiendo a espada infinitos innocentes que estaban en sus tierras y casas sin hacer mal a nadie, descuidados, e dexo abrasada e asombrada y ahuyentada muy gran cantidad de tierra. Y en fin él murió mala muerte, desbaratándose su armada; y después otros tiranos sucedieron en aquellos males e tiranías e hoy andan por allí destruyendo e matando e infernando las ánimas que el Hijo de Dios redimió con su sangre.[1]

La elección de esta estrategia narrativa no responde a falta de imaginación o de información específica. Su función es otra: subraya la importancia y uniformidad del *proceso* de la conquista frente a las diferencias entre casos particulares. Es un proceso que unifica lo particular —geográfico, personal, etc.—bajo una misma función: la destrucción. Las circunstancias personales, los accidentes históricos y geográficos concretos se vuelven irrelevantes desde una visión para la cual la misma crueldad liga un episodio a otro en un movimiento que sólo puede tener un resultado final: la destrucción del Nuevo Mundo. Y es esa visión la que lleva a Las Casas a hablar de la exploración de lugares sobre los que admite que ni siquiera tiene información directa: "En general sabemos que han hecho muertes e daños; en particular, como está muy a trasmano de lo que más se tracta de las Indias, no sabemos cosas que decir señaladas. Ninguna duda empero tenemos que no hayan hecho y hagan hoy las mesmas obras que en las otras partes se han hecho y hacen. Porque son los mesmos españoles y entre ellos hay los que se han hallado en las otras, y

---

[1] Ibidem, pp. 104-105.

porque van a ser ricos e grandes señores como los otros; y esto es imposible que pueda ser sino con perdición e matanzas y robos e diminución de los indios, según la orden e vía perversas que aquellos como los otros llevaron".[1] La validez representativa del paradigma se confirma aquí definitivamente con la verificación que sigue en el texto: "Después que lo dicho se escribió, supimos muy con verdad que han destruído y despoblado grandes provincias y reinos de aquella tierra, haciendo estrañas matanzas y crueldades en aquellas desventuradas gentes, con las cuales se han señalado como los otros y más que los otros".[2]

La lectura simbólica del texto de la *Brevísima* esclarece el sentido y la función de rasgos estilísticos y estrategias de composición que vienen determinados por la elección de una opción particular: la que convierte la experiencia del horror inexpresable en argumento central para la validación de la crítica radical de la conquista. Pero a la vez esa lectura del texto revela la visión particular que tenía Las Casas del descubrimiento y de la conquista, iluminando su vertiente utópica. El discurso simbólico de representación de la conquista se inicia —como ya dije más arriba— con la equivalencia explícita entre conquista y mal, y su articulación tiene una constante: la transposición de los incidentes históricos al plano moral, la recodificación sistemática de lo histórico en categorías éticas. En ese sentido el discurso simbólico de la *Brevísima* es el equivalente textual del desplazamiento al espacio simbólico del confesionario, donde los hechos de los hombres son percibidos y juzgados a la luz de la ley de Dios, y donde las categorías de esa ley delinean la figura utópica que indica la salida de la serie histórica.

La *Brevísima* contiene una crítica radical del colonialismo, pero esa crítica se levanta sobre unos modos simbólicos de percepción y categorización de la conquista que la ligan a los procesos del pensamiento utópico. Los horrores del colonialismo se representan como una confrontación simbólica, una confrontación moral entre absolutos, entre el mal y el bien, entre bestias carniceras —los españoles— y corderos —los nativos: "En estas ovejas mansas y de las cualidades susodichas por su Hacedor y Criador así dotadas, entraron los españoles desde luego que los conocieron como lobos e tigres y leones cruelísimos de muchos días hambrientos".[3] La elección de los dos términos de la confrontación: predadores y víctimas inocentes, indica desde el principio un proceso de abstracción que define lo relevante y lo irrelevante en términos morales. Lo histórico, es decir el análisis de las circunstancias concretas y elementos particulares, es irrelevante. Lo que importa para esa visión simbólica es la dulzura e inocencia que define a los nativos, frente a la crueldad devoradora de los españoles. De forma análoga las relaciones múltiples

---

[1] Ibidem, pg. 119.
[2] Ibidem, pp. 119-20.
[3] Ibidem, pg.16.

entre españoles y nativos pierden su especificidad irrelevante y se unifican bajo un común denominador: la destrucción. Las opciones léxicas que el texto privilegia revelan este proceso de eliminación de categorías analíticas —servidumbre, explotación, dominación etc.— que se reemplazan por variantes de la destrucción: "Y otra cosa no han hecho de cuarenta años a esta parte hasta hoy, e hoy en este día lo hacen, sino despedazallas, matallas, angustiallas, afligillas, atormentallas y destruillas".[1] El conquistador se convierte en bestia, bestia carnicera, tigre, león; el gobernador en tirano; la conquista en destrucción; el repartimiento en farsa; la encomienda en pestilencia. La conquista es el mal y el mal se representa en la caracterización simbólica de los que lo convocan —siempre los españoles— y en sus efectos. De ahí la insistencia en la despoblación, realidad histórica trágica que en la *Brevísima* condensa en un sólo elemento la visión que tiene Las Casas de todo el proceso de conquista como liquidación de un mundo, resta implacable que no puede concluir más que en el vacío y en la nada.

La visión simbólica de la conquista que se expresa en la *Brevísima* enlaza con una de las constantes que ligan el pensamiento crítico de Las Casas al pensamiento utópico: la búsqueda infatigable de la salida de la serie histórica, la opción que marca la entrada en una serie nueva, una historia paralela. Para los franciscanos esa serie se identificaba con el milenio. Para Las Casas, más en la línea de Vitoria, se identifica con una coincidencia perfecta —la que persiguen con estrategias distintas la *Brevísima* y los *Avisos* — entre la ley de Dios y la sociedad secular. La caracterización de la conquista como confrontación entre fieras y ovejas condensa simbólicamente la relación entre historia y utopía en el pensamiento de Las Casas. Los conquistadores-fieras resumen simbólicamente en todas sus metamorfosis textuales la serie histórica de Occidente, ordenada por la violencia, la codicia, la dominación, el abuso y la destrucción del Otro en todas sus manifestaciones. Los nativos-ovejas-mansas simbolizan el punto de ingreso posible a una nueva serie, ordenada por la virtud cristiana. Su figuración utópica en el texto proyecta los elementos de esa virtud y, de forma implícita, neutraliza el orden de la serie rechazada. Los rasgos coinciden casi exactamente con los de las figuraciones utópicas de los nuevos cristianos que encontramos en los primeros textos de los franciscanos: sin pecado, inocentes, dulces generosos, frágiles, pobres, austeros, inclinados al bien. En resumen, concluirá Las Casas, "estas gentes eran las más bienaventuradas del mundo si solamente conocieran a Dios".[2](tecnos 15).

---

[1] Ibidem, pg. 16.
[2] Ibidem, pg. 15.

163

En el texto de la *Brevísima* la caracterización idealizada de los nativos no es índice de parcialidad ni de ignorancia.[1] Es consistente con su función utópica en una representación de la conquista que identifica la historia de occidente, sus métodos y desarrollo con el error y con la destrucción, y que ve en el Nuevo Mundo la posibilidad única de iniciar el hilo de otra historia que convierta su desarrollo en progreso hacia la sociedad cristiana perfecta.

Previsiblemente, esa visión utópica que abre la opción a la crítica radical del colonialismo que se desarrolla en la *Brevísima*, en los *Avisos* y en los demás textos de Las Casas tiene límites muy claros en relación con la problemática de la alteridad. Porque no hay duda de que la idealización de los nativos y su figuración utópica los instrumentaliza y bloquea un acercamiento mas esclarecedor a su verdadera identidad, es decir a su alteridad. El proceso que los eleva a la categoría de cifras de la virtud cristiana es un proceso de reducción que elimina todo lo que no puede reinscribirse en el contexto del ideal cristiano occidental, es decir toda su alteridad. Motolinía tiene cierta razón cuando, en su ira, critica el escaso trabajo de evangelización de Las Casas y lo relaciona con su desconocimiento de los nativos. La visión de los nativos que presentan los franciscanos en sus escritos tardíos —después de años de evangelización y batallas perdidas contra las idolatrías— es mucho más negativa que la que encontramos en Las Casas pero, a la vez, abre un espacio para el conocimiento de la alteridad que la figuración utópica de Las Casas clausura completamente. Inversamente, la visión utópica de la conquista como parte preordenada del proceso de cumplimiento de las profecías que tienen los franciscanos abre la posibilidad del conocimiento necesario para la aceleración de ese cumplimiento —el estudio de las antigüedades en las que se recogen, inevitablemente, los signos múltiples de la alteridad— pero, a la vez, clausura la posibilidad de toda crítica radical al proceso de conquista y al establecimiento de una sociedad colonial.

El pensamiento de Bartolomé de las Casas ilumina una de las opciones fundamentales del pensamiento religioso en el contexto de la conquista. Es un pensamiento utópico que tiene, como todo pensamiento, límites y contradicciones. Pero es, sin duda, un ejemplo esclarecedor de cómo la visión utópica puede dinamizar el pensamiento crítico, y de cómo la utopía puede alcanzar una dimensión revolucionaria.

La trayectoria utópica de Bartolomé de las Casas comienza, como la de Utopus, con el gesto fundacional de separación. No con un solo gesto fundacional sino con varios que van marcando toda una serie de separaciones y desplazamientos espaciales y simbólicos. De España a América, de encomendero a clérigo, del centro colonial a los experimentos

---

[1] Contra lo que afirmarán repetidamente los detractores de Las Casa desde Motolinía hasta Menéndez Pidal.

utópicos de las islas y Tierra Firme, de los primeros fracasos utópicos a la orden de los dominicos; de la sociedad colonial al confesionario; de la colonia a la Vera Paz, último intento de creación de la utopía fundada sobre la separación. Es el último desplazamiento —el que lo lleva a España en 1547, cuando ya parece evidente el fracaso de la Vera Paz— el que me interesa subrayar aquí. Porque por una parte implica el reconocimiento del fracaso de toda resolución de contradicciones que se apoye sobre el aislamiento y la separación: sobre la destrucción del istmo. En ese sentido implica la clausura de la opción utópica. Pero, por otra, simboliza la decisión de no circunscribir la sociedad ideal a una isla desconectada —el espacio utópico— y de perseguir la transformación de toda la sociedad y de la historia, la utopización de la tierra firme recuperada, la reconstrucción del istmo. Con este último desplazamiento de Las Casas la figura utópica se codifica en el espacio político de la ley, revelando la voluntad inequívoca de instalar simbólicamente la nueva serie en el centro de la historia, y desplazando simbólicamente la marginalidad de la utopía con la centralidad de la revolución.

III

LA MUJER: CLAUSURAS HISTORICAS Y ESPACIOS SIMBOLICOS ALTERNATIVOS

CAPITULO VII

FIGURACIONES DEL MIEDO

Something to be scared of.

Julia Kristeva

La conquista fue cosa de hombres. Ni quien lo dude. La visión utópica de América que fueron tejiendo los textos de tantos descubridores, conquistadores y frailes esbozaba una figura de resolución simbólica que encerraba todas las claves del deseo, pero de un deseo inconfundiblemente masculino. Los objetivos imaginarios que impulsaron la exploración geográfica del Nuevo Mundo fueron delineando los contornos simbólicos de la figura utópica de ese deseo: inocencia, armonía, inmortalidad, riqueza, fuerza, control, poder, poder, poder.[1]

Pero inscrita irrevocablemente en esa figura desde el principio, puntuando el trazo firme que delineaba en el espacio geográfico americano el espacio simbólico de la realización plena del deseo masculino, se perfila la amenaza, el signo del miedo, el anuncio de su destrucción.

La ansiedad profunda frente a la posibilidad de la propia aniquilación como sujeto histórico y como hombre se manifiesta a lo largo de toda la conquista en una larga serie de codificaciones y recodificaciones de lo monstruoso que incluyen tanto las Lamias,

---

[1] Es el proceso al que se refiere De Certeau cuando dice "But what is really initiated here is a colonization of the body by the discourse of power". En *The writing of History,* New York, Columbia University Press, 1988. Pg. XXV.

Manticoras, y los seres monstruosos que adornan los márgenes del mapamundi de la Crónica de Nuremberg o que ilustran los libros de historia natural de la época, como las representaciones del canibalismo y de la sodomía que encontramos una y otra vez en los textos de los conquistadores.[1]

Quiero empezar por referirme aquí a una codificación particular de esa ansiedad frente a la alteridad que va condensando en una figura simbólica particular un doble miedo: a la erosión del poder masculino y a la irrupción del poder femenino. Es la figura de la amazona. Ya me ocupé en otro lugar[2] de la dinámica particular que presenta el mito de las amazonas durante el descubrimiento y ya señalé que, entre todos los mitos que aparecen asociados a la exploración, ninguno recurre de forma tan persistente y sistemática como el de las amazonas. Asociadas siempre a la presencia inminente de objetivos fabulosos las amazonas marcan el ingreso simbólico al ámbito de la posibilidad ilimitada, indican el acceso al espacio utópico de realización del deseo. Pero, simultáneamente, son cifra inquietante en la que se proyecta toda la amenaza de la alteridad.

Las amazonas eran ya en la época de Colón un mito antiguo y un motivo literario tradicional. Y aunque Colón no leyó probablemente el texto de los viajes de Marco Polo hasta 1497,[3] hay que relacionar su primera mención de las amazonas en América en las entradas del *Diario* correspondientes a los días 15 y 16 de enero de 1493, y las referencias en la *Carta a Santángel* con las noticias derivadas de ese texto que circulaban ampliamente por toda Europa y que ocuparon un lugar destacado en las construcciones imaginarias y representaciones literarias del Oriente fabuloso —Catay; Cipango, Conchinchina— en los años de formulación del proyecto colombino que precedieron al descubrimiento.[4] Pero también hay que preguntarse por qué iba a ser precisamente ese mito y no otro uno de los símbolos más recurrentes de la amenaza de la alteridad durante la conquista.

---

[1] *Liber Cronicarum* de Hartmann Schedel, 1493. Como ejemplo de historia natural véase Edward Topsell, *History of Four Footed Beasts and Serpents,* 1608.

[2] Véase Pastor, *Discursos narrativos de la conquista de América,* Ediciones del Norte 1988. Versión inglesa publicada por Stanford University Press en 1992 bajo el título *The Armature of Conquest.* Capítulos 2 y 4.

[3] Sigo aquí la cronología de Juan Gil en su edición de *El libro de Marco Polo anotado por Cristóbal Colón,* Madrid, Alianza Universidad, 1987, pg. VIII. Dice Gil: "En realidad conocemos hasta el año exacto en que el libro del veneciano llegó a poder del Almirante; la entrega tuvo lugar precisamente en 1497, pues en sus postrimerías el mercader inglés John Day le envió, además de un ejemplar de 'Marco Paulo', el conservado actualmente en la Biblioteca colombina de Sevilla, 'una copia de *La tierra que es fallada*' por Juan Caboto. No es, por tanto, fruto caprichoso de la casualidad que a partir de esa fecha Marco Polo figure ya por derecho propio y no a través de canales indirectos entre las autoridades aducidas por Colón, según su conocida afición al pavoneo erudito".

[4] En relación con la reactivación del mito de las amazonas esas noticias se relacionaban especialmente con el capítulo CXXXVI del libro de Marco Polo que parece la fuente más clara de las primeras referencias de Colón a ese mito.

A partir de la primera mención de amazonas en el continente americano que hizo Colón en la entrada del Diario correspondiente al 15 de enero de 1493 las noticias se multiplican. Colón las sitúa en una isla de las Antillas, pero ya en 1504 se localizan en Tierra Firme donde se van desplazando del Yucatán a México, de ahí a Paria, a Cartagena, al Perú, a la cuenca del río Marañon, a la del Río Negro y a las selvas del Paraguay. En el siglo XVII Raleigh las sitúa al sur del río Amazonas; en el XVIII La Condamine da noticias de su presencia en Purus; en el XIX Southey las localiza todavía, esta vez al norte del Río Negro.[1]

Las representaciones individuales varían, ofreciendo combinaciones diversas de los elementos del mito clásico con motivos de tradiciones y costumbres americanas, reinterpretadas dentro de ese contexto imaginario por los descubridores. Pero una cualidad fundamental es común a todas ellas y subraya su función simbólica de cifra de la alteridad: Todas esas aguerridas mujeres, ya sean blancas, amerindias o negras, ya se encuentren en las Antillas de Colón, en las selvas del Yucatán o en las márgenes del río Marañón son —como señala Sergio Buarque con su elegancia acostumbrada— "adversas al yugo varonil."[2]

Esa aversión se codifica de maneras distintas —afición por la guerra, independencia, rechazo o exterminio de los hijos varones, etc. — pero proyecta siempre simbólicamente la liquidación posible de la autoridad y del poder masculino. Y, simultáneamente, inscribe en el centro de la figura utópica de América el terror al poder femenino, y la posibilidad de un mundo sin hombres.

Poder masculino y poder femenino se presentan implícitamente aquí —de forma consistente con la misma ansiedad que recorre la tradición occidental— en relación inversa. A la mayor debilidad de la mujer corresponde la mayor fuerza del hombre. Y cualquier incremento del poder femenino desencadena una ansiedad que se expresa como temor a una erosión proporcional del poder masculino.

Las entradas del diario de Colón correspondientes al 15 y 16 de enero y las referencias de la *Carta a Santángel* recogen e iluminan esa dinámica. En los días 15 y 16 el Almirante se limita a una mención escueta de las islas de Carib y Matinino. Señala su proximidad geográfica preparando el terreno para su identificación con las islas Varón y Mujer de las noticias de Marco Polo: "Dize también que oy a sabido que toda la fuerça del oro estava en la comarca de la villa de La Navidad de sus Altezas, y que en la isla de Carib avía mucho alambre[3] y en Matinino, puesto que sería dificultoso en Carib porque aquella

---

[1] Sergio Buarque de Holanda. *Visión del Paraíso, ed. cit.*, pg. 60-61.
[2] Ibidem, pg.. 55.
[3] Cobre.

169

gente diz que comen carne humana, y que de allí se parescía a la isla dellos, y que tenía determinado de ir a ella, pues está en el camino, y a la de Matinino, que diz que era poblada toda de mujeres sin hombres".[1] Pero en el resúmen del viaje que hace en su *Carta a Santángel* la descripción de Carib y Matinino incluye ya algunos elementos muy reveladores:

> Así que monstruos no he hallado ni noticia salvo de una isla que es Carib, la segunda a la entrada de las Indias, que es poblada de una iente que tienen en todas las islas por *muy ferozes* las cuales comen carne umana. Estos tienen muchas canoas, con las cuales *corren* todas las islas de India, *roban* y *toman* cuanto pueden. Ellos no son más disformes que los otros, salvo que tienen en costumbre traer los cabellos largos *como mujeres*, y usan arcos y flechas de las mismas armas de cañas con un palillo al cabo por defecto de fierro que no tienen. Son *ferozes* entre todos estos otros pueblos que son en demasiado grado covardes, mas yo no los tengo en nada más que a los otros. Estos son aquellos que tratan con las mujeres de Matinino, que es la primera isla partiendo de España que se falla, en la cual no hay hombre ninguno. Ellas no usan ejercicio femenil.[2]

La descripción retoma la representación geográfica tradicional de las islas Varón y Mujer y caracteriza a las habitantes de la segunda de forma escueta pero inequívoca: se definen de entrada por la exclusión del varón y por el rechazo de toda actividad femenina. Pero lo que me parece más interesante es la caracterización de esos caribes, los únicos hombres que se atreven a tener tratos con ellas. Está claro que por mucho que Colón subraye que no los tiene en más consideración que a los demás habitantes del Nuevo Mundo —todos "débiles" y "cobardes"— los caribes son una figura del poder masculino. Son agresivos, valientes, feroces y dominadores. Son los más machos. Y los únicos a quienes las amazonas aceptan por parejas, aunque sea transitoriamente. Sin embargo, hay un rasgo en la caracterización que revela la relación inversa entre fuerza femenina y poder masculino a la que me refería antes, contaminando la caracterización e inscribiendo en ella el signo de su destrucción. Los caribes tienen el pelo "como mujeres". No "largo", no como "cerdas de caballo" (descripciones del 12 y 13 de octubre), sino "como mujeres". La elección del término de la comparación es menos obvia de lo que parece en una época en la que el largo del cabello masculino era mucho más variable que hoy. En el contexto de la caracterización del caribe como figura de masculinidad, entre tanto nativo que a Colón le parece frágil, sumiso y pusilánime, tiene el efecto de indicar la debilidad —lo femenino—

---

[1] Colón, *Diario del primer viaje*, ed. de Consuelo Varela, pg. 117.
[2] Ibidem, pg. 144-5. El subrayado es mío.

en el núcleo mismo de la fuerza: lo masculino. La caracterización invierte la de las amazonas. En la fuerza masculina del caribe se inscribe simbólicamente la debilidad femenina. En la figura de la mujer de Matinino se inscribe simbólicamente la usurpación del espacio masculino a traves de la exclusión, y el rechazo explícito de las formas legítimas de la feminidad: "no usan ejercicio femenil". En la condensada representación de Colón el contacto entre amazonas y caribes fortalece a las primeras, debilitando a los segundos.

En un contexto de conquista militar como el de la exploración de América la amazona no es la figura de una amenaza abstracta. Cuestiona directamente el poder masculino y su capacidad de control en el terreno mismo en el que esa identidad se define y ese poder se verifica: la guerra. La amazona es signo que reafirma el triunfo del proyecto masculino de apropiación por su asociación con la presencia renovada de objetivos fabulosos. Pero a la vez cuestiona una identidad masculina que se apoya para su definición en la fuerza, la agresión y el dominio. No hay un sólo incidente de los muchos que narran las noticias de amazonas que las presente vencidas. En una sociedad guerrera ellas son guerreras imbatibles: cada una de ellas vale de hecho por diez hombres, nos dice Carvajal.[1] No aceptan la autoridad masculina ni la superioridad del varón, y no se conforman con el papel de seguidoras ni subordinadas, sino que son ellas las que capitanean un ejército de hombres. Carvajal mismo narra un "encuentro" en el que las amazonas atacaron a los descubridores al frente de un ejército de hombres que no sólo obedecen sus órdenes sino que no se atreven a huir, porque si lo intentaran las propias amazonas los matarían a palos.

En el contexto de una ideología patriarcal que levanta toda la construcción cultural de la superioridad de la identidad masculina tomando como uno de sus puntos de apoyo centrales la fuerza física y la agresividad que aseguran la protección de mujer, hijos y clan, la figura de la amazona es figura de cuestionamiento de esa superioridad y de erosión de su poder. Es interesante ver como Ulrico Schmidel intentó neutralizar dentro de su narración esa vertiente amenazadora de la amazona: "Viven estas mujeres en una isla rodeada de agua, y es una gran isla. Si se quiere llegar a ellas, hay que ir en canoas. Pero en esta isla *las amazonas no tienen oro ni plata, sino en Tierra firma, que es donde viven los hombres. Allí tienen grandes riquezas...* Entonces nuestro capitán Hernando de Ribera pidió al rey de los jarayes que nos diese algunos de su pueblo que nos llevasen el bagaje, porque quería entrar en la tierra y *buscar los dichos amazones*".[2] Schmidel recoge a grandes rasgos los elementos del mito tradicional pero neutraliza su potencial transgresor de dos formas. Las desposee del poder que les da su asociación con unas riquezas que a lo largo de toda la

---

[1] Gaspar de Carvajal, *Relación del descubrimiento del río de las amazonas,* ed. de Toribio Medina, Sevilla, 1894, pp.66-69.
[2] Ulrico Schmidel, *Conquista del Río de la Plata y Paraguay 1535-1554.* Madrid, Alianza Editorial, 1986, pg. 69. El subrayado es mío.

conquista constituyen una de las codificaciones más constantes del deseo masculino, *aislando* literalmente a las amazonas en su gran isla y transfiriendo esas riquezas a un nuevo ámbito masculino: la Tierra Firme; y las margina como objetivo desplazándolas por una nueva figura masculina de recuperación del poder amenazado: el amazón.

Pero el intento de Schmidel no es sólo una indicación más de una inquietud más generalizada. Frente a unas mujeres que no sólo se valen por sí solas sino que son capaces de organizar la agresión y la guerra mejor que sus viriles soldados, la función del hombre-guerrero corre el riesgo de volverse un tanto redundante. Y esa vertiente de la erosión del poder masculino y del desplazamiento de la figura del hombre del centro de la acción a los márgenes de lo subalterno se complementa dentro del proceso de reactivación del mito de las amazonas en la época de los grandes descubrimientos con otra vertiente. Antonio Pigafetta nos da las claves de este segundo aspecto en su *Primer viaje en torno del Globo*.[1] Narra Pigafetta que durante su recorrido por las islas Molucas tuvo noticia de una isla de mujeres. Se llamaba Ocolora y estaba situada "más abajo de Java". En ella, dice Pigafetta, "no hay más que mujeres, a las que fecunda el viento"[2]. En la tradición cultural e ideológica occidental, que define la maternidad como núcleo central y condición necesaria de plenitud de la identidad femenina, el papel del hombre es fundamental ya que de él depende el que la mujer alcance esa plenitud y se realice como mujer superando las carencias e insuficiencias que han hecho de ella, desde Platón y la antigüedad clásica, un ser incompleto e inferior. En relación con esa tradición la representación de Pigafetta cobra toda su fuerza transgresora: para las amazonas de Ocolora la maternidad y la continuidad de la especie no requieren la participación de hombre alguno. El guerrero redundante de la representación de Carvajal se complementa con el semental prescindible de la de Pigafetta. Ambas figuras conjugadas proyectan la ansiedad de fondo que se reactiva en esos descubridores ante cualquier posibilidad de la liberación de la mujer, cuya subyugación es esencial a la continuidad de la supremacía masculina que racionaliza toda la ideología patriarcal. Si la mujer no depende del hombre ni para su protección ni para su realización a través de la continuidad de la especie, el hombre es marginal, accesorio, innecesario. Puede ser simplemente eliminado. Y es ese temor, el más profundo, el que proyecta con toda su intensidad el estremecimiento del sujeto masculino frente a la amenaza de una alteridad —la de la mujer— que puede liquidarlo sin más, el que se expresa repetidamente en la recodificacion del mito de las amazonas en ese período de descubrimientos.

Carvajal cuestiona la versión más benigna del destino de los hijos varones que proponían Marco Polo, Colón, Anglería y Schmidel — "no de otro modo refirió la

---

[1] Antonio Pigafetta, *Primer viaje en torno del Globo*, ed. de Carlos Amoretti. Madrid, Austral 1963.
[2] Ibidem, pg. 137, "Isla habitada por mujeres".

antigüedad que se juntaban los Tracios con las amazonas de Lesbos y que, de la misma manera, enviaban a sus padres a sus hijos una vez criados mientras retenían consigo a las hembras".[1] Según la relación de Carvajal, "Cuando apetecía a las amazonas comunicarse con ellos les hacían ir a sus casas y los dejaban quedarse durante cierto tiempo. No pudo enterarse el capitán si los hombres iban por su libre voluntad o por guerra, pero logró entender que los hijos varones, si los tenían, trataban ellas de matarlos o los enviaban a sus padres quedándose a las hembras que criaban con regocijo".[2] Y Pigafetta confirma y amplía esta solución bastante más radical: "cuando paren, si es varón lo matan inmediatamente; si es hembra la crían; matan a los hombres que se atreven a visitar su isla".[3] La versión de Pigafetta lleva el proceso de erosión del poder masculino hasta sus últimas consecuencias: la liquidación de la raza masculina y la instauración en la tierra del reino de las mujeres: mujeres que guerrean, mujeres que gobiernan, mujeres que conciben, paren y crían en un mundo sin hombres, que a ellas solas les pertenece.

Las dos citas muestran como las noticias de las amazonas, figura simbólica del Otro del poder masculino, inscriben la ansiedad frente a la alteridad en el espacio de la maravilla. La presencia itinerante y recurrente de las amazonas, anunciadora de la proximidad de los más diversos objetivos fabulosos, indica repetidamente en la conquista la realidad del locus utópico americano y la inmediatez de la satisfacción del deseo. Pero, a la vez, la forma particular en que el mito recodifica la relación hombre-mujer proyecta simbólicamente la posibilidad inquietante de liquidación definitiva en el locus utópico de un sujeto histórico que se autodefine como hombre, agresivo, dominador, dueño de sus mujeres y del mundo.

Pese a tanta búsqueda infatigable y con todo y tanto relato de noticia visionaria nadie logró nunca dar con las amazonas en América, por la sencilla razón de que no existían. Pero a lo largo de su búsqueda quimérica los conquistadores se toparon una y otra vez con la realidad irreductible de una presencia incuestionable: la mujer americana. En todas sus formas y en toda una diversidad que unificaba a los ojos de los conquistadores un sólo rasgo: el de no ser europea, ni fácilmente asimilable a la tradición occidental.

La representación de mujeres americanas en los textos de los descubridores recoge, como es previsible, los elementos fundamentales que aparecían codificados simbólicamente en la figura de la amazona. No porque duplique los rasgos de esa figura —fuerza, valor, temperamento guerrero— sino porque ilumina desde opciones de codificación diferentes una misma ansiedad fundamental: la debilitación del poder masculino y la destrucción del sujeto histórico.

---

1 Schmidel, op. cit., pg. 69.
2 Carvajal. op. cit., pg. 97.
3 Pigafetta, op. cit., pg. 137.

Schmidel se aparta en su relato de toda una serie de descripciones de mujeres americanas que se limitan a consignar la estatura, el peso y la presencia o ausencia de ropa sólo para añadir lacónicamente que son "feísimas" o, a veces, "bien parecidas".[1] Pero la mayoría de los textos son más explícitos y tienden a hacer hincapié de una u otra forma en la hermosura y la sensualidad de las mujeres nativas, aunque no lleguen a los extremos de seducción que poetiza tan elocuentemente Camoes en su isla del amor. De forma mucho más prosaica pero muy expresiva Vespucci se admira de la belleza de los cuerpos de las mujeres de América: "Son de cuerpos gentiles, muy bien proporcionados, y no se ve en sus cuerpos cosa o miembro mal hecho",[2] y subraya su resistencia a los estragos del tiempo y de la maternidad: "Por maravilla veréis los pechos caídos en una mujer, así como tampoco el vientre caído o con arrugas, que todas parece que no pariesen nunca".[3] Las nativas de Vespucci son mujeres de "cuerpos hermosos y limpios" y se caracterizan por una juventud que contradice las leyes biológicas borrando las marcas ineludibles de su función social, la maternidad: "Una cosa nos ha parecido milagrosa, que entre ellas ninguna tuviera los pechos caídos y las que habían parido, por la forma y la estrechura del vientre no se diferenciaban en nada de las vírgenes, y en las otras partes del cuerpo, las cuales por honestidad no menciono, parecían lo mismo".[4]

Tienen la inmutabilidad del objeto del deseo que proyecta el triunfo sobre el tiempo y sobre la muerte. Pero, a la vez, esa aparente invulnerabilidad les da una dimensión inquietante. El cuerpo de la mujer virgen es la página en blanco sobre la que el varón inscribe los signos de su posesión, de su dominio y, sobre todo, de su historia, en una lucha contra la propia aniquilación que resuelve simbólicamente la paternidad. La transformación del cuerpo de la virgen en el de la madre, los pechos caídos, las arrugas, la flaccidez del vientre indican simultáneamente la destrucción del objeto del deseo masculino —el cuerpo de la mujer virgen— y el triunfo del hombre sobre la propia mortalidad, inscribiendo ilusoriamente la fuerza del varón en la debilidad femenina, la supervivencia en la destrucción. Pero el cuerpo de la mujer americana de Vespucci se caracteriza precisamente por su resistencia a la inscripción del hombre. Los pechos de adolescente, los vientres de virgen convocan una doble imposibilidad: la de la apropiación total del objeto del deseo y, sobre todo, la de su inmolación simbólica en una maternidad que es rito y ceremonia de preservación y perpetuación del hombre dominador, y que revela en cada uno de los rasgos que componen la minuciosa degradación del objeto del deseo el poder del

---

[1] Schmidel, op. cit., pp 41 y 44.
[2] Vespucci, *Carta de 1504*, en *Cartas de Viaje*, Madrid, Alianza Editorial., pg. 108.
[3] Ibidem, pg. 108.
[4] Vespucci, *El Nuevo Mundo, carta de 1503.?* En Ibidem, pg. 95.

macho y la subordinación de la mujer a su preservación. El cuerpo de la madre lleva inscritos los signos del triunfo masculino sobre la propia destrucción. Pero, por ello mismo es, paradójicamente, recuerdo y testigo de esa misma mortalidad del hombre, que sólo en parte se trasciende en la perpetuación de la raza. De ahí la persistencia en occidente de una estética que tiende a identificar, hasta hoy, la belleza femenina con la página en blanco, relegando el cuerpo-texto de la mujer madura al ámbito de lo indeseable o repulsivo. Pero, por lo mismo que ese cuerpo que se rechaza estéticamente lleva inscritos los signos de la lucha del hombre contra la muerte —es decir de la vulnerabilidad del macho invulnerable— contiene su historia, es prueba de su existencia y recoge las huellas de su paso sobre la tierra. En relación con esta función del cuerpo femenino se perfila ya con más claridad el aspecto más inquietante de esas eternas vírgenes paridoras de Vespucci: invulnerables a las marcas de la posesión masculina y de la paternidad las mujeres americanas de Vespucci ignoran olímpicamente la presencia del hombre, lo relegan al ámbito de lo transitorio, lo privan de presencia, de realidad y de historia.

En tanto que objeto del deseo, esas mujeres nativas de cuerpos eternamente adolescentes tienen una carga erótica muy considerable. La seducción que ejercen sobre el conquistador no es sorprendente y se reconoce con claridad en textos muy diversos. Son, dice Guillermo Coma, "de ademanes muelles y de andares *lascivos,* juegan con los nuestros y coquetean sin recato, con tal que no se trate de nada vergonzoso, pues se ofenden si se abusa de las bromas... hacen dispuestas a mostrar su flexibilidad una danza muy muelle y *dislocada* con contorsiones sinuosas en un orden bellísimo, entrelazándose a veces en una cadena variada e inextricable sin que ninguna sobresalga de las demás con gran admiración de quienes las contemplan; tras agitarse con *descaro* en el baile y fatigarse con movimientos *desvergonzados,* aceleran el ritmo al mismo compás y terminan esa danza prolongada con un grito".[1] La "admiración" que reconoce el autor se adecua apenas a la carga erótica de una descripción que evoca en su ritmo ascendente tanto por lo menos como la sinuosidad de la danza la pulsación de un orgasmo. Y, sin embargo, hay una clara ambivalencia dentro de la innegable fascinación del testigo narrador que se expresa en cuatro términos que marcan un deslizamiento fundamental: lascivos, dislocada, descaro, desvergonzados. El movimiento sensual de la danza que disloca en contorsiones sinuosas el cuerpo de la mujer disloca también la conciencia del narrador dividiéndola entre emociones contradictorias. Deseo y miedo se dan la mano en la contemplación de esa mujer *otra* que envuelve al narrador en un erotismo irresistible. El deseo recalca la curva voluptuosa la cadencia muelle; el miedo se

---

[1] Guillermo Coma, *Relación traducida por Nicolás Esquilache, 1494,* en *Cartas de particulares a Colón y Relaciones Coetáneas,* ed. de Juan Gil y Consuelo Varela. Alianza Universidad, Madrid, 1984, pg. 202. Los subrayados son míos.

inscribe en la contigüidad *muelle-lascivo, muelle-dislocado, orden bellísimo-descaro* y en la equiparación final del movimiento de la danza con lo *desvergonzado*. La ambigüedad central de una caracterización contradictoria muestra las huellas de la ansiedad inconfundible que despierta en el hombre una mujer que es objeto del deseo pero que es también *otra*, es decir signo inquietante de la amenaza de una femineidad no cautivada ni domesticada.

El temor que proyecta la vacilación del relato de Guillermo Coma se hace mucho más claro y explícito en la carta *Mundus Novus* de Vespucci. Inicialmente Vespucci reconoce con cierta complacencia el interés que las mujeres nativas muestran por los hombres europeos: "Se mostraban muy deseosas de ayuntarse con nosotros los cristianos". Dadas las restrictivas costumbres sexuales de la Europa de la época no es difícil imaginar que esta situación podía muy bien resumir el sueño dorado de cualquier hombre. Pero el deslizamiento que marca la presencia del signo de la alteridad —lo monstruoso— no se hace esperar: "Cuando con los cristianos podían unirse, llevadas de su mucha lujuria, todo el pudor manchaban y abatían".[1] El desplazamiento de sensualidad y erotismo por la condena moral que implica "lujuria" no deja lugar a dudas sobre el carácter negativo que el lector —junto con el narrador— deben adjudicarles a las manifestaciones de una pasión que se traduce en el abandono del pudor. "Lujuria" es el término clave en Vespucci, el signo del deslizamiento de lo propio —el deseo— hacia lo ajeno —lo bestial—; la marca del desplazamiento de lo erótico —el exotismo— por lo monstruoso —la alteridad. La amenaza de destrucción del sujeto que convoca la vivencia de la alteridad se desarrolla en Vespucci en un discurso simbólico doble de castración y de esterilidad, que detalla los efectos devastadores de una sexualidad femenina no domesticada. "Otra costumbre hay entre ellos muy atroz y fuera de toda credulidad humana, pues siendo sus mujeres muy lujuriosas, hacen hinchar los miembros de sus maridos de tal modo que parecen deformes y brutales, y esto con cierto artificio suyo y la mordedura de ciertos animales venenosos; y por causa de esto muchos de ellos lo pierden y quedan eunucos".[2] El texto no puede ser aquí más explícito ni más revelador. Frente a una tradición cultural que simultáneamente reprime la sexualidad femenina y glorifica la masculina, creando todo un discurso simbólico de magnificación y extensión del deseo masculino que recorre toda la literatura occidental desde la lírica amorosa hasta la novela, el texto de Vespucci ilumina una realidad muy diferente. Los amantes encandilados penan y suspiran desde versos y prosas por los favores de unas damas que esa tradición se precia en presentar como más bien remisas. Pero la posibilidad en el locus utópico de la liberación de esa sexualidad femenina tan

---

1 Vespucci *Cartas de Viaje*, ed. cit., pp. 108 y 95 respectivamente.
2 Vespucci, Ibidem, pg. 93-4.

persistentemente encorsetada y reprimida no anuncia la satisfacción del deseo incontenible e insaciable —siempre de acuerdo con esa misma tradición— del hombre sino su destrucción. En un Nuevo Mundo que permite —según la percepción de Vespucci— el ejercicio libre de una sexualidad femenina, el hombre no contempla la satisfacción del deseo sino el temor a la castración. Libre de las trabas que la aprisionaban la sexualidad de la mujer se manifiesta como fuerza incontrolable y arrolladora que agota al macho, lo subyuga y finalmente lo destruye como hombre metamorfoseándolo, a través de la castración que dictan las exigencias de su propio placer, en lamentable eunuco.

Junto a la castración el texto de Vespucci codifica el otro miedo básico del hombre frente a la posibilidad de una sexualidad femenina que se ejerza libremente: la impotencia, entendida como pérdida de control sobre la procreación. El control de la procreación está ligado a la perpetuación del propio linaje —sólo posible para el hombre a través de la mujer— y al triunfo simbólico sobre la propia muerte. En el texto de Vespucci esa pérdida de control constituye la segunda vertiente de la aniquilación del sujeto masculino. "Son mujeres muy prolíficas y en sus preñeces no excusan trabajo alguno; sus partos son tan fáciles que después de un día de paridas, van por todos lados, y máxime *para lavarse en los ríos, y están sanas como peces*. Son tan desamoradas y crueles que si se enojan con sus maridos hacen enseguida un artificio con el que matan a la criatura en el vientre y la abortan, por cuyo motivo matan a infinitas criaturas".[1] El primer párrafo convoca nuevamente la evidencia del poder femenino: esas mujeres nativas, hermosas, de cuerpos eternamente vírgenes, están además excepcionalmente dotadas para lo que constituye tradicionalmente la función fundamental de la mujer: la maternidad. Son "prolíficas" pero con un rasgo adicional: ni la gestación ni el parto las debilitan volviéndolas más frágiles y vulnerables sino que se sienten dentro del espacio simbólico de la creación y perpetuación de la vida —retomando la construcción metáforica que usa el propio Vespucci— como peces en el agua.[2] Y el párrafo siguiente no deja lugar a dudas sobre quién controla la relación hombre-mujer y sobre lo que está en juego. La cólera de la mujer provocada por el hombre se traduce en la pérdida del derecho a reproducirse: el enojo de esas mujeres previsiblemente "desamoradas y crueles" castiga la provocación o la agresión del hombre con el aborto de su criatura.

En el juego de esas opciones, el texto de Vespucci desdobla la caracterización de las mujeres americanas en representaciones que proyectan el miedo masculino a la impotencia, la castración y la muerte. Y desarrolla hasta sus últimas consecuencias elementos, a veces

---

[1] Vespucci, ibdem, pg. 108. El subrayado es mío.

[2] Es llamativa, a través de tantos siglos, la continuidad de esa construcción metáforica de la mujer que nada sin trabas como pez en el agua el río metáfisico de la vida -que el hombre, eterno *outsider,* se limita a contemplar-, con la caracterización que hace de la Maga Julio Cortázar en su *Rayuela* .

dispersos, que expresan en los textos múltiples y diversos de los descubridores la ansiedad básica del hombre frente a una posible actualización del poder femenino en el marco del locus utópico americano.

La representación de las mujeres nativas que ofrecen los textos de Comas y Vespucci recogen la misma vivencia de la alteridad que se expresaba simbólicamente en la recodificación y reactivación recurrente del mito de las amazonas. Los elementos de articulación son ligeramente diferentes: la figura de la amazona se centra sobre la independencia, la fuerza física y la agresión; la de las nativas sobre el erotismo, la sexualidad y la maternidad. Pero amazonas y nativas proyectan una misma amenaza e iluminan un mismo temor: la aniquilación del sujeto masculino. Como guerrero, como amante, como padre y patriarca, como sujeto de la historia.

En Europa toda una tupida red socializadora y toda una compleja maquinaria representacional se encargan de prevenir el ejercicio de la libertad en la mujer, y su acceso al poder. Religión, cultura y sociedad forman un cerco de eficacia bastante férrea a la hora de cerrar opciones de pensamiento, reprimir las exigencias del deseo, bloquear formas de transgresión. Pero en el Nuevo Mundo el hombre no puede contar con la persuasión de unas tradiciones y estructuras sociales cuyo control le viene de lejos. Frente a la realidad de un contacto con la mujer no mediado por una cultura común el conquistador elige dos opciones: la violencia y la asimilación. No son opciones excluyentes sino complementarias: la violencia es el modo y la estrategia de elección para lograr la asimilación. Michele de Cuneo narra en su carta a Hyeronimo Annari (1495) una escena que ilumina bien esa dinámica:

> Estando yo en la barca tomé una cambala bellísima, la cual me regaló el Señor Almirante;
> y teniéndola en mi camarote, al estar desnuda según su usanza, me vino deseo de
> solazarme con ella; y al querer poner en obra mi deseo ella, resistiéndose, me arañó de tal
> modo que yo no hubiese querido entonces haber comenzado; pero visto aquello, para
> deciros el final, agarré una correa y le dí una buena tunda de azotes, de modo que lanzaba
> gritos inauditos que no podrías creer. Por último nos pusimos de acuerdo de tal manera
> que os puedo decir que de hecho parecía amaestrada en la escuela de las rameras.[1]

El texto traza las líneas de un encuentro paradigmático con una nitidez y economía extraordinarias. En ese encuentro el hombre *es* el poder y su caracterización lo presenta como figura de acción, dominio y control. El es el que quiere, desea, toma, castiga y

---

[1] Michele de Cuneo, en *Cartas de particulares...*, ed. citada de Consuelo Varela, pg. 242.

posee. Su poder se ejerce en el vacío creado por la ausencia de una cultura común. La *usanza* de la mujer que la deja ir desnuda es obviamente distinta de la del hombre que ve en ello una invitación sexual. Pero no importa, porque *su usanza* es irrelevante ante la voluntad y el deseo del hombre: la ausencia de parámetros culturales comunes se traduce en la ausencia de la ley y en la magnificación de un poder masculino que ya no tiene más trabas que su propio deseo.

Frente al dinamismo y la voluntad masculinas la figura de la mujer es aquí inicialmente completamente estática, como corresponde al objeto del deseo, que no puede tener dinamismo propio. *Es* bellísima, *está* desnuda y es tomada, mirada, tenida y agredida. Su única acción posible es la resistencia y —el texto es claro— su agresión es puramente defensiva y sólo logra un efecto: la escalada de la violencia masculina. El texto legitima sin dejar lugar a dudas esa violencia por un procedimiento muy simple: substituyendo una realidad caótica —la violación— por un signo de orden: el acuerdo.

Finalmente, pues, la bellísima cabala acaba en la cama del rijoso genovés convenientemente domesticada y asimilada al papel que la tradición europea, que incluye entre sus temas literarios más seductores y persistentes el de la "fierecilla domada", la asigna a la mujer rebelde, confirmando así las *usanzas* propias e ignorando olímpicamente las ajenas. Este hecho histórico no puede sorprendernos, pero lo que si vale la pena subrayar son las opciones que abre el texto parta esa mujer *otra* que el europeo aborda con temor y con deseo. Son pocas y previsibles. Es o bien el objeto del deseo —bellísima— o el del desprecio: la ramera. Lo que media entre los dos términos de la alternativa un tanto perversa, pero completamente tradicional, es la asimilación simbólica que se consuma a través de un ritual de posesión violenta, y que transforma el erotismo del objeto deseado en la degradación del objeto poseído.

Frente a las inquietantes posibilidades que se abrían en un mundo de amazonas y mujeres dominadoras, el texto de Cuneo es como un exorcismo. Se lee como una reconfortante ceremonia simbólica de recuperación del dominio y del poder amenazados. Y no puede ser más explícito y cándido en lo que se refiere a las medidas necesarias al caso. La agresión, la fuerza y la violencia del castigo garantizan en el locus utópico, como antes y después en otras partes, la sumisión de la mujer y la continuidad del poder masculino.

Pero, al mismo tiempo, el texto de Cuneo es interesante por la forma en que ilumina límites y clausuras en el pensamiento utópico de los conquistadores. En los textos de sus descubridores América se construye como figura utópica, locus de la realización del deseo, y espacio simbólico de la actualización posible de toda potencialidad. En ellos se ilumina la dinámica y trayectoria de un pensamiento masculino que va capturando y categorizando la realidad americana en una multiplicidad de resoluciones de sus propios límites, de sus contradicciones personales, sociales e históricas. Pero ese pensamiento que de tantas maneras ensancha el horizonte especulativo y el ámbito de la libertad del hombre, no abre espacios simbólicos de resolución de la condición subalterna de la mujer ni opciones históricas de desarrollo que apunten a la liberación de una identidad femenina aprisionada en una tradición de represión, control y dominio.

La América utópica es figura de liberación para su conquistador y contiene las claves simbólicas de la realización del deseo masculino. Pero no abre espacio alguno para la liberación de la mujer. No incorpora figuras de resolución simbólica de sus contradicciones históricas ni de su opresión. No abre opciones para la satisfacción del deseo femenino. Muy por el contrario: en la figura utópica de América que delinean los textos de los conquistadores se inscriben, de forma inequívoca, tanto el terror del hombre frente a la posibilidad de liberación de la mujer como la necesidad reiterada de mantener y perpetuar su subyugación, su sumisión al poder masculino, ya sea a través de la persuasión y asimilación, ya a través de la fuerza y la violencia.

El texto de Michele de Cuneo contiene ya en forma muy escueta algunas de las claves de inscripción de la mujer en la figura utópica. Pero, entre las relativamente escasas menciones y representaciones de mujeres en los relatos de la conquista, me quiero detener en una figura femenina que tiene, en relación con toda esa problemática de inscripción, un valor paradigmático. Es Malitzin, alias doña Marina, alias la Malinche.

Del mismo modo que la conquista fue —lo dije más arriba— cosa de hombres, los textos que la narran son textos de hombres escritos para hombres. De forma previsible no abundan en ellas los relatos de incidentes o episodios protagonizados por mujeres. Las referencias a Malitzin no son extensas, pero la fuerza con que irrumpe su presencia esporádica en esos textos y la forma específica en que se va trasformando y afirmando su caracterización iluminan simultáneamente la clausura radical de opciones liberadoras para la mujer y los polos que delimitan el espacio simbólico de definición de una identidad femenina dentro de la utopía americana.

Irónicamente, de todas las referencias a Malitzin la de Cortés es la más parca: "la lengua que yo tengo, que es una india de esta tierra que hube en Potonchan".[1] La priva de identidad y particularidad —es una india sin nombre y ni siquiera se nos dice a que pueblo pertenece— y la reduce a una función: la lengua del invasor.[2] Los otros cronistas españoles son algo más explícitos y generosos con ella, aunque ninguno se esmere tanto como Bernal Díaz en su caracterización. Doña Marina ocupa casi dos capítulos de su *Historia*, de los

---

[1] Hernán Cortés, *Cartas de relación*, ed. cit, pg. 44.
[2] Véase para un análisis anterior de la cuestión de la Malinche: Pastor, "Silencio y escritura", en *Crítica y Descolonización: el sujeto colonial y la cultura latinoamericana*. Ed. Beatriz González Stephan y Lucia Helena Costigan. Caracas, 1992.

cuales uno se dedica exclusivamente a ella concediéndole un protagonismo comparable al de cualquier gran figura de la conquista de México. Pero dije —y dice Bernal— no Malitzin sino doña Marina. El cambio de nombre es importante.

Sólo los informantes indígenas cuyo testimonio recogió Sahagún se refieren a ella por su nombre, manteniendo simbólicamente sus señas de identidad personales y culturales: "Una mujer, de nosotros los de aquí, los viene acompañando, viene hablando en lengua nahuatl. Su nombre, Malitzin; su casa Teticpac. Allá en la costa primeramente la cogieron".[1]

Nombre, raza, origen y lengua configuran en la relación de los informantes las coordenadas simbólicas de la identidad de Malitzin. En Cortés todo eso desaparece. No hay nombre, no hay identidad cultural y la lengua se somete a la voluntad y al poder del invasor. La hablante de nahuatl de los informantes se ha convertido en la intérprete que pone su conocimiento al servicio del conquistador, transformándose literalmente en su extensión, su instrumento, su órgano, su lengua.

Pero el gesto con el que Cortés borra de un plumazo el nombre de Malitzin no es transitorio. Es definitivo. El vacío que rodea a esa "india de Potonchan" que desplaza dentro del texto de Cortés a Malitzin se va a ir llenando con una figura nueva: Doña Marina, que es simultáneamente figura de reinscripción en lo propio y de borrradura de lo ajeno. La Malitzin que los informantes describieron como "de nosotros, de los de aquí" se transforma en una doña Marina que es inconfundiblemente de los Otros, de los de allá. La figura de la alteridad es desplazada por el símbolo de la asimilación. El desplazamiento se indica también en otros textos. Fernando Alva de Itxtlilxochitl, por ejemplo, señala cómo una india hija de padres nobles, natural de Huilotlán, se "convirtió y se volvió cristiana, y llamose Marina",[2] indicando con la referencia al linaje de Malitzin la existencia de una historia anterior a la conquista de América, pero revelando que la asimilación —simbolizada por el nuevo nombre cristiano— es la condición necesaria de ingreso a toda historia posterior. Bernal Díaz marca la misma cesura con un nombre que indica, de nuevo, la separación entre la no historia y la historia: "una muy excelente mujer que se dijo doña Marina, que ansí se llamó después de vuelta cristiana".[3] En Fernando Alva como en Bernal la desaparición del nombre Malitzin y su substitución por el de doña Marina es la huella del desplazamiento de la alteridad femenina que inquietaba desde los relatos de amazonas y las descripciones de Vespucci, la liquidación simbólica de un poder femenino transgresor y la consagración de una identidad femenina subordinada al poder del hombre como condición de supervivencia y de reingreso a la historia. Malitzin era una presencia inquietante con

---

1 Miguel León Portilla, *Visión de los vencidos,* ed. cit., pg. 37.
2 Fernando Alva Ixtlilxochitl, *Historia de la nación Chichimeca.* Historia 16, Madrid, 1985, pg 229.
3 Bernal Díaz, *Historia,* ed. cit., pg. 81.

forma de interrogante; era la cifra misma de la alteridad femenina. Doña Marina es una maravilla, un sueño de mujer, la respuesta del poder patriarcal ante la amenaza de una identidad femenina liberada.

No estoy ignorando la existencia histórica de doña Marina, su relación con Cortés, su lealtad al amo, el hijo que le dio, su devoción y los servicios prestados que Bernal alaba con entusiasmo: "que aunque la hicieran cacica de todas cuantas provincias había en Nueva España, no lo sería, que en más tenía servir a su marido y a Cortés que cuanto en el mundo hay".[1] Pero estoy hablando aquí de figuración, del discurso simbólico que va delineando poco a poco el espacio posible de una identidad femenina, iluminando mecanismos de preservación del dominio masculino. En ese discurso la caracterización de doña Marina proyecta a la vez la clausura de un espacio posible de libertad para la mujer y la continuidad del dominio masculino en el locus utópico.

La primera aparición de doña Marina en el texto de Díaz la muestra como mercancía: es la oferta conciliadora de un cacique indígena a Cortés. Su trayectoria antes y después de su bautismo confirma su carácter de objeto que va de mano en mano según los deseos del amo de turno: padrastro, cacique, Cortés, Puertocarrero, Xaramillo. La falta de voluntad propia y la sumisión configuran la condición femenina en el texto, de acuerdo con un esquema de tradición patriarcal. Pero en el contexto de la conquista Malitzin plantea un problema en relación con la función pasiva que le asigna a la mujer este esquema tradicional. No sólo es "de buen parescer, entremetida y desenvuelta", como señala Bernal, sino que posee un conocimiento que ningún español tiene, incluido el propio Cortés, y del que depende el éxito de la conquista: sabe nahuatl y conoce las culturas de los pueblos del golfo y de la meseta de México. Su transformación en lengua en el texto de Cortés ilumina sin lugar a dudas el lugar que le corresponde al conocimiento femenino en el Nuevo Mundo. Es el mismo que en el viejo: al servicio del masculino. Malitzin sería apéndice —la lengua— e instrumento del poder de Cortés; y, como tal, se convirtió en el nuevo paradigma de ingreso de "la india", de la mujer del margen - inscrita en el limbo de una supuesta no historia que enmascaraba la presencia inquietante de la alteridad- en la centralidad de la historia occidental, ya transformada en doña Marina. La forma específica en que Bernal Díaz construye su caracterización refuerza su proyección simbólica. Díaz retoma, como bien señala Olschki,[2] todos los motivos de la literatura vulgar del medioevo en su creación de una figura ejemplar que reactualiza el arquetipo de la Bramimonda de la Chanson de Roland reinscribiéndolo en la historia de la conquista como figura de neutralización de la alteridad.

---

[1] Bernal Díaz, op. cit., pg. 84.
[2] Op. cit., pg. 69-70.

La desaparición de Malitzin y su reinscripción en los textos de los conquistadores como doña Marina configuran un paradigma fundamental: la neutralización de la amenaza de una mujer que es *Otro* [1]para el conquistador y que —retomando las palabras siniestras de Octavio Paz— "a semejanza del hombre de raza o de nacionalidad extraña incita y repele",[2] y su asimilación, es decir su ingreso legitimador al ámbito del sujeto histórico. Las condiciones de ese ingreso son claras: la destrucción de la mujer como Otro, es decir, como sujeto dotado de una identidad propia y ajena a la voluntad y el control del hombre (Malitzin), y su transformación en instrumento sumiso del poder masculino (Marina).

La transformación paradigmática de Malitzin en doña Marina ilumina una de las opciones que configuran el espacio simbólico de definición de una identidad femenina en el locus utópico. Pero no es la única. Sobre la desaparición de Malitzin se levanta otra figura fundamental. Es figura maléfica que complementa, como su lado oscuro, la de la siempre benigna doña Marina y que enlaza con la historia y la visión de los vencidos, de aquellos que tuvieron a Malitzin, la india de Teticpac que hablaba nahuatl, por una de los suyos y que vieron en su alianza con Cortés no la ejemplaridad de una revelación sino la más imperdonable de las traiciones. Es la Malinche, cifra de todas las calamidades pasadas, presentes y futuras de México desde la conquista hasta hoy.

Irónicamente el gesto inicial de inscripción de la mujer en esa tradición que rechaza y critica la colonización desde la visión de la conquista que tuvieron los vencidos es el mismo: el cambio de nombre. Malitzin desaparece desplazado por Malinche. Y Malinche, que no es otra cosa que el nombre que los aztecas daban a Cortés, indica los términos precisos de la inscripción de la mujer nativa en la historia, como sujeto colonial, como propiedad, objeto, extensión del conquistador, subordinado a los deseos y necesidades del amo.

Orozco la representa como Eva en su mural de la Escuela Nacional. Tradición occidental e historia mexicana convergen gráficamente en una figura simbólica que condensa desde dos tradiciones distintas una misma visión del poder maléfico de la alteridad femenina. Para la tradición occidental Eva es el agente del diablo, la causa de la caída, el *Otro* que causa la destrucción de la armonía primigenia. Para la historia de México la Malinche es la agente de Cortés, y, en tanto que figura de sumisión y asimilación —frente a la figura de resistencia que es Cuauhtémoc— es el Otro del vencido y la causa de la destrucción del mundo precortesino. Eva y la Malinche convergen en el mural de Orozco en una figura única que proyecta desde dos tradiciones culturales una misma visión y un mismo rechazo de la mujer como amenaza viviente al cosmos masculino.

---

[1]Aquí es Malitzin doblemente Otro: como mujer y como india.
[2] Paz, *Laberinto de la Soledad,* México, FCE., pg. 60.

Doña Marina y la Malinche son los dos polos del espacio simbólico de definición de la mujer en el locus utópico americano. Entre ellos Malitzin: la huella de una desaparición, el signo de la clausura dentro de este espacio simbólico de la posibilidad de una identidad femenina independiente, propia y liberada: utópica. Sobre la desaparición de esa mujer desconocida ya para siempre se levantan las dos opciones históricas de existencia y de reinscripción de la mujer en la figura utópica de América y en la historia del Nuevo Mundo: instrumento obediente del poder masculino y agente del orden —doña Marina— o instrumento del diablo y agente de destrucción: la Malinche.

CAPITULO VIII

LOS ESPACIOS SIMBOLICOS ALTERNATIVOS

> Vivo sin vivir en mí.
>
> San Juan de la Cruz

En el espacio simbólico delimitado por esos dos extremos se van generando y configurando, siempre en tensión con los dos polos simbólicos, las flexiones múltiples de una subjetividad femenina y las opciones concretas de realización y liberación abiertas a las mujeres en el espacio histórico de la América colonial. Convergen en él tradiciones múltiples de conceptualización y de representación de la mujer, y de codificación y reglamentación de su papel social. Pero ninguna de esas tradiciones aporta una visión de la mujer que sirva de contrapeso a la de la tradición patriarcal europea. Josefina Ludmer señala que históricamente a la mujer europea le tocaron— en el reparto de cualidades, emociones, funciones y facultades— el dolor y la pasión, lo concreto, la interioridad y la reproducción, mientras que el hombre se apropiaba de la razón, la abstracción, el mundo exterior y la producción.[1] Es cierto. Platón sentó implícitamente con economía y elegancia las bases de ese reparto cuando dividió a los seres humanos en tres categorías fundamentales: el hombre, dotado de mente, alma y cuerpo; la mujer, sólo alma y cuerpo; y el esclavo: puro cuerpo. Situó el centro de gravedad masculino en la cabeza, lugar de la mente, la inteligencia y la razón; y el centro de gravedad de la mujer en el vientre: lugar de

---

[1] Josefina Ludmer, "The tricks of the weak", en *Feminist Perspectives on Sor Juana Inés de la Cruz,* ed. Merrim, Detroit 1991, Wayne State Press, pg. 86.

las emociones y de la reproducción. Cabeza y vientre, razón y emoción estaban en tensión constante, y toda la tradición occidental heredó una visión antagónica de esa relación.

En ese contexto la mujer se definió a la vez por defecto y por exceso. Era la que por no tener mente se dejaba gobernar, a falta del orden de una razón que le estaba negada, por el torrente caótico de las pasiones. Fue a la vez la que no era, el sujeto subalterno e inferior en un mundo ordenado por el logos masculino, y la amenaza constante y omnipresente de destrucción de ese orden por la irrupción posible del caos de las pasiones que le había tocado representar.

Las culturas que encontraron los españoles a su llegada al Nuevo Mundo divergían profundamente de la tradición europea, algunos de cuyos principios fundamentales —sistemas de propiedad y creencias religiosas por citar solo dos ejemplos— cuestionaban de forma radical. Pero en lo que se refiere a la visión de la mujer y a la definición del lugar personal y social que le correspondía no sólo no cuestionaron esa tradición sino que la reforzaron considerablemente. Josefina Muriel subraya que en las crónicas indígenas abundan mujeres "valientes, de gran carácter y recia personalidad",[1] y tiene razón, sin duda. Pero también en la tradición occidental hay ejemplos de mujeres indomables sin que esas excepciones alteren en lo más mínimo los elementos centrales que articulan la construcción de una identidad femenina siempre subalterna. Los mitos y tradiciones que se recogen en las crónicas indígenas confirman una visión contradictoria de la mujer, escindida entre la figura inquietante de Molinalxóchitl, la hermana de Huitzilopochtli, hechicera poderosa, engañadora y devoradora de hombres, y la mujer obediente y doméstica, voz de su amo y guardiana de las tradiciones que perpetúan el poder patriarcal, que encontramos en los *huehuetlatolli* recogidos por Olmos, Motolinía y Sahagún.[2]

La fundación misma del imperio azteca aparece ligada en las tradiciones indígenas a una mujer: la hija del señor de Culhuacán. Pero el papel que se le asigna es poco reconfortante. Según la tradición mexica los tenochcas recuperaron como resultado de sus proezas militares la libertad y el prestigio que habían perdido años antes al ser esclavizados por los culhuacanos en castigo por sus repetidas agresiones y robos de mujeres.[3] Le

---

[1] Josefina Muriel, *Cultura femenina novohispana*. México, UNAM, 1982, pg. 9. Muriel se refiera aquí a los retratos femeninos de la *Crónica Mexicayotl*, de Fernando Alvarado Tezozomoc.

[2] Los huehuetlatolli eran diálogos educativos a través de los cuales la cultura nahuatl transmitía valores morales y cívicos fundamentales. Baudot señala que "en la lengua nahuatl huehuetlatolli significa literalmente 'discurso de los ancianos' o 'discurso antiguo' y designa un verdadero género literario compuesto de arengas, preceptos y consejos morales destinados a públicos muy variados. Es en cierto modo una especie de retórica moral que, además de una meta educativa evidente, permite dar rienda suelta al refinado arte del bien decir que los antiguos mexicanos tenían en gran estima". George Baudot, *Utopía e historia en México*, pg. 228.

[3] Alvarado Tzozomoc relata con detalle este episodio en su *Crónica Mexicana* y J. Tovar hace lo mismo en su *Códice Ramírez*. Véase también George C. Vaillant, *Aztecs of Mexico*, Pelican Book, 1978, pp. 108-109.

pidieron entonces a Achitómetl, señor de Cualhuacán, que les diera a su hija para esposa de Huitzilopochtli a fin de que pudieran fundar una dinastía. Achitómetl les concedió lo que pedían. Pero cuando acudió a la celebración del matrimonio descubrió con horror que los tenochcas habían sacrificado y deshollado a su hija, al presenciar un baile ceremonial en el que un sacerdote que representaba a una diosa de la naturaleza bailaba revestido de la piel de la infeliz muchacha. Enfurecido, Achitómetl dió la orden de que todos los tenochcas fueran exterminados y estos huyeron de Culhuacán, refugiándose en una isla en medio de la laguna y fundando en ella Tenochtitlán.

Dos elementos quiero subrayar en este mito fundacional. En primer lugar que la mujer es la víctima propiciatoria al servicio de un proyecto político masculino. Y en segundo lugar que su identidad está literalmente en manos de los hombres. La imagen del deshollamiento es explícita: es una imagen de transformación de identidades y de control masculino. La identidad de la hija de Achitómetl se borra cuando le arrancan la piel y se convierte por orden del marido en otra: la de la diosa de la naturaleza que encarna el sacerdote al revestir su piel para la danza ritual que va a consagrar públicamente el poder de los aztecas.

Sin llegar necesariamente al extremo del destino desgraciado de la pobre hija de Achitómetl, los dos rasgos que el mito fundacional proyecta simbólicamente —subordinación al poder masculino y falta de una identidad propia— configuran los parámetros de definición de la identidad femenina en las tradiciones de México.[1] Las mujeres tenían derechos —dice Vaillant— pero eran inferiores a los de los hombres".[2] Las crónicas indígenas y las tradiciones y huehuetlatollis recogidos por los franciscanos confirman esa desigualdad. La descripción de la educación de las mujeres que hace el oidor Zorita en su *Relación* es muy reveladora:

> Las hijas de los Señores eran criadas con mucha disciplina y honestidad, y con gran
> solicitud y cuidado de sus madres y amas y de sus hermanos mayores. En habiendo cuatro
> años las imponían en ser muy honestas en el hablar y en el andar, y en la vista y
> recogimiento. Muchas nunca salían de casa hasta que las casaban, y algunas y pocas veces
> las llevaban al templo por haberlas sus madres prometido en el parto o en alguna
> enfermedad, é iban con mucha compañía de viejas, y tan honestas que no alzaban los ojos
> de tierra, é si se descuidaben en ello, luego les hacían señas. No hablaban en el templo, si

---

[1] En el análisis que sigue me voy a centrar de forma casi exclusiva en México. Es un acercamiento selectivo y representativo, no exhaustivo. Pero se puede afirmar que las otras culturas indígenas tampoco proyectan una visión liberadora de la mujer.

[2] Vaillant, op. cit., pg. 125.

no era decir las oraciones que les habían enseñado: cuando comían no habían de hablar y estaban con gran silencio.[1]

Obediencia, modestia y silencio son aquí, como en la tradición occidental, las tres virtudes cardinales de toda mujer decente. Las actividades que se le reservan a la mujer son, según la descripción de Zorita, muy limitadas y confirman su papel siempre subalterno: "En siendo de cinco años las comenzaban á enseñar á labrar, a hilar y a tejer, y no las dejaban andar ociosas. Tenían sus ratos señalados para se holgar delante de sus madres y amas y guardas, que cuando alguna se levantaba de su labor sin licencia, aun siendo niñas, las castigaban: y si las damas se descuidaban en su crianza o castigo las encarcelaban: *habían de estar como sordas y ciegas y mudas*".[2] La última frase resume los elementos centrales de articulación social de una identidad femenina cuidadosamente aprisionada en esa red de relaciones de control afectivas y sociales —madres, hermanos mayores, amas— que teje el poder patriarcal también en torno a la mujer azteca. La madre es la que se encarga en el diálogo moral del huehuetlatolli de recordar el galardón que la mujer alcanza en la sumisión, a la vez que esboza los términos de un contrato social entre hombre y mujer que duplica el de las culturas europeas: "Ten cuidado de la hacienda, de la tela y labor, y serás querida y amada, y merecerás haber lo necesario para comer e vestir y serás consolada é darás a Dios gracias".[3] Su relación con el hombre es de sumisión absoluta ya se trate del padre —"y no respondían cosa alguna, más de cuanto se acercaban á él y se humillaban"— o del marido: "Las madres no se olvidaban de amonestar y aconsejar a sus hijas y cuando algún Señor casaba alguna hija, les hacía muy largas amonestaciones, antes que salieran de su casa, y les informaba como habían de amar y servir a sus maridos para ser bien casadas y amadas de ellos y les decían 'Hija mía, ya sabes que es costumbre que las mujeres vayan y sigan a sus maridos'".[4]

La coincidencia entre la caracterización de la mujer ideal azteca y el papel tradicional de la mujer en la tradición occidental es tan perfecta que una se siente tentada a preguntarse si el oidor no forzó la mano en la interpretación de costumbres ajenas de acuerdo con usos propios. No parece probable por dos razones. La primera es que Zorita muestra, entre todos los cronistas, una capacidad notable de reconocer la diferencia y de relativizar sus propios valores. La segunda es que todos los huehuetlatollis y tradiciones indígenas recogidas por Olmos y Sahagún y citados por Zorita coinciden en una misma

---

[1] Alonso Zorita, *Breve y sumaria relación*, ed. cit., pg. 109.
[2] Ibidem, pg. 109-110.
[3] Ibidem, pg. 110.
[4] Ibidem, pg. 118.

caracterización. La mujer de los textos aztecas confirma la visión patriarcal europea de la mujer. Es esa coincidencia lo que le permite a Olmos englobar a mexicanas y europeas en una categoría única en su *Tratado de hechicerías y sortilegios*, en una misma definición esencial y negativa de la naturaleza femenina. En el capítulo quinto "que narra por qué hay muchas mujeres engañosas y pocos hombres" Olmos, ya anciano, transpone directamente a América su análisis de la inclinación femenina al mal, tal y como lo elaboró en 1527 en la caza de brujas de Vizcaya, años antes de su viaje al nuevo continente. Las razones de esa inclinación son previsibles en América como en Europa: hijas de la pecadora Eva, son curiosas en exceso, amigas de secretos, habladoras, presa de todo tipo de pasiones, volubles y esclavas de su propia sensualidad.[1] Olmos no establece ninguna diferencia entre mujeres nativas y europeas sino que aplica punto por punto el patrón de la bruja vizcaína a la idólatra americana. La coincidencia se apoya, claro, en la visión misógina del padre Olmos. Pero también en la falta de discrepancia que este encontró, igual que Sahagún, en sus largas y cuidadosas investigaciones y recopilaciones de antigüedades mexicanas con esa visión misógina de la tradición europea. El papel de la mujer en la tradición azteca duplica el de la europea. Legitima el dominio masculino y perpetúa una visión de la mujer como ser inferior y subalterno que necesita ser controlado y protegido en su doble vulnerabilidad frente al mundo exterior y a sus propias pasiones.

El *Tratado* de Olmos ilumina la asimilación de la mujer indígena a la visión tradicional de la europea. Y los pocos documentos biográficos de mujeres nativas que se conservan la confirman. La situación subalterna, dependiente y sumisa de la mujer pre-cortesina continúa siendo subalterna, dependiente y sumisa después de la conquista. El caso de Techuichpo —Isabel de Moctezuma— la hija de Moctezuma lo demuestra. Fue esposa de Cuitlahua. A su muerte Cuauhtémoc se casó con ella. Cortés la hizo concubina suya después de la conquista final de Tenochtitlán, tuvo una hija con ella y después, tal como había hecho con Malitzin, la casó con uno de sus hombres: Alonso de Grado. Al morir Grado se casó con Pedro Gallego con quien tuvo un hijo. Muerto Pedro Gallego se casó por última vez: con el conquistador Juan Cano. Pero lo interesante es que la razón por la que Isabel Moctezuma pasó a la historia no es el trasiego matrimonial incesante que fue su vida en manos de tantos hombres. Fue su utilización —o más bien la de su noble linaje— por su último marido para conseguir la restitución de sus bienes expropiados por Cortés al finalizar la conquista de Tenochtitlán. En la serie ininterrumpida de matrimonios y concubinatos, en las quejas que repiten las peticiones de restitución de Juan Cano, se perfilan las mismas coordenadas de definición de una identidad femenina, las mismas

---

[1] Andrés de Olmos, *Tratado de hechicerías y sortilegios*. Ed. cit., pp. 96-100.

opciones sociales y existenciales: impotencia femenina, pérdida de control sobre el propio destino, sumisión al poder masculino, transformación en instrumento de ese poder. Para Techuichpo, como para Malitzin, esa transformación es la condición necesaria de ingreso en la historia.

El descubrimiento de América supuso una expansión sin precedentes de horizontes. Geográficos y especulativos. Pero a lo largo de todo el proceso de descubrimiento y conquista el control de ambos horizontes siguió siendo exclusivamente masculino. El recorrido geográfico de América fue trazando los contornos de la figura del deseo, del locus simbólico de resolución de una problemática inequívocamente masculina. La figura utópica de América proyectaba ilusoriamente la neutralización de las limitaciones y contradicciones que marcaron el desarrollo de la historia occidental y configuraron la sociedad del renacimiento español, marcando la apertura de vastos espacios simbólicos de realización plena. El Nuevo Mundo se convirtió en el gran escenario donde se jugaba la liquidación de una historia caduca, hecha de trabajos, injusticia y desigualdad, y el comienzo de una nueva historia a la medida de los deseos del hombre. La reactivación de antiguos mitos — fuentes, tesoros, ciudades encantadas — indicaba la ruptura con el pasado, la interrupción de la continuidad del proceso histórico y la suspensión de las leyes biológicas que, desde el dolor, la enfermedad y la muerte, inscriben la vulnerabilidad en el centro mismo de la condición humana.

En ese espacio simbólico de posibilidades infinitas el sujeto histórico se creaba y recreaba a través de la acción y de la palabra, multiplicando la dinámica del moldeamiento de identidades en un juego incesante de máscaras que proyectaba simultáneamente la libertad del sujeto y su control sin precedentes sobre el mundo exterior y sobre el propio destino. En el gran ritual de autoafirmación que puntuan de los textos de la conquista la transformación del traidor en vasallo y del rebelde en modelo (Cortés), del loco en peregrino (Aguirre), del soldado en historiador (Díaz), del náufrago en hijo del sol (Cabeza de Vaca), del conquistador en buscador de verdades (Ercilla), son sólo algunos ejemplos que iluminan la ampliación extraordinaria de las posibilidades de expansión y liberación del sujeto histórico en el espacio simbólico del Nuevo Mundo y en la realidad concreta de las nuevas colonias. De un sujeto histórico masculino. Porque desde el punto de vista de la problemática de la mujer, la conquista de América no es más que una larga ceremonia de apropiación del espacio utópico por el poder patriarcal y de legitimación del dominio exclusivo del hombre sobre ese espacio. Los términos mismos de la figura utópica con su inscripción de la mujer como amenaza a la integridad del sujeto histórico o como cifra de alteridad, proyectan simultáneamente su marginalidad y su necesaria subyugación para la configuración y preservación del nuevo orden. El lugar de la mujer en ese escenario simbólico en el que se juega para el hombre nada menos que el desplazamiento de la historia por la utopía es claramente marginal. Y el abanico de opciones de moldeamiento legítimo de la propia identidad que se le ofrecen en la nueva sociedad colonial es muy limitado. Cubre sólo las gradaciones posibles entre dos extremos: la perfecta casada y la perfecta religiosa.[1]

Frente a la expansión incesante del espacio físico y simbólico del hombre en el descubrimiento y conquista de América, la trayectoria espacial de la mujer se caracteriza en ese nuevo espacio por el repliegue. Hay semejanzas y también diferencias entre las distintas formas en que la mujer colonial explora los espacios posibles de realización. De entrada, el espacio propio de la mujer es el privado y el público le pertenece al hombre, tal como sucedía en el Viejo Mundo. Pero hay una serie de circusntancias que acentúan la extensión de ese desequilibrio y que iluminan las implicaciones reales, a veces muy extremas, de ese reparto. El movimiento de expansión incesante del espacio del sujeto histórico masculino hace todavía más evidente la estrechez extrema del espacio del sujeto marginal femenino. Y la sociedad colonial misma, al flexibilizar de forma considerable las relaciones familiares y las costumbres amorosas, polariza aún mas la tensión en la que la mujer —dividida entre las demandas del hombre y los preceptos de la Iglesia— se había visto atrapada en España. El relajamiento de las costumbres que permite, junto con la multiplicación de relaciones amorosas fuera del matrimonio, la legitimación de esas uniones y de sus resultados — Juana de Asbaje misma es un ejemplo de esta situación— acentúan en la colonia una visión tradicional de la sociedad, ya de por sí bien restringida para las mujeres, como mar de tentaciones y asedio incesante a la virtud. Y decantan un tanto el peso de la balanza, que mantenía en España a un mismo nivel modélico a la perfecta religiosa y la perfecta casada, a favor del retiro de la primera.

En España familia y casa configuraban tradicionalmente el universo femenino y definían las relaciones de la mujer con una sociedad más amplia, relaciones que controlaba siempre con ojo vigilante la Iglesia. En la colonia la relajación de costumbres y moral que permitía y sancionaba las relaciones extramatrimoniales sin siquiera estigmatizar sus frutos, se acompañó de una intensificación de la ortodoxia religiosa y una severidad creciente de los clérigos más puristas contra una sensualidad que, lejos de estar contenida en el marco del matrimonio o reprimida de forma eficaz por una moral compartida, desbordaba y acechaba la virtud femenina con una fuerza y una asiduidad insólitas en España. Los testimonios más variados de la época corroboran esa polarización que enfrentaba la intolerancia feroz de un Aguiar Seijas[2] con la sociedad licenciosa, de la que se hacían

---

[1] Josefina Muriel, op. cit., pg. 38.
[2] Obispo de México y enemigo personal de Sor Juana.

lenguas los viajeros extranjeros que se admiraban "de la ligereza de las mujeres y la facilidad con la que los españoles y sus descendientes criollos y mestizos satisfacían sus apetitos", a la vez que se escandalizaban de la "lujuria, avaricia y liviandad" de tantos clérigos.[1]

Vivir en sociedad había sido siempre considerado arriesgado para la mujer. La vida social obligaba a la mujer a aventurarse en el mundo que se abría más allá del recinto familiar que enmarcaban la protección indispensable del marido y la guía imprescindible del confesor. En el contexto de la sociedad colonial se debilitaron tanto la protección que aseguraba el espacio tradicional familiar como la de un marido menos observante de una rígida moral conyugal. Las tentaciones se multiplicaban y el asedio de la Iglesia y el poder de los confesores aumentó proporcionalmente.

Esa es la dinámica histórica en la que se va perfilando un primer espacio alternativo: el convento. Espacio a la vez de repliegue y de expansión, el convento ofrecía en su recinto una protección razonable de las tentaciones mundanas que amenazaban la siempre frágil virtud femenina, abriendo opciones de realización que la vida familiar y la inserción de la mujer en el cuadro de relaciones sociales clausuraban. Sor Juana no fue la única que vio la posibilidad de encontrar entre sus paredes un refugio contra las imposiciones del matrimonio, para el cual, como tantas otras, "tenía total negación"; una protección contra los asedios, calumnias y ataques de que era inevitablemente blanco la mujer que rechazara la integración de por vida en el espacio familiar; y una promesa de apertura de espacios propios, no subordinados a las exigencias del matrimonio ni de la maternidad.

Por supuesto que la elección del convento por razones religiosas o económicas no es un fenómeno nuevo ni exclusivo de las colonias. Pero parece claro que se convierte en una opción más tentadora en el contexto social de las colonias, como demuestra el número extraordinario de conventos fundados — veintidós conventos de monjas sólo en la ciudad de México— y el número de monjas en relación con el número total de mujeres gachupinas y criollas en las colonias. No hay duda de que el convento ofrecía, a pesar del estricto control que ejercían los confesores, un espacio único para el desarrollo de una sub-cultura femenina. Eso explicaría en parte su auge en un período en el que—como señalan Arenal y Schlau— la importancia de los conventos masculinos había disminuido en algunos aspectos clave: "Aunque la importancia cultural de los monasterios para hombres declinó a partir del principio del siglo XIV no sucedió lo mismo en el caso de los conventos para mujeres. La clausura, que se representa con frecuencia como un refugio o como una prisión, era también un lugar en el que las mujeres podían darse mutuo apoyo, e incluso alcanzar un

---

[1] Octavio Paz. *Sor Juana Inés de la Cruz o las trampas de la fe*. Las citas son de los textos de Thomas Cage y Agustin de Vetancourt, México, FCE 1983, pg. 105

cierto grado de independencia. Ofrecía a mujeres de personalidad muy diversa una subcultura en la que podían encontran estímulos, ejercer influencia, y desarrollar talentos que jamás habrían podido cultivar abiertamente en el mundo exterior".[1]

Octavio Paz señala con acierto que para muchas de esas mujeres el claustro era "una carrera, una profesión".[2] Pero, como toda carrera, implica una elección y creo que vale la pena detenerse en algunas de las implicaciones de esa elección.

El repliegue al espacio del convento marca un desplazamiento del espacio propio de la mujer que ilumina tanto las opciones abiertas en ese momento al pensamiento femenino como las posibilidades de resolución simbólica de las contradicciones en que se manifestaba la situación personalmente alienada e históricamente marginal de la mujer. La entrada en el convento es un gesto de repliegue que sigue a uno anterior —impuesto por el hombre— que circunscribía el espacio femenino al familiar, negándole a la mujer acceso pleno al ámbito social.[3] Y, a la vez, ese repliegue espacial inicia toda una serie de desplazamientos que van a ir restringiendo cada vez más el espacio físico de la mujer. El repliegue de la mujer hacia el espacio del convento no es en modo alguno el retorno al útero del que habla Paz cuando dice: "No es un azar que la matriz se llame también claustro materno... Es una operación de retorno a la situación infantil, una verdadera clausura".[4] El repliegue no es para las religiosas coloniales cuyos textos discutiré más adelante un movimiento hacia atrás —el útero materno— sino hacia adelante. Es reducción del espacio físico, ya que la clausura prohibía formalmente —aunque para gran indignación de los más puristas como Aguiar Seijas esa prohibición no se observase— todo contacto con el mundo exterior, limitando en ese sentido el radio de acción de la mujer más aún que el marido y la familia. Pero, paradójicamente, esa reducción se inscribe en un movimiento general de expansión vital: la búsqueda de espacios alternativos al espacio social, político, cultural y familiar, siempre controlado y dominado por hombres. La entrada en el claustro podía muy bien presentarse en ese contexto como ingreso a un espacio alternativo donde se abrían opciones de desarrollo personal, de solidaridad femenina, de espresión cultural; donde el horizonte especulativo y vital de la mujer, sustraída a la omnipresencia masculina, se

---

1 Electa Arenal and Stacey Schlau, *Untold Sisters*. U. of New Mexico Press, 1989, pg 3.

2 Paz. op. cit., pg. 165.

3 Margaret Wade Labarge reconoce la existencia de mujeres extraordinarias en el ámbito público a lo largo de la historia occidental pero señala su caracter excepcional en una tradición en la que la visión generalizada era que "su necesaria sujeción a los hombres era considerada demasiado natural como para ser cuestionable y era obviamente parte del orden divino de las cosas. Incluso en el caso de pensadores que como Gilberto, obispo de Limerick en el siglo XII, estaban dispuestos a incluir a las mujeres en los distintos estamentos sociales, la condición subalterna se subrayaba explícitamente señalando que fuera cual fuera su situación social, 'les correspondía estar medio escalón por debajo de los hombres'". *La mujer en la Edad Media*, Madrid, Nerea, 1986, pg. 16-17.

4 Paz, op. cit., pg. 118.

ensanchaba de forma insospechada. Podía parecer a los ojos de toda mujer poco inclinada, por los motivos que fuera, al papel prescrito de esposa, madre y eterna subordinada, un acceso a un espacio liberador de resolución simbólica de la incómoda "condición femenina" que justificaba en el mundo exterior las razones múltiples de su marginalidad y opresión constante. El carácter particular del espacio que sigue al del convento en la serie de repliegues del espacio femenino confirma esta visión. Me refiero a la celda, espacio que proyecta simultáneamente una nueva reducción drástica del espacio físico de la mujer y una ampliación clara de su espacio vital.

El espacio que le correspondía a la mujer en el ámbito familiar era tan reducido como precario: "El espacio que se reservaba a las mujeres era, incluso en las mansiones de la nobleza, reducido, y de fácil acceso a los hombres de la familia y a los criados. Las mujeres no tenían derecho a estar en todas la habitaciones y, con frecuencia, debían sentarse en cojines en lugar de sillas. Tanto las casas como los objetos domésticos eran propiedad— como las mujeres mismas —de los hombres".[1] Es cierto que el término *celda* no promete una mejoría notable a esa situación. Pero la realidad fue muy distinta en los conventos coloniales de lo que el término mismo parece sugerir. La celda constituyó un espacio femenino de gran complejidad y de relativa autonomía frente a otros espacios femeninos posibles. Lejos de ser el cubículo encalado y austero que amueblaban el catre y la jofaina en la tradición monacal medieval más austera, las celdas de los conventos coloniales fueron espacios complejos y ricos, como la vida que albergaban[2]. En el microcosmos femenino que se abría tras las paredes del convento, la celda era un espacio propio para la mujer, lo más próximo a esa "room of one's own" que Virginia Woolf todavía reclamaría tres siglos más tarde. Las "celdas" eran aposentos espaciosos, con frecuencia de dos plantas, con espacios designados para la cocina y para el baño. Cada monja inscribía su personalidad en una decoración que tenía como único criterio el propio gusto.

La importancia de la organización de ese espacio y su carácter emblemático en relación con la personalidad de la que lo habitaba se subraya una y otra vez con toda claridad en las representaciones pictóricas de la época. Los retratos que se conservan de Sor Juana por Miguel de Cabrera y Juan de Miranda, por ejemplo, inscriben en el espacio de la celda, contra cuya representación icónica se recorta la figura, todos los signos de su identidad, y todos los símbolos de su búsqueda.

---

[1] Arenal & Schlau, pg. 3.
[2]"En el convento de Santa Catalina de Arequipa las celdas— que incluían cuartos de servicio —eran pequeñas casas que delineaban graciosas calles y plazas, con fuentes y jardines: la ciudad de las mujeres dentro de la ciudad". Raúl Bueno: "Los espacios utópicos de la Arequipa colonial". Inédito.

Espacio cotidiano de convivencia de un pequeño grupo[1] en una sociedad de mujeres, la celda era también lugar de afirmación de la identidad femenina y de expresión de sus particularidades. Era el lugar de la convivencia y de esa socialización que tomaba la forma del trasiego constante de chismes y visitas del que se quejaba con irritación Sor Juana. Era el lugar de la cultura y de la educación: música, canto, adoctrinación de las "niñas". Y era, a pesar de las continuas interrupciones que tanto desesperaban a Sor Juana, el lugar del estudio, de la meditación, de la reflexión y de la creación.

Entre las paredes de su celda las posibilidades de control y expresión de la mujer se multiplicaban. En ella las monjas organizaban su vida social, se encargaban de sus propias finanzas, administraban sus propios bienes, dictaban reglas de convivencias y gobernaban, hasta cierto punto sin interferencia directa masculina, sus vidas y las de sus subordinadas: discípulas, sirvientes, esclavas. El tradicional voto de pobreza había ido dejando paso a un bienestar considerable y a una sensualidad que se manifestaba abiertamente en el refinamiento de los hábitos, la riqueza de los abalorios y la sofisticación de la cocina. Asunción Lavrin señala que las monjas bebían cantidades enormes de chocolate, y hasta la propia Sor Juana se entretuvo en componer un libro de cocina que cataloga los platos exquisitos del convento de San Jerónimo, uno sólo entre tantos otros donde vivían las "monjas regalonas y chocolateras" contra las que se dirigió eventualmente la ira de una Iglesia represora bien representada por el tremendo Aguiar y Seijas. El *Destierro de Ignorancias,* compuesto en 1694 por Raymundo Lumbier a petición del obispo de México y de su amigo el jesuita Antonio Núñez, confesor de Sor Juana, atacaba con virulencia inusitada la laxitud de las reglas conventuales, la falta de observancia de los tres votos: castidad, pobreza y clausura, y retomaba críticas y preceptos de la intransigente *Cartilla de la doctrina religiosa* (1680) de Francisco de Salcedo. El tono del *Destierro* era feroz y la amenaza contundente: reforma o excomunión.

La condena iracunda en ambos documentos de ese mundo femenino que simbolizan convento y celda ilumina de forma inequívoca una realidad inquietante: la extensión del poder masculino —en este caso el clerical— a los espacios alternativos en los que la mujer colonial exploraba su identidad o buscaba formas de plenitud o liberación.

El convento y la celda abrían un espacio alternativo de desarrollo de una identidad femenina que permitía la eclosión de formas de autonomía —propiedad, finanzas— y de indagación —los estudios de Sor Juana— que difícilmente habrían podido tener cabida en el mundo exterior. Jean Franco lo señala: "Fue en el convento, y no en la casa, donde

---

[1] Paz señala que con frecuencia vivían en la celda además de la monja sus sirvientas, esclavas, discípulas y "favorecidas". Paz, op. cit., pp. 173-75.

floreció una cultura específicamente femenina".[1] Pero no hay que perder de vista la estrechez de ese espacio alternativo cuando lo comparamos con el locus utópico del espacio geográfico americano y el ámbito histórico de su redefinición cultural y política. En este locus, vedado a las mujeres, se jugaba la resolución de las contradicciones históricas del mundo occidental y se entreveía el acceso a la plenitud sin precedentes de una identidad masculina. América resultó no ser el paraíso con el que tantos descubridores quisieron identificarla, pero, aún así, el ingreso en el Nuevo Mundo supuso una expansión, inconcebible hasta entonces, de todo horizonte. Frente a esa realidad histórica se hace evidente la pequeñez y pobreza del espacio alternativo de resolución simbólica de la mujer. El convento es un paraíso muy con minúscula, estrecho y, en realidad, muy poco paradisíaco. Es un espacio de autonomía femenina, pero de autonomía relativa. Es un espacio de libertad para la mujer, pero de libertad vigilada. El poder patriarcal, que encarna la Iglesia y representan los clérigos, dicta los límites de esa autonomía y fija los términos de esa libertad.

Jean Franco señala la importancia del púlpito y del confesionario durante ese período: "Con el objeto de preservar la pureza de los espacios demarcados la Iglesia privilegiaba dos lugares —el púlpito y el confesionario— y dos tipos de discurso —el sermón y la confesión— a través de los cuales un hombre célibe tenía la autoridad de avisar, exhortar, interrogar y controlar a la población".[2] Púlpito y confesionario son el lugar simbólico del control clerical y la exclusividad y extensión de ese control se manifiesta en una doble realidad: la prohibición de predicar que se aplicaba a todas las mujeres y la obligación de confesarse regularmente a que todas estaban sujetas. La prohibición revela la exclusión radical de la mujer del ámbito del control del discurso. La obligación revela su sumisión constante a los dictados de la autoridad masculina. Púlpito y confesionario son los dos puntos fundamentales de intersección de la libertad femenina con el poder clerical y son también, los espacios simbólicos de reinterpretación, recodificación inscripción histórica de las vivencias y discursos de esa libertad.

La organización, costumbres, reglas y vida cotidiana de los conventos tenían que ajustarse a los preceptos que el poder clerical repetía y recordaba incesante desde el púlpito Cada elemento de la vida conventual aparecía enmarcado en una red de relaciones jerárquicas que situaban y evaluaban cada acción de la mujer —desde la más humilde novicia hasta la misma superiora— en relación con las distintas gradas de la pirámide de autoridad: novicia, monja, abadesa, autoridades eclesiásticas. Y todas las autoridades eclesiásticas que supervisaban el funcionamiento de los conventos y el comportamiento de

---

[1] Jean Franco: *Plotting Women*. Columbia University Press, New York, 1989, pg. XVI.
[2] Franco, ibidem, pg. XIII.

las monjas eran hombres. A veces más benévolos, como el obispo de Puebla; y a veces malévolos como Aguiar Seijas. En ese cuadro de relaciones había un nódulo de poder, un punto de intersección fundamental: el confesor.

La importancia del confesor en la vida de las mujeres había sido siempre considerable desde la fundación de la Iglesia de Roma. En la vida de las monjas de la América colonial fue absolutamente fundamental.[1] El confesionario era el espacio simbólico de intersección de la autonomía femenina con la autoridad masculina. Los términos de esa intersección eran desiguales: por una parte un hombre investido, por el sacramento, de la autoridad de Dios; y, por otra, una mujer convertida por toda una tradición cultural en cifra de vulnerabilidad, falibilidad, debilidad y error. El desequilibrio claro de esa confrontación se acentuaba con dos elementos: la infalibilidad implícita del confesor y el carácter privado y secreto del espacio, que privaba a la monja de testigos y de cualquier otro punto de referencia en el escrutinio incesante de su espacio vital que controlaba de forma exclusiva el confesor. El confesor representaba en relación con cualquier búsqueda de realización, liberación o autonomía femenina el derecho a la invasión por el poder patriarcal de todo espacio público o privado, físico, interior o simbólico. Sólo él tenía derecho a legitimar, condenar o reinterpretar cualquiera de los elementos que constituían cada uno de esos espacios. "El confesor aparecía instalado en el centro mismo de la red que las místicas tejían con los fragmentos misteriosos de sus sentimientos y emociones. Constituía un verdadero panopticon desde el cual cada pensamiento era sometido a escrutinio" dice Franco.[2] Investido de autoridad incuestionable y de poderes absolutos en relación con los aspectos más obvios o más sutiles, más públicos o más secretos de la existencia de la mujer, era el eslabón que cerraba el círculo de controles que la aprisionaba. El ámbito que caía bajo su control incluía las relaciones de las monjas con el mundo exterior, regimentadas ya por las normas que se encargaban de supervisar las autoridades eclesiásticas, y las relaciones y usos internos del convento, marcados por la omnipresencia de esa autoridad y por las consecuencias previsibles de cualquier infracción.

Es en el contexto de esa omnipresencia que dictaba pautas de comportamiento y modos de relación, que definía, limitaba y controlaba las opciones en la reflexión, la creación y la acción de las mujeres donde se produce el último repliegue espacial de la serie: el espacio interior, último reducto de una libertad imposible, ámbito donde la mujer genera y multiplica toda una gama de espacios simbólicos alternativos. Franco se refiere a la importancia de los espacios interiores femeninos en la vida conventual: "A partir de ese

---

[1] En sus estudios sobre las mujeres en la América colonial Jean Franco, Josefina Muriel, Cécile Benassy, Arenal y Schlau, y Asunción Lavrin coinciden en recalcar esa importancia e iluminar aspectos múltiples de su efecto en la vida de las monjas de Nueva España.

[2] Franco, op. cit., pg. 6.

momento vivirían, en la medida de lo posible, en la imaginación, en un mundo irreal, en el que tanto el silencio como la palabra aparecían investidos de una extraordinaria intensidad".[1] Pero aunque la introspección y el autoexamen aumentan en importancia entre las monjas casi en proporción inversa a la reducción del espacio y a las opciones de relación y acción, el repliegue hacia el espacio interior y la sustitución del "mundo real" por los espacios simbólicos alternativos es sólo una de las opciones posibles dentro de esa relación inversa. Sólo algunas monjas la eligen, y la forma particular en que configuran esos espacios imaginarios varía considerablemente de caso en caso. Sin embargo, con todas las diferencias que van de sujeto a sujeto y de experiencia a experiencia, las diversas manifestaciones del repliegue hacia el espacio interior y la búsqueda del desplazamiento del mundo real por los espacios simbólicos alternativos tienden a englobarse en un mismo fenómeno: el misticismo.

Desde el punto de vista de la liberación de la mujer, el repliegue hacia el espacio interior y la búsqueda del espacio simbólico alternativo es aún más problemática que la entrada en el convento. Al profesar la mujer pagaba un precio muy alto por el acceso al ámbito de la libertad vigilada —la renuncia a la sexualidad y a la maternidad son sólo una parte de ese precio. Pero el precio era todavía mayor en el caso de la elección de la opción mística.

Los textos que narran las jornadas místicas de las monjas muestran de forma consistente que el punto de partida de la búsqueda de ese espacio alternativo era la reducción extrema del espacio físico, una reducción que corresponde a, y en cierto modo continúa, la separación de la familia que marcaba el ingreso en el convento. El carácter traumático que podía tener ese primer gesto simultáneo de separación y reducción se hace evidente en los ataques de claustrofobia que atormentaban a sor Tomasina de San Francisco desde su entrada en el convento, y en el "horror al encerramiento" que le atribuye su biógrafo Sigüenza y Góngora. Y, agravando una situación ya problemática para algunas mujeres, del mismo modo que la separación de la familia y la reducción del espacio físico al que delimitaban las paredes del convento era la condición de ingreso al espacio alternativo conventual, el aislamiento personal y la reducción extrema del espacio físico formarían parte de las condiciones de ingreso al espacio simbólico de la experiencia mística. Francisca de San José (1655-1725) cuenta en su autobiografía cómo, para posibilitar el ingreso al espacio místico de la comunicación con Dios, no sólo buscaba el alejamiento que le pedía "su mucha inclinación a la soledad" sino que, no teniendo en la casa "lugar para pensar esto y sentirlo como quería, aguardaba a la hora de la siesta en que se recogían a dormir y las

---

[1] Franco, pp.10-11

criadas estaban en la cocina comiendo y todo era silencio; entraba en un aposento y en un hueco que hacía una caja grande, para estar escondida".[1] Casa-aposento-caja delinean en el espacio los hitos de una separación y puntúan el proceso de abandono del espacio real y el ingreso en el espacio simbólico alternativo. Para María Magdalena Lorravaquio Muñoz (1576-1636), por otra parte, la reducción del espacio físico va de la casa al convento, del convento a la celda y, finalmente, de la celda a la cama, de la que no vuelve a salir durante los últimos cuarenta y cuatro años de su vida. Otra monja novohispana, María de San José (1656-1719) narra con detalle su propio repliegue en busca de aislamiento en la casa de su madre, "buena pero corta, porque sólo tenía tres piezas, una sala y dos aposentos", y la construcción del espacio de meditación que le abriría las puertas del ámbito místico: "Hizimos la chozita entre ella y yo, de tablas tan estrechas que no cabía en ellas si no era hincada de rodillas, y para entrar por la puerta era necesario doblar el cuerpo o entrar de rodillas".[2] En todos los casos la apertura del espacio místico requiere la clausura transitoria del espacio exterior. Es esa clausura lo que se expresa simbólicamente en la sucesión de repliegues espaciales que narran los textos citados y en la ruptura simbólica con el último espacio físico de repliegue: el propio cuerpo. La mortificación es, en el contexto de la experiencia mística, un ritual de separación. Implica simultáneamente la ruptura con el espacio exterior a traves del rechazo del placer y su desplazamiento por la irrupción del interior, a través del dolor. Ruptura y desplazamiento abren el ingreso pleno al espacio simbólico alternativo.

No es que quiera negar la relación entre sufrimiento y erotismo que se ha señalado con frecuencia en relación con la mortificación de las místicas: "Algunas prácticas, que sólo pueden ser calificadas de sádicas o masoquistas— como pisar la cara de otra monja, arrastrarla por los suelos escupiendo sobre ella —pueden interpretarse como manifestaciones de una sexualidad canalizada hacia actividades aceptadas y alabadas por las autoridades eclesiásticas. Al igual que algunos de los ejercicios de mortificación que las monjas practicaban pueden verse como las únicas formas permitidas de estímulo corporal".[3] Pero en el marco de la búsqueda de un espacio simbólico propio, de expansión y liberación de una conciencia asediada hasta el límite, la mortificación adquiere una función clara: la de disociación en relación con el último reducto del espacio de la vulnerabilidad y de la opresión: el propio cuerpo. Al fin y al cabo, la relación de la mujer con su propio cuerpo es en ese período sumamente problemática. El cuerpo es para ella

---

1 *Compendio breve de la vida y virtudes de la V. Francisca de Carrasco del Tercer Orden de Santo Domingo,* México, Imp, Joseph Bernardo de Hogal, 1979. Citado por Josefina Muriel, op. cit., pg. 366
2 María de San José, *Vida.* en Arenal y Schlau, pp. 380-381
3 Arenal & Schlau, pg. 13.

campo de batalla donde se verifica su inferioridad —falta de razón, exceso de emoción, fragilidad— y donde la Iglesia sitúa uno de los lugares simbólicos del pecado y del mal. Es esa visión del cuerpo femenino lo que se revela en la "tecnología del sexo" de la que habla Franco: "Los confesores sometían a las penitentes a una verdadera 'tecnología' del sexo, que forzosamente tuvo que afectar profundamente la percepción que éstas tenían de sus propios cuerpos. La lista de pecados carnales que debían ser confesados las volvía hipersensibles a cualquier sensación corporal. Los dedos se cargaban de erotismo, hasta el punto de que una monja no se atrevía a cruzar las manos por temor a la descarga libidinal que esta acción podía liberar ".[1]

En relación con ese espacio exterior —convento, familia, sociedad— que oprime a la mujer y la apresa en unos moldes que clausuran las opciones de la libertad, el éxtasis de la experiencia mística se presenta inicialmente como legitimación de la subjetividad femenina y como expansión liberadora del espacio vital de la mujer. Es esa apariencia liberadora lo que invocan algunos análisis feministas del fenómeno místico para reivindicarlo como una de las manifestaciones de afirmación liberadora de una subjetividad femenina que transgrede el discurso patriarcal y amenaza su poder.[2] Pero vale la pena analizar con cuidado las condiciones de acceso a ese espacio de "self-expression" y los términos exactos del poder que adquirían las mujeres místicas —las *mysteriques* de Irigaray— adoptando ese lenguaje particular del yo y del cuerpo[3] que les estaba abierto y que les permitía configurar y habitar el espacio simbólico alternativo de la jornada mística.

Las condiciones de acceso son clave y perfectamente consistentes en las autoras más diversas. El abandono y la abdicación de la voluntad son ineludibles. Enlazan con una tradición problemática —el abandono de las alumbradas que acabó por perseguir en Castilla la Inquisición— y otra legítima, que encuentra su representante máxima en Santa Teresa de Jesús. Ese abandono marca el inicio de una progresión a través de la cual se irá consumando en la experiencia mística la sumisión total e incondicional a una voluntad superior: "En estando expuesto me ponía junto a la reja y me ofrecía unas veces como lámpara encendida en viva fe, otras como vela ardiendo en amor, otras como ramillete con las flores de los continuos afectos en que el alma se engolfaba".[4]

---

[1] Franco, pg. 7

[2] Por ejemplo, en su *Speculum of the other woman* Luce Irigaray señala que: "Despite these obstacles the visionary and ecstatic path became a road to self-expression, power and prestige for many of the nuns".

[3] Franco, pg. 4.

[4] *Vida de la Madre María Marcela Religiosa Capuchina del Convento de Querétaro*. Manuscrito de la Biblioteca Nacional de México. En Arenal & Schlau, pg. 405

La subjetividad de la mujer en puertas de la jornada mística se construye sobre la ignorancia, la autohumillación, la autodegradación, la falta de autoestima y el sentimiento de culpa.

> A ti me vuelvo mi Dios
> entre humillada y contrita
> por ver si el dolor te mueve
> o mi pena te lastima,

dicen los versos de María Inés de los Dolores (1651-1728), monja del convento de San Lorenzo de Puebla. Y continúa:

> Mas ay de mí! Qué me quejo
> si toda la culpa es mía,
> y bien conozco te aparta
> mi ingratitud atrevida.[1]

Humildad y sumisión total al criterio y la voluntad de Dios son el punto de partida de la jornada. Hasta el deseo, fuerza que impulsa la búsqueda mística, toma aquí la forma de abdicación: la del deseo propio en favor del ajeno:

> Y si quisieres llevarme
> por el camino de espinas,
> flores serán de mi gusto
> que es el tuyo mi delicia.[2]

Los versos retoman la retórica y los motivos de toda una tradición literaria que configura representaciones de experiencias femeninas a través de un "lenguaje del deseo".[3] Pero el lenguaje inscribe inequívocamente en el texto una realidad muy poco liberadora: la disolución del deseo propio frente al ajeno, la renuncia a las formas del propio placer —incompatible con las espinas—y la adopción de las formas de la voluntad del amo —las espinas— que desplazan el deseo propio, pasando a ocupar su lugar. La estrofa siguiente

---

[1] En Josefina Muriel, pp. 362-363.
[2] Ibidem, p. 364.
[3] Franco, p. 19.

del poema de María Marcela amplía y clarifica aún más ese proceso de abdicación y sumisión total:

Cúmplase mi bien en todo
tu voluntad no la mía
pues no quiero voluntad
que a la tuya se resista.

La conclusión de la progresión que lleva a la armonía recuperada es clara: la total renuncia a la propia subjetividad, la liquidación total de una identidad propia, la renuncia a cualquier forma de libertad:

Dulce Jesús yo por tí
quiero negarme a mí misma
morir quiero a mis pasiones
porque de tu amor me privan.

dice María Inés de los Dolores.

"¿Quién es éste a quien así obedecen mis potencias? ¿Quién pone estos deseos? ¿Quién me da este ánimo?" se pregunta María de San José, para concluir: "Yo deseo servir a este Señor. Yo no pretendo otra cosa sino contentarle. No quiero contento, ni descanso, ni otro bien sino hacer sólo su voluntad".[1]

La progresiva negación de la propia conciencia, la sumisión a la voluntad del señor, la abdicación del propio deseo frente al deseo de una voluntad superior, la renuncia a cualquier forma de autonomía son la trayectoria simbólica que recorre la mística en su búsqueda del espacio de la plenitud y de la armonía. Una plenitud y una armonía que se definen como disolución total en el abrazo posesivo del señor: "Luego vi y sentí como se entró el Señor en mi corazón en forma de una llama de fuego, de tal suerte que parecíase había unido conmigo y hecho una misma cosa. Sentía el corazón tan inflamado como que estaba en una llama de fuego, derretido y deshecho".[2]

Lo que quiero clarificar aquí es que esa búsqueda de la armonía que traza la jornada mística no se articula como resolución simbólica de las contradicciones que están en su origen: reducción forzosa del espacio vital, subordinación al poder masculino y opresión. Al contrario. La jornada mística con sus condiciones de ingreso al espacio simbólico

---

[1] Muriel, ibidem, pp. 390-391.
[2] María de San José. En Muriel, pp. 389-90.

alternativo y con las etapas que van convirtiendo cada paso en una renuncia hasta llegar al éxtasis en el que se disuelve toda indentidad, confirma y perpetúa esas condiciones: sumisión de la mujer, abdicación de la voluntad, obediencia y humildad frente a la autoridad superior, renuncia a la razón y a la conciencia. La única e ilusoria forma de resolución de la problemática femenina que se inscribe en la jornada mística se apoya en una redefinición de términos fundamentales, y en una sustitución del deseo del placer por la aceptación del dolor, y de la búsqueda de la felicidad liberadora de la plenitud por el deseo de sufrimiento. Es esa substitución lo que se expresa en el "Gozosa padeceré" que abre una de las estrofas de María Inés de los Dolores. Y la que van a ir repitiendo y reforzando toda una serie de desplazamientos semánticos que convierten al verdugo en benefactor, el sufrimiento en gloria— en los escritos de María de San José— y la opresión en virtud, la abdicación en triunfo, la sumisión en libertad, la vida en el trato con Dios en los textos de otras místicas de la América colonial. El ingreso en el espacio simbólico alternativo y el recorrido de la jornada mística se apoyan en las más tradicionales cualidades que construyen la identidad femenina en el discurso patriarcal europeo. Su objetivo final marca simultáneamente la consagración de la sumisión de la mujer a la voluntad del hombre y su reclusión simbólica en el último espacio alternativo: el interior. Un espacio interior que aparece también claramente dominado por proyecciones simbólicas del poder masculino.

Finalmente, la armonía recuperada en que culmina la jornada reafirma en los términos más tradicionales la circunscripción del horizonte mental y emocional femenino a los términos de una relación amorosa o espiritual dictada por el hombre. No paso por alto la existencia de una tradición de hombres místicos ni la convergencia de imágenes y construcciones simbólicas entre ellos y las místicas. Pero el fenómeno del misticismo debe ser recontextualizado para analizarlo en relación con la problemática particular de la mujer. Jornada mística y fusión con el amado tienen un sentido, una función y unas implicaciones diferentes entre las mujeres del Nuevo Mundo y los hombres del viejo: desde los primeros proponentes del "recogimiento" franciscano hasta los éxtasis de San Juan de la Cruz.

"Arrebatada en sus sueños y visiones más allá de los estrechos confines de su celda —dice Franco— la mística volaba a través del tiempo y del espacio, contemplaba el futuro, y alcanzaba a penetrar los secretos del purgatorio y del mismo cielo, antes de retornar, como una paloma cautiva, a su celda. Este vuelo era el equivalente femenino de la jornada heroica de transformación masculina".[1] Es una analogía sugerente y en muchos aspectos exacta. Pero hay diferencias entre ambas, que importa señalar porque iluminan con gran claridad la relación en que se encuentra la búsqueda de espacios alternativos de resolución

---

[1] Franco, pg. 16.

203

simbólica a la problemática de la mujer —una de cuyas vertientes extremas es el misticismo— con el pensamiento utópico de la época.

El pensamiento utópico masculino —laico o religioso— explora en América opciones de resolución de una problemática masculina, personal o colectiva, a través del juego incesante de utópicos[1] que va configurando la figura de América y desbloqueando la propia identidad en el enriquecimiento y dinamismo extraordinario del proceso de moldeamientos identitarios que abren el descubrimiento y conquista. La búsqueda utópica masculina inscribe los signos de su pensamiento en la geografía americana y en la organización de las colonias. El pensamiento utópico masculino es la razón del deseo que busca en América la salida de la serie histórica, el tercer término imposible de la oposición aristotélica. Pero esa definición del pensamiento utópico vale para los que tienen derecho a la razón y son dueños de legítimos deseos. No es el caso de las mujeres, ni en España ni en América. Ni en el ámbito social ni en el espacio conventual.

La identidad femenina que construye el discurso patriarcal dominante de la cultura occidental a través de los siglos es la de un ser mutilado, incompleto, inferior. El lugar que le corresponde es subalterno; sus opciones de desarrollo se definen entre dos extremos: ser objeto de posesión o ser objeto de subyugación. El repliegue espacial que va del mundo exterior a la celda, y la exploración de espacios alternativos simbólicos que lleva del reducto del propio cuerpo (espacio interior) al éxtasis místico (espacio simbólico), son manifestaciones complementarias de un mismo intento de resolución de la red de oposiciones y exclusiones en que se inscribe culturalmente el moldeamiento de cualquier identidad femenina en ese momento, y expresan una misma necesidad de un espacio propio para una libertad propia. El gesto de salida del espacio real que marca el ingreso al espacio simbólico alternativo convoca el gesto inicial que marca la salida de la serie en toda búsqueda utópica. Y no puede sorprendernos que los puntos de convergencia entre un pensamiento utópico masculino, que convierte el descubrimiento en figuración del locus utópico y que levanta sobre el objeto del deseo la sociedad colonial, y una búsqueda mística femenina, que se expresa en la reducción progresiva del espacio físico y la apertura de espacios simbólicos alternativos, sean numerosos. El motor es el mismo: el deseo. Y la voluntad de romper los límites que aprisionan la propia identidad es determinante en ambos casos. En ambos casos el ingreso al espacio utópico —América para el conquistador y el espacio simbólico alternativo para la mujer— expresa el rechazo de la serie histórica, que articula parámetros identitarios y restricciones sociales, y marca la salida utópica de la serie histórica y la búsqueda de la plenitud: el héroe en perfecto control de sí mismo y del mundo para el descubridor, y la mujer completa y libre para la monja. Tanto los textos que narran

---

[1] Utilizo el térmno aquí en el sentido que le da Louis Marin en op. cit.

descubrimiento y conquista como los que describen la jornada mística se dejan leer como parte de un discurso utópico: ambos se articulan desde un pensamiento utópico que codifica sus elementos en figuras espaciales. A los páramos y selvas que recorren los descubridores corresponden los desiertos y precipicios imaginarios que atraviesan las místicas; a la construcción de la figura utópica de Tenochtitlán corresponde la figura utópica del espacio alternativo del castillo de *Las Moradas*, "todo de diamante e muy claro cristal, adonde hay muchos aposentos, ansí como en el cielo hay muchas moradas... unas en lo alto, otras en bajo, otras a los lados; y en el centro y mitad de todos tiene la mas principal, que es donde pasan las cosas de mucho secreto entre Dios y el alma... en este castillo tan resplandeciente y hermoso, esta perla oriental, este árbol de vida, que está plantado en las mismas aguas de la vida, que es Dios".[1] Y en ambos casos la narración de la jornada es —como señala Marin— "the constitution of a discourse as space", un discurso, en ambos casos, de realización personal y de acceso al poder.

Pero, a pesar de esos puntos de convergncia, las diferencias son fundamentales. El pensamiento utópico masculino inscribe en sus utopías imágenes de resolución simbólica que, en los rasgos mismos que las configuran, proyectan la transformación de las condiciones históricas que provocan la contradicción que está en su orígen: pobreza, injusticia, falta de mobilidad social, mortalidad. En cambio el pensamiento utópico femenino que busca en la vía mística la resolución de una identidad femenina subalterna y aprisionada, reafirma y perpetúa cada uno de los elementos que están históricamente en la base de esa situación de la mujer: sumisión, sacrificio, abdicación de la voluntad, aceptación de una autoridad masculina superior, obediencia y renuncia a la propia subjetividad. El locus utópico místico del pensamiento femenino no cuestiona ni subvierte los elementos centrales del espacio histórico: la autoridad masculina y la obediencia femenina se mantienen en un marco simbólico en el que la armonía recobrada no viene de la transformación de la relación alienante que subordina de forma implacable a la mujer a la autoridad del poder patriarcal, sino de una transformación de la conciencia de la mujer que le permite vivir como placer lo que era dolor, como gozo lo que era tormento, como libertad lo que es prisión. El desplazamiento hacia el espacio simbólico alternativo del misticismo, las condiciones de ingreso en ese espacio y la configuración particular del espacio místico y de las relaciones que en él se exploran, reafirman y perpetúan precisamente todos los elementos que forzaron la reducción progresiva del espacio vital y que circunscribieron el espacio posible de definición de una identidad femenina al que enmarcaban dos polos simbólicos: instrumento del poder masculino o instrumento del diablo. El espacio místico

---

[1] Santa Teresa de Avila, *Las Moradas*, Clásicos Castellanos, Madrid, 1916, pp. 5, 7, 14.

perpetúa más de lo que subvierte las condiciones y el lugar que le han tocado en suerte a la mujer dentro de una historia dominada por la ideología patriarcal: es un espacio interior y privado; es el espacio de la abdicación, del sentimiento y del abandono de toda racionalidad.

La trayectoria de repliegue y de reducción espacial en la que se inscribe la jornada mística y la creación del espacio simbólico alternativo iluminan —frente al movimiento de expansión incesante del espacio utópico masculino— su función exacta. No es un espacio de resolución ni de liberación sino de supervivencia y de resistencia; un espacio simbólico de transformación de la conciencia que da sentido a lo sin sentido, espacio al encierro y vivencias de libertad a la opresión límite. No es un espacio de liberación ni de plenitud sino, como señala María de San José, el espacio de "una sumisión más alta". La figura de ese espacio y los términos de esa sumisión iluminan de forma inequívoca las interdicciones férreas que pesan no sólo sobre el pensamiento utópico femenino sino sobre todo el pensamiento de la mujer y sus modos posibles de conciencia.

Lo mas notable, de todos modos, es que ni siquiera ese espacio interior y secreto que la mujer había levantado sobre la soledad y el sufrimiento le perteneció totalmente. En la visión de la mujer que se fue transmitiendo y reafirmando en la tradición patriarcal occidental hay un rasgo que la definía insistentemente y que provocó avisos y amonestaciones repetidas por parte de las autoridades más sabias: la charlatanería. La mujer es en esa tradición habladora, conversadora, cotilla, indiscreta y maldiciente. Todas las formas de comunicación verbal encuentran en ella su lugar privilegiado e incontrolable, y su usuario más indiscriminado. La educación de la mujer europea incluía declaraciones reiteradas del valor del silencio y regimentó de forma clara su derecho al habla. La modestia y discreción que enseñan a mantener los ojos bajos y la boca cerrada son cualidades que se inculcan en la mujer en un intento de reprimir lo que se percibe como una condición natural de incontinencia verbal y volubilidad desenfrenada. Ya San Pablo formalizó esa visión dentro de la Iglesia, asignándole a la mujer el silencio y al hombre la palabra. Socialmente el alcance de la palabra femenina se circunscribió al espacio de la cháchara familiar, a la vez que se le cerraba el acceso a la palabra pública, a la prédica y a la escritura, es decir a los lugares simbólicos del poder discursivo. Y el silencio que se exigió de la mujer prehispana a través de las enseñanzas de los huehuetlatolli duplica la misma visión y las mismas estrategias patriarcales de control. En ambas tradiciones se puede decir que si el hombre prevenido vale por dos, la mujer silenciada vale cuando menos por cuatro.

Curiosamente, esa situación cambió de forma muy particular en la América colonial.[1] La cultura femenina de los conventos y, con frecuencia, la de las mujeres laicas (recuérdese el caso de Francisca Carrasco entre estas últimas) se narra en una serie de textos: crónicas de fundación, autobiografías y experiencias místicas, escritas por mujeres que viven el uso de la palabra como el peor de los tormentos y que suplican una y otra vez el derecho al silencio. Continúan así una tradición a la que se refiere explícitamente Teresa de Ávila cuando dice al principio de *Las moradas*: "Pocas cosas que me ha mandado la obediencia se me han hecho tan dificultosas como escribir ahora cosas de oración; lo uno porque no me parece me da el Señor espíritu para hacerlo ni deseo... que aún los negocios forzosos escribo con pena".[2] La mayoría de las monjas se refieren a la escritura como la peor de las torturas y suplican a sus confesores que les levanten la obligación de hablar de sus pensamientos y experiencias. Dice Micaela Josefa de la Purificación: "Todo eso me atormenta mucho... que por esto pedí a vuestra reverencia me levantase la obediencia de apuntar".[3] María de San José se rebela contra la obligación de escribir que le imponen primero el obispo de Puebla y luego el de Oaxaca:

> Llegué a comulgar el día once de enero de mil setecientos y cuatro, sumamente fatigada del combate, que interiormente llevaba sobre los escritos: me parecía que a la hora de la muerte, no he de tener otra cosa que más me atormente, y cause pena, que estos escritos. Tanta era mi apuración, que me parece, que si por mi fuera, antes de bajar a comulgar hubiera echado fuera de la celda todo el recado de escribir, para no tomar más la pluma. Comulgué con este trasiego y después me quedé oyendo Misa, y como la fatiga iba creciendo más y más con un total desamparo de Dios, exclamé a su Majestad hecha un mar de lágrimas, y amarguras, pidiéndole no permita que yo le desagrade en estos escritos: que poderoso es para mover los corazones y que la obediencia me ordenase otra cosa.[4]

Su caso es paradigmático entre tantas otras mujeres que, como ella, muestran poca inclinación a narrar en general y una resistencia angustiada ante la obligación dictada por el confesor de narrar sus pensamientos, meditaciones y visiones en particular. Pero ante todas las formas de ese pudor o reticencia —dos virtudes tan "femeninas"— la determinación de los confesores y autoridades eclesiásticas es inflexible y adopta, a veces, en el ejercicio del control de la escritura femenina, visos de sadismo. Ese el caso de María de San José:

---

[1] No es ese el único lugar, ya que lo que voy a plantear en relación con las colonias se aplica igualmente a la escritura femenina, especialmente la de las religiosas, en España y en otros países europeos.

[2] Sta Teresa, *Las Moradas*, pp. 1-2.

[3] Muriel, pg. 399.

[4] Ibidem, pg. 396.

Mi confesor me mandó que escribiese todo el tiempo que pudiese tener, sin tomar más de una hora de noche que sólo esa hora durmiese y todo lo demás del tiempo lo gastase en escribir. Yo le obedecí en esto y fui escribiendo de día y de noche. Luego que nuestra madre priora supo esta orden del padre Cárdenas, que fue después de algún tiempo, cuando yo no podía ya pasar adelante con tanto trabajo, le habló y dijo me alzase la obediencia, pues era cosa que no se podía hacer. Pasados algunos meses, después de lo dicho, vino un día al confesionario y me mandó que nada escribiese, no tomase la pluma en la mano, ni tuviese libro alguno en la celda, también le obedecí en esto, sin replicarle en nada. Pasé muchos días sin escribir nada, ni hablarle palabra. Luego le dio la gana de volverme a mandar que prosiguiese escribiendo. Luego dio en que los papeles que le remitía, que no podía leerlos ni saber lo que en ellos iba escrito, que cerrados como iban se los llevaba a su confesor que era un padre de la Compañía de Jesús. Estos papeles no sé qué se han hecho.[1]

¿A qué viene ese súbito interés por la vida interior de la mujer, sus ensueños, sus visiones? ¿A qué obedece el interés apasionado de los confesores por la narración pormenorizada de esa vida, por la descripción detallada de esos espacios imaginarios que la mujer recorre incansablemente desde el paroxismo doble del éxtasis y el sufrimiento?

Interés por el espacio interior femenino y por la narración detallada de los espacios imaginarios se relacionan con una misma cuestión fundamental: el control del conocimiento y la definición de sus límites. Iglesia y sociedad habían conspirado desde el principio contra el acceso de la mujer al conocimiento.[2] De la fuerza de la interdicción que pesaba sobre cualquier forma de acceso de la mujer al conocimiento da testimonio estremecedor la historia de Hipasia de Alejandría, hija de Teón, matemático y filósofo neoplatónico. Hipasia fue matemática y astrónoma y dirigió la academia platónica de Alejandría. Escribió numerosos tratados científicos y filosóficos. Paz resume escuetamente la historia estremecedora de su martirio: "Hipatia fue blanco de la inquina de las bandas de monjes fanáticos que acaudillaba el patriarca (San Cirilo) y que atemorizaban la ciudad… Un día de la cuaresma de 415 los monjes detuvieron su carro. Mataron al áuriga y la desnudaron y vejaron; después la llevaron a la iglesia y allí la descuartizaron. Gibbon añade un detalle

---

[1] Arenal y Schlau, pg. 379.

[2] "By reserving scholastic theology and disputation to the clergy, the Church ceded the terrain of feeling to women who, though they were not forbidden to learn, in practice were hindered from doing so in myriad ways; even their reading was controlled. They were not expected to know much Latin, which was the language of the scholar, nor were they allowed to participate in disputation, which was the way learning was refined and propagated. They could not speak on learned matters in public since they were not allowed to preach". Franco, pg. 4.

horrible: 'her flesh was separated from her bones with sharp oyster shells.' Su asesinato fue el comienzo del fin de Alejandría como centro del saber".[1] De forma menos obviamente sangrienta pero igualmente clara esta actitud se prolongaría a través de los siglos hasta la legitimación del concilio de Trento que proclamó, una vez más, que la "santa ignorancia era la condición ideal de la mujer".

Es cierto que el repliegue hacia el espacio simbólico alternativo era en muchos aspectos coherente con el papel y el lugar asignado a la mujer en la tradición patriarcal. Pero también lo es que la intimidad con Dios que alcanzaba la mística y su acceso al conocimiento a través de la revelación transgredían un orden que la condenaba a la ignorancia. A la mujer le estaban vedados el estudio y la escritura de obras teológicas. Y el conocimiento de la divinidad que alcanzaba en la revelación de la experiencia mística competía de forma inquietante con el monopolio masculino de las formas más altas del saber. Es cierto que en su ambigüedad contradictoria la transgresión de la mística reafirmaba aspectos centrales del orden establecido.[2] Pero también lo es que en la revelación accedía a formas de conocimiento de las que había estado excluida tradicionalmente y cuya validez era difícilmente cuestionable.[3] Autorizadas por el sector de la Iglesia que colocaba la revelación por encima del conocimiento escolástico, las visiones de la jornada mística adquirían la fuerza de una teología paralela que escapaba a los mecanismos tradicionales de represión y control del conocimiento femenino. ¿Como integrar, por ejemplo, las visiones de la madre María Anna Agueda de San Ignacio? Amenazan la centralidad del principio masculino en la genealogía simbólica de la divinidad, substituyendo el linaje de los hijos de Yahvé por el de las hijas de María. Y desplazan la crueldad del sacrificio con la dulzura de la crianza, la centralidad masculina de la sangre redentora por la centralidad femenina protectora de la leche. En el éxtasis de María Anna Agueda de San Ignacio el propio Cristo proponía el desplazamiento de la autoridad masculina, simbolizada por la sangre del sacrificio, por la ternura femenina de una leche que es fuente de vida, fortaleza, consuelo y perdón: "dice el esposo divino de esta señora que son sus pechos mejores que el vino, dando a entender, que la leche es mejor que el vino, porque éste no es tan al propósito para todos como la leche, y porque la leche necesitan para tomarla de los pechos ser pequeños, y el que quisiere esta leche, aunque sea viejo, hágase niño para llegarse a los pechos de María santísima, y recibir místicamente la sustancia de tal madre en su leche; aprendamos y gustemos el modo de obrar con la fe, que

---

[1] Octavio Paz, op. cit., pg. 547, nota 10.

[2] Franco, 21.

[3] "Despite the reservations of some members of the clergy and the potentially transgressive aspects of mysticism, it had strong defenders who claimed that it constituted a higher and more immediate form of knowledge than scholastic theory". Franco, pg. 5.

sin duda recibiremos fortaleza para obrar lo que esta luz nos enseña y para mejor entenderla".[1] ¿Cómo limitar el alcance subversivo de esa recodificación de elementos tradicionales de la doctrina cristiana? La respuesta es clara: a través del control de su escritura, o mejor dicho de la apropiación de esa escritura. Es la escritura de la mujer lo que permite el acceso del hombre al conocimiento del espacio simbólico alternativo, lo abre a su escrutinio, a la vez que deja en sus manos el control absoluto de las condiciones de su enunciación. O, dicho de otro modo, del cuadro de relaciones en el que se inscribe el enunciado de la mujer.

Es un cuadro siniestro que van configurando los tentáculos de un poder que comprende desde el control absoluto del conocimiento que se alcanza en el espacio simbólico — a través de la interpretación y legitimación o descalificación de las visiones— hasta el control absoluto de su transmisión y difusión —a través de la censura, reescritura o reinscripción selectiva de elementos. Iglesia y confesor dictan y controlan las condiciones de enunciación del viaje por el espacio simbólico alternativo. Los relatos de las monjas son validados o destruídos por los mismos confesores que los canibalizan después en sus propios escritos ejemplares, que los reintegran a la ortodoxia en sus biografías hagiográficas de esas mismas monjas, cuya interioridad violan, cuya escritura piratean y cuyas vidas tiranizan.[2] Pero presidiendo esas condiciones y el cuadro de relaciones que controlan la codificación, transmisión y difusión de la experiencia mística se alza siempre una autoridad que es para la mujer la amenaza suprema y para el confesor la base misma del poder que detenta: la Inquisición.

Sor Juana se atreve de hablar de esta amenaza de forma directa en varias ocasiones —"yo no quiero ruídos con el santo Oficio" dice, por ejemplo, en su *Carta a Sor Filotea*— y utiliza el miedo a la Inquisición como justificación de la falta de interés en cuestiones religiosas que le reprocha el Obispo de Puebla, y de su dedicación casi exclusiva a las letras profanas: "pues una herejía contra el arte no la castiga el Santo Oficio, sino los discretos con risa y los críticos con censura".[3] Pero en esto, como en todo lo demá,s es Sor Juana excepcional. La mayoría de las monjas no se atreven ni a nombrar al Santo Oficio cuyo terror impregna los textos, condiciona la relación de las mujeres con su escritura y determina las coordenadas de construcción de la narración y del sujeto. Hablan de su miedo a hablar, de su miedo a equivocarse, de su miedo a ser portavoz del demonio y descargan su propia responsabilidad construyendo un sujeto narrativo frágil, ignorante, que es

---

[1] Arenal y Schlau, pg. 389.

[2] En relación con el papel de la figura del confesor, puede encontrarse información adicional en las obras citadas de Arenal y Schlau, Franco, Muriel y Paz.

[3] Sor Juana Inés de la Cruz, *Respuesta a Sor Filotea. Obras Completas*, ed. de Alfonso Méndez Placarte, México, 1951. Vol 4.

siempre mero instrumento de una voluntad superior. Sebastiana de las Vírgenes, monja del convento de la Concepción (1671-1737), se escuda tras la ignorancia tradicional que se espera de la mujer: "como soy mujer y mujer tan ignorante tenía mucho temor y lo tengo ahora cuando escribo",[1] y subraya una y otra vez su función de simple transmisora, obediente a una voluntad superior: "...le dije a mi Señor: Aquí está esta vilísima criatura indignísima esposa tuya y como tu esposa y que deseo agradarte y en todo hacer Tu Voluntad santísima, haz Señor de mi lo que te agradare que yo no quiero, ni desea mi alma más que en todo hagas en mi Tu Voluntad".[2] Las estrategias y la retórica que van configurando esos textos escritos por mujeres revelan hasta qué punto intuían, o entendían, sus autoras lo que verdaderamente estaba en juego y el peligro que corrían. La abdicación total de la voluntad que las convierte en meros vehículos prolonga y amplifica los términos más tradicionales de la subordinación de la mujer a la autoridad patriarcal. Pero, a la vez, les permite transmitir su experiencia mística y su revelación sin constituirse en amenaza a la autoridad masculina y sin transgredir. El autorretrato que las presenta una y otra vez como objeto mediador de la revelación, a quien ni sus propias emociones le pertenecen totalmente — "los gozos tan llenos de dulzura y suavidad *que aquí dio el Señor a sentir a mi alma*", dice María de San José[3]— les permite expresar la intensidad de toda una gama de emociones y placeres que serían muy cuestionables si no se presentaran como proyección de una voluntad divina que la mujer simplemente acepta con humildad total. Los textos feminizan de forma consistente tanto la búsqueda mística como sus resultados, en un esfuerzo deliberado por evitar cualquier alarma entre las autoridades eclesiásticas. La sumisión de la autora a una voluntad superior, la transformación de la búsqueda en obediencia y las repetidas declaraciones de ignorancia y humildad frente a la realidad del propio acceso a la revelación, son estrategias textuales de neutralización de la amenaza que la búsqueda misma de un espacio simbólico alternativo de plenitud y liberación, y el acceso de la mujer a un conocimiento superior, constituían para el orden establecido. El rechazo de la responsabilidad de la autoría y la adopción del papel de fiel ventrílocua era una estrategia nada obtusa. Y la adopción de toda una serie de motivos tradicionales de representación de la relación amorosa, de formas estilísticas y de estrategias textuales que convertían la escritura en el lugar simbólico de la transformación de la subversión en la ortodoxia, revela simultáneamente la estrechez del cerco en el que se debatían las monjas y la aguda conciencia que tenían del poder destructivo de ese cerco.

---

[1] Muriel, pg. 406.
[2] Ibidem, pg. 409.
[3] Ibidem, pg. 390. El subrayado es mío.

211

El espacio simbólico alternativo de la jornada mística ilumina una de las pocas opciones que se abrían en la colonia a un pensamiento utópico femenino. Era un espacio de resistencia que a la vez revela los límites férreos que cercan el pensamiento de la mujer y apunta alternativas simbólicas de descentralización del poder clerical —en la intimidad privilegiada de la mujer con Dios, y en el desplazamiento de la genealogía masculina de la divinidad por la femenina, por citar sólo dos ejemplos. Los textos en los que se narra la exploración de ese espacio místico son textos literarios de transmisión del éxtasis, pero también configuran estrategias discursivas de neutralización de la fuerza subversiva del espacio simbólico alternativo. Conservan las huellas de un intento de resolución y muestran los signos de la clausura implacable del horizonte mental y emocional de la mujer, del cerco que aprisiona su pensamiento.

La escritura que configura esos textos es—como señala Franco— sólo "estratégicamente femenina". Más que delinear las coordenadas utópicas de resolución de la problemática de la mujer, se constituye como el lugar simbólico de la transformación de la transgresión (femenina) en orden (masculino), y de la del instrumento de Dios, o del Diablo, —la iluminada— en extensión del poder clerical.

CAPITULO IX

EL CIRCULO Y LA ESPIRAL

> Quedando a luz más cierta
> el mundo iluminado y yo despierta.
> Sor Juana Inés de la Cruz

La experiencia mística y su narración dan a la mujer un cierto acceso al ámbito del discurso religioso. Es un acceso limitado porque la excluye del control y de la razón, y la reduce al ventrilocuismo divino o a la función de medium de la revelación. Ambas funciones llevan consigo formas de prestigio y de autoridad, pero ninguna supone un cambio sustancial en relación con el acceso de la mujer al poder interpretativo. Este sigue siendo el monopolio exclusivo de la jerarquía eclesiástica y de los confesores, los únicos que pueden interpretar, autorizar y legitimar la jornada al espacio simbólico que proyectan los éxtasis de las místicas. El desparpajo con el que los biógrafos de todas esas místicas y monjas ejemplares canibalizan sus escritos sin darles, en la mayoría de los casos, ni la cortesía de una nota al pie de página,[1] no es más que un reflejo del lugar exacto que ocupan la agente de la revelación y su escriba, una confirmación de la posición subalterna que les corresponde a esas mujeres, no sólo frente al conocimiento generado por los hombres

---

[1] Sor Juana alude en su *Respuesta* a esta práctica generalizada refiriéndose al padre Arce que "se duele de que tales talentos (los de las dos monjas de la Concepción y de San Jerónimo) no se hubieran empleado en mejores estudios con principios científicos *sin decir los nombres de la una ni de la otra, aunque las trae para confirmación de su sentencia"*. El subrayado es mío. *Respuesta*. Ed. Abreu Gómez, México, 1934. Ed. Botas.

—letras, teología y ciencia— sino incluso frente al que se les reconoce y concede como propio: la revelación.

Las opciones del pensamiento utópico femenino en la conquista y en la colonia eran —como en España— muy limitadas. Pero no se agotan con la vía mística ni implican forzosamente la renuncia inicial a cualquier derecho a la razón, el discurso y la interpretación que se expresaba en los sucesivos repliegues espaciales que abrían la vía del espacio simbólico alternativo de la revelación. Sor Juana Inés de la Cruz, como ninguna otra, verificaría, con funambulismo secreto, los límites de su propia libertad, inscribiendo los signos de una búsqueda infatigable, que transcurre por otros cauces, en su vida y en sus textos.

Rehuso, y no sólo por falta obvia de documentación y de pruebas, aceptar la hipótesis de Octavio Paz, que sitúa tres hombres fantasmales —padre, padrastro y abuelo— en la fuente misma del talento extraordinario de Sor Juana, y en el origen de tanta rebeldía.[1] Como rechazo, sin compromiso posible, lecturas que, apelando a la autoridad del psicoanálisis, acaban por privilegiar la maternidad en la subjetividad femenina hasta tal punto que perciben todo impulso creador en Sor Juana, toda exploración de espacios, toda voluntad de ruptura de límites como sublimación de ese impulso supuestamente central no realizado.[2] Prefiero buscar en la materialidad de los textos mismos las claves de una búsqueda tan compleja como aparentemente contradictoria.

Entre las muchas imágenes que proyectan desde los textos las caras múltiples de Sor Juana, quiero comenzar por referirme a una que me parece emblemática de su lucidez y de su búsqueda:

> Luna siempre brillante,
> a quien vapor impuro
> quiso eclipsar obscuro,
> pero tu Fe constante
> supo hallar plenilunio en la menguante.
>
> (O.C. II.179.321)[3]

La estrofa forma parte del ciclo de villancicos dedicados a Santa Catarina, una de sus últimas obras poéticas, y una cuyo "feminismo" ha sido señalado repetidamente.[4] En este

---

[1] Paz, pp. 110-116.

[2] Paz, op. cit., y L. Pfandl, *Sor Juana Inés de la Cruz: la décima musa de México*. México, UNAM, 1963.

[3] Clave y orden de abreviaciones: O.C.=obras completas, ed. Gómez Placarte; II=vol.; 179= pg.; 321= poema.

[4] Véase, por ejemplo, *Feminist perspectives on Sor Juana Inés de la Cruz*, Ed. by Stephanie Merrim.

ciclo Sor Juana retoma algunas de sus posiciones más radicales en relación con el derecho de la mujer al conocimiento ("dizque supo mucho/ aunque era mujer") y a su capacidad de alcanzarlo ("el sexo no es esencia en lo entendido"), y se burla de la visión doméstica tradicional : "Porque como dizque/dice no sé quién/ellas sólo saben/hilar y coser".[1] Pero el contexto más amplio de la estrofa que acabo de citar es el relato del martirio de una mujer sabia: Santa Catarina, y el paralelo implícito entre su destino y el de Sor Juana.[2] La estrofa retoma una constante común a ambas: la lucha de la mujer —que simboliza la luna— y más exactamente de la mujer sabia —iluminada, brillante— contra el error y la opresión —vapor impuro— que intentan privarla de sus luces provocando el "eclipse obscuro". Y reafirma el valor de la perseverancia de la fe en una búsqueda que se ve coronada por el éxito: "supo hallar plenilunio en la menguante". La tensión fundamental de la estrofa se apoya en la oposición de plenitud (luna brillante/plenilunio) y carencia (eclipse/menguante). El agente del paso del término pleno al carente es el "vapor impuro" de la autoridad errada —los infieles para Santa Catarina y el poder clerical para Sor Juana. El agente implícito de la inscripción de la plenitud en la carencia —plenilunio en menguante— es el conocimiento de la mujer sabia. Pero lo más revelador es la elección de las imágenes que caracterizan la búsqueda y su logro. Es una búsqueda de plenitud que va del menguante al plenilunio. El primer término recoge tanto la tradición de una visión de la mujer como ser incompleto —sin mente y sin falo desde la antigüedad clásica— como el proceso de repliegue espacial que marcaba la búsqueda de los espacios alternativos para el ejercicio de la libertad femenina: de la luna llena a la luna nueva median catorce pasos de reducciones cotidianas. Pero el menguante es aquí más que paso transitorio hacia la instalación inmutable en el plenilunio: es una condición permanente que convoca, en el último verso, la carencia en el centro mismo de la plenitud.

La estrofa ilumina una búsqueda que se concibe como femenina y que se define como recuperación —la que indica la luna brillante del principio—de la plenitud que falta en el menguante. Pero, a la vez, con lucidez escéptica, Sor Juana asigna a la carencia carácter permanente e identifica la plenitud con la apertura opcional de un ámbito propio para la libertad que Santa Catarina, como Sor Juana, "supo hallar", pero que se encuentra forzosamente inscrito en la carencia —"en la menguante"—, más que con el desplazamiento definitivo de la carencia por la plenitud. La realidad histórica de la mujer y de Sor Juana como mujer se define por la carencia de plenitud y por la reducción del espacio de la libertad. La luna menguante es su emblema. El espacio alternativo utópico de resolución

---

[1] O.C. 170-180, 315, 317, 322.
[2] La escritura del villancico corresponde a un perído de asedio terrible para Sor Juana. De hecho es su última gran obra poética antes de la misteriosa renuncia que la alejó de las letras para siempre pocos meses más tarde.

simbólica de esa problemática es el espacio de la plenitud femenina —la luna llena y brillante— y se identifica con el conocimiento. Para Santa Catarina y para Sor Juana, realidad histórica y utopía convergen en una misma imagen emblemática que, al reinscribir metafóricamente el menguante en el plenilunio, delinea las coordenadas simbólicas de una vida, de una búsqueda y de una creación.

La estrofa contiene las claves de la pasión de Sor Juana en un sentido doble. Pasión por un conocimiento que es para ella la condición misma de transformación de la carencia en plenitud, de superación de la condición de mujer definida como ser incompleto; y también tarjeta de ciudadanía en el espacio utópico: el de la plenitud de la mujer, iluminada por el conocimiento como la luna llena. Pero, a la vez, es pasión en el sentido religioso del término, pasión que iguala en dos trayectorias de sufrimiento y martirio paralelas la vida de dos mujeres sabias: Santa Catarina y Sor Juana.

¿Hacen falta fantasmas de padres o de amantes para explicar la intensidad del deseo de plenitud que se expresa en toda la obra de Sor Juana? No me parece. Hay carencias y desposesiones de sobra en el lugar que asignan a la mujer Iglesia y sociedad en el tiempo de Sor Juana como para explicar la intensidad de su búsqueda, la violencia de su deseo de plenitud, que encuentran en el conocimiento y en el arte el acceso simbólico a una humanidad no mutilada.

El cerco que delimita tanto el espacio simbólico de definición de una subjetividad femenina como el horizonte especulativo al que la mujer puede acceder legítimamente es, en la época de Sor Juana, bien estrecho. Pero frente al patrón de reducción progresiva que configuran los desplazamientos espaciales de las religiosas y místicas en busca del espacio simbólico alternativo de la revelación, los desplazamientos de Sor Juana trazan una trayectoria muy distinta. De la hacienda de Nepantla a México, del espacio familiar a la corte, el espacio de Sor Juana se amplía con cada desplazamiento, multiplicando accesos a la realidad exterior, abriendo vías de expresión, de comunicación y de intercambio. Los espacios imaginarios se enriquecen y amplían a cada paso: la biblioteca del abuelo abre las puertas del ámbito de la cultura y del saber. La corte marca el acceso al mundo del arte y de las ideas, no sólo a través de la contemplación —la lectura en la biblioteca familiar— sino de la acción: la creación literaria.

Sin embargo, paradójicamente, este movimiento de expansión culmina en un gesto de repliegue: la entrada en el convento. Pero aunque la elección misma de este espacio es algo que Sor Juana comparte con tantas otras monjas, el significado de la elección y la función del repliegue son muy distintas. En el caso de las monjas cuya trayectoria analicé más arriba, la entrada en el convento equivale a la renuncia al mundo exterior. En Sor Juana es lo contrario: la profesión es la condición de preservación de su relación con el mundo exterior, no con el mundo social sino con el que de verdad le interesa a Sor Juana: el del arte y las ideas. Coincido con Paz cuando señala que "el convento es el equivalente de la biblioteca", pero no con su interpretación de ambos espacios como "espacios de compensación frente al padrastro y de substitución del padre" y de retorno al mundo infantil del claustro materno.[1] La celda-biblioteca de Sor Juana no es la "caverna maternal" del mundo del origen, sino el espacio simbólico de la expansión del horizonte especulativo, de la multiplicidad de relaciones del sujeto con el mundo que la rodea, la puerta de ingreso al espacio utópico de la plenitud. Es el espacio que entrevió Sor Juana por vez primera en la biblioteca de su abuelo, el espacio iconográfico del fondo de las telas de los retratos que se conservan de Sor Juana, donde se inscriben una y otra vez con precisión los signos de su búsqueda. Pensamiento, arte, ciencia y escritura configuran un universo simbólico que transciende los límites de la estrecha condición femenina y crean aperturas para su resolución. La entrada en el convento no es para Sor Juana renuncia, sino reafirmación de la voluntad de seguir caminando por esa cuerda floja que se tiende entre el lugar histórico y la utopía, línea de equilibrio improbable que separa en la vida de Sor Juana el propio vuelo de la propia destrucción.

En el resumen de su trayectoria personal que hace Sor Juana en la *Respuesta* subraya dos elementos centrales sobre los que se apoyó esa decisión. El primero es la continuación de sus estudios, que contextualiza el convento no como espacio de renuncia o de ruptura sino de prolongación de su vida anterior: "Volví (mal dije pues que nunca cesé) proseguí, digo, a la estudiosa tarea (que para mí era descanso en todos los ratos que sobraban a mi obligación) de leer y más leer; de estudiar y más estudiar".[2] *Volví, nunca cesé, y proseguí* refuerzan la misma idea: su fidelidad inquebrantable a su vocación de estudio. El segundo elemento es la protección, que configura el convento como espacio de refugio frente a las amenazas que se ciernen sobre la vía que ha escogido Sor Juana: "Entréme religiosa porque aunque conocía que tenía el estado cosas (de las accesorias hablo, no de las formales) muchas repugnantes a mi genio, con todo, para la total negación que tenía al matrimonio era lo menos desproporcionada y lo más decente que podía elegir en materia de la seguridad que deseaba mi salvación: a cuyo primer respeto (como al fin más importante) cedieron y se sujetaron la cerviz todas las inpertinencillas de mi genio, que eran de querer vivir sola".[3] No me quiero detener en este párrafo de la *Respuesta*, sin duda uno de los más citados de toda la obra de Sor Juana, para dilucidar todo tipo de hipótesis sobre las causas y naturaleza de la vocación de Sor Juana y sobre su sinceridad o

---

[1] Paz, pg. 118.
[2] *Respuesta*, ed. Abreu González. p. 56.
[3] *Respuesta*, ed. Abreu González. pp. 55 y 56

conveniencia. Sólo quiero señalar un punto: la seguridad y salvación que son en el texto "el fin más importante" no tienen por que referirse sólo a la salvación del alma frente a la tentación. Convocan también la vivencia de una situación de peligro tal que justifica la renuncia al estado ideal —vivir sola— y la elección de la protección que brindan las paredes del convento y la vida, menos deseable, de la comunidad de mujeres[1]. Protección y continuidad de la vocación intelectual hacen del convento la plataforma que Sor Juana necesita para seguir con su dedicación al saber y al arte; pero es una plataforma que se define siempre como el menor de los males —menor que el matrimonio, menor que la Inquisición. No es para ella en ningún momento el espacio de la libertad, aunque la libere del matrimonio, ni el espacio del acceso al poder discursivo, aunque le permita hablar y la proteja de la Inquisición. El *Romance 2*, uno de los romances filosóficos y también una de sus obras más amargas recorre con lucidez su propia situación:

> Finjamos que soy feliz
> triste Pensamiento, un rato,
> quizá podréis persuadirme
> aunque yo sé lo contrario.

(O.C. I.5.2.)

A solas con su pensamiento Sor Juana finge un diálogo que crea la ilusión de compañía. Pero es sólo una ilusión que por una parte revela la escisión profunda de su conciencia —que le permite ver su pensamiento como algo que la define pero que no le pertenece— y que, por otra, no modifica el estado de infelicidad constante en el que vive. La soledad y el aislamiento más absolutos son el marco contra el que se recorta esta meditación ficticiamente dialogada que va enumerando quejas ("¿O por qué contra vos mismo/ severamente inhumano/ entre lo amargo y lo dulce/ queréis elegir lo amargo?"), autocríticas ("No es saber saber hacer/discursos sutiles, vanos;/que el saber consiste sólo/ en elegir lo más sano"), angustias (" No siempre suben seguros/ vuelos del ingenio osados/ que buscan trono en el fuego/ y hallan sepulcro en el llanto"), y propósitos de enmienda ("Aprendamos a ignorar/ Pensamiento, pues hallamos/que cuanto añado al discurso/tanto le usurpo a los años").[2] Los últimos versos hacen el balance y resumen el precio que paga Sor Juana por esa "loca ambición" de saber que la impulsa: la relación inversa entre discurso y vida

---

[1]En relación con la discusión de distintas hipótesis sobre la vocación de Sor Juana véase, por ejemplo, además de Paz, pp. 126-61, a Asunción Lavrín en "Unlike Sor Juana" y Dorothy Schons en "Some obscure points in the life of Sor Juana," ambas en *Feminist Perspectives on Sor Juana Inés de la Cruz*. Ed Stephanie Merrim, Wayne State University Press, 1991.
[2] O.C. I. 5-8, 2.

ilumina con nitidez el alcance de la renuncia sobre la que se levanta la determinación de Sor Juana y la soledad de quien, como ella, escoge el camino del saber. Jean Franco se refiere a la importancia en Sor Juana de los espacios intermedios —o de transición: la corte, por ejemplo, como espacio de transición entre la casa familiar y el hogar del marido, y señala cómo *Los empeños de una casa* trata precisamente de la dinámica de esos espacios mientras que el "salto de la indecisión a la decisión" se representa siempre como algo fatal, que tiene en Faeton su emblema.[1] Paradójicamente el convento, lugar de elección en el que se inscribe toda la vida adulta de Sor Juana, es un espacio de transición permanente que se sitúa entre el espacio de la contradicción histórica —mujer intelectual en la colonia— y el de la resolución utópica —el del acceso a la plenitud del conocimiento. Desde y en ese espacio intermedio Sor Juana verifica y fuerza los límites del cerco que la apresa, y que protege el monopolio masculino del conocimiento racional, definiendo toda identidad femenina como construcción social de lo incompleto y de lo subalterno.[2] Desde y en ese espacio intermedio Sor Juana busca fallas, abre grietas que iluminan brevemente el carácter particular de la propia prisión, y utiliza un discurso que es simultáneamente ataque y defensa: "que sirve por ambos cabos/de dar muerte por la punta/por el pomo de resguardo"[3] para apuntar fugazmente a espacios posibles para la libertad del conocimiento y del arte.

La *Aprobación* del padre jesuita Diego de Calleja transforma la vida de Sor Juana en una "Vida ejemplar".[4] El relato edificante desplaza la complejidad de una trayectoria personal y de una obra llenas de contradicciones y de enigmas. Las múltiples facetas de Sor Juana y de su obra se reducen a un único elemento: la búsqueda de la virtud. Su vida se inscribe en el modelo del camino de perfección reintegrando irónicamente vida, personalidad y obra en el mismo orden eclesiástico contra el cual Sor Juana vivió en perpetua rebeldía y al que, a veces, logró momentáneamente desestabilizar (especialmente en la *Autodefensa* y en la *Respuesta*).

Hay que volverse hacia los dos textos más claramente autobiográficos de Sor Juana: la *Autodefensa Espiritual* y la *Respuesta*, en busca de una narrativa que ilumine la complejidad de su historia personal.[5] Las separan casi diez años (si suponemos que la

---

1 Franco, pp. 26-27.
2 Ibidem, pg. XV.
3 O.C. I. 6. 2.
4 Publicada en la *Fama y obras póstumas del Fénix de México Décima musa poetisa americana.*, Madrid, 1700. Otras biografías más recientes: Doroty Schons, *Some Bibliographical Notes on Sor Juana Inés de la Cruz*, publicada en Austin, 1925 define una nueva dirección crítica para el estudio de su vida. La obra monumental de Octavio Paz, problemática y brillante. Otros intentos de profundizar en la psicología y en el misterio de la creación de Sor Juana --estoy pensando en Ludwig Pfandl-- merecen más bien ser relegados al olvido.
5 La *Autodefensa Espiritual*, perdida durante mucho tiempo y encontrada y editada por Aureliano Tapia Méndez en Monterrey, México, 1981.

Autodefensa se escribió en 1682 ya que sabemos que la *Respuesta* se publicó en 1692) pero comparten elementos fundamentales. Ambas son *respuestas*: la primera al asedio del padre Núñez, confesor de Sor Juana casi desde su llegada a la ciudad de México; la segunda a la traición del Obispo de Puebla. Ambas son autodefensas: contra las críticas de Núñez la primera y frente a los consejos importunos y paternales del obispo la segunda. Y, sobre todo, ambas construyen cuidadosamente una identidad de elección, ambas delinean con detalle y precisión un autorretrato.

En las dos cartas el autorretrato es simultáneamente definición y afirmación de la propia identidad, y maniobra defensiva frente a su posible destrucción. El juego de máscaras de la *Respuesta* es vertiginoso. Sor Juana es la monja indigna, humilde, ignorante e ingrata del primer párrafo: "Por ventura soy más que una pobre monja, la más mínima criatura del mundo y la más indigna de ocupar vuestra atención";[1] la mujer sin entendimiento ni cultura: "¿qué entendimiento tengo yo? ¿qué estudio? ¿qué materiales? ¿ni qué noticias para eso? sino cuatro bachillerías superficiales";[2] la monja anónima y sacrificada ante su Dios:"he intentado sepultar, con mi nombre, mi entendimiento, y sacrificarlo sólo a quien me lo dio, y que no otro motivo me entró en la religión";[3] la mujer doméstica de domésticas aspiraciones: "¿qué podemos saber las mujeres sino filosofía de cocina?".[4] Son a veces máscaras irónicas, como la que muestra a Sor Juana de pobre monja, que acentúan, por contraste, la distancia que media entre ambas. O amargas, al recordar una de sus constantes fuentes de ansiedad: su aislamiento intelectual y su falta de acceso a materiales de estudio; o mentirosas: como la que pretende convertir el refugio de su vocación intelectual—el convento— en el sepulcro de su intelecto; o cargadas de un sarcasmo que logra, como en la última, apenas encubrir el alcance subversivo de una redifinición del campo del conocimiento que incluye ahora el de la cocina y una reinscripción de talentos tradicionalmente femeninos de la que el propio Aristóteles se habría beneficiado. Estas sólo son unas pocas entre el abanico interminable de máscaras que despliega la *Respuesta*. Pero con toda la variedad de registro que separa unas máscaras de otras, el abanico del juego de máscaras tiene una función bien definida. Forma parte de una estrategia defensiva en la que cumple la función simultánea de ocultamiento y de exorcismo. Oculta el carácter transgresor del autorretrato y exorciza la amenaza de destrucción que el temor de Sor Juana asocia a cualquier forma de transgresión.

---

[1] *Respuesta*, pg. 50.
[2] Ibidem, pg. 53.
[3] Ibidem, pg. 54. Aquí contradice Sor Juana su propia explicación anterior de su decisión de entrar en el convento.
[4] Ibidem, pg. 68.

Los autorretratos de la *Respuesta* y de la *Autodefensa* se complementan. El de la primera reafirma las señas de identidad de Sor Juana, recorriendo la trayectoria simbólica de una vida codificada como historia de una vocación intelectual. El de la segunda ilumina las condiciones cotidianas de existencia de esa vocación y el asedio incesante de la autoridad. El primero es una figura de autocreación. El segundo de persecución.

La vida de Sor Juana comienza en el autorretrato que va componiendo la *Respuesta* con la lectura:

> ... digo que no había cumplido los tres años de mi edad cuando enviando mi madre a una hermana mía mayor que yo, a que se enseñase a leer en una de las que llaman **Amigas** me llevó a mí tras ella el cariño y la travesura; y viendo que la daban lección, me encendí yo de tal manera del deseo de saber leer que engañando, a mi parecer, a la maestra, le dije **que mi madre ordenaba me diese lección.** Ella no lo creyó porque no era creíble; pero, por complacer el donaire, me la dió. Proseguí yo en ir y ella prosiguió en enseñarme, ya no de burlas porque la desengañó la experiencia; y supe leer en tan breve tiempo, que ya sabía cuando lo supo mi madre.[1]

Significativamente el ingreso a la vida que coincide con el primer acceso al conocimiento se asocia desde el principio con la desobediencia —Sor Juana cree que está desobedeciendo a su madre al ir a aprender a leer— y con el engaño: cree que tiene que engañar a la maestra para que ésta la enseñe a leer. En la base de ambas asociaciones hay una misma realidad: la visión de sí misma como ser inferior: la niña que no tiene edad para aprender, y la vivencia del acceso al conocimiento como transgresión. Tanto la desobediencia que cree cometer como el engaño de la maestra prefiguran las dos formas complementarias de enfrentamiento a la autoridad en la vida adulta de Sor Juana: el desafío encubierto y la manipulación. La mentira y la desobediencia no son, por otra parte, los únicos elementos negativos con los que se asocia en la memoria de Sor Juana el acceso de la niña al conocimiento. A la actitud de la maestra que espera alegría en la madre y galardón para sí misma se opone la ansiedad de Sor Juana ante su propia transgresión y el miedo a un castigo que le parece inevitable: "y yo callé, creyendo que me azotarían por haberlo hecho sin orden".[2]

El segundo recuerdo que evoca esa memoria que va hilvanando la progresiva identificación de toda una vida con su vocación literaria introduce un nuevo elemento negativo: la privación. "Acuérdome de que en estos tiempos, siendo mi golosina lo que

---

[1] *Respuesta*, pg. 54.
[2] Ibidem, pp. 54 y 55.

ordinario en aquella edad, me abstenía de comer queso, porque oí decir que hacía rudos, y podía más en mí el deseo de saber que el de comer, siendo éste tan poderoso en los niños". El conocimiento tiene un precio: la renuncia al placer. El deseo de saber se va perfilando con toda la intransigencia que manifestará durante la vida de Sor Juana. No es un deseo entre otros sino *el* deseo que desplaza a todo otro impulso y cuya satisfacción se antepone a cualquier otra necesidad: placer (golosina) o subsistencia (comida).

El tercer hito simbólico en la trayectoria liga el estudio a la prohibición. "Teniendo yo después como seis o siete años, y sabiendo ya leer y escribir, con todas las otras habilidades de labores y costuras que desprenden las mujeres, oí decir que había Universidad y Escuelas en que se estudiaban las ciencias en México: y apenas lo oí cuando empecé a matar a mi madre con insistentes e importunos ruegos sobre que, mudándome el traje, me enviase a México... ella no lo quiso hacer, y hizo muy bien pero yo despiqué el deseo en leer muchos libros varios que tenía mi abuelo, sin que bastaran castigos ni reprensiones a estorbarlo".[1] En el relato de este incidente se proyecta la clausura del espacio público del saber para la mujer—la Universidad— y la circunscripción del campo del conocimiento al espacio privado: la casa, la biblioteca del abuelo. Ese será el espacio propio del estudio de la mujer que defenderá hasta el final de su vida Sor Juana acorralada por las críticas del Obispo de Puebla y de su confesor.

El cuarto recuerdo corresponde a la vida de Juana de Asbaje en México. Ilumina los términos exactos de la elección de Sor Juana y su percepción del precio que exige el cumplimiento de su vocación intelectual:

> Empecé a deprender gramática, en que creo que no llegaron a veinte las lecciones que tomé; y era tan intenso mi cuidado que, siendo así que en las mujeres (y más en tan florida juventud) es tan apreciable el adorno natural del cabello, yo me cortaba de él cuatro o seis dedos, midiendo hasta dónde llegaba antes, e imponiéndome ley de que si cuando volviera a crecer hasta allí no sabía tal o cual cosa, que me había propuesto deprender, en tanto que crecía, me lo había de volver a cortar en pena de la rudeza... que no me parecía razón que estuviese vestida de cabellos cabeza que estaba tan desnuda de noticias, que era más apetecible adorno.[2]

El ritual de mutilación simbólica invierte la visión tradicional de la mujer que privilegia la belleza sobre la inteligencia. En la evocación de Sor Juana esa belleza que determina

---

[1] Ibidem, pp. 54 y 55.
[2] Ibidem.

tradicionalmente el valor de la mujer se sacrifica repetidamente a un valor más alto: la inteligencia, y el adorno estético—el pelo— se elimina en favor del saber: las noticias. La elección de Sor Juana subvierte a fondo una visión que todavía recoge la definición atribuida a Schopenhauer: la de la mujer como ser de ideas cortas y cabellos largos. Pero el precio de esa subversión de la imagen tradicional de la mujer y del acceso a los valores más altos del saber es también inequívoco: la propia mutilación, el corte del cabello, símbolo mismo de la diferencia sexuada, prefiguran una renuncia más amplia en la vida de la mujer sabia: la renuncia a la sexualidad, a la maternidad y a todo el mundo femenino que se levanta sobre ellas.

La última elección de la trayectoria simbólica de Sor Juana corresponde a la entrada en el convento que, ya se vió más arriba, aquí no se asocia con el abandono de las místicas, ni con la renuncia al entendimiento sino con la necesidad de proteger la propia vocación de las amenazas exteriores y de encontrar un espacio que permita su desarrollo.

En la autobiografía simbólica que traza Sor Juana en la *Respuesta* la memoria hilvana todos los elementos con una constante: el deseo de saber. Pero a la vez ilumina el cuadro de relaciones sociales y personales en que se inscribe la busca del conocimiento para la mujer. La fuerza transgresora de esa búsqueda se expresa con toda claridad en la red de interdicciones, castigos y autocastigos que cercan a la mujer que la elige. Es tan grande el afán de neutralizar esa transgresión que implica su deseo más hondo que Sor Juana llega a negar que el deseo mismo le pertenezca. Esa es precisamente la función del testimonio que invoca como prueba de la veracidad de unos hechos que demuestran una vocación que, por precoz, no pudo ser resultado de una elección. Esa es la estrategia que se oculta detrás de: "Aún vive la que me enseño, Dios la guarde, y puede testificarlo." ¿Qué es lo que puede testificar? ¿Que enseñó a Sor Juana a leer? Más que eso: el carácter extraordinario de su inclinación a las letras que, en alguien tan niña, tenía que ser forzosamente designio divino —fatalidad, pues, destino— y no podía ser voluntad propia. En última instancia las asociaciones de la búsqueda del conocimiento con elementos negativos expresan la culpabilidad frente a lo que se vive como prohibido. Pero también intentan desviar la cólera de la autoridad y exorcizar su castigo, oponiendo conocimiento a placer e identificando — al igual que las monjas místicas—la búsqueda con la mortificación.

La tensión interna entre toda una serie de oposiciones fundamentales —descubrimiento/ocultamiento, satisfacción/privación, desarrollo/mutilación— configura el primer autorretrato de Sor Juana como figura de resistencia. Y la misma voluntad de resistencia define las opciones que recorre el razonamiento de Sor Juana en la *Autodefensa Espiritual*. A pesar de las diferencias, hay elementos importantes de continuidad entre al autorretrato de la *Respuesta* y el de la *Autodefensa*. Ambos se construyen como justificación, ambos articulan estrategias simultáneas de preservación de la propia libertad y exorcismo del castigo. Ambos se apoyan en una redefinición de la vocación intelectual, que la equipara al destino, y de su ejercicio, que se presenta como mortificación. Pero mientras que la *Respuesta* narra una trayectoria simbólica de definición de la propia identidad, de autocreación, la *Autodefensa* se enfrenta a la persecución con una serie de estrategias defensivas y de desplazamientos de responsabilidad que van configurando el retrato como figura de abdicación de la voluntad.[1] Ambos documentos se presentan como *respuestas* abdicando implícitamente, de entrada, el derecho a la iniciativa. En la *Respuesta* para agradecer el favor de la publicación de los "borrones" de la *Carta Atenagórica*. En la *Autodefensa*, para mitigar la cólera del padre Núñez, que años de silencio no han logrado disipar: "hasta que con el tiempo he reconocido que antes parece que le irrita mi paciencia, y así determiné de responder a V.R.".[2] A la cólera de Nuñez Sor Juana opone en su autodefensa una construcción verbal: el autorretrato. Se representa ficticiamente como parangón de sumisión y esta estrategia le permite autorizar su vocación y desautorizar a Núñez de un mismo golpe de pluma.

El autorretrato de la *Autodefensa* comienza con la redefinición de la vocación literaria, que se convierte en voluntad divina, y la de la escritura, que se convierte en maldición: en los "negros versos de que el cielo, tan en contra de la voluntad de V.R. me dotó". En el choque de voluntades en que aparece enmarcada la creación literaria, la de Sor Juana no aparece. Ella es la ausencia de voluntad misma, apresada en el conflicto de dos voluntades ajenas: la del cielo y la de Núñez. Ningún vínculo afectivo liga en el texto a Sor Juana con su creación: "no quiero entrometerme a su defensa que no son padre ni madre". Su única emoción frente a la escritura es el rechazo: "la natural repugnancia que siempre he tenido a hacerlos". Y en cuanto al resultado de la escritura la deja indiferente: "siempre los he tenido por cosa indiferente". Sor Juana borra ficticiamente toda conexión entre la creadora y su obra, presentándose como un ser sin deseos ni opiniones propias, sólo atenta a los deseos y opiniones de Dios y de su confesor: "sólo digo que no lo haría por dar gusto a V.R. … que es muy propio del amor obedecer a ciegas". Pero queda un punto espinoso por justificar: la publicación. El texto lo resuelve con igual soltura. Nos presenta el retrato de una mujer que actúa siempre por obediencia: escribe por voluntad divina y publica por obligación: "luego no pude hacer otra cosa que obedecer", dice para justificar su participación en el Arco, solicitada por el propio Arzobispo. Como invoca la obligación de

---

[1] Stephanie Merrim encuentra en la autodefensa "assertive and biting invective with no subterfuges". Op. cit., pg. 28. Sin duda el tono y la retórica y son más agresivos y directos aquí. Pero la abdicación de la voluntad y la caracterización del deseo y de la vocación como obediencia y sumisión a un orden más alto se mantienen a lo largo de toda la carta.

[2] *Autodefensa Espiritual*, ed. cit., pg. 26.

agradecimiento para explicar la publicación de una obra poética profana muy considerable —que ella minimiza escandalosamente: "apenas se hallará tal o cual coplilla hecha... a quien he debido socorro en las necesidades, que no han sido pocas por ser tan pobre y no tener renta alguna".[1] Sólo la imposibilidad de ser ingrata la ha movido a tomar la pluma, superando su "natural repugnancia" a escribir. Y, por si no bastara para aplacar la cólera un autorretrato que convierte a Sor Juana en instrumento de la voluntad ajena y en víctima de las circunstancias, y que presenta el ejercicio de su vocación intelectual como constante mortificación —y no hay que olvidar que en el contexto que exalta a las místicas la mortificación se ha convertido ya en la carta de validación de la búsqueda y exploración del espacio femenino alternativo— Sor Juana añade un elemento más de neutralización de la transgresión: el castigo. ¿Qué peor castigo puede caer sobre esta mujer ejemplar y sacrificada que el que le infligen "las espinas de persecución" de la envidia, que convierten su vida en "un extraño género de martirio"? Ante tal realidad de asedio y sufrimiento, ¿no parece cualquier otro castigo, aún si fuera merecido a los ojos del confesor, redundante?

El autorretrato está delineado en estos términos, y su función es clara. Pero, desde el último peldaño de esa escala de autonegación que ha recorrido para crearlo, de pronto Sor Juana se revuelve, invierte los papeles y utiliza los mismos elementos que le han servido para merecer el perdón para desautorizar a Núñez y reclamar la propia libertad. Desde ese espacio privado que le corresponde por derecho a la mujer y que ella acepta como propio por respeto a las costumbres y por no hacerles la competencia a los hombres, "que el cursar públicamente en las escuelas no fuera decente a la honestidad de una mujer... y que esta sería la razón... y el no disputarles lugar señalado a ellos",[2] Sor Juana redefine sus derechos y justifica su rebelión con las mismas autoridades que cimentan el poder de Núñez: la de Dios ("¿No es Dios como suma bondad suma sabiduría? Pues ¿por qué le ha de ser más acepta la ignorancia que la ciencia?"); la de la Iglesia ("¿Qué revelación divina, qué determinación de la Iglesia, qué dictámen de la razón hizo para nosotras tan severa ley?"); y el ejemplo de sus Santas y mártires: Santa Catarina, Santa Gertrudis, Santa Paula. Respaldada por esa autoridad rechaza —aunque en forma de pregunta retórica— la escala de valores que se expresa en la definición tradicional del lugar propio de la mujer y de las actividades que le corresponden legítimamente, a la vez que redefine el bien y el mal en oposición implícita al criterio de Núñez: "¿Por qué ha de ser malo que el rato que yo había de estar en una reja hablando disparates o en una celda murmurando cuanto pasa fuera y dentro de casa, o pelear con otra, o riñendo a la triste sirviente, o vagando por todo el

---

[1] Todas las citas anteriores son de la *Autodefensa*, ed. cit., pp. 26-28.
[2] Ibidem, pp. 28-31.

225

mundo con el triste pensamiento, lo gastara en estudiar"?[1] A partir de ahí, apoyándose en su respeto a la autoridad y en su sumisión a la voluntad de Dios, da el paso definitivo: la ruptura con su confesor. El marco simbólico de esa ruptura está delineado ya desde el principio de la carta. No es resultado de la voluntad rebelde de Sor Juana sino que, al verse atrapada entre dos voluntades antagónicas —la del cielo que la ha dotado de vocación literaria y la de Núñez que le prohibe su ejercicio— no tiene más opción que someterse a la primera. Sor Juana desplaza así la responsabilidad de una decisión radical de dos maneras: presentándola como sumisión a la voluntad divina y como aceptación de las preferencias de su confesor. Estos son los términos exactos en que le comunica su despido: "Vuelvo a repetir que mi intención es sólo suplicar a V.R. que si no gusta de favorecerme no se acuerde de mí".[2] La vocación literaria es voluntad del cielo. La decisión y la iniciativa —el gustar y el no gustar, el favorecer o no favorecer— quedan ficticiamente en manos de Núñez. A Sor Juana sólo le corresponde la súplica.

En la argumentación magistral de Sor Juana incluso el rechazo se convierte en aceptación, la rebeldía en obediencia. Esa es precisamente la función del autorretrato de la *Autodefensa* dentro del conjunto de estrategias de preservación, supervivencia y resistencia que organizan todo el discurso de Sor Juana, y su relación con el poder.

Sumisión, obediencia, humildad y mortificación: el juego de máscaras que puntúa la configuración del autorretrato en la *Autodefensa* prefigura el de la *Respuesta*. La fuerza y coherencia de la argumentación expresan en ambas un control de la situación que el juego de máscaras contradice. Juntos, argumentación y juego constituyen lo que Josefina Ludmer ha llamado "las tretas del débil".[3] El control retórico no consigue ocultar las fracturas —"desarticulaciones" las llama Jean Franco. El razonamiento impecable cimenta la resistencia pero no consigue borrar las oscilaciones profundas de la voluntad, la escisión de una subjetividad dividida entre el deseo de la libertad y la premonición del castigo.

Juntos, los dos autorretratos complementarios trazan las coordenadas simbólicas entre las que se movió Sor Juana, como mujer y como intelectual. El deseo de saber, que ella identifica explícitamente en la autobiografía de la *Respuesta* con la vida misma, tropieza una y otra vez con una autoridad que lo niega, forzando todo el ritual de autonegación que se expresa en el juego de máscaras, imponiéndole a Sor Juana el camuflaje permanente de la obediencia, la sumisión y la mentira. Y exigiendo como precio a la satisfacción del deseo el autocastigo o la mutilación.

---

[1] Ibidem, pp. 31-32.
[2] Ibidem, pg. 36.
[3] Josefina Ludmer, "Tricks of the Weak" en *Feminist Perspectives*, ed. Merrim, Cap. 4.

Pero, en ambos retratos, Sor Juana reclama, entre tanto juego de espejos, una identidad diferente. Es una identidad que se fragua para ella en la lucha misma por su derecho al conocimiento y que, en la *Autodefensa,* se identifica con el martirio. Martirio que no se concibe aquí como destrucción sino como confirmación del propio movimiento. En los villancicos sobre el martirio de Santa Catarina Sor Juana explora e ilumina esa transformación:

> Fue de Cruz su martirio; pues la Rueda
> hace, con dos diámetros opuestos
> de la Cruz la figura soberana
> que en cuatro se divide ángulos rectos.

La cruz y la rueda son inseparables. La primera es símbolo de la inmovilidad, la segunda de movimiento. La rueda se crea al imprimir a la cruz —símbolo del martirio en la cristiandad— el movimiento. La rueda con la cruz inscrita en ella es símbolo de la transformación de la inmovilidad en el movimiento incesante, de la muerte en la vida. La estrofa siguiente confirma esta transformación:

> Fue en su círculo puesta Catarina
> pero no murió en ella: porque siendo
> de Dios el jeroglífico infinito,
> en vez de topar muerte halló el aliento.
>
> (O.C. II. 169. 315)

En esta estrofa el sufrimiento enlaza con la fuerza (el aliento), el martirio con la vida, la destrucción con la afirmación de una identidad femenina que logra sobrevivir porque es "de Dios el jeroglífico infinito". El verso es deliberadamente ambiguo. Tiene dos sujetos posibles: el jeroglífico y Santa Catarina, y este desdoblamiento proyecta su equivalencia simbólica: Catarina es el jeroglífico infinito de Dios, y el jeroglífico de Dios es infinito. La identidad que persigue Sor Juana —la de la mujer sabia como Santa Catarina— es nueva y misteriosa como un jeroglífico. Pero, a la vez, es parte de una sabiduría igualmente misteriosa y mucho más amplia: el jeroglífico de Dios. La figura emblemática de la cruz inscrita en el círculo integra la historia individual en el orden de la sabiduría divina, la dimensión finita de la cruz en la extensión infinita —sin principio ni fin— de la circunferencia, proyectando en contraposición a la visión estrecha, autoritaria e intransigente del clero, el jeroglífico indescifrable de la relación de la mujer con Dios.

En los tres elementos del jeroglífico— rueda,cruz y círculo — que convoca Sor Juana en el villancico para expresar una subjetividad propia y una identidad de elección se ocultan las claves de una búsqueda y de una vida. El jeroglífico es figura de lo indescifrable, pero ilumina, a través de la oposición inicial entre cruz y círculo, que se resuelve simbólicamente en el movimiento incesante de la rueda, un punto de articulación central del pensamiento de Sor Juana. La rueda se crea en la relación entre cruz y circunferencia pero se define por una cualidad diferenciadora: el movimiento. Es el movimiento lo que la hace rueda y, a la vez, la diferencia radicalmente de la cruz y la circunferencia que la constituyen. La rueda es el tercer término del jeroglífico y también el lugar simbólico de la transformación. Santa Catarina encuentra, al ser inscrita en ella, no la muerte del martirio sino el movimiento de la vida.

En sus escritos Sor Juana volvió una y otra vez sobre el significado de ese tercer término simbólico, explorando y revelando su función y su sentido a través de un elemento clave en su obra y en su pensamiento: el neutro. En el romance 48 Sor Juana es explícita: el neutro es el sexo que elige y con el que se identifica:

> Yo no entiendo de esas cosas
> Sólo sé que aquí me vine
> Porque, si es que soy mujer,
> Ninguno lo verifique.
> Y también sé que, en latín,
> sólo a las casadas dicen
> *uxor*, o mujer, y que
> es común de dos lo Virgen.
> Con que a mí no es bien mirado
> que como a mujer me miren,
> pues no soy mujer que a alguno
> de mujer pueda servirle;
> y sólo sé que mi cuerpo,
> sin que a uno u otro se incline,
> es neutro, o abstracto, cuanto
> sólo el Alma deposite.
>
> (O.C. I. 138. 48)

De forma menos explícita y directa el *Primero sueño* y el *Romance 19* confirman esa elección, a través del desplazamiento del sujeto femenino por el alma asexuada.

228

La definición de Sor Juana en términos de sexo es una cuestión que ha inquietado a la crítica desde su época hasta hoy. No es casualidad que uno de los teólogos que autorizaron la publicación de la primera edición del segundo tomo de sus obras en España dijera con entusiasmo que una obra de tal calidad tenía que ser "de un hombre con toda la barba".[1] Más recientemente algunas lecturas psicoanalíticas bastante impresentables ven en la supuesta "masculinidad" de Sor Juana tanto la clave de su rebeldía creadora como la de su conversión.[2] No es atípica la defensa de Cécile Benassy-Berling cuando afirma, con la mejor intención de zanjar una cuestión cuya complejidad quiere borrar de un plumazo, que "se había convertido en un mito cuando lo que habría deseado de corazón era ser una mujer".[3] Stephanie Merrim, por otra parte, muy en la línea de un determinado pensamiento feminista, ve en la elección del neutro una de las manifestaciones de un deseo "de negar la diferencia de la mujer literaria e ideológicamente".[4] Octavio Paz desmonta con partes iguales de saña y de razón la lectura de Pfandl, que califica muy justamente de "aberración", pero analiza el neutro como manifestación de una "masculinidad psicológica y social" que es estrategia necesaria, virilidad que asume Sor Juana como disfraz de ladrón "La biblioteca es un tesoro que consiste en libros hechos por hombres, acumulados por ellos y distribuidos entre ellos. Para apoderarme de ese saber acumulado hay que hacer lo que hacen todos los ladrones sin excluir los héroes del mito: disfrazarme. La virilidad es un disfraz impuesto a Juana Inés por la sociedad y lo mismo sucede con su profesión de religiosa".[5] El argumento del disfraz es persuasivo: ¿Quién duda de que Sor Juana adopta máscaras y disfraces como parte de una estrategia de supervivencia en su lucha tenaz por el acceso a un ámbito discursivo y un poder interpretativo que tradicionalmente les pertenece a los hombres? Pero se apoya en una confusión: la que identifica lo neutro —que reivindica Sor Juana— con lo masculino —que le atribuye Paz. Sólo desde una perspectiva que identifica toda subversión de la construcción patriarcal de la identidad femenina con la adopción de los rasgos de una identidad masculina pueden parecer idénticos e intercambiables.

El análisis que hace Franco de toda la cuestión del neutro es mucho más rico. Aunque no estoy de acuerdo con su afirmación de que "the enquiring soul is not so much a neutral as a combination of masculine and feminine",[6] porque me parece que se apoya sobre una lectura demasiado literal que confunde la función simbólica con la estrategia

---

[1] Paz, pg. 93.
[2] Previsiblemente, Pfandl.
[3] *Religión y Humanismo en Sor Juana,* UNAM, 1983, pg. 81.
[4] Merrim, op. cit., pp. 22-23.
[5] Paz, pg. 122.
[6] Franco, pg. 37.

representacional, el análisis de Franco señala dos cuestiones fundamentales. La primera: que a Sor Juana no le interesa ni la reivindicación del balbuceo femenino —el lenguaje emotivo de la mística— ni la asimilación del lenguaje, masculino, de la autoridad. La segunda: que el efecto de la estrategia de Sor Juana es el crear un "écart" que produce "un nuevo tipo de sujeto".[1]

El neutro es precisamente el signo de ese "écart" y muestra las huellas de los procesos del pensamiento utópico indicando la salida de la serie. La alternativa que señala Franco —balbuceo femenino/lenguaje de la autoridad— corresponde auna oposición fundamental de resonancias más amplias. La que, desde Platón, enfrenta al hombre, ser completo, dueño de la inteligencia, del discurso y de la razón, a la mujer, incompleta, emotiva, instintiva e inarticulada. En los términos escuetos del principio de oposición aristotélica, retoma la relación Hombre ~ Mujer en la serie histórica de occidente, donde, tal como señala Ludmer, se le otorga al primero el monopolio de la razón, de la abstracción y del discurso, y se asigna pasión, interioridad y reproducción a la segunda. Esa es la oposición fundamental que Sor Juana, mujer en lucha tenaz por acceder a la razón, a la abstracción y al discurso tiene que neutralizar. En ese contexto que aparece indisolublemente ligado a una problemática de diferencia sexuada pero que de ningún modo se circunscribe a ella, el neutro no indica ni el rechazo de la identidad femenina ni la identificación con el poder masculino. Es el tercer término imposible de la oposición, el signo que marca la salida de la serie histórica y el ingreso en el espacio simbólico de resolución utópica. Podemos representar el cuadro de relaciones así:

Hombre   ~   Mujer

A   B

Neutro

Etimológicamente, neutro viene de ne-uter, es decir ni lo uno ni lo otro. No es ni lo masculino ni lo femenino en la oposición genérica A~B sino precisamente aquello que está *fuera* del género. El neutro que reivindica Sor Juana apunta —tal como señala Franco— a la creación de un nuevo tipo de sujeto. Revela los procesos del pensamiento utópico en la categorización y en la búsqueda de resolución simbólica de la oposición que bloquea ideológica y socialmente el acceso a la plenitud de la mujer. El neutro es, como la rueda del villancico a Santa Catarina, signo de transformación, tercer término dinámico que neutraliza la oposición misma que está en su origen (la cruz y el círculo). Indica lo que Bloch llama

---

[1] Ibidem, pg. 37.

"el ingreso en un destino modificable": el de la mujer completa, dueña del conocimiento, de la razón y de la palabra.

Para Marin el neutro es "el umbral que separa lo exterior de lo interior, el lugar donde entrada y salida se invierten y se fijan en la inversión; es el nombre que designa todos los límites en el pensamiento sobre límites".[1] El neutro es, finalmente, el tercer término de la oposición, pero es un término suplementario, el signo dentro del discurso mismo no de la síntesis sino de la apertura dentro del pensamiento de un espacio que no tenía cabida en el pensamiento ni en el discurso.[2]

Vale la pena ahora volver sobre el *Romance 48* para ver con cuidado los términos específicos en que Sor Juana construye ese neutro que reivindica como seña de identidad, y sus implicaciones en relación con la aceptación o el rechazo de una identidad femenina. La adopción del neutro se propone aquí como alternativa a la aceptación de una identidad de mujer. El telón de fondo es la oposición entre virtualidad y realización. El problema no es el ser mujer sino el que "alguno lo verifique". Es esa verificación la que transforma a la virgen —pura virtualidad— en mujer. Y el agente de la transformación que marca simbólicamente el paso de la libertad —esa libertad que *iguala* a la mujer con el hombre en la virginidad— a la subordinación es siempre el hombre. El neutro no indica rechazo de la mujer sino de la *uxor*, es decir de la mujer que crea específicamente la posesión masculina, aquí a través de la "verificación" en el matrimonio. La razón por la que "no es bien mirado que como a mujer la miren" no es que Sor Juana no se vea a sí misma como mujer sino que se niega a identificarse con una definición masculina de lo que ser mujer significa, se niega a "ser mujer que a alguno/de mujer pueda servirle". El último verso es claro: la definición de mujer que rechaza Sor Juana es la que la priva de la libertad de la virgen y la convierte en objeto de uso masculino, en eterna subordinada, en sirvienta del hombre. No hay pues en la negación de la diferencia, que parece condensar el neutro, rechazo estratégico de la identidad femenina ni adopción oportunista del discurso de la autoridad masculina. Más bien se trata del rechazo de una identidad femenina muy particular: la que construye la autoridad patriarcal, y de la reivindicación a través del neutro —cuerpo neutro, abstracto, alma, virgen— de una identidad femenina liberada, tercer término que proyecta la apertura entre la autoridad patriarcal y la mujer aprisionada, de un espacio utópico de resolución y libertad.

Uno de los elementos que expresan dentro de la obra de Sor Juana su profunda solidaridad con el sexo femenino y su identificación con él, es el culto apasionado a la

---

[1] Enlaza con una de las definiciones que da Marin de Utopía como "fantasía de los límites". Op. cit., XIX y XXII.
[2] Marin, pg. 7. Sobre esta distinción se basa precisamente mi reserva ante la visión del neutro como combinación de ambos.

Virgen María. En los *Ejercicios de la Encarnación* Sor Juana contrapone dos símbolos de plenitud: la Virgen y el ángel. La primera es el símbolo de lo femenino realizado en la plenitud; el segundo es el símbolo de la plenitud en la neutralidad. La posición de Sor Juana es inequívoca: "¡Oh que prerrogativa gozamos en que sea de nuestra naturaleza! ¿Quién duda que si en los ángeles cupiera envidia nos envidiaran esta dicha? Yo de mí sé decir que si fuera posible conmutar las miserias de mi naturaleza humana con los privilegios y la perfección angélica, perdiendo la relación de parentesco que tenemos con María Santísima, no lo admitiera, aunque pudiera, atenta a este respeto y a lo que estimo y aprecio en toda mi alma el ser de su linaje".[1] El fragmento es muy revelador: confirma la función del neutro como signo de salida de la serie, clave de apertura del espacio de resolución utópica donde se gesta una definición de la mujer sin cabida en el discurso patriarcal e imposible en el pensamiento que simboliza la oposición aristotélica. Y la confirma porque reafirma inequívocamente el vínculo inquebrantable con el que Sor Juana se siente ligada al propio sexo. Tan fuerte es ese vínculo que si la alternativa es alcanzar la plenitud a costa de renunciar a su naturaleza de mujer ("mi naturaleza humana": el "mi" particulariza aquí de forma sexuada la naturaleza humana circunscribiéndola a la de la mujer) y a su linaje femenino, prefiere seguir siendo imperfecta. Las "miserias" de ser mujer, de pertenecer al linaje de la Virgen —simbolo de perfección *femenina*— de mantener con ese linaje una relación de parentesco son preferibles a una plenitud verdaderamente asexuada, angélica, es decir, literalmente neutra.

El neutro de Sor Juana no es un término intermedio y literal situado entre los dos polos de la oposición pero integrado en el mismo contínuo. Es el símbolo de la neutralización —no de la síntesis— de esa oposición, en un salto del plano histórico al utópico, donde se abre el espacio de resolución simbólica de la oposición que delimitaba para Sor Juana el espacio de la libertad, y que bloqueaba su búsqueda.

En las místicas, el espacio alternativo de resolución del asedio implacable que se expresaba metafóricamente en la reducción progresiva del espacio vital, es el espacio interior y secreto de la intimidad con Dios y de la revelación. En Sor Juana el espacio simbólico de resolución es un espacio imaginario de expansión infinita. Es simultáneamente el espacio del arte y de las ideas; el de la creación y del conocimiento; es el espacio donde "tiene cabida un conocimiento y una poética que se apartan de las rígidas jerarquías genéricas... donde se dan la mano el conocimiento y la poesía".[2]

---

[1] O.C. IV. 500-501. Tanto Franco como Arenal notan la importancia de este fragmento en relación con distintas cuestiones. El concepto de redención en Franco, op. cit., pp. 51-52 y el de la lengua materna (mother tongue) en Arenal, en "Speaking the Mother Tongue", en U. of Dayton Review, Spring 1983.
[2] Franco, pg. 38.

El conocimiento, "el mundo de las ideas" como lo llama Octavio Paz con acierto, es efectivamente un mundo alternativo para Sor Juana, un espacio utópico de resolución de la mutilación originaria que definió a la mujer como subalterna, determinando su inferioridad esencial y subordinándola a la autoridad del hombre. Acceder al conocimiento equivale a recuperar la dimensión perdida —la razón— con todas las implicaciones de esa recuperación: la ruptura de los estrechos límites que cercan el espacio simbólico de definición de la identidad femenina legítima, y el acceso al espacio de la libertad masculina. En ellas reside el carácter transgresor de la voluntad de saber de Sor Juana.

Al filo de sus lecturas Sor Juana va delineando los contornos de ese espacio utópico. "El lector —dice Paz— no sólo descifra las letras sino que camina por los senderos que traza la escritura. Al caminarlos, sale del claustro que lo encierra y vaga por los espacios libres".[1] La selección de lecturas y la elección de opciones del pensamiento particulares iluminan de forma reveladora las circunstancias y los objetivos de la búsqueda de Sor Juana, inscribiéndolos en el espacio utópico. Aguiar y Seijas dispersó y malvendió la biblioteca de Sor Juana. Las representaciones de la celda que enmarcan cuidadosamente la figura de Sor Juana en los retratos nos dan sólo una indicación de las coordenadas simbólicas de su pensamiento. Pero, a través de las referencias numerosas que constelan sus obras, es posible reconstruir en parte el mapa de su cultura. Mapa de elección a medias, no hay que olvidarlo, dadas las restricciones que pesaban sobre la circulación de obras en el Nuevo Mundo, y dado el poder de la censura en relación con lo que las mujeres debían o no debían leer.

Sus obras muestran una familiaridad indiscutible con los clásicos latinos y españoles y, hasta cierto punto, con los italianos. Pero es imposible determinar la mayoría de las fuentes directas de su erudición. Probablemente incluyen la *Vulgata* de San Jerónimo, los Padres de la Iglesia y el *Breviario Romano*. Su obra "recoge todo el sistema de ideas que la cristiandad heredó de la antigüedad",[2] pero eso no quiere decir que tuviera la opoortunidad de estudiar sus fuentes originales. Su pensamiento no muestra rastros de las filosofías más avanzadas de su tiempo —Galileo, Newton, Descartes— y se apoya más bien en una combinación bastantante inestable de tomismo y neoplatonismo. Es muy posible que las fuentes de esa erudición fueran compendios, enciclopedias, colecciones, pero lo cierto es que no hay modo de averiguarlo. Lo que si parece claro es la ausencia de fuentes heterodoxas o problemáticas.[3] En la convergencia de una censura oficial que dificultaba la circulación de ciertas ideas y obras con la autocensura de una mujer que "sabía

---

[1] Paz, pg. 121.
[2] Benassy -Berling, 133.
[3] Para un examen detallado de las lecturas de Sor Juana véase Benassy-Berling, pp. 323-340.

ante todo lo que no podía saber",[1] no es de extrañar que el mundo de las ideas de Sor Juana fuera, en cierto sentido, "medio mundo" levantado sobre la base de dos corrientes filosóficas que ya en aquella época miraban hacia el pasado: "La escolástica desaparecía en el horizonte y el neoplatonismo era una novedad vieja de dos siglos: la primera era una momia, y la otra una reliquia".[2] Pero sólo en cierto sentido, que forzosamente toma (al igual que Paz) como punto de referencia, como "mundo entero", el universo del saber masculino. Ni el mundo de las ideas de Sor Juana es "medio mundo", ni es cierto que su filosofía sea "rudimentaria",[3] ni se puede afirmar en serio que Sor Juana "no tenía filosofía".[4] El mundo de las ideas de Sor Juana y su filosofía no eran un almacén indiscriminado de los conocimientos que por razones diversas caían entre sus manos. Era un mundo coherente y completo que se organizó como espacio utópico y cuyos criterios implícitos de selección responden a las necesidades de resolución simbólica de la problemática de la mujer intelectual en esa época. La organización interna de ese mundo y la combinación particular de los elementos que lo integran no es ni una imitación ni una simple recopilación que renueva viejos conocimientos "con una fresca manera femenina".[5] Revelan un acercamiento propio al conocimiento y a la realidad que se articula desde los procesos de categorización del pensamiento utópico.

Las obras filosóficas de Sor Juana se han perdido. *El Caracol*, el *Equilibrio Moral* y *Las Súmulas* han seguido el camino que la propia Sor Juana indicó proféticamente en relación con el pensamiento de Santa Catarina:

> Perdiose (¡oh dolor!) la forma
> de sus doctos silogismos:
> pero, los que no con tinta,
> dejó con su sangre escritos.
> (O.C. II. 172. 59-63)

Pero la lectura del resto de su obra nos da las claves de ese pensamiento utópico, y de la función en su desarrollo de una de sus fuentes de inspiración más directas: el hermetismo. Es indudable que Sor Juana conocía bien la obra de Atanasius Kirsher —a quien llama Quirquerio en su *Respuesta*. Por lo menos el *Oedipus Aegyptiacus* (1652). Y es probable

---

[1] Benassy-Berling, pg. 123.
[2] Paz, pg. 339.
[3] Constantino Lascaris. Cit. por Benassy-Berling, 92.
[4] Giuseppe Bellini, *L'Opera letteraria di Sor Juana Inés de la Cruz*, Milano, 1964, pg. 56-57.
[5] Karl Vossler, introducción a las *Obras Escogidas*, Austral, 1938, pg. 21.

que hubiera leído los textos fundamentales del *Corpus Hermeticum*, como el *Pimandro* y el *Aesclepius*. El *Primero Sueño* está cuajado de referencias al pensamiento hermético y revela en sus imágenes una afinidad que va mucho más allá de la adopción expresiva de una serie de motivos y recursos poéticos. Paz atribuye el interés de Sor Juana por las ideas de Kirsher y por el hermetismo a la falta de contacto con filosofías más recientes y menos ortodoxas, por una parte, y a la condición "colonial" de Sor Juana (y de Sigüenza y Góngora), que hacía parecer los paralelismos simbólicos que detallaba Kirsher en su discusión de la relación entre México y Egipto sumamente atractivos.[1] Es probable que ambos factores contribuyeran al interés, pero ninguno de los dos me parece determinante. La reinscripción del hermetismo en la obra de Sor Juana está ligada a las estrategias de resolución de su pensamiento utópico. El *Corpus Hermeticus* se presenta en el momento de su descubrimiento como el compendio y la fuente de una sabiduría más antigua que la de la antigüedad clásica. A partir de los estudios de Isaac Casaubon, en 1614, que demuestran que se trata, en realidad, de textos compuestos en los primeros siglos de la era cristiana, el *Corpus Hermeticus* pierde ese prestigio, pero adquiere una nueva función simbólica : la de una alternativa a las vías del saber que ha ido privilegiando de forma creciente un pensamiento occidental inclinado, de manera cada vez más exclusiva, a las formas de raciocinio del logos. Frente a la autoridad y a las clausuras de ese pensamiento, el pensamiento herméticco le ofrece a Sor Juana una mobilidad particular. La interrogante del misterio —el jeroglífico— se sustituye a la interpretación del mundo prefijada por una autoridad que es la misma que, desde la Grecia clásica, definió la condición inferior de la mujer y le asignó un lugar subalterno. Entre el jeroglífico del mundo —de una realidad simbólica en la que todo: cielo, rocas, plantas, animales y gentes son símbolos de una realidad oculta— y el jeroglífico que es, como Santa Catarina, la propia Sor Juana, se establece una correspondencia que sustituye el aislamiento psicológico por una suerte de comunidad espiritual. Sor Juana, el fenómeno extraño del México colonial, asediada o criticada por las autoridades eclesiásticas y por sus compañeras de convento, se integra como un símbolo más en un mundo que es jeroglífico de la sabiduría divina. La mujer atormentada que es signo de otra forma de ser mujer sale del ostracismo para reintegrarse al plano de una sabiduría originaria —la del Egipto hermético— que relativiza la autoridad de la ortodoxia clerical. La visión hermética del mundo como silogismo, como libro de símbolos, abre la opción de formas de interpretación alternativas y de formas de autoridad paralelas. Es lo que resume Benassy-Berling cuando se pregunta: "¿Resulta una locura esperar que la inteligibilidad del mundo podrá ser desvelada mediante un desciframiento

---

[1] Paz, pg. 125.

global de los sistemas simbólicos que se responden y corresponden de una civilización a otra"?[1] No es por casualidad que las resonancias herméticas del *Primero Sueño* se recortan contra una crítica del pensamiento platónico y del logos aristotélico,[2] y de unas formas de conocimiento incapaces de descifrar el simple fluir de una fuente. La tradición hermética convoca la visión de un mundo diferente, hecho de resonancias simbólicas, espacio mental de una armonía en la que Sor Juana ya no sería la nota discordante sino la doble de Isis, su emblema secreto de superación de la doble problemática de la mujer y del saber, su figura utópica de resolución simbólica: mujer, "madre de las semillas y de los signos",[3] cifra de superación del saber masculino, madre de la sabiduría y encarnación de la sabiduría misma.

El conocimiento, es decir el "mundo de las ideas" de Sor Juana, es un verdadero espacio mental alternativo, su locus utópico, el lugar de la transformación de la mujer en ser completo a través del acceso a la razón. Es el espacio simbólico del vuelo y de la caída. Faetón, modelo mítico de todos los que, como Sor Juana, con "ánimo arrogante/que el vivir despreciando, determina/su nombre eternizar en su ruïna"[4] es su figura tutelar y su emblema.

El vuelo de Sor Juana traza los razonamientos deslumbrantes de la *Respuesta*, recorre el laberinto del sueño y le da acceso al ámbito de la razón. No de la razón patriarcal, sino de una razón más amplia que esa tradición ha clausurado al arrogarse su propiedad exclusiva, limitando las formas del conocimiento. Pero el cerco de control que se cierne sobre ese vuelo, las presiones del confesor, el miedo a la Inquisición, inscriben en el vuelo mismo los signos de la caída y de la destrucción del espacio utópico. El conocimiento de Sor Juana es transgresión porque busca la transformación de la mujer incompleta en ser pleno, porque exige el acceso al espacio del pensamiento controlado de forma exclusiva por la autoridad masculina. La fascinación de Sor Juana con el hermetismo, con su tradición egipciana, con su definición de mundo, realidad y armonía, se explica en parte en relación con ese contexto. El hermetismo es un pensamiento simbólico que le permite a Sor Juana transformar la transgresión en signo del jeroglífico de Dios, la discordancia en parte de la armonía. Y que le abre una vía de reinscripción del espacio mental utópico en el movimiento de una historia simbólica —la que indican los textos del *Corpus Hermeticus*— y de integración de su búsqueda en el orden de una sabiduría más antigua y más alta.

El arte es la vertiente complementaria del espacio alternativo que va creando en el mundo de las ideas el pensamiento utópico de Sor Juana. Es el lugar de la transformación

---

[1] Benassy-Berling, pg. 155.
[2] Véase Georgina Sabat-Rivers, "A feminist reading of Sor Juana's Dream", en *Feminist perspectives...*, pg. 150.
[3] Paz, pg. 233.
[4] O.C. I. 355. 216.

de la renuncia en vida, de la privación en placer. La obra literaria de Sor Juana no es un discurso utópico. Es una creación de gran complejidad cuyas dimensiones múltiples no pueden reducirse a un sólo aspecto. El discurso utópico es una de esas dimensiones. La lectura que propongo aquí de la obra poética de Sor Juana intenta recontextualizar su poética en relación con su pensamiento utópico. Es una lectura que intenta revelar las conexiones entre el arte y el pensamiento utópico de Sor Juana en un marco más amplio y más rico que el que ofrecen sus declaraciones explícitas sobre la situación de la mujer —el final del *Santa Catarina*, por ejemplo— o sus sátiras de la superioridad masculina (redondillas); y que intenta profundizar, a traves de la lectura simbólica de los elementos que van configurando el discurso utópico que culmina en *El Sueño*, distintas funciones y significados de algunos elementos temáticos, estilísticos y expresivos de la obra de Sor Juana. Una lectura que muestre que, en relación con el pensamiento utópico, el arte de Sor Juana es también medio de exploración incesante y de verificación de resoluciones simbólicas a las contradicciones fundamentales en las que se debate como intelectual y como mujer.

"Los poemas eróticos de Sor Juana son ilustraciones de una metafísica, una estética y una retórica que vienen de la poesía provenzal y de Dante, son recogidos por Petrarca e inspiran a los poetas del Renacimiento y de la Edad Barroca", dice Paz en un intento de zanjar la polémica en torno al carácter convencional o personal de la lírica amorosa de Sor Juana. La lírica amorosa comprende una parte muy importante de la obra poética de Sor Juana y la frase erudita y categórica de Paz es un ejemplo muy ilustrativo de algunas de las formas en que la crítica ha bloqueado, a veces, su lectura, clausurando opciones más ricas y aprisionando esos poemas en unas coordenadas de análisis muy limitadas. Podemos argumentar hasta la saciedad la existencia de padres soñados, padrastros odiados, amantes abandonados e inclinaciones no permitidas hacia miembros del mismo sexo. El debate sobre el lugar que ocupa la experiencia en el "perfecto conocimiento de lo que podría llamarse la dialéctica del amor: celos, desvíos, ausencias, olvidos, correspondencia"[1] que se le ha atribuido a Sor Juana es interminable y cualquier conclusión indemostrable. Pero ¿es toda esa problemática relevante? No me parece que tenga mucho sentido buscar la centralidad de la experiencia amorosa en una mujer que sabe con lucidez demostrable que la renuncia al amor, a la sexualidad y a la maternidad son el precio no negociable que ha tenido que pagar por su acceso al conocimiento y a la creación. ¿Por qué negarle a la representación poética en términos de la retórica amorosa tradicional —la "dialéctica del amor" de Paz, que confunde amor con representación— la dimensión y función simbólicas que se le concede a la representación mitológica? ¿Qué sucede si, por ejemplo, se reinscribe

---

[1]Octavio Paz, op. cit. pg 373

237

esa dialéctica amorosa de la lírica de Sor Juana en el contexto del pensamiento utópico, desplazando la alternativa experiencia/convención por su análisis como articulación simbólica?

En el contexto en el que se inscribe inevitablemente la creación poética de Sor Juana hay dos condiciones fundamentales de enunciación. La primera es la utilización forzosa de un lenguaje ajeno. Estilo, convenciones, temas y formas pertenecen a una tradición creada y controlada casi exclusivamente por hombres. La segunda es la necesidad de expresar disimulando, de revelar ocultando, de transgredir —porque, siendo mujer, la creación de una voz propia libre es necesariamente una transgresión— reinscribiendo la transgresión en la ortodoxia. En ese contexto no puede sorprendernos la creación de un universo poético, y no sólo el de *El Sueño,* en el que el modo privilegiado de representación y de articulación del discurso sea el simbólico.

"Literature," dice Bloch, "is utopia in the very wide sense that it is not identical with the reality that faces us as nature and society. It is utopia in the very precise sense that its connection to this reality is like that of fulfillment to a lack ... Literature as utopia is generally encroachment of the power of the imagination on new realities of experience".[1] La definición de Bloch funciona para entender en términos muy generales la función del arte como espacio utópico, y es útil para una relectura de la poesía erótica de Sor Juana como exploración imaginaria de "nuevas realidades de la experiencia". Pero no toca el problema, fundamental en Sor Juana, de la relación entre los procesos del pensamiento utópico y la constitución de su lenguaje poético. En el caso de la lírica amorosa Sor Juana adopta el lenguaje convencional de la "geometría de los afectos" para expresar sus propias emociones frente a su situación, para explorar una problemática muy personal que poco tiene que ver con la relación amorosa, y para verificar opciones de resolución a ambas. El desdoblamiento del *Romance 2* que desarrolla el diálogo entre Sor Juana y su pensamiento— prefigura el diálogo incesante entre la poetisa y la pensadora que va a ir determinando las opciones estéticas y temáticas de su poesía.

Quiero clarificar: no es que proponga que toda la lírica amorosa de Sor Juana es expresión simbólica de la forma en que su pensamiento utópico categoriza y resuelve las contradicciones de su propia situación. Buena parte de esos poemas son exploraciones poéticas de diversos matices de la relación amorosa (a la manera del poema 164, por ejemplo). También los hay que parecen limitarse a utilizar la retórica amorosa tradicional para expresar el agradecimiento, o la amistad apasionada de las almas gemelas (como el núm. 90, "A Lysis"). Otros parecen ser simplemente poemas de circunstancias. Pero lo que

---

[1] Ernst Bloch, *The Utopian Function of Art and Literature,* MIT Press 1988, pg. XXXIII

me parece innegable es que, al recontextualizar la poesía de Sor Juana en el marco del pensamiento utópico que organiza la percepción de su propia situación y las posibilidades de resolución, se producen aperturas y se iluminan sentidos que enriquecen considerablemente la lectura de su lírica amorosa, multiplicando sus proyecciones simbólicas.

El cuadro de relaciones que Octavio Paz llama la "geometría de los afectos" organiza temáticamente una parte muy considerable de la poesía de Sor Juana. En esa parte quiero ahora centrar mi análisis. Los topoi heredados del amor cortés: triángulos amorosos, amor no correspondido, separación o ausencia del amado, pugna del amor con la razón, desesperación ante la pérdida o partida del amado, se suceden. Pero, al ser reinscritos en la problemática de la búsqueda utópica de Sor Juana, adquieren nuevas dimensiones y significado.

> Quererlo porque él me quiere
> no es justo que amor se nombre/
> que no ama quien para amar
> el ser amado supone.
>
> (O.C. I. 20. 4)

Sor Juana retoma aquí la tradición del amor no correspondido. En nada se aparta esta estrofa de esa tradición. Pero en la estrofa siguiente se crea un espacio de transformación radical:

> No es amor correspondencia;
> causas tiene superiores:
> que lo concilian los Astros
> o lo engendran perfecciones.
>
> (O.C. I. 20. 4)

La reafirmación del amor como fuerza incontrolable, predestinación de origen más alto convoca dos elementos de la problemática situación de Sor Juana. El primero es la idea de predestinación: los astros o la voluntad divina son su causa superior. Esto enlaza con la forma en que Sor Juana explica y justifica su propia pasión, por el conocimiento. El segundo es la superioridad del amor no correspondido sobre el que responde a otro amor. Ambos elementos convocan la situación personal de Sor Juana y enlazan con su elección: el conocimiento, pasión congénita y amor de soledad sin respuesta ni correspondencia pero, para ella, destino, y amor más alto.

El soneto amoroso a Lysis desarrolla esa misma problemática con una retórica de adoración que ilumina la actitud de Sor Juana ante ese conocimiento que la apasiona y humilla a la vez, en el reconocimiento propio de la propia ignorancia:

> No emprender, solamente, es lo que emprendo:
> que sé que a merecer tanta grandeza
> ningún mérito basta, y es simpleza
> obrar contra lo mismo que yo entiendo.
>
> (O.C. I. 294. 179)

En ambos poemas la poetización de la relación amorosa es el vehículo de expresión de una visión personal de la distancia que separa al sujeto del objeto del deseo —hombre o mujer en el poema, conocimiento para Sor Juana. Expresa una reafirmación de la superioridad de ese objeto que no corresponde a su amor, frente a otros que si lo correspondan. Y proyecta una visión del deseo mismo —pasión amorosa, pasión de conocer— como voluntad más alta de "causas superiores".

En el *Romance 4* el topos del amor no correspondido enlaza con el del triángulo amoroso. La mujer está aquí entre dos hombres —Silvio y Fabio— intentando decidir si decantarse por el que no la ama, pero al que ella quiere, o por el que no quiere, pero que la ama. Previsiblemente se decide por Fabio, el que no la ama. Pero el poema desarrolla, para llegar a esa conclusión, todo un razonamiento que detalla metafóricamente toda una problemática de incorruptibilidad y fidelidad a sí misma y al propio deseo frente a los halagos y a la seducción del enamorado. De nuevo la proyección simbólica de un tópico amoroso liga la poetización de la seducción a las fuerzas encontradas con las que se debate Sor Juana en búsca de su liberación. La *Redondilla 85* vuelve a desarrollar con más detalle la problemática simbólica de la mujer obligada a escoger entre ser lo que los demás desean, recibiendo halagos y amor a cambio, o ser fiel a lo que ella desea ser, renunciando a la aprobación y el amor de los demás. La alternativa: rechazar a quien la ama provocando su odio, o aceptar ser objeto de su amor, aborreciéndose a sí misma. La primera alternativa lleva a la soledad y a la libertad. La segunda a la aceptación —del y por el otro— y a la sumisión. La elección tiene un alcance que va más allá que cualquier topos amoroso. Lo que está en juego es la abdicación por parte del *sujeto poético* de la voluntad y del deseo propios —la propia potencialidad— y la sumisión a la voluntad ajena que la convierte en *objeto* del deseo del Otro. Ya en otro lugar se pronuncia Sor Juana en relación con esta alternativa: "Ser potencia y ser objeto/ a toda razón se opone" dice en el *Romance 4*.

El conflicto de voluntades que comienza la primera estrofa del poema 85 inicia toda una representación simbólica que vierte en los términos de la lírica amorosa la violencia sorda de la pugna de Sor Juana con sus bienintencionados consejeros: Núñez sobre todo, pero también el Obispo de Puebla, y el de México:

> Dos dudas en qué escoger
> tengo, y no sé a cual prefiera:
> pues vos sentís que no quiera
> y yo sintiera querer.
>
> (O.C. I. 216. 85)

Las diferencias no son negociables:

> Con que, si a cualquiera lado
> quiero inclinarme, es forzoso,
> quedando el uno gustoso,
> que otro quede disgustado.
>
> (O.C. I. 216. 85)

Aceptar la voluntad ajena lleva al propio aborrecimiento, y desafiarla provoca el disgusto del otro, de ese amante que en el poema se presenta repetidamente como alguien que "la quiere" y que usa ese vínculo emocional para exigirle la sumisión a su voluntad. La situación es familiar y es difícil leer toda la trayectoria que va desde el choque de voluntades de la primera estrofa hasta el compromiso de la novena:

> Y sea esta la sentencia
> porque no os podáis quejar:
> que entre aborrecer y amar
> se parta la diferencia.
>
> O.C.I. 217. 85)

sin recordar la queja amarga de Sor Juana en la *Respuesta* : "... y los que más nocivos y sensibles para mí han sido no son aquellos que, con declarado odio y malevolencia me han perseguido sino los que amándome y deseando mi bien (y, por ventura, mereciendo mucho con Dios por la buena intención) me han mortificado y atormentado más que los otros".[1] El compromiso que propone la novena estrofa ilumina el delicado equilibrio que Sor Juana intentó mantener durante toda su vida entre el deseo de libertad personal y el temor a desafiar a la autoridad abiertamente. Y revela la frustración inseparable de la solución funambulista que se le presenta como única alternativa viable:

> Que aunque a nadie llega a darse
> en esto gusto cumplido
> ver que es igual el partido
> servirá de resignarse.
> (O.C. I. 217. 85)

El título mismo del poema: *"Enseña modo con que la hemosura, solicitada de amor importuno, pueda quedarse fuera de él con entereza tan cortés, que haga bienquisto el mismo desaire"*, clarifica la posición de Sor Juana en relación con su propia elección: ella es hermosura, entereza; su decisión es la mejor opción posible ya que "hace bienquisto al mismo desaire", neutralizando la cólera del amante que la persigue con un amor importuno.

El poema 85 recorre simbólicamente el juego de alternativas en que se va fraguando la libertad de Sor Juana y en el que elabora sus estrategias de resistencia frente a la autoridad que la cerca. Es como el transfondo del retrato que hace Paz de Sor Juana : "La obstinación con que se empeñó en ser ella misma, su habilidad y su tacto para sortear los obstáculos, su fidelidad a sus voces interiores, la secreta y orgullosa terquedad que la llevó a inclinarse pero no a quebrarse, todo eso no fue rebeldía —imposible en su tiempo y en su situación— pero sí fue (y es) un ejemplo del buen uso de la inteligencia y la voluntad al servicio de la libertad interior".[2] Pero introduce ya sutilmente otro de los elementos que enmarcan la búsqueda utópica: la renuncia. La misma renuncia estremecedora sobre la que se levanta toda la búsqueda que se explora explícitamente en el soneto 149, titulado *"Encarece de animosidad la elección de estado durable hasta la muerte"*. Es uno de los poemas más trágicos de toda su obra y revela la tensión central de la vida de Sor Juana, dividida entre la fascinación del vuelo y el terror a la caída. En él Sor Juana se enfrenta a una doble tragedia: la de Faetón, que no alcanzó a controlar el sol, y la suya personal: el no haber tenido ni siquiera el valor de intentarlo. El "tomar estado" entrando en el convento protege a Sor Juana de la caída y le permite, a través de la renuncia a toda otra vida, perseguir su pasión por el saber. Pero también la excluye del valor de los que, como

---

[1] *Respuesta*, ed. cit., pg. 61.
[2] Octavio Paz, op. cit. 476.

242

Faetón, se atrevieron a querer gobernar "con atrevida mano/ el rápido carro en luz bañado". Fracaso doble: el de la conquista del saber y el del triunfo sobre el propio miedo proyectan la imagen sombría de una amargura profunda y secreta de Sor Juana. El estado es un compromiso amargo, insuficiente e insatisfactorio, como el del poema 85, como todo compromiso. Y es un compromiso que exige un precio muy alto: la renuncia al mundo de los afectos (poemas 85, 4, 104), la sustitución de "toda la vida" del soneto 149 por el "sólo estado". La permanente soledad y el aislamiento terrible de la lira 211.

La problemática de la renuncia se explora simbólicamente a través de tres topos amorosos fundamentales: la separación del amado, su ausencia, su muerte. *El Romance 6* enlaza la renuncia con la búsqueda a través de la contigüidad separación-escritura:

> Ya que para despedirme,
> dulce idolatrado dueño,
> ni me da licencia el llanto
> ni me da lugar el tiempo,
> hablénte los tristes rasgos,
> entre lastimosos ecos,
> de mi triste pluma, nunca
> con más justa causa negros.
> (O.C. I. 23-24. 6)

Por otra parte, la desesperación de la amada abandonada proyecta simbólicamente dentro del mismo poema la profunda soledad y angustia de Sor Juana en su vida de convento:

> Ya no me sirve de nada
> esta vida que poseo
> sino de condición sola
> necesaria al sentimiento.
> (O.C. 24-25. 6)

y la vivencia de su propia situación personal como muerte en vida:

> Mira que es contradicción
> que no cabe en un sujeto
> tanta muerte en una vida

tanto dolor en un muerto.
(O. C. 25. 6)

El sentimiento de pérdida irreparable, que convoca con intensidad extraordinaria el soneto 149, se explora también a través del topos del dolor de la viudez, que le inspira a Sor Juana algunas de sus estrofas más desgarradoras, en los poemas 70,76 y 78. Ausencia, separación y muerte del amado se convierten en claves poéticas de las renuncias y carencias vitales sobre las que se levanta toda la búsqueda de Sor Juana. Y algunos de sus poemas más conocidos —como el soneto 145— reafirman la sabiduría de la propia elección de búsqueda de la plenitud al precio de la carencia. Las glosas, por otra parte, exploran el tema tradicional de la volubilidad, la hermosura despreciada y la fragilidad del amor profano a la vez que cimentan su propia posición de renuncia al segundo término de la oposición forzosa: estudiar/vivir. El soneto 145 utiliza el monólogo del sujeto poético frente a su retrato para reafirmar la validez de la elección de la mujer sabia frente a la "hermosa mujer" del retrato —en quien se condensa toda expectativa y percepción exterior del sujeto y cuya "verdad" es sólo "pasión". En él se expresa con claridad la voluntad de una subjetividad rebelde frente al engaño colorido en que intenta apresarla el retrato, que es sólo cauteloso engaño. El poema 142 desarrolla simbólicamente la lucidez que opone el sujeto poético a la imagen del retrato en el 145. A la visión de los ojos —la que configura el retrato del 145— se opone en el 142 una visión más alta: la del conocimiento, que justifica una renuncia implícita: la del mundo de los sentidos (que resulta en la ceguera), a favor del de las ideas (que abre el espacio imaginario del pensamiento):

> Así tendré, en el violento
> rigor de *no verte* aquí
> por alivio del tormento
> siempre el *pensamiento* en ti,
> siempre a tí en el pensamiento.
> Acá *en el alma* veré
> el centro de mis cuidados
> *con los ojos de mi fe*
> que *gustos imaginados*
> también *un ciego los ve.*
> (O.C. I. 274. 142. El subrayado es mío.)

Y el soneto 173 vuelve a reafirmar la validez de la propia elección frente al sufrimiento inevitable que le causa:

¿Vesme seguir sin alma un desatino
que yo misma condeno por extraño?
¿Vesme derramar sangre en el camino
siguiendo los vestigios de un engaño?
¿Muy admirado estás? ¿Pues ves, Alcino?
Más merece la causa de mi daño.

(O.C. I. 292. 173)

Finalmente el soneto 165, que Paz califica de "cifra de su poesía amorosa", se presta también a una lectura que revela una resemantización similar de los elementos tradicionales de la lírica amorosa, reinscribiendo en una narrativa de amorosa búsqueda todas las claves simbólicas de la búsqueda de plenitud de Sor Juana. En él el objeto del deseo y el conocimiento se confunden en una búsqueda que frustra y atormenta al sujeto poético y que sólo se resuelve simbólicamente en el ámbito imaginario.

Sor Juana es plenamente consciente de la multiplicidad y movilidad de la relación que liga la palabra al concepto:

Varias denominaciones
a una misma cosa hallamos
sin que la substancia inmute
lo exterior de los vocablos.

(O.C. I. 29. 7.)

También sabe que, aunque la palabra le está permitida dentro de ciertas condiciones, estas condiciones incluyen la utilización de la palabra ajena y el disimulo de cualquier elemento transgresor o heterodoxo. La libertad es siempre libertad bajo fianza en una situación en la que el precio simbólico del conocimiento es la renuncia a la vida, y la condición de la escritura la adopción de la máscara:

Fuerza es que os llegue a decir
que sin salud llego a estar
de vivir para estudiar
y no estudiar el vivir.
Y así, al llegar a escribir
de ajena letra no hacer

245

novedad os pueda, al ver

que haya resuelto, al serviros,

por no poder escribiros,

escribiros por poder,

(O.C. I. 254. 121)

dice Sor Juana resumiendo su situación con ironía.

Todo esto no implica que la única función de cualquiera de los registros múltiples de su poesía sea el camuflaje. Pero sí implica que la búsqueda de la expresión indirecta que fuerce los límites de la censura y de la autocensura, permitiendo la constitución de una voz propia, tiene que ser una constante del lenguaje poético de Sor Juana. En esa encrucijada la articulación simbólica de vivencias personales, reflexiones filosóficas y temas poéticos cumple una función privilegiada. Por otra parte, no creo que se pueda negar la función de exploración de espacios imaginarios compensatorios de carencias, que tiene en su conjunto la obra de Sor Juana. Esa función específica la inscribe dentro de la función utópica que define Bloch en relación con la literatura, y permite recontextualizar de forma iluminadora, por ejemplo, algunos de los poemas eróticos que han suscitado más preguntas. Pero la relación entre su poesía y el pensamiento utópico como forma específica de conceptualización de la propia realidad es mucho más rica de la que le asigna la definición de Bloch. Lírica erótica y sátira abren en la poesía de Sor Juana espacios simbólicos para la exploración de la experiencia y para la crítica. Y, en última instancia, lo que muestra la recontextualización de la poesía de Sor Juana dentro de las coordenadas del pensamiento utópico es que, a pesar del repertorio de temas convencionales y tradicionales que la organizan, su obra poética va articulando simbólicamente una problemática intensamente personal y completamente única. Las cuestiones que saltan a primer plano en el razonamiento de lógica deslumbrante y agresiva de la *Respuesta* o en la coherente rebeldía de la *Autodefensa* son las mismas que logra articular simbólicamente en y por la recodificación, resemantización y reinscripción de temas, motivos y recursos estilísticos tradicionales en su poesía. La centralidad que han asignado algunos críticos al amor, el erotismo y la adulación en la poesía de Sor Juana no me parecen convincentes. Una misma rebelión, una misma búsqueda, un mismo afán de libertad y un mismo temor a la caída y al castigo alientan en sus poemas y en sus cartas. El objeto del deseo de Sor Juana es el conocimiento. El objetivo de su búsqueda es la plenitud de la mujer. En el contexto histórico en el que se mueve Sor Juana ambos exigen la renuncia forzosa a la sexualidad, a la maternidad y a un amor profano cuyos matices ella explora apasionadamente en su poesía. Pero, con frecuencia, en la representación y exploración del amor mismo se

246

produce un desplazamiento simbólico que transforma la poetización de la dinámica amorosa tradicional en representación atormentada del deseo de Sor Juana y de su búsqueda.

Sor Juana no es una disidente radical. Fuerza los límites de lo permitido de forma indirecta, rara vez abiertamente. Es la posición desde la que enuncia —la de la mujer— más que los enunciados mismos, lo que determina e intensifica su carácter subversivo. Sus posiciones políticas son perfectamente ortodoxas. Franco subraya que "Sor Juana, como otras personalidades barrocas, no era exactamente una francotiradora en resistencia al poder del estado sino que, a veces, era la voz misma del estado",[1] y puntualiza que aunque la rebeldía de Sor Juana le permitió socavar los cimientos del poder masculino eso no equivale a socavar el estado y el imperio que se levantaron en México sobre él. En cuestiones religiosas ella misma reconoce su cautela en la *Respuesta* cuando admite que no quiere líos con el Santo Oficio. Paz señala las formas múltiples del respeto a la autoridad y a la jerarquía que revelan, a veces, su elección de temas y su desarrollo. El soneto 205, escrito en apoyo y alabanza de la *Exposición del Cometa* del padre Eusebio Kino, es un buen ejemplo de la forma en que intersectan en su obra conocimiento-arte-poder, y del impacto que su percepción del tercer término puede tener sobre los otros dos. Es también revelador de las posiciones sumamente conservadoras —aquí científicas, al apoyar a Kino, y políticas al adular implícitamente a los que lo protegían— que Sor Juana era capaz de adoptar en toda cuestión que no incidiera de forma directa en su propia búsqueda utópica. La misma discontinuidad se manifiesta en su obra literaria. En la gran mayoría de los poemas —y lo mismo vale para su teatro— Sor Juana no se aparta de una temática tradicional. El desarrollo de esos temas, el juego conceptual y estético que configuran su poética tampoco transgreden los moldes de una tradición y de una autoridad que demuestra conocer muy bien y cuyos registros maneja —desde la exigencia del soneto hasta las formas populares del villancico— con una maestría, un talento y un arte admirables. A veces la parodia abre una distancia crítica con respecto a tradición y autoridad —es el caso de la narración autobiográfica de la *Respuesta* en relación con las vidas ejemplares de las místicas, y también el que anuncia el cambio satírico del sujeto de las famosas redondillas *Hombres necios*. Pero esa es sólo una pequeña parte y la más obvia de la red de fracturas que recorre su obra, creando aperturas para la expresión de una voz y una problemática transgresoras e intensamente personales. La reinscripción de temas convencionales en su poesía le permite decir lo indecible: la soledad, la carencia, la incorruptibilidad, la rebeldía y el rechazo profundo de la autoridad clerical de una mujer que se niega a aceptar el lugar que, como mujer, le ha sido asignado: una mujer que ha hecho de una búsqueda de la plenitud que

---

[1] Franco, pg. 49-51.

247

pasa por la apropiación del ámbito del discurso y del pensamientos masculinos—
controlados, en su tiempo, por el hombre — la razón misma de su vida.

Lo que pasa con la obra literaria de Sor Juana no es tan distinto de lo que pasa con sus ideas. Su complejidad y su particularidad no vienen exactamente de que: "Esas delicadas y frecuentes rebeliones abren dentro del espacio canónico una fisura para la crítica, revelando la posibilidad de un nivel meta-discursivo, es decir de una visión desde afuera y desde arriba"[1]. El discurso simbólico que se va articulando en su lírica no abre necesariamente una distancia crítica sino un espacio para la expresión de lo inexpresable: el rechazo radical del poder masculino y la afirmación de la propia libertad en la búsqueda de la plenitud. La reinscripción en las coordenadas del pensamiento utópico que define los términos de la oposición fundamental: Mujer incompleta ~ Hombre superior, y que elige el neutro como tercer término, símbolo de la posibilidad de resolución, es la clave de ese discurso simbólico. En relación con la filosofía y la ciencia la mayoría de las ideas de Sor Juana no habrían sido subversivas en un hombre de su tiempo, como Sigüenza y Góngora, por ejemplo. Es su reinscripción en un contexto preciso—el de la mujer— lo que les da su radicalismo, dotándolas de violencia transgresora y provocando la ira de las autoridades eclesiásticas. De un modo parecido, la lírica de Sor Juana, con su aceptación implícita de tradiciones y convenciones del género, adquiere una profundidad nueva y una dimensión radical, no —en la mayoría de los casos— en la subversión de convenciones y modelos, sino en la reinscripción de la poetización de sus temas en un contexto particular: el pensamiento utópico que articula los términos de la búsqueda de plenitud que da impulso y forma a la vida misma de Sor Juana.

Entre toda su obra Sor Juana concede en su *Respuesta* un lugar de excepción a un sólo poema: El *Primero Sueño*. En la *Respuesta* opone a una obra hecha "por ruegos y preceptos ajenos el papelillo que llaman el *Sueño*" que reconoce "haber escrito por mi gusto".[2] Ella misma aclara la naturaleza de la oposición. Alguna crítica ha visto en su descalificación del resto de su obra un ejemplo más de la retórica de humillación, rebajamiento y desautorización que organiza estratégicamente algunos aspectos de la argumentación de la *Respuesta*.[3] Creo más bien que el comentario de Sor Juana expresa una visión exacta de la diferencia que existía para ella entre ese poema y todo el resto de su obra. El *Primero Sueño* es, si escuchamos a Sor Juana, la única obra que se ajusta a *su deseo*: la hizo "por gusto". Lo demás aparece marcado por la exigencia de voluntades y deseos exteriores y ajenos: obligaciones y convenciones. El *Primero Sueño* es, por lo

---

[1] Stephanie Merrim, op. cit. pg. 23.
[2] Sor Juana, *Respuesta*, ed. cit., pp. 78-79.
[3] Josefina Ludmer, "The tricks of the weak"; en *Feminist perspectives...*, pp. 86-93.

tanto, entre todas sus obras, la única que considera que plenamente le pertenece. Vale la
pena ver por qué. Si el *Primero Sueño* representa en su poética una voz que no se expresa
en otras obras y en la que Sor Juana plenamente se reconoce, ¿cómo se configura esta voz?
Con variaciones considerables en el análisis de sus elementos particulares, la crítica
tiende a coincidir en las líneas maestras de lo que constituye el argumento (la narración) del
poema:[1] Peregrinación del alma que abandona el cuerpo dormido para intentar acceder a
una visión global intuitiva del universo. Fracasa en el intento y renueva el esfuerzo con
método diferente: con las categorías analíticas del pensamiento aristotélico. Pero estas
categorías se revelan incapaces de explicar los más simples fenómenos naturales y, por lo
tanto, resultan inadecuadas para comprender el misterioso orden de la creación. La llegada
del día, con el despertar, suspende transitoriamente la peregrinación, pero no el deseo de
saber, con su promesa de renovar el intento.

El sujeto de la búsqueda es el alma. Es, como se ha señalado en diversas lecturas
—Franco, Sabat-Rivers— un sujeto neutro. Pero no en el sentido sexuado que se tiende a
darle en esas lecturas,[2] sino en el sentido utópico del término. No es fusión ni síntesis sino
alternativa simbólica. Es el sujeto neutro que no combina los atributos de los dos términos
de la oposición —Hombre ~ Mujer— sino que indica la salida utópica de la serie que se
inscribe entre esos dos polos. Es el tercer término imposible de toda oposición aristotélica.
En *Primero Sueño* es el sujeto de una búsqueda utópica. Y su relación con el sujeto
histórico —el *yo* que sólo aparecerá en el último verso del poema— no es una relación de
rechazo sino de suspensión:

> El alma, pues, suspensa
>
> del exterior gobierno...
>
> remota, si del todo separada
>
> no, a los de muerte temporal opresos
>
> lánguidos miembros, sosegados huesos.
>
> (O.C. I. 340. 216)

La suspensión temporal de lo que define a ese sujeto del último verso como sujeto histórico
—la mujer— es la condición de liberación del sujeto utópico de la búsqueda —el alma— y

---

[1] Aunque Franco avisa con acierto de que a lo mejor no es una historia en absoluto: "It is however a
mistake to insist too much on the poem's narrative cohesion. For it is possible that the 'story' of the poem
is not a story at all". *Plotting Women*, pg. 32.

[2] Por ejemplo, Georgina Sabat-Rivers dice en uno de sus magníficos estudios sobre la poesía de Sor Juana
"que trata de presentarse como intelectual y neutro, unión de ambos sexos", en *Estudios de Literatura
Hispanoamericana*, "Sor Juana: Imágenes femeninas de su científico sueño". PPU, Barcelona, 1992. Pg.
315.

de su salida de la serie a través de la búsqueda del conocimiento. No hay, pues, de entrada ni rechazo de lo femenino ni identificación con lo masculino por parte del sujeto neutro: sólo desplazamiento simbólico frente a ambos.

La peregrinación se representa en el poema como recorrido espacial. El espacio simbólico recorrido aparece presidido por la Noche, figura mitológica femenina, e iluminado por la luna. Es, tal como señala Georgina Sabat-Rivers, "un universo donde impera la mujer como fuerza cósmica".[1] La noche representa, frente al espacio masculino del día que clausura, un espacio alternativo femenino. Es un espacio secreto para una actividad secreta, y así lo indica la aparición de Harpócrates, dios egipcio del silencio:

> El silencio intimando a los vivientes
> uno y otro sellando labio oscuro
> con indicante dedo
> Harpócrates, la noche, silencioso...
> (O.C. I. 337. 216)

La actividad secreta es una búsqueda particular: la del conocimiento. Por ello el espacio simbólico femenino que personifica la Noche es también el espacio de la transgresión:

> ... La que, tirana usurpadora
> del imperio del día
> negro laurel de sombras mil ceñía
> y con nocturno cetro pavoroso
> las sombras gobernaba ,
> de quien aun ella misma se espantaba.
> (O.C. I. 358. 216)

El espanto ante las realidades de ese ámbito alternativo viene de su función: la usurpación del "imperio del día", es decir, del espacio masculino del saber.

La búsqueda del conocimiento que lleva a cabo el sujeto neutro del poema no se limita, sin embargo, a una usurpación de las vías del pensamiento masculino. Contiene también su crítica y la sugerencia de una alternativa. El objetivo transgrede claramente los límites del legítimo conocimiento de la mujer. Es una búsqueda intelectual que aspira al conocimiento abstracto más elevado; es

---

[1] Sabat-Rivers, *Estudios*, pg. 312.

el vuelo intelectual con que ya mide

la cuantidad inmensa de la Esfera,

ya el curso considera

regular, con que giran

desiguales los astros celestiales,

(O.C. I. 342. 216)

y que requiere la separación del sujeto utópico neutro de "la corporal cadena/que grosera embaraza y torpe impide",[1] es decir de la mujer, incapaz por decreto masculino de acceder a ese ámbito intelectual.

El primer intento de acceso al conocimiento se aparta, no obstante, de la vía del racionalismo masculino. Ayudada de Fantasía —es decir de la imaginación— el alma va absorbiendo todos los elementos de la realidad exterior de forma global e intuitiva:

así ella, sosegada iba copiando

las imágenes todas de las cosas,

el pincel invisible iba formando

de mentales, sin luz, siempre vistosas

colores, las figuras...

y el modo posible

que concebir puede lo invisible.

(O.C. I. 342. 216)

Al fracasar esta vía, "fatigada del espanto/no descendida sino despeñada" el alma intenta de nuevo el ascenso por la escala de las categorías del pensamiento aristotélico: buscando poner orden en la multiplicidad abrumadora que la derrotó en su primer intento de comprender los misterios del universo. Pero también esta vía fracasa, y esto la obliga a cuestionar la validez de un sistema de conocimiento que

aún la más pequeña

aún la más fácil parte no entendía

de los más manuales

efectos naturales

---

[1] O.C. I. 342. 216.

251

... pues si un objeto sólo

... huye el conocimiento

y cobarde el discurso se desvía

... ¿cómo en tan espantosa

máquina inmensa discurrir pudiera?

(O.C. I. 354. 216)

La contraposición de las dos vías: la intuitiva y la analítica, no proyectan la imposibilidad de conocer sino la relativización de la autoridad y el cuestionamiento del monopolio masculino sobre el pensamiento. Son dos vías paralelas: una enlaza con la tradición del logos, y la otra con el pensamiento simbólico hermético. Pero son más que eso: son vías que el deseo de saber recorre una y otra vez en busca de la solución de un enigma. El poema cuestiona la autoridad del sistema de pensamiento que simboliza la oposición binaria, estableciendo un juego de alternativas en el que el sistema de pensamiento que se apoya sobre oposiciones binarias —dia/noche, sol/luna— compite con un sistema terciario: los tres lados de la pirámide, las tres caras de la luna, las tres hermanas atrevidas, las tres figuras femeninas que preceden al Sol, y con otro de base cuatro: los cuatro humores.[1] La autoridad de un sistema de pensamiento, simbolizado por el dos, que elabora la propia oposición fundamental Hombre ~ Mujer, contra la que se levanta el pensamiento utópico de Sor Juana, queda relativizada a la vez que el poema crea una apertura en el texto para otros modos de pensamiento posibles, simbolizados por el tres y el cuatro.

El espacio simbólico que recorre el alma en su peregrinación es el espacio de la búsqueda utópica de la plenitud. El poema lo confirma a través de una equivalencia que es como un gesto de restitución simbólica. Las visiones que se alcanzan en esta búsqueda nocturna son fantasmas que existen en el cerebro ("Y del cerebro, ya desocupado, los fantasmas huyeron"). Y, en oposición implícita a las definiciones e interdicciones de la tradición patriarcal, Noche (femenina) y cerebro (masculino) se identifican como ámbito simbólico de una búsqueda utópica que es busca del intelecto, no de los sentidos. Para Sor Juana ese espacio simbólico femenino, que aparece en el poema identificado con la mente que le negó la tradición patriarcal a la mujer desde la antigüedad clásica, es el espacio utópico de restitución de la plenitud.

El *Primero Sueño* se articula somo serie de intentos frustrados de alcanzar el conocimiento. Pero también como búsqueda irrenunciable. Más que autobiografía espiritual

---

[1] Predominan los grupos de tres, reforzando la importancia del modelo de resolución utópica de la oposición aristótelica a través de un tercer término: el neutro, que indica el ingreso a otro orden de pensamiento. Franco señala la presencia de modelos binarios, tríadas y de base cuatro en *Plotting Women*. 33.

(Paz) se constituye como una figura hecha de figuras.[1] O, más exactamente, como un jeroglífico compuesto de tres elementos: el círculo, la pirámide y la espiral. La trayectoria del alma se inicia presidida por la luna, primera figura de circularidad, y concluye con el sol, segunda figura de circularidad. La primera representa el primer término de la oposición sobre la que se levanta toda la búsqueda utópica de Sor Juana: el universo femenino. La segunda representa el segundo término: el universo masculino. Entre ambas el poema traza el recorrido simbólico de la búsqueda. El alma, sujeto de la búsqueda, se asocia con la pirámide:

las Pirámides fueron materiales
tipos solos, señales exteriores,
de las que, dimensiones interiores
especies son del alma intencionales.

(O.C. I. 345. 216)

La pirámide es simultáneamente símbolo del conocimiento alternativo —por su asociación con el hermetismo[2]— y de la relación del alma con la sabiduría, la Causa Primera que simboliza su ápice y que irradia hasta el plano inferior desde el que el "alma-centella" inicia sus ascensos.

Finalmente, la espiral es el emblema de la búsqueda misma. Es figura de resolución de la oposición entre las dos figuras circulares que enmarcan la serie simbólica del poema: sol y luna. Es figura de transformación de la clausura en apertura: cada ciclo de la búsqueda del alma se abre a otro análogo pero situado en otro plano. Es figura de salida de la serie a través de la contraposición implícita círculo/espiral. La última parte del poema ilumina de forma reveladora esa transformación:

Consiguió al fin la vista del Ocaso
el fugitivo paso,
y —en su mismo despeño recobrada
esforzando el aliento en la rüina—
en la mitad del globo que ha dejado
el Sol desamparada,

---

[1] De ahí lo pertinente de la obervación de Franco en relación con la importancia marginal del argumento narrativo en el poema.
[2] En su prefacio al *Pimandro*, uno de los textos clave del *Corpus Hermeticus*, Marsilio Ficino veía en obeliscos y pirámides los símbolos de la sabiduría original. Por una discusión general de la cuestion del hermetismo en Sor Juana, véase Paz, 212-228.

253

segunda vez rebelde determina

mirarse coronada.

(O.C.I. 359. 216)

La clausura de un círculo —el nocturno— se resuelve en la apertura de otro: "segunda vez rebelde". Igual que, en la peregrinación del alma, a un primer recorrido circular que comienza y acaba en el mismo punto: la base de la pirámide, y a un primer ciclo de la búsqueda del conocimiento, el intuitivo, sucede un segundo ciclo. Su función es análoga: desvelar los misterios del universo. Pero su naturaleza es diferente: se sitúa en otro plano del intelecto y de la conciencia, como una segunda vuelta de una espiral hecha toda de curvas con idéntico diámetro.[1] El fin de una búsqueda se convierte en principio renovando el movimiento hasta el infinito. El círculo es desplazado por el movimiento infinito de la espiral, que multiplica apertura e intento de resolución indefinidamente.

Para Paz el *Primero Sueño* es una alegoría del acto de conocer. Sin duda. Pero es más que eso. Es figura de la búsqueda utópica de Sor Juana. Faetón es su equivalente mitológico. Tiene razón Jean Franco cuando señala que tal vez lo que cuenta en el *Primero Sueño* no es la historia que nos narra. Porque la trayectoria del alma en sus repetidas peregrinaciones no traza el discurrir de una autobiografía espiritual. Dibuja un jeroglífico que encierra, en la combinación de las tres figuras geométricas que lo componen: círculo, pirámide y espiral, las claves simbólicas de todo el pensamiento utópico de Sor Juana. No debe sorprendernos que, con una lucidez que duplica la de la mujer despierta del último verso del poema, Sor Juana lo acepte como suyo. Es el poema de exploración cifrada de su propia identidad, de su propia búsqueda, de su propia plenitud.

Lugar simbólico de convergencia de la poesía y el conocimiento, el poema clausura transitoriamente en el ámbito de la creación un ciclo —el del *Primero Sueño*— análogo al que recorre el alma en su búsqueda renovada del conocimiento. Y abre implícitamente el ciclo siguiente, configurando un movimiento infinito de espiral que duplica poéticamente el del intelecto, inscribiendo en el discurso poético el emblema de la búsqueda.

---

[1] El diámetro es el mismo porque la espiral no es figura de progresión sino de intento renovado.

IV

COLAPSO SIMBOLICO Y FIGURACION UTOPICA

CAPITULO X

LA ESCRITURA DEL TRAUMA

> Par le mot qui est déja une présence faite
> d'absence, l'absence même vient a se nommer.
>
> Lacan

La *Historia de la nación Chichimeca*[1] de Fernando Alva Ixtlilxochitl contiene una de las evocaciones más detalladas y nostálgicas del México precortesino. Me refiero al capítulo 36 y a su minuciosa descripción de los palacios de Netzahualcoyotzin. La narración se apoya sobre los elementos visuales arquitectónicos que organizan el espacio: cimientos, murallas, patios, paredes, salas, casas y jardines, para convocar, a través de la imagen de un palacio que se configura como espacio simbólico del orden y de la armonía, la vivencia de un mundo perdido que se levantó sobre una organización social, política y cultural de complejidad y refinamiento extraordinarios. El laberinto fascinante de los palacios de Netzahualcoyotzin —la "máquina de edificios" como la llama Alva Ixtlioxochitl— no es, sin embargo, solamente un intento de reproducir fielmente en un discurso historiográfico la mecánica del orden precortesino. El texto configura un espacio del deseo en el que el pasado, la historia y el sujeto cobran significado. El laberinto y la máquina que va delineando el texto de Alva Ixtlilxochitl son figuras más que representaciones. El texto las va creando en un ritual de recuperación que utiliza el artificio de los signos para neutralizar la realidad de la pérdida. La minuciosa descripción de Alva Ixtlilxochitl traza una figura: el laberinto-máquina, que

---

[1] Escrita probablemente entre 1610 y 1640. Utilizo la edición de Historia 16, Madrid, 1985.

ilumina, más que la realidad de un pasado, la huella de una separación y de una irremediable ausencia.[1]

La realidad de la ausencia se indica explícitamente en el texto. El párrafo que abre la descripción dice así: "... y así lo de las casas de Netzahualcoyotzin lo sacó de una pintura antiquísima y por ella se echa de ver muy a la clara su grandeza de edificios, salas, aposentos y otros cuartos de retretes, jardines, templos, patios y lo demás que contenían las casas, como muy a la clara el día de hoy se echa de ver por sus ruinas".[2] La evocación que sigue se levanta sobre dos realidades tangibles: las antiquísimas pinturas y las ruinas del palacio. Ambas indican de entrada la ausencia que el texto va a intentar llenar. Sin conseguirlo, porque la descripción del capítulo 36 se cierra con la reafirmación de la pérdida: "Finalmente contenía toda la casa del rey, entre los grandes y medianos aposentos y retretes, más de trescientas piezas, todo ello edificado con mucho arte de arquitectura y al tiempo que se cubrían algunas de las salas, queriendo cortar los maderos y planchas por los extremos y quitar las maromas con que los habían arrastrado, que eran de increíble grandeza, les mandó el rey que las dejasen así que tiempo vendría que sirvieran a otros y no tendrían trabajo de hacerles nuevos huracos ni ponerles nuevas maromas para arrastrarlas, y así se hizo *y yo los he visto dentro de los huecos de los pilares y portadas sobre que cargaba*, y se cumplió su profecía, pues lo han desbaratado y aprovechándose de la madera".[3]

La realidad que contempla Alva Ixtlilxochitl es una realidad de "huecos". Dejados por pilares, por portadas, por todo un mundo del que no quedan —igual que del maravilloso palacio de Netzahualcoyotzin— más que ruinas, después del cataclismo que lo "desbarató" todo, borrando la civilización y la cultura prehispánica en un proceso de conquista que fue reduciendo el arte —los palacios— a la materia: la madera del último párrafo.

Destrucción y ruinas enmarcan aquí un texto que se articula como voluntad de llenar el vacío que han dejado la pérdida de las pinturas y la destrucción de los palacios, indicando su función paradigmática. El texto de Alva Ixtlilxochitl se despliega duplicando las ausencias que proyecta el trazado de las ruinas del palacio. Es, en relación con el mundo que lucha por evocar fielmente, una ruina más que indica la destrucción del mundo anterior a la conquista. Pero hay diferencias importantes. El orden que configura la forma actual de las ruinas es fortuito, producto de los estragos del tiempo y del desbaratamiento de la conquista. La selección de sus elementos —paredes, cimientos, veredas— no responde a una estrategia premeditada. Pero el orden del texto de Alva Ixtlilxochitl, al igual que los que van a ir

---

[1] Julia Kristeva desarrolla un interesante teorización del acceso al lenguaje y a la creación simbólica a través de la experiencia de la pérdida originaria en su *Black Sun. Depression and Melancholia,* Columbia U. Press, New York, pp. 22 y ss.

[2] *Historia de la nación Chichimeca,* Pg. 132.

[3] Pg. 136-7. El subrayado es mío.

configurando todos los textos de los demás cronistas indígenas, proyecta la cáscara de lo que fue la vida en la América precolombina en una selección, organización y retórica deliberadas.[1] La configuración particular de esos textos es resultado de unas estrategias narrativas, unas opciones políticas y unas elecciones estéticas específicas que contienen las claves de percepciones particulares de la conquista, de reflexiones sobre el mundo anterior, y de los imperativos de la búsqueda de identidad del vencido frente a la realidad colonial. Y contienen también las huellas de una dinámica utópica que se irá desarrollando progresivamente en la escritura de los vencidos hasta desembocar en formulaciones tan ricas como las del Inca Garcilaso y Guamán Poma de Ayala.

El origen de ese desarrollo sólo puede ser fijado de una forma un tanto arbitraria. No hay una linea divisoria que separe de una manera tajante el horizonte especulativo del pensamiento precolombino de la búsqueda, cada vez más compleja, de resoluciones simbólicas a una situación histórica sin salida ni retorno posible para los vencidos. Propongo pues un punto de partida simbólico anclado en una metáfora: el grado cero. No exactamente en el sentido que le da al término Barthes. Ni tampoco en el que le da Cornejo Polar en relación con el problema de la interacción entra oralidad y escritura, o Lienhard en relación con el principio de las literaturas alternativas,[2] sino entendido como el grado cero de la subjetividad del colonizado, la fisura simbólica que separa y enlaza el sujeto precortesino, dueño de su mundo y de su historia, con ese otro sujeto que se define y reencuentra en la experiencia de la desposesión y de la pérdida. Un grado cero que indica simbólicamente el momento de la pérdida misma, el origen de la melancolía y el punto de partida de un discurso posible para los vencidos.[3]

El telón de fondo sobre el que se recorta ese discurso —y su única alternativa históricamente posible en ese momento— es el silencio, que resulta de lo que Elaine Jahner

---

[1] Utilizo el término "crónica indígena" o "cronista indígena" a pesar de ser plenamente consciente de su imprecisión tanto en términos raciales (incluía escritores tanto indios como mestizos) como culturales (no distingue entre opciones lingüísticas o epistemológicas que configuran textos muy diferentes ni entre orígenes diversos, englobando las crónicas del Perú y las de México, por ejemplo, en una misma categoría) o ideológicos —resistentes vs. asimilados. Con todo esto en cuenta uso el término simplemente para designar en la forma más general todo un corpus de textos que, a pesar de las diferencias profundas que los separan, comparten dos elementos. El haber sido compuestos por autores que no se autodefinen como españoles sino por oposición a los españoles; y el estar comprometidos implícita o explícitamente con un proyecto narrativo historiográfico y con una perspectiva —la de los vencidos (por utilizar la categoría de León Portilla y Wachtel)— que se define por oposición a la versión dominante de la conquista, ya sea en tanto que crítica o en tanto que enmienda complementaria.

[2] Roland Barthes en *Le dégré zero de l'écriture*, Seuil, 1965. Para Cornejo Polar, por otra parte, ese grado cero de la interacción entre oralidad y escritura se emblematiza en el episodio de la traición de Cajamarca. Véase *Escribir en el aire*, Editorial Horizonte, Lima 1984. pg. 26. Y para Martin Lienhard el grado cero de la escritura oficial se identifica con el testimonio del escribano Rodrigo de Escobedo y el de la literatura alternativa con las probanzas con testimonios indígenas. Véase *La voz y su huella*, Ediciones del Norte, Hanover, 1991, pg. 356-7.

[3] Kristeva, *Black Sun*, pg. 24.

llama "el colapso de todo un modelo cognitivo y el desplazamiento simultáneo del lenguaje a otros ámbitos de interpretación".[1] Contra ese silencio se componen entre 1523 y 1524 los primeros "cantos tristes" de la conquista. Son cantares compuestos en nahuatl y transcritos años más tarde al alfabeto latino. Y constituyen cronológicamente las primeras creaciones literarias de los vencidos. Pero son éstas unas creaciones literarias que, a pesar de poseer una intensidad poética que nos llega incluso a través de la traducción, no parecen haber sido concebidas como objetos estéticos. Su intensidad es la de un grito y un interrogante sin respuesta posible frente a la realidad estremecedora de la propia destrucción. Se ajustan bien a la definición que da Kristeva del discurso de la melancolía: "la creación estetica, en particular la literaria, y también el discurso religioso en su esencia imaginaria y ficcional, articulan una serie de mecanismos en los que la economia prosódica, la interacción de personajes y el simbolismo implícito constituyen una fiel representación semiológica de la lucha del sujeto con el colapso simbólico...en ellos la representación literaria y religiosa poseen una función real e imaginaria que tiene más de catarsis que de elaboración".[2]

El cantar que evoca el abandono de Tenochtitlán después de la derrota es un ejemplo de este tipo de composición. Se escribió en nahuatl, probablemente en 1523.[3]

> El llanto se extiende, las lágrimas gotean allí en Tlatelolco.
>
> Por agua se fueron ya los mexicanos;
>
> semejan mujeres; la huida es general.
>
> ¿Adonde vamos?, ¡Oh amigos! Luego ¿fue verdad?
>
> Ya abandonan la ciudad de México:
>
> el humo se está levantando; la niebla se está extendiendo...
>
> Con llanto se saludan el Huiznahuácatl Motelhuihtzin
>
> el Tlailotlácatl Tlacotzin
>
> el Tlacateuhtli Oquihtzin...
>
> Llorad amigos míos,
>
> tened entendido que con estos hechos
>
> hemos perdido la nación mexicana.
>
> ¡el agua se ha acedado, se acedó la comida!
>
> Esto es lo que a hecho el dador de la vida en Tlatelolco.

---

[1] Elaine Jahner, "Transitional Narratives and Cultural Continuities" en Boundary 2, Special Issue 1492-1992. Ed. Kroeber, Duke U. Press, pg. 178.

[2] *Black Sun*, pg. 24.

[3] Pertenece a la colección *Cantares Mexicanos*. El manuscrito original se conserva en la Biblioteca Nacional de México. Hay una edición facsímil de Antonio Peñafiel publicada en México en 1904. Utilizo la version española de Miguel Leon Portilla en *El reverso de la Conquista*, México, Joaquín Mortiz, 1978 Pp. 61-62.

El poema se construye como una instantánea que detiene el tiempo fijándolo en una serie de imágenes que proyectan la vivencia inmediata de una catástrofe, tan irreparable como incomprehensible, que amenaza al sujeto simultáneamente con la destrucción de su ámbito histórico, con el colapso de todo modelo cognitivo y con la liquidación de todo sistema simbólico. Aunque el poema entero se articula como interrogante sin respuesta sólo hay dos oraciones propiamente interrogativas: "¿Adonde vamos?" y "¿fue verdad?". Conjugadas contaminan toda la temporalidad del poema, pasado, presente y futuro de una misma incertidumbre. El pasado ha perdido sentido y el futuro es imprevisible. Entre el uno y el otro el sujeto lucha por encontrar y dar sentido a su realidad y a su historia y por combatir ese "colapso simbólico" que lo amenaza con una total aniquilación. Las imágenes que configuran el presente en el poema son los elementos poéticos mismos de la lucha del sujeto contra ese colapso. La más recurrente es la del llanto (llanto, lágrimas, llanto, llorad), que evoluciona desde la función de sujeto que todo lo invade indiscriminadamente en el primer verso, hasta el imperativo que articula el sufrimiento como única base de comunidad y de solidaridad en el verso diez.

El presente del sujeto es el caos y contra ese caos el poema se afirma como intento de encontrar o restaurar un orden, aunque sea el de la desgracia. Todo un mundo anterior se ha desmoronado en esa catástrofe inexplicable. Sólo quedan el exilio forzoso que sigue a la huída de la ciudad y a la pérdida de la nación mexicana; la angustia ante la pérdida de sentido de la propia identidad en una realidad incomprensible en la que los mexicas "semejan mujeres"; la confusión en un espacio en el que el humo y la niebla se extienden, ofuscando la visión; y la destrucción no sólo del orden social sino de las fuentes de la vida misma: el agua y la comida acedadas y contaminadas por un mismo cataclismo. Hay una figura de orden que preside tanta destrucción y da sentido al sinsentido mismo: el Dador de la vida que ha hecho posible todo el horror que convoca el poema. Ante la amenaza de aniquilación total, el Dador de la vida introduce una forma de resolución simbólica del absurdo, convirtiendo ficticiamente el caos de la derrota en el orden de una voluntad más alta. Pero, a la vez, su presencia verifica y confirma la fragilidad esencial del vencido y de una subjetividad que solo puede ya anclarse en el sufrimiento (llanto), la desposesión (abandono y pérdida) y la impotencia.

En la *Relación anónima de Tlatelolco* se encuentra otro poema de la derrota, el "Canto triste de la pérdida de Tenochtitlán", que prolonga la visión de la conquista que recoge el canto que acabo de analizar.[1] El poema se introduce en la narración con un resumen escueto de la

---

[1] *Relación anónima de Tlatelolco,* manuscrito en nahuatl compuesto hacia 1528. El manuscrito original se conserva en la Biblioteca Nacional de París. Existe una edición facsimilar de Ernst Mengin en el *Corpus Codicum Americanorum,* Copenhagen, 1945. Utilizo la versión española de Angel M. Garibay en *El reverso de la conquista,* pg. 53-54.

derrota: "Y todo esto pasó con nosotros. Nosotros lo vimos, nosotros lo admiramos: con esta lamentosa y triste suerte nos vimos angustiados". Estas tres líneas lo enmarcan dentro de una función precisa: la de comunicar lo incomunicable y nombrar lo innombrable. El poema ocupa en la narración el lugar de la explicación imposible que el sujeto es incapaz de dar en las tres líneas citadas desde la parálisis y la pasividad a que lo arroja el trauma de la destrucción de su mundo. Es esa parálisis lo que recogen las tres construcciones sintácticas que trazan el desplazamiento del sujeto histórico —el pueblo guerrero azteca en lucha a muerte con los conquistadores— por la víctima: "pasó con nosotros", "vimos... admiramos", "nos vimos angustiados". Los cuatro verbos comparten una misma función: disociar al sujeto de la acción reduciéndolo al papel de espectador pasivo e impotente de un cataclismo —la propia destrucción— que cae completamente fuera de su control y, por lo tanto, sólo puede ser concebido como fatalidad: "lamentosa y triste suerte".

En el marco de ese desplazamiento el poema se articula como discurso figurativo. Es decir, como discurso indicativo que proyecta una figura cuya función comunicativa y expresiva no es reproducir el trauma, representándolo, sino indicar su presencia crucial entre dos procesos antitéticos: la destrucción del sujeto —el mexica— y la reconstrucción del sujeto: el vencido.[1]

> En los caminos yacen dardos rotos;
> los cabellos están esparcidos.
> Destechadas están las casas,
> enrojecidos tienen sus muros.
> Gusanos pululan por calles y plazas,
> y están las paredes manchadas de sesos.
> Rojas están las aguas, cual si las hubieran teñido,
> y si las bebíamos, eran agua de salitre.
> Golpeábamos los muros de adobe en nuestra ansiedad
> y nos quedaba por herencia una red de agujeros.
> En los escudos estuvo nuestro resguardo,
> pero los escudos no detienen la desolación.
> Hemos comido panes de colorín,
> hemos masticado grama salitrosa,
> pedazos de adobe, lagartijas, ratones,

---

[1] Véase Kristeva y su discusión de la función indicativa del lenguaje figurativo en *Language the Unknown*, Columbia U. Press, 1989, pg. 78 y ss.

y tierra hecha polvo y aun los gusanos.[1]

El poema comienza con una evocación de la realidad de la conquista que se apoya en dos elementos fundamentales: la destrucción y la violencia. Ambos se condensan en sus efectos: dardos rotos, cabellos esparcidos, casas destechadas, por una parte; muros y aguas ensangrentados, sesos estrellados contra las paredes, por otra. No hay sujeto visible sino una realidad que se ve como dada: "Yacen", "están", "tienen", "están". El único sujeto activo, los gusanos que pululan por calles y plazas, son una metáfora de la muerte y destrucción del orden que simplemente amplifica los efectos de la destrucción de la conquista. El efecto de la ausencia del sujeto es el subordinarlo a la realidad intolerable de la conquista, reforzando así la expresión de una subjetividad disociada e impotente: traumatizada. Cuando por fin hace su entrada en el verso diez, la futilidad de sus acciones —golpear muros de adobe— viene a confirmar el carácter sobrehumano de la catástrofe y la impotencia individual y colectiva ante su magnitud. Una catástrofe que ha liquidado de un sólo golpe el presente (los muros de adobe que se desmoronan) y el pasado heroico (los escudos inútiles) de una civilización reducida ahora a esa "red de agujeros" que prefigura ya los "huecos" de Alva Ixtlilxochitl, expresando la vivencia desesperada de una pérdida irreparable, de una ausencia que los textos de los cronistas indígenas irán intentando, una y otra vez, llenar, en un despliegue de genealogías, cronologías y rituales que indicarán infatigablemente su realidad irreductible.

El caos creado por la destrucción reduce al mexica a una lucha casi animal por la supervivencia — "comimos la carne apenas sobre el fuego estaba puesta. Cuando estaba cocida la carne, allí la arrebataban, en el fuego mismo la comían"— y la violencia del trauma se expresa en una subjetividad que se afirma en la angustia y la desolación. Es la del vencido, el que se define como cifra misma de la carencia: sin armas, sin techo, sin historia, sin defensa, sin comida y sin agua. Es el grado cero de una subjetividad colonial. Y el poema captura en la simultaneidad esa oscilación entre el que no es nada porque lo ha perdido todo —el mexica— y el que ya es algo porque se define por todo lo que sabe haber perdido: el vencido.

Sobre esa primera afirmación de una subjetividad que se define como carencia se levanta la conciencia del colonizado. El poema no entra en ella pero el texto que sigue a continuación puntualiza inequívocamente las condiciones históricas de esa redefinición. Su marco simbólico es el colapso de un sistema de valores —el del México precortesino— y su desplazamiento por el europeo: "oro, jades, mantas ricas, plumajes de quetzal, todo eso que es precioso en nada fue estimado".[2] En ese marco la capacidad de asignar valores y redefinir

---

[1] *El reverso...*, pg. 53.
[2] Ibidem, pg. 54.

identidades ya no le pertenece al mexica. Es el vencedor quien decide el valor nuevo de cada elemento de la realidad y el que asigna identidades y funciones: "Se nos puso precio. Precio del joven, del sacerdote, del niño y de la doncella. Basta: de un pobre era el precio sólo dos puñados de maíz, sólo diez tortas de mosco; sólo era nuestro precio veinte tortas degrama salitrosa".[1] El precio ilumina metafóricamente la instauración de un nuevo sistema de valores y la reducción dentro del nuevo orden del ser humano a mercancía. A la vez que subraya la pérdida de toda libertad y derecho del colonizado que es, por definición, esclavo, en la percepción del autor de la *Relación anónima*. El detalle cuantitativo: "sólo dos puñados de maíz... sólo diez tortas de mosco... veinte de grama salitrosa", clarifica el espacio simbólico de definición posible de ese colonizado: es el espacio de los que valen poco o nada.

La *Relación anónima de Tlatelolco* es cronológicamente la primera narración de la conquista desde una perspectiva indígena que se conserva. Poco se sabe de su autor, de su público, del cuadro de relaciones en el que se insertó en el momento de su composición una relación redactada en nahuatl en 1528. Está claro en el texto por la forma en que sistemáticamente convierte a los tlatelolcas en los líderes de la lucha contra Cortés y en heroes indiscutibles de la resistencia —frente a unos tenochcas que lloran y se apocan en más de una ocasión— que el autor o autores eran tlatelolcas. El manuscrito demuestra un gran dominio del alfabeto europeo, cosa bastante sorprendente apenas cinco años después de la pérdida del imperio azteca y antes de la fundación del colegio de Sta. Cruz de Tlatelolco, en el que se formarían más tarde muchos de los cronistas indígenas. Cubre todo el período que va desde la llegada de los españoles a las costas de México hasta la pérdida del imperio. Voy a centrar mi análisis en su última parte: la que narra los acontecimientos que comienzan en la Noche Triste y culminan en la conquista de Tlatelolco y Tenochtitlán.

El sujeto de la narración es, como en los cantos tristes, un sujeto colectivo que se expresa en la primera persona del plural. Como el de los poemas, aparece marcado por una distancia frente a los hechos y la acción que es casi desconexión y que expresa, en su progresión creciente, una angustia e impotencia cada vez mayores ante el desarrollo de la guerra y la derrota ineludible. La Noche Triste marca el paso de un sujeto activo y triunfante a un sujeto que se va distanciando emocionalmente frente a unos acontecimientos cuyo sentido se le escapa o cuyas implicaciones lo desbordan. "Fue cuando murieron (los españoles) en el canal de los Toltecas. Allí furiosamente los atacamos",[2] resume el texto, subrayando el control de la situación que logra el ataque de los tenochcas. Pero a partir de ahí el "nosotros" se repliega gradualmente hacia una posición de espera y de observación hasta inmovilizarse en ella. Desde esa posición se van registrando dos elementos fundamentales. En primer lugar el

---

[1] Ibidem.
[2] Ibidem, pg. 43

movimiento de los españoles, primero de retirada: "fueron", "se fueron", "partieron", y luego de ofensiva: "ya se ponen en marcha", "ya van a salir","de nuevo vienen". En segundo lugar la epidemia de viruelas que se abate sobre la ciudad sitiada:" Entonces se difundió la epidemia: tos, granos ardientes, que queman".[1] La yuxtaposición de ambos elementos completa el cuadro: el sujeto colectivo de la narración no tiene salida. Esa impotencia que se expresa consistentemente en la inmovilidad que lo define a partir del breve triunfo de la Noche Triste es el resultado previsible de un doble asedio: el de la agresión española y el de la desintegración interna. La primera se subraya en el texto, asignando casi exclusivamente movimiento e iniciativa a los españoles. La segunda se concreta primero en la plaga de viruelas y luego en las disensiones que enfrentan a los mexicas entre sí: "Cuando el se fue a situar a Tezcoco fue cuando comenzaron a matarse unos con otros los de Tenochtitlán... en el año 3 Casa mataron a sus príncipes", dice el texto, contrastando implícitamente la fuerza del avance de los españoles con la fragilidad de los mexicas. "Esto más: se pusieron a pleitear unos con otros y se mataron unos a otros. Esta es la razón por la que fueron muertos estos principales", reitera. Y, más adelante, vuelve a contraponer a la desintegración interna del campo mexica —"apresuradamente vinieron a coger a cuatro: por delante iban los que los mataron... De modo tal, por segunda vez, se hicieron daño a sí mismos los de Tenochtitlán al matarse unos a otros"— el movimiento unívoco e imparable de una ofensiva que aquí ya concluye con la toma de Tenochtitlán: "Los españoles vinieron a colocar dos cañones enmedio del camino de Tecamman mirando hacia acá. Cuando dispararon los cañones la bala fue a caer en la Puerta del Aguila".[2] La destrucción de la puerta es el principio simbólico del abandono de la ciudad y también del retorno del movimiento para un sujeto colectivo que aparecía como suspendido en la observación fascinada del movimiento del enemigo. Pero de un movimiento particular, cargado de implicaciones simbólicas: el que tiene por objeto el abandono de una ciudad que representa todo el mundo del México antiguo: Tenochtitlán. Y el del repliegue del exilio a Tlatelolco, el primero en la larga cadena de exilios que recorre el vencido a partir de su derrota y expulsión de una ciudad que, como ninguna otra, simbolizaba su historia y su mundo, ya irrecuperables para siempre.

La carencia, la impotencia, la parálisis y la pérdida del sentido de la propia identidad y de la propia historia ligan el sujeto colectivo traumatizado de esta primera narrativa indígena a los de los dos cantos tristes. Pero el propósito deliberadamente narrativo de este texto lo separa radicalmente de los anteriores. La *Relación anónima* se presenta como crónica, como recuento cronológico de los hechos que comenzaron con la llegada de los españoles y concluyeron con la destrucción del imperio azteca. Su última parte, a partir de la Noche Triste,

---

[1] Ibidem.
[2] Citas pp. 44-45-46.

pretende ser la crónica de la derrota misma. Vale la pena ver cuáles son los elementos que articulan esa crónica y cuáles son los rasgos estilísticos y las estrategias narrativas que configuran ese recuento. De entrada se plantea una pregunta: ¿Qué tiempo ordena esa narración al filo del tiempo que configura el texto de la *Relación anónima*?

La temporalidad constituye uno de los elementos más llamativos en un texto que recurre a elementos estilísticos, construcciones sintácticas y adverbios o expresiones temporales muy particulares para expresarla. Sin duda esta narración proyecta y configura un sentido del tiempo muy diferente del que ordena las crónicas españolas de los mismos acontecimientos. Ese sentido del tiempo y su ordenación nos remiten al "tiempo distorsionado" al que se refiere Kristeva en su análisis del discurso de la depresión y de la melancolía: "Ya que el tiempo en el que vivimos es el tiempo del discurso, el lento y vacilante discurso del melancólico lo inscribe en un tiempo distorsionado. Un tiempo que no transcurre, que no se rige por nociones como el antes y el después, que no orienta al sujeto desde el pasado hacia un objetivo en el futuro. Un sólo instante, masivo, oneroso, sin duda traumático por estar cargado de demasiado pesar...bloquea el horizonte de la temporalidad deprimida, o, dicho de otro modo, cierra cualquier horizonte, cualquier perspectiva".[1]

Al examinar en la *Relación anónima* los rasgos textuales de la representación de esa vivencia temporal, lo primero que llama la atención es el mínimo repertorio de enlaces temporales. Aún admitiendo que la expresión de la temporalidad funciona de forma distinta en nahuatl que en castellano, basta comparar este texto con traducciones diversas de otros textos nahuatl[2] para verificar el grado insólito de esa escasez. En la *Relación anónima* se produce un desplazamiento que expresa una vivencia distinta de la temporalidad. El progreso de la acción no se ordena de acuerdo con una cronología exterior: antes y después, horas, días, meses, sino que los incidentes del proceso de la derrota se substituyen a toda otra cronología desplazándola. Esa es la función estilística de "cuando", "entonces" y "luego" como indicadores temporales casi exclusivos: reducir toda la cronología de la conquista al movimiento de la acción del invasor —que aparece identifica con las etapas de la progresión hacia una destrucción inevitable— sustituyendo el tiempo histórico real por un tiempo que se ordena desde una vivencia subjetiva de los hitos de la derrota. La cronología de la conquista se reduce, por ejemplo en la narración del repliegue y la ofensiva que siguen a la Noche Triste, a cada uno de los desplazamientos espaciales del invasor. "Antes", "después", "hoy",

---

[1] *Black Sun*, pg. 60.
[2] Por ejemplo, de Angel M. Garibay, Miguel Leon Portilla o del propio Bernardino Sahagún. Como en el texto de los informantes de Sahagún que recoge la primera entrevista entre los españoles y Moctezuma: "*Cuando* el hubo terminado de dar collares a cada uno dijo Cortés a Moctezuma... *Inmediatamente* se ponen en pie... *cuando* hubo terminado la arenga... y *cuando* hubo percibido el sentido del discurso... *hace ya mucho tiempo* que deseaban verlo". El subrayado es mío para indicar hasta que punto se apunta cuidadosamente con referencias temporales el desarrollo de la acción. *Reverso*, pp. 37-38

"ayer" o "mañana" son desplazados por "cuando salieron", "cuando se fueron", "luego ya vienen", "luego él se fue a situar". O se apoya directamente en otros elementos que, en la percepción de los narradores, constituyen otros tantos hitos fundamentales en la progresión hacia el desastre: "cuando murió Moctezuma", "entonces se difundió la epidemia".[1] El tiempo aparece codificado en términos del avance del invasor y de etapas de progresión hacia la derrota. Es esa codificación particular lo que crea la impresión de un tiempo fijado a pesar de la progresión, inmóvil a pesar del movimiento incesante.[2] Es el tiempo de la depresión del que habla Kristeva. El tiempo en el que el trauma producido por un sufrimiento excesivo se fija en un momento simbólico: la derrota, que tiende a bloquear cualquier horizonte o perspectiva. El constante movimiento referencial de la temporalidad hacia la acción subraya dos elementos fundamentales de la experiencia sobre la que se va a ir reconfigurando la subjetividad del vencido. En primer lugar expresa la ruptura radical e irrevocable de toda continuidad con la propia historia y con el propio pasado. No hay continuidad entre el orden temporal, que capturan minuciosamente la recitación de los anales y la explicación oral de los códices, y "este tiempo"[3] que se instala en la derrota bloqueando todo acceso dinámico a la realidad exterior y al mundo anterior. En segundo lugar, indica la absoluta pérdida de control —en relación con el referente absoluto de la catástrofe— sobre un presente y un futuro en los que el invasor se percibe como figura de control absoluto sobre el propio destino.

No termina aquí el juego complejo de la expresión de la temporalidad en la *Relación anónima*. Irónicamente ese sistema de referencias temporales específicas que se ve desplazado por el tiempo subjetivo de la depresión en la mayor parte de la narración de los acontecimientos que culminan en la derrota, y también de los que la siguen, reaparece con una función muy específica en la narración de la derrota misma, que es, para la subjetividad desolada y traumatizada del vencido, lo inenarrable por excelencia.

En el texto, la derrota es una elipsis insoslayable, una ausencia cuyos contornos delinean toda una serie de opciones estilísticas y representacionales. Este es el texto que narra la batalla decisiva y la derrota:

> Así las cosas, finalmente, contra nosotros se disponen a atacar. Es la batalla. Luego
> llegaron a colocarse en Cuepopan y en Cozcacuahco. Se ponen en actividad con sus dardos de
> metal. Es la batalla con Coyohuehuetzin y cuatro más.

---

[1] *Reverso de la Conquista*, pp. 43-44.
[2] Aunque, claro, hay otras referencias ocasionales a otro tipo de cronología: "estuvieron allí cuarenta días", pg. 44, o : "por espacio de diez días", pg.45.
[3] Ibidem, pg. 45.

Por lo que hace a las naves de ellos, vienen a ponerse en Texopan. Tres días es la batalla allí. Vienen a echarnos de allí. Luego llegan al Patio Sagrado: cuatro días es la batalla allí.

Luego llegan hasta Yacacolco: es cuando llegaron acá los españoles, por el camino de Tlilhuacan.

Y eso fue todo. Habitantes de la ciudad murieron dos mil hombres exclusivamente de Tlatelolco. Fue cuando hicimos los de Tlatelolco armazones de hileras de cráneos (tzompantli). En tres sitios estaban colocados estos armazones, en el que está en el Patio Sagrado de Tlilancalco (casa negra). Es donde estan ensartados los cráneos de nuestros señores (españoles).

En el segundo lugar que es Acacolco también están ensartados creaneos de nuestros señores y dos cráneos de caballo.

En el tercer lugar que es Zacatla, frente al templo de la diosa (Cihuacóatl) hay exclusivamente creaneos de tlatelolcas.

Y así las cosas, vinieron a hacernos evacuar. Vinieron a estacionarse en el mercado.

Fue cuando quedó vencido el tlatelolca, el gran tigre, el gran águila, el gran guerrero. Con esto dió su final conclusión la batalla.[1]

"Es la batalla" anuncia desde el primer párrafo una narración que nunca llega. La misma expresión se repite tres veces en los dos primeros párrafos iluminando con claridad creciente una misma realidad: la expresión que anuncia el inicio del discurso —la narración de la derrota definitiva— es en realidad su fin. Nada puede añadir el texto al enunciado del objeto que simboliza el trauma mismo de la derrota. El espacio textual que corresponde a la presencia de ese objeto declarado de la narración está vacío. En sus márgenes se agolpan elementos que intentan evocarlo indirectamente en el texto, delineando sus contornos. En esta función se inscriben las referencias temporales precisas que, sorprendentemente, detalla el texto, súbitamente interesado en la duración. La duración: "tres días", "cuatro días", indica en el texto el objeto ausente y se substituye reiteradamente a la narración imposible. Su expresión no tiene una función temporal ni comunica una vivencia de una temporalidad precisa. Indica figurativamente el trauma, delimitando el vacío de su narración imposible. Las referencias, en la narración, al tiempo transcurrido son como huellas que verifican la existencia real, fuera del texto, de lo que el discurso mismo no puede convocar.

El desplazamiento de la función representacional del discurso del trauma que articula este texto por la función figurativa —o indicativa— se confirma en la segunda parte de la narración de la derrota. "Y esto fue todo", declara el texto, clausurando un espacio discursivo que nunca ha llegado a abrir, y abriendo un segundo intento, igualmente imposible, de

---

[1] *Reverso de la Conquista*, pp. 52-53.

capturar el trauma por el discurso. La estrategia es ligeramente diferente pero igualmente indirecta. La derrota se evoca por sus efectos —las muertes de dos mil hombres— que se indican con las hileras de cráneos ensartados en armazones de madera. En Tlatelolco, en Acacolco, en Zacatle. Pero la figura que componen esas hileras de cráneos, como la que trazaban las ruinas del templo de Netzahualcoyotzin y como la que configura el texto mismo, no captura el objeto en la representación sino que indica su ausencia en el discurso, un discurso del trauma que sólo puede articularse *en torno* a él, acumulando en las márgenes del vacío dejado por su ausencia central indicaciones, rastros, huellas.

El efecto real de la derrota es la aniquilación del sujeto a través de la experiencia intolerable del colapso de su mundo. Ese es precisamente el trauma desde el cual deberá reconstruir su subjetividad y articular un nuevo discurso. El texto expresa ese aniquilación simbólica de forma clara y precisa. De entrada desaparece completamente la primera persona que había ido indicando al sujeto colectivo en toda la narración anterior. La acción no le pertenece, ni le pertenece el control de una historia de la que el invasor lo ha expulsado. Todos y cada uno de los verbos que evocan la acción que va indicando el progreso hacia la destrucción tienen a los españoles por sujeto: ellos son los que "se disponen a atacar", "vienen a ponerse", "vienen a echarnos", "vinieron", "llegaron", "vinieron a hacernos evacuar". Suya es la iniciativa, suyo es el control, suyo es el poder. El sujeto colectivo de primera persona y su acción no aparecen, pero se indican desde las márgenes en una descripción sorprendente: "Fue cuando *también* lucharon y batallaron las mujeres de Tlatelolco lanzando sus dardos. Dieron golpes a los invasores; llevaban puestas insignias de guerra; las tenían puestas. Sus faldellines tenían arrmangados, los alzaron para arriba de sus piernas para poder perseguir a los enemigos"[1] "También" es el punto de enlace en el texto entre una violencia —la de las mujeres— que se narra por no involucrar directamente al sujeto narrativo, y otra que solamente se indica: la lucha feroz e inútil de los guerreros mexicanos responsables de la derrota. Pero no totalmente responsables. Porque la derrota misma no se circunscribe, en el texto, al poder de los españoles: "Y *esto fue todo...fue cuando quedó vencido* el tlatelolca, el gran tigre, el gran águila, el gran guerrero. Con esto *dio su final conclusión* la batalla."[2] Las tres locuciones verbales distancian deliberadamente la conclusión de la batalla de la voluntad del español, convocando, al igual que en el canto triste, una voluntad más alta, un destino que explica, más que cualquier relación de fuerzas entre españoles y mexicas, el fin del imperio.

Hay en toda la evocación de la derrota un solo verbo y una sola acción que le pertenece al Tlatelolca, al gran tigre, al gran águila, al gran guerrero que convoca en otros lugares del texto la primera persona del plural: la construcción de las armazones de hileras de

---

[1] *Reverso,* pg. 53. El subrayado es mío.
[2] Ibidem. El subrayado es mío.

cráneos: "Fue cuando hicimos armazones de hileras de cráneos" recuerda el texto. La imagen de esas armazones hechas de hileras de cráneos indica visualmente la derrota innombrable. Pero, a la vez, la acción indica la apertura simbólica de un espacio que prefigura el espacio discursivo que reclamará para si el vencido, desde este texto mismo hasta los de los cronistas indígenas como Tezozomoc, Ixtlilxochitl y Chimalpain entre otros. Es cierto, proclaman las elipsis del texto, que el vencido ha perdido la iniciativa, la acción y el imperio. Pero hay un espacio —el que simbolizan esas hileras que configuran los armazones de cráneos indicando una realidad histórica y subjetiva propia — que todavía les pertenece. Las hileras de cráneos se ordenan como signos, como palabras en la frase, apuntando a un orden simbólico que se va a levantar sobre el trauma y la pérdida en un espacio específico: el del discurso.

La vivencia irrepresentable del trauma de la conquista se expresa en la narración elíptica de sus batallas definitivas. Y se evoca con extraordinaria intensidad poética en el *Canto triste* que la sigue en el orden del texto. Pero, a partir de esa vivencia demoledora, el discurso del vencido se va a ir afirmando en el texto de la *Relación* articulando una primera devastadora crítica de la conquista. No se trata de una presentación analítica sino del recuento desapasionado de un sujeto narrativo que se disocia emocionalmente de los acontecimientos, seleccionando los elementos que marcan para él los hitos simbólicos de la liquidación definitiva de su mundo. Las imágenes de dispersión se multiplican, convocando una y otra vez la desintegración del mundo azteca que sigue a la derrota "hasta allá llegó la batalla. Luego fue la dispersión, no más por las cuestas estan colocadas las gentes. El agua está llena de personas; los comienzos de los caminos estan llenos de gente… el pueblo… por todos los rumbos se esparció; por todos los pueblos vecinos se fue a meter… En un año 3—Casa fue conquistada la ciudad. En la fecha en que nos esparcimos fue… un día 1—Serpiente".[1] La expulsión de su mundo y el exilio en su propia tierra definen en el texto la situación del vencido en ese proceso de desintegración. El retorno al pasado y la recuperación de su mundo son opciones que quedan ya cerradas para siempre: "Y decid a los señores principales de Tlatelolco: ya en Tenochtitlán nadie ha de establecerse, pues es la conquista de 'los dioses', es su casa. Marchaos."[2] Y la experiencia de la depresión radical del exilado se vive como segunda muerte: "por esta causa están afligidos los principales y de eso hablan unos con otros: ¡Hemos perecido por segunda vez!"

Pero, paralelamente, el texto va apuntando con gran lucidez los elementos que configuran simbólicamente el nuevo espacio en el que le ha tocado vivir después de la conquista, el orden del invasor. Es un cuadro estremecedor que combina la vejación de las mujeres con la búsqueda desenfrenada de riquezas: "y por todos los lados les hacen rebusca

---

[1] *Reverso*, pp. 56-7
[2] Ibidem, 59.

los cristianos. Les abren las faldas, por todos lados les pasan la mano, por sus orejas, por sus senos, por sus cabellos". A partir de ahí la codicia del español se va reiterando como el puntal más firme del nuevo orden. Es esa codicia la que reduce a los nativos a la miseria y la que provoca la violencia que culmina en la tortura y muerte de Cuauhtémoc y del sumo sacerdote de Huitzilopochtli. Una violencia que desafía la comprensión del narrador, que a veces renuncia en el texto a toda causalidad, optando por le simple yuxtaposición como forma de narración dominante: "Quieren hacerlos hablar. Fue cuando le quemaron los pies a Cuauhtemoczin. Cuando apenas va a amanecer lo fueron a traer, lo ataron a un palo, lo ataron a un palo en casa de Ahuizotzin en Acatliyapacan. Allí salió la espada, el cañón, propiedad de nuestros amos". O que otras veces le obliga a echar mano del léxico mismo del invasor para narrar unos mecanismos que no comprende, como en la narración de la tortura y muerte del sacerdote: "fue en esta ocasión cuando murió el sacerdote que guardaba a Huitzilopochtli. Le *habían hecho investigación* sobre donde estaban los atavíos del dios".[1] Los otros puntales del nuevo orden son la usurpación de las tierras y la esclavización de la población como mano de obra: "En cuanto a los españoles, cuando han llegado a Coyoacán, de allí se repartieron por los diversos pueblos, por dondequiera. Luego se les dieron los indios vasallos en todos esos pueblos. Fue entonces cuando se dieron personas en don, fue cuando se dieron como esclavos".[2]

El orden del invasor se solidifica con la liquidación implacable de toda resistencia y de todo liderazgo indígena que no se someta sin condiciones a los conquistadores o que amenace de cualquier forma su autoridad: "Allá ahorcaron a Macuilxochitl, rey de Huitziliopochco. Y luego al rey de Culhuacan, Pizotzin. A los dos allá los ahorcaron. Al Tlaacatécatl de Cuauhtitlán y al mayordomo de la casa negra los hicieron comer por los perros. No más ellos vinieron a entregarse. Nadie los trajo. No más venían trayendo sus papeles con pinturas".[3] Con este último punto el esbozo de los ejes de articulación centrales del orden colonial está completo. El documento concluye después de apuntar brevemente las etapas de la expansión geográfica de ese modelo por todo el imperio, detallando su liquidación completa.

Frente al tiempo inmovilizado del trauma de la derrota y el silencio del colapso simbólico que ésta llevó consigo, los narradores de la *Relación anónima* optan por la resistencia. Una resistencia que se concreta en el esfuerzo tremendo de intentar la recuperación de las señas de la propia identidad en el rastreo del proceso de la propia destrucción. Y que marca el reingreso, por la palabra, al espacio histórico, a la temporalidad reanudada de la narración de la organización de la colonia. Pero la historia a la que la palabra les da un cierto

---

[1] Ibidem, pp. 57, 59 y 60. El subrayado es mío.
[2] Ibidem, 60.
[3] Ibidem, 61.

acceso simbólico no les pertenece, y la temporalidad es la temporalidad del vencido. Es el tiempo de la depresión y de la melancolía, el que no se mide por días, por años o por un progreso hacia un horizonte que aparece bloqueado para siempre por la derrota sino por la enumeración reiterada de los hitos de la desgracia: muertes, vejación, desposesión, violencia, esclavitud.

Desde el primer canto triste, que configura una primera expresión de la subjetividad del vencido, y el segundo, que puntualiza la realidad histórica del espacio simbólico de reconstrucción de una subjetividad aniquilada por la derrota caracterizándolo como espacio subalterno controlado por el invasor, hasta la *Relación anónima* que llega ya a esbozar una primera crítica del orden colonial desde la percepción del vencido, el tríptico que componen los textos que acabo de examinar ilumina los elementos centrales que articulan ese grado cero del desarrollo de la conciencia y del discurso del vencido. En ellos apuntan ya algunas de las direcciones en las que se va a desarrollar la escritura de los cronistas indígenas a partir de la conquista y se definen algunas de las funciones más constantes de esa escritura. Son textos que buscan la comunicación desde lo que John Joseph Matthews llama "la soledad del perfecto malentendido"[1] entre americanos y europeos, vencedores y vencidos. Son textos que se articulan en torno a una ausencia central: el vacío del trauma, en un esfuerzo de reconstruir simbólicamente un mundo perdido a través de los signos de una escritura que no les pertenece totalmente pero que adoptan intuyendo que "su única posibilidad de sobrevivir pasaba por la adopción del universo de símbolos del hombre blanco".[2] Son creaciones literarias que indican la presencia del trauma en la ausencia misma del objeto de la representación y que articulan mecanismos que, en su economía prosódica, la interacción de sus elementos y su simbolismo implícito constituyen una fiel representación de la batalla del sujeto con el colapso simbólico.[3] Es en ese sentido que los considero el grado cero del discurso del vencido.[4] Estos textos que marcan el ingreso del vencido a un nuevo ámbito del discurso —cualitativamente distinto, como se verá, de los procesos y opciones discursivas tanto orales como escritas anteriores a la conquista— anclan el discurso del vencido, el origen mismo de su enunciación en el lugar simbólico del trauma, y esbozan los inicios de una problemática que contiene claves

---

[1]John Joseph Matthews, *Wah'kon-Tah*, Norman, U. Press of Oklahoma 1932, pg. 88. citado por Elaine Jahner en "History and the Imagination of Loss" en *Storia americana*, vol. 5, n. 1, 1988, pg. 147. Para Jahner ese malentendido ilumina "the general level of understanding between American Indians and European immigrants".

[2] Matthews, citado por Jahner en pg. 157.

[3] Estoy aquí parafraseando a Kristeva en su discusión de la creación estética y del discurso religioso en *Black Sun*, pg. 24

[4] Aunque también correspondan al grado cero de la interacción escritura—oralidad del que habla Antonio Cornejo Polar, quien sitúa ese grado cero en el dialogo entre Atahualpa y el padre Valverde en Cajamarca. *Escribir en el aire*, pg. 26. También se relacionan con el grado cero de la literatura alternativa de Martin Lienhard.

fundamentales para el desarrollo posterior de toda escritura autóctona. Constituyen el grado cero de una escritura que se articula en torno a una serie de cuestiones fundamentales que se irán explorando desde una vivencia fundamental: la de la pérdida del propio mundo y de la propia identidad. Frente a esa doble pérdida el texto se constituye como espacio de exploración a través del artificio de los signos de aquello mismo que se ha perdido, y también como ritual de neutralización de la pérdida misma.[1]

La exploración comienza con el sujeto mismo. En la experiencia atroz de la conquista el sentido de la propia identidad y de la propia historia se desvanecen, y la subjetividad del vencido se desmorona: "¿Adónde vamos amigos? ¿Luego fue verdad? el humo se está levantando, la niebla se esta extendiendo… ". En medio del humo y la niebla de la confusión de signos que siguió a la derrota, estos textos abren un primer espacio simbólico para la constatación de la catástrofe y para la búsqueda de las señas de identidad de una subjetividad nueva. Y delinean, simultáneamente, el espacio al que aparecen circunscritas todas las opciones de esa redefinición: la del esclavo, la de la víctima, la del desposeído, la del exilado.

El recuerdo y la recreación del pasado no forman parte de estos primeros textos; no son opciones viables en una situación en la que el tiempo detenido del trauma reciente (apenas habían transcurrido cinco años desde la pérdida de Tenochtitlán) bloquea igualmente el pasado y el porvenir. Pero sí lo es ya en la *Relación anónima* la exploración de las condiciones de reconstrucción de una subjetividad y una cultura a partir de la crítica del nuevo orden. A la perplejidad inicial del primer canto triste sigue en la *Relación* el inventario lúcido de las nuevas condiciones de existencia y el recorrido simbólico por los puntos de articulación de un orden colonial: explotación, violencia, usurpación, robo, vejación, esclavización, represión implacable.

El trauma de la pérdida del propio universo en la derrota se conjuga con la realidad histórica de un orden económico, social y político que se apoya sobre la degradación del vencido, cuando no en su liquidación total, configurando el horizonte mental y delimitando las opciones de la subjetividad del vencido y el espacio posible para su redefinición de una identidad personal y colectiva. En relación con ambos polos se revelan ya en estos primeros textos las funciones centrales del discurso. En el discurso y por el discurso se crea el espacio que permite desplazar el vacío del trauma —el silencio inicial— por la coherencia de los signos: el texto. Es un desplazamiento fundamental por dos razones. En primer lugar porque permite, en el desplazamiento de pérdida por signo, de experiencia por lenguaje, una primera neutralización del trauma de la pérdida misma. Y, en segundo lugar, porque ese desplazamiento del silencio por la palabra, del vacío por el texto, es la condición necesaria no

---

[1] Véase la discusion de Kristeva de equivalentes simbólicos en *Black Sun*, pg. 23.

sólo para la enunciación de un nuevo discurso sino también para la reconstrucción de una nueva subjetividad.

Es en y por el discurso donde el sujeto puede reconocerse de nuevo en una dinámica en la que el lenguaje funciona como el sistema de significantes que le permite al sujeto que habla crearse y recrearse incesantemente frente a una realidad histórica que lo condena y niega como tal.[1] Cada uno de los cráneos que detalla la *Relación* es un signo que significa una vida y una historia. Ensartados en hileras indican la pérdida innombrable, pero también prefiguran el orden de otro sistema de signos: la escritura que, como ellos, puede crear y proyectar figuras. La de la derrota se concreta en la armazón de cráneos. La de un pasado que se construye y recrea en intento siempre renovado de llenar el vacío, dejado por la ausencia y la destrucción, con la continuidad tangible y reconfortante del discurso se delinea y multiplica en las narraciones de los cronistas indígenas. El primer desplazamiento del trauma en y por el discurso prefigura otro desplazamiento fundamental en los escritos de los cronistas nativos: el de la pérdida irrecuperable del propio mundo, de las señas de la propia identidad y de la propia historia por la reconstrucción textual de la memoria y del pasado. Una memoria y un pasado que se irán articulando de forma cada vez más compleja como repositorio simbólico de las claves de la propia identidad.

El lugar simbólico de ambos desplazamientos es la escritura. Es un lugar problemático para todos los cronistas nativos porque se sitúa en una doble encrucijada: la de la oralidad con la escritura, y la de las tradiciones autóctonas con la nueva autoridad de la tradición cultural europea.[2]

Existían tradiciones escripturales en la América precolombina, en Mesoamérica y entre los Incas. Y eran tradiciones que combinaban las prácticas discursivas orales con las escritas, asignando funciones muy específicas a cada una de ellas. La escritura nahua, por ejemplo,[3] utilizaba distintos tipos de glifos para representar aspectos distintos de la tradición o de la

---

[1] Véase Kristeva, *Language the Unknown*: "language as a signifying system in which the speaking subject makes and unmakes itself", pg. 265. Este concepto del lenguaje y su relación con la subjetividad está en la base misma de gran parte de la teoría del psicoanálisis. Es también la que le permite a Lacan afirmar, refiriéndose a Freud: "If he taught us to follow the ascending ramifications of the symbolic lineage in the text of the patients free associations, in order to map it out at the points where its verbal points intersect with the nodal points of its structure, then it is already quite clear that the symptom resolves itself entirely in the analysis of language, because the symptom is itself structured like a language, because it is from language that speech must be delivered". Lacan, "The Function and Field of Speech," in *Ecrits: A selection*, Alan Sheridan, New York, Norton, 1977. Pg. 59.

[2] Antonio Cornejo Polar subraya el carácter particular de esos textos como espacios lingüísticos de intersección de discursos y universos socioculturales diversos. Y Martin Lienhard señala en su naturaleza híbrida las huellas de una confrontación entre oralidad y escritura. Ambos desarrollan extensamente y de forma sumamente esclarecedora la discusión de la problemática oralidad-escritura en sus obras ya citadas.

[3] Lienhard hace extensivo el análisis de la escritura nahua a las demás escrituras elaboradas en Mesoamérica. *La voz y su huella*, pp. 12 y ss.

historia: glifos numéricos para referencias a cifras, calendáricos para fechas, pictográficos (representación de objetos), ideográficos (representación de ideas), y fonéticos: representación de sonidos silábicos y alfabéticos.[1] Pero dentro de la cultura nahuatl, y a pesar de las posibilidades de representación que la combinación de todos estos glifos diversos encerraba, la escritura no tenía una autosuficiencia similar a la de la tradición europea. Su función fundamental era el trazar cuadros esquemáticos fundamentales que servían de guía y apoyo a la recitación oral de una memorización sistemática de historia y tradiciones.[2] La narración oral y la escritura se complementaban en una misma operación de preservación de la memoria colectiva. Así ilustra con toda claridad su relación un antiguo poema nahuatl:

> Yo canto las pinturas del libro,
> lo voy desplegando,
> soy cual florido papagayo,
> hago hablar a los códices,
> en el interior de la casa de las pinturas.[3]

Y esa interdependencia oralidad-escritura es uno de los factores que explican la rápida desaparición de las escrituras autóctonas después de la conquista: "Huérfanas de voz —dice Lienhard— las escrituras autóctonas (tradicionales o adaptadas) dejan, textualmente, de tener sentido".[4]

El uso de la escritura, y su elección como forma de afirmación de la propia existencia a través de la reconstrucción de la memoria por esos vencidos que habían comprendido que la única posibilidad de inmortalidad pasaba por la adaptación al sistema simbólico de los europeos, no puede verse como una solución de continuidad en relación con las tradiciones autóctonas de la escritura. Revelan la adopción de estrategias de preservación de la memoria por encima de la muerte y de la destrucción causada por la conquista. E implican necesariamente el ingreso a un discurso que, por razones emocionales tanto como lingüísticas es como una máscara— "una hermosa máscara construida en una lengua extraña".[5]

---

[1] Véase Miguel Leon Portilla, *Los antiguos Mexicanos*, FCE, México, 1978.
[2] Parecida función tenía entre los incas el "kipu", o escritura de nudos andina. "Todo indica, como lo subrayan Scharlau/Müzel, que este instrumento andino no desempeñaba en el contexto de la "historiografía" sino un papel de auxiliar mnemotécnico altamente sofisticado", dice Lienhardt en op. cit., pg. 16.
[3] *Cantares mexicanos*, versión de Miguel Leon Portilla en *Antiguos Mexicanos*, pg. 64.
[4] Op. cit., pg. 35.
[5] Kristeva en su análisis de la relación, muy pertinente para el contexto de la conquista, entre depresión, melancolía y lenguaje. La cito aquí porque la frase unifica en relación con las opciones de la escritura para los cronistas nativos dos vertientes complementarias: la lingüística-simbólica (alfababeto-lengua) y la emocional-subjetiva: escribir desde el trauma, la depresión y la melancolía. *Black Sun*, pp. 53-55.

La elección de la escritura y de opciones estratégicas lingüísticas y representacionales particulares tiene —no hay que olvidarlo— un contexto histórico específico en el que las opciones no son precisamente ilimitadas. Lienhard resume ese contexto y el cuadro de opciones que configura situándolo en el origen mismo de la literatura latinoamericana: "La destrucción del sistema antiguo, basado en una articulación equilibrada entre palabra archivadora y palabra viva, y la imposición arbitraria de un nuevo sistema en el cual el predominio absoluto de la 'divina escritura europea' relega a la ilegalidad las diabólicas 'escrituras antiguas', marginando al mismo tiempo la comunicación oral, constituirá el trasfondo sobre el cual surge la literatura 'latinoamericana'". [1] Contra ese trasfondo las crónicas indígenas mesoamericanas adoptan la forma exterior de relaciones historiográficas que combinan —como se verá más adelante— elementos autóctonos y europeos en la narración de la historia prehispánica de distintos pueblos: Texcocanos, Tlatelolcas, Tenochcas. Pero, bajo ese propósito declarado y evidente, los cronistas indígenas articulan unos textos que revelan y desarrollan un proyecto infinitamente más complejo que la simple recopilación de fechas, genealogías y acontecimientos que van detallando las relacióne. Los textos se dejan, por supuesto, leer a ese nivel más superficial, y es precisamente la reducción de los textos a ese nivel lo que ha provocado algunas de las lecturas mas simplistas, erróneas y negativas de esas crónicas.[2] Ese acercamiento se centra en una función del discurso que es fundamental en la historiografía europea del mismo período: la representacional. Pero ignoran otra que es precisamente la función fundamental del discurso historiográfico de los cronistas nativos: la figurativa. Esta función es la que aquí —como en las narraciones orales y escritas de los indios de Norteamérica, según Vizenor— configura un texto que indica más de lo que *representa*. Un texto que es como un rastro. En palabras de Jahner y Vizenor un texto *huella* ("footprint") . Pero en cuanto a la función de ese discurso y su relación con la narración puntualiza Jahner: "Footprints are not the sought-after presence; they are mere traces of what is absent. As trace they cannot be captured or controlled; they can simply point. They keep on moving onward, following visual signs in order to migrate through time and space".[3]

El reconocimiento de la función indicativa del discurso como función dominante en esos textos figurativos que adoptan la forma de narraciones historiográficas no revela únicamente el sentido real de su evocación del pasado, ausente ya para siempre. Ilumina, en primer lugar, el carácter específico de esos textos como textos transicionales, es decir, entendidos como textos en los que el acto de escribir es simultáneamente desarrollo de una

---

[1] Op. cit., pg. 26.

[2] Como la que induce a Germán Vázquez a hablar de la "mal cortada pluma" de Alvarado Tezozomoc, su introducción a *Orígenes de los mexicanos*, Madrid, Historia 16, 1987.

[3] Agradezco a Elaine Jahner que me permita citar fragmentos como éste de su último manuscrito inédito, pg. 28.

tradicion imaginaria e intento de ingreso a un nuevo orden cultural.[1] Y también ilumina otras funciones igualmente importantes. La narración historiográfica configura un espacio simbólico que enlaza con y prolonga el de los primeros cantos tristes de la conquista y la *Relación anónima*. Pero hay diferencias importantes. El texto de los primeros configura un espacio simbólico de verificación de la catástrofe, de constatación del trauma y de neutralización del vacío vertiginoso de la pérdida a través de la simple afirmación de la propia existencia. Los textos de los cronistas, por otra parte, configuran un espacio simbólico de recuperación y de resolución de algunas de las contradicciones insolubles desencadenadas por el proceso de la conquista y por la irrevocabilidad de la derrota. En ese sentido abren una dimensión especulativa y discursiva que estaba del todo ausente en los textos más tempranos: la utópica.

La figura de la armazón de hileras de cráneos prefigura el discurso y la escritura como lugar de elección para la verificación de lo inenarrable, la afirmación de la existencia de una realidad borrada por la derrota, y la reconstrucción, a través de la palabra, de una identidad personal y colectiva. Pero la elección misma de la escritura por parte de los cronistas indígenas como instrumento de autoafirmación y preservación tiene implicaciones que quiero señalar brevemente. La escritura de las sociedades americanas prehispánicas no fue nunca un medio popular ni democrático. Fue siempre el privilegio de una casta. En la literatura antigua nahuatl se les llamaba *tlamantini* (sabedores de cosas) y *amoxhuaque* (poseedores de códices) y eran los depositarios de la sabiduría de la tradición y de la memoria histórica colectiva. Fernando Alva Ixtlilxochitl recuerda en una de sus descripciones el grado de sofisticación y especialización que definía las funciones distintas de los "escritores" miembros de esa élite intelectual y moral entre los mexicas: "... Tenían por cada género sus escritores: unos que trataban de los anales... otros tenían a cargo las genealogías y descendencias de los reyes y señores y personas de linaje... Unos tenían cuidado de las pinturas... de las ciudades, provincias, pueblos y lugares y de las suertes y repartimientos de las tierras... otros de los libros de las leyes, ritos y ceremonias; ... y los sacerdotes de... doctrina idolátrica y de las fiestas... y los filósofos y sabios estaba a su cargo el pintar todas las ciencias".[2] En tanto que monopolio de una casta privilegiada la escritura era instrumento y signo de poder. [3]Pero su función no estaba ligada a los procesos de dominación y de apropiación de forma tan directa como la escritura occidental dentro del marco de la conquista y colonización de América. Su

---

[1] Jahner, "Transitional Narratives and Cultural Continuity" en *Boundary 2*, pg. 148.
[2] *Sumaria relación de la historia de esta Nueva España*, en *Obras Completas*, ed. Edmundo O'Gorman, México, UNAM, pg. 527.
[3] "En todas las sociedades provistas de sistemas de notación —señala con razón Lienhardt— el documento escrito representa un poder". *La voz...*, pg. 25.

función era fundamentalmente archival: preservación de la tradición y de la historia, y autorización del orden social y de sus usos.

La escritura europea, por otra parte, se definió en América como algo cualitativamente distinto. Los elementos que hicieron posible esa redefinición formaban parte de toda la tradición occidental desde la Grecia antigua hasta el Renacimiento. Pero, en el contexto de la conquista, se activaron dos componentes que delimitaron su función y acentuaron su relación directa con un poder tangible. Se democratizó, en el sentido de que sería utilizada por un espectro social más amplio que en Europa, donde hubiera sido altamente improbable que un soldado como Bernal Díaz escribiera una Historia o que Pedro de Castañeda y Nájera o Lope de Aguirre hubieran escrito jamás una linea. Y se especializó, convirtiéndose por una parte en instrumento directo y fundamental de adquisición de poder económico, social o político; y, por otra, de legitimación y autodefinición (piénsese, por ejemplo, en las *Cartas de Relación* de Hernán Cortés, que combinan magistralmente ambas funciones), como vehículo insustituible de comunicación con la autoridad y con la cabeza lejana del imperio. La escritura tiene en ese contexto de conquista el poder único de transformar, por dar sólo dos ejemplos, la exploración fallida de Alvar Núñez en triunfo moral, y la rebelión de Cortés en servicio ejemplar a la corona.

Este poder tangible y real de la escritura, que en una proliferación creciente de testimonios, probanzas, relaciones y alegatos va marcando fortunas, recompensas y privilegios, se acompaña de otro aspecto que refuerza todavía más su redefinición como símbolo, intrumento y extensión del poder: su autoridad. Una autoridad que, desde el ininteligible Requerimiento cuya lectura señala el comienzo del ataque, hasta el libro sagrado que Atahuallpa escucha perplejo antes de arrojarlo, iniciando la debacle de Cajamarca, aparece directamente asociada, a los ojos de los americanos, con la presencia del texto escrito.

Se ha señalado antes que "la escritura en los Andes no es sólo un asunto cultural; es además, y tal vez sobre todo, un hecho de conquista y de dominio".[1] La reflexión vale también para Mesoamérica y otras zonas conquistadas, donde la escritura del invasor funciona desde el principio y de forma consistente como símbolo del poder y como signo de dominación y toma de posesión.[2] En ese contexto preciso la elección de la escritura por parte de los cronistas indígenas tiene implicaciones particulares. El ámbito textual que prefiguran las hileras de cráneos que indican la derrota se convierte primero en el espacio simbólico de exploración de la derrota y de afirmación de la propia existencia frente al vacío del trauma . Y, más tarde, en el espacio de recuperación del pasado y de reconstrucción de la propia

---

[1] Cornejo Polar. Op. cit., pg. 39.
[2] Recuérdese la descripción que hace Motolinía en su *Historia* de las caras de los esclavos cubiertas de las letras con que las habían ido herrando sus amos sucesivos, como ilustración gráfica de esta conexión.

identidad. Su elección indica la voluntad de ingreso en un nuevo orden cultural. Pero, sobre todo, la elección de la escritura es el gesto que marca el reingreso en la historia a través del acceso al poder discursivo y a la legitimidad.

No es una opción entre muchas otras posibles. Es una de las muy pocas que le están abiertas al vencido. Su elección abre posibilidades, pero a la vez comporta restricciones e impone a los nativos condiciones muy distintas a las que acompañaron el ejercicio de la escritura entre los vencedores. Importa señalarlas no para subrayar, una vez más, la desigualdad entre vencedores y vencidos o la injusticia de todo el proceso, sino para dar un contexto específico a toda una serie de rasgos morfológicos y estilísticos, de opciones textuales y estrategias narrativas que van a ir configurando las crónicas de los cronistas indígenas. El ejercicio de la escritura ajena —la "lengua extraña" de Kristeva— se levanta para el vencido sobre la destrucción de la propia: "La irrupción de la cultura gráfica europea fue acompañada por la violenta destrucción de los sistemas antiguos. Los europeos convencidos, por su propia práctica, de la existencia de un vínculo órganico entre la escritura y un sistema ideológico, no tardaron, en efecto, en considerar los sistemas de notación autóctonos como invenciones del demonio, fundador según ellos de las 'idolatrías indígenas'. La destrucción de la supuesta base de las culturas indígenas se les impuso pues como una necesidad urgente".[1] Y se acompaña de una serie de renuncias y de adquisiciones de compromisos en las que se consuma de forma minuciosa y múltiple la colonización del discurso. Esa colonización es desigual y las oscilaciones del discurso revelan, en mayor o menor grado en todos los textos, la presencia de una resistencia más o menos tenaz. Pero las renuncias que fuerza la adopción de la escritura del vencedor son, en todos, la condición misma de acceso al ámbito del discurso. Incluyen el abandono del sistema de notación de glifos que sustentaba en la tradición prehispánica la narración conjugada de oralidad y escritura. Y la adopción necesaria del alfabeto latino. Incluye, muy pronto, la adopción de la lengua del invasor y el abandono de la propia. La traducción del nahuatl al castellano es la única alternativa posible, y es peor, porque deja todo el control del texto en manos de los traductores. Incluye la adopción de las formas estilísticas y retóricas de una narratividad ajena, dictada por la conciencia inevitable de la presencia de un público que decide en términos de sus propios códigos lingüísticos y culturales la inteligibilidad del mensaje, su calidad estética y la legitimidad de su narración. Las desviaciones de modelos aceptados se interpretan, desde ese público, como insuficiencias, errores y fallos, y deciden la calidad inferior del texto.[2]

---

[1] Lienhard, op. cit., pg. 26.

[2] Hay que subrayar que esta actitud no desaparece en España con el imperio. Es muy revelador, por ejemplo, comparar el juicio global -muy decimonónico-que le merece la *Crónica Mexicana* de Alvarado Tezozomoc a Orozco Berra con el que expresa Germán Vázquez en su introducción a la edición española del *Códice Rámirez*—a la que ya me referí más arriba— en 1987. Dice así Orozco Berra: "La crónica de Tezozomoc

En ese espacio simbólico que configura la escritura los cronistas indígenas irán articulando un discurso legítimo que se afirma en sus oscilaciones y contradicciones como intento simultáneo de evocación del propio pasado, de recreación de la propia identidad y de recuperación de la propia historia. En la medida en que se constituyen como espacio de resolución simbólica de una contradicción histórica fundamental:

Pasado prehispánico   ~   Presente colonial

Texto

todos estos textos tienen una vertiente utópica.

Pero ¿como se sitúan en la sociedad de la época esos cronistas indígenas? ¿Quiénes, entre todos los vencidos, deciden por la escritura y están en condiciones de hacerlo? Pertenecen todos a una élite colonial. Algunos son descendientes de las grandes familias reales de la nobleza indígena. Tezozomoc, por ejemplo, es descendeinte del último Tlaotani de Tenochtitlán y Alva Ixtlilxochitl del de Tlatelolco. Otros son fruto de matrimonios entre la aristocracia indígena y los conquistadores. Es el caso de Juan Bautista Pomar, hijo de Antonio Pomar y de una hija natural de Netzahualpilli, gobernante de Tlatelolco. Otros deben su posición no tanto a su linaje como a su educación y méritos dentro de la sociedad colonial: el jesuita mestizo Juan de Tovar, traductor del manuscrito anónimo del *Códice Rámirez*, es uno de ellos. Todos ellos mantienen una relación armoniosa con las autoridades coloniales, lo cual implica necesariamente una hábil negociación de diferencias, una capacidad de compromiso y una voluntad de perdurar. Tezozomoc fue funcionario del gobierno colonial. Alva Ixtlilxochitl estudió en el colegio de Sta. Cruz de Tlatelolco, fue intérprete del juzgado de Indias y juez de Tezcoco. Juan Bautista Pomar fue escribano en la ciudad de Tezcoco. Juan de Tovar fue un distinguido lingüista y erudito, miembro de la orden jesuita. Todos ellos narran desde una posición social integrada en el orden colonial y desde una posición ideológica que oscila entre la ortodoxia colonial y el reformismo moderado de unas castas que luchan aún por preservar los privilegios de su linaje y proteger a sus antiguos súbditos. "La historiografía indohispánica y la literatura epistolar o notarial de los caciques y principales constituye,

---

presenta la leyenda en su pristina sencillez; tiene el sabor de las relaciones conservadas desde tiempos remotos por los pueblos salvajes transmitidas de generación en generación con ciertos visos de lo prodigioso y lo fantástico; pinta las hazañas y costumbres de los heroes con cierta elevación unida a la rusticidad que tanto encanta en los personajes de la Ilíada". En *Códice Ramírez*, editorial Innovación, México, 1979, pg. 218. Germán Vazquez, por su parte, resume así la relación entre la perdida Cronica X -de la cual derivaron tanto el *Códice Ramírez* como la *Crónica Mexicana* y esta última: "Este manuscrito (la crónica X) redactado en lengua mexicana inspiró también la *Crónica Mexicana*, una pésima traducción fruto de la mal cortada pluma de Hernando Alvarado Tezozomoc". Op. cit., pg. 11.

cuando existe, uno de los aspectos de una toma de conciencia indígena: la de los que aceptan convertirse en aristocracia indígena colonial, pero no sin exigir una serie de mejoras tanto para sí mismos como para sus súbditos".[1] Sin embargo, bajo la aparente ortodoxia de sus textos, que aplicadamente llaman "idolatrías" a toda manifestación de las religiones del México antiguo, "falsos dioses", "demonios" o "diablos" a los dioses de sus antepasados, "hechiceros" o "brujos" a sus sacerdotes, se revelan a veces las discontinuidades de una resistencia que, desde una posición de aceptación abierta del orden colonial, construye los textos como espacios de redefinición, de negociación y de resolución permanentes. Redefinición del vencido en términos históricos, culturales y sociales. Negociación de una igualdad imposible entre vencedores y vencidos. Resolución de las contradicciones insolubles que oponen radicalmente el mundo prehispánico a la nueva sociedad colonial.

En la elección de la escritura por parte de los letrados indígenas y en la tolerancia y aceptación de esos escritos por parte de las autoridades coloniales convergían dos necesidades muy diferentes. Por parte de las autoridades la de recopilar rápidamente un conocimiento de las tradiciones, usos y costumbres que les permitiese organizar la colonia con la mayor celeridad y eficacia: mecanismos de control, autoridades de gobierno, sistemas de tenencia y reparto de propiedades y tierras, etc. Por parte de los nativos, y de forma inmediata, la voluntad de preservar del olvido la historia, tradiciones y valores de un mundo en proceso de desaparición.[2]

Pero en la proyección utópica de los textos de esas crónicas se revela un complejo proyecto de reinscripción de lo heterogéneo en la ortodoxia más rígida, de figuracion de una identidad cultural divergente en el centro mismo de la intolerancia ideológica del orden colonial. No es sorprendente, por eso mismo, que los textos muestren fracturas,

---

[1] Lienhard. Op. cit., pg. 65.

[2] Y no hay que olvidar que la preservación de la memoria del pasado era considerada un objetivo fundamental ya en el México prehispánico si juzgamos por los cantares que se han conservado. El que cita Miguel León Portilla en Antiguos Mexicanos es sólo un ejemplo de esta preocupación:

> Entonces inventaron la cuenta de los destinos,
> los anales y la cuenta de los años,
> el libro de los sueños,
> lo ordenaron como se ha guardado,
> y como se ha seguido
> el tiempo que duró
> el señorío de los toltecas,
> el señorío de los tepanecas,
> el señorío de los mexicas
> y todos los señoríos chichimecas.

Códice matritense, folio 192 v. "Tal es la relación, pintura dramática de los empeños de un pueblo por no perder la memoria de su pasado", concluye León Portilla. Op. cit., pg. 51.

discontinuidades, contradicciones. El capítulo III de la *Historia de las Indias de Nueva España*, de Fray Diego Durán, nos da la clave de algunos de estos rasgos que recurren en crónicas de autores tan diferentes como Tovar y Tezozomoc. Habla Durán de un fenómeno que provocaba la exasperación de los franciscanos, una vez pasada la euforia inicial de los bautismos multitudinarios: el entrecruzamiento de los ritos paganos con los cristianos. Para los franciscanos este fue el primer indicio del fracaso de su proyecto utópico, la primera indicación contundente del rebrote de las idolatrías y del poder del demonio sobre aquellos últimos gentiles. Pero Durán tiene una percepción mucho más aguda de este estado de cosas. Después de dar una serie de ejemplos de la persistencia y la astucia con la que los indios se las arreglan para hacer converger el ritual pagano con el santoral cristiano, el culto a Dios con el de las divinidades prehispánicas, Durán narra un incidente de importancia fundamental para la comprehensión del horizonte mental desde el cual los nativos iban articulando su percepción de la realidad colonial.

> Reprendiendo yo a un indio, con motivo, de ciertas cosas, y en particular, de que había andado arrastrado, recogiendo dineros, con malas noches y peores días y, al cabo de haber allegado tanto dinero y con tanto dinero y con tanto trabajo hace una boda y convida al pueblo todo y gástalo todo, y así, riñéndole el mal que había hecho, me respondió: 'Padre no te espantes, pues todavía estamos nepantla', y como entendiese lo que quería decir por aquel vocablo y metáfora, que quiere decir 'estar en medio', tomé a insistir me dijere qué medio era aquel en que estaban. Me dijo que, como no estaban aún bien arraigados en la fe, que no me espantase; de manera que aún estaban *neutros*, que ni bien acudían a la una ley o a la otra, o por mejor decir, que creían en Dios y que juntamente acudían a sus costumbres antiguas y ritos del demonio, y esto quería decir aquel en su abominable excusa de que aun permanecían '*en medio y eran neutros*'.[1]

A la explicación de su informante: que las contradicciones, lapsos e interferencias de un sistema cultural —el prehispánico— en otro —el colonial— son un fenómeno de transición, un estar en medio que equivale a no estar en ninguno de los dos lados, contrapone Durán una mucho más exacta. *Nepantla* no es no estar en un lugar ni en otro sino intentar reconciliar dos sistemas culturales incompatibles: el del México antiguo que representan las

---

[1] Fray Diego Durán, *Historia de las Indias de la Nueva España*, Porrúa, México, 1984. Ed. Angel M. Garibay. Tomo I, cap. III, sección 16, pg. 237.

religiones tradicionales, y el de la colonia, representado por la religión católica: "creían en Dios y que *juntamente*, —puntualiza Durán— acudían a sus costumbres antiguas". [1]

La respuesta del informante a las recriminaciones de Durán es una maravilla y revela una lucidez considerable frente a la propia situación en relación con los dos sistemas culturales incompatibles entre los que se mueve a cada instante, desde la derrota, el vencido. Indica una estrategia de relativización de lo más astuto frente a la rigidez extraordinaria de la ortodoxia colonial en cuestiones religiosas e ideológicas. Es también gesto de camuflaje muy hábil que crea, tras la cortina de humo de una metáfora —*nepantla*—, un espacio para la contradicción y la ambigüedad dentro de un sistema ideológico que no tolera ningunas. Pero lo que es particularmente relevante dentro de mi propio análisis es que la introducción de la metáfora del *nepantla* revela el primer punto de articulación de un pensamiento utópico que busca en el tercer término imposible del principio de oposición aristotélico la resolución simbólica de la contradicción insoluble entre el México antiguo y la realidad colonial. Un tercer término que no indica una síntesis ni una zona de resolución intermedia igualmente imposible entre los dos términos enfrentados por la oposición radical. Un tercer término que indica no la resolución de la oposición A~B sino su neutralización en la salida de la serie. Un tercer término —el utópico— que es neutro en el sentido que le da Marin al término, como son neutros esos mexicanos que están *nepantla* según las propias palabras que cita Durán cuando dice que "permanecían en medio, estaban neutros".

La función de los términos "en medio", "neutro" y *nepantla* no es simplemente descriptiva. Son metáforas que indican la instalación del sujeto en el tercer término imposible de toda oposición aristotélica, el término que indica la salida de una serie histórica impuesta por el vencedor. Y que, simultáneamente, indica el ingreso en un espacio simbólico alternativo que se configura desde los modos cognitivos y discursivos del pensamiento utópico. El nepantla no es un espacio histórico por la simple razón de que históricamente es imposible no estar en ninguna parte. Históricamente el sujeto *siempre* está en algún lado. Es un espacio utópico que clausura simbólicamente el espacio histórico enmarcado por los dos términos de la oposición insoluble, creando un ámbito desde el cual el pensamiento utópico del sujeto puede explorar las grandes cuestiones que delimitan su mundo emocional y su horizonte especulativo: la redefinición de la propia identidad, la recuperación del pasado, la reinscripción en la historia. Las mismas cuestiones cuyo control le ha arrebatado el vencedor desde la derrota.

---

[1] Miguel León Portilla desarrolló toda una teoría de: "nepantla" en su *Costumbres en Peligro*, Alianza Editorial, 1976. Lienhardt retoma a su vez el concepto, pero señalando que tal vez se trataba de un fenómeno más aparente que real. *La Voz...*, pg. 117.

La importancia del diálogo que narra Durán es absolutamente fundamental en relación con el análisis de los orígenes del pensamiento utópico entre los vencidos. Existe ya en el momento de la conquista una larga tradición de utopismo en el mundo occidental. Con ella enlaza el pensamiento utópico de los vencedores y toda una producción de discursos utópicos —tanto literarios como políticos— de una riqueza y vitalidad extraordinarias que marcan el principio de una utopía moderna prefigurando su texto paradigmático: la *Utopía* de More. Con esa tradición, en su vertiente religiosa, enlazan los proyectos de evangelización y colonización de las grandes órdenes de predicadores —especialmente la de los franciscanos— y también el pensamiento revolucionario de Bartolomé de las Casas. Por otra parte es posible también rastrear la presencia de elementos utópicos en el pensamiento y las literaturas de la América prehispánica. Y los textos de los cronistas indígenas que se han considerado tradicionalmente más claramente representativos de un proyecto utópico— el Inca Garcilaso, sobre todo, pero también Guamán Poma de Ayala— recogen elementos y ecos que se pueden, a veces, remontar a ambas tradiciones. Pero lo que demuestra la puntualización genial del interlocutor de Durán es que el pensamiento utópico de los cronistas indígenas no es una simple prolongación de la tradición prehispánica ni de la occidental. Es una opción que se abre y que se elige en respuesta a condiciones históricas muy específicas: las de los pueblos vencidos después de la conquista. Es una opción que se ejerce y desarrolla en un contexto histórico en el que se conjugan la destrucción del pasado prehispánico, la usurpación de la historia y del futuro por parte de los vencedores, y los imperativos de una voluntad de preservación y supervivencia que pasa por la neutralización simbólica del vacío creado por el trauma y por la recuperación de las señas de la propia identidad y del propio destino a través de la preservación y reconstrucción de las ruinas y huecos que delinean la figura del mundo perdido, el mapa minucioso de su ausencia.

Tiene razón Durán al pedirle precisiones a su interlocutor, a pesar de que conoce muy bien la traducción literal de *nepantla* al castellano. Porque *nepantla* no es un concepto. Es una metáfora. El texto mismo de Durán ilumina esa diferencia cuando contrapone dos significados contrarios asignándoles el mismo término: el lugar de nada (no estar ni en un lado ni en otro) y el lugar de todo (estar a la vez en dos lugares incompatibles). La yuxtaposición neutraliza la oposición conceptual entre ambos liberando su sentido metafórico: *nepantla* es el lugar simbólico— en estas crónicas indígenas será el discurso mismo— donde la contradicción cesa.

Pero esa metáfora, que indica el punto de salida de la serie histórica y la búsqueda del espacio utópico donde la oposición cesa, marca el punto de partida de tomas de conciencia muy distintas y de articulación de discursos muy diferentes. No es exactamente que algunos nepantlismos sean más reales que otros, ni que algunos sean sólo aparentes (Lienhard). El nepantlismo indica una opción simbólica desde la cual se desarrollan y codifican articulaciones muy distintas del discurso y posibilidades muy diversas de acción.

Se pueden rastrear desde muy pronto las huellas de un pensamiento utópico nativo que parte de ese punto de articulación simbólica en los elementos discursivos y estrategias narrativas que configuran los textos de los cronistas americanos. Voy a centrarme en cuatro textos fundamentales para analizar, no con criterio exhaustivo sino simplemente ilustrativo, las opciones textuales específicas que libera ese nepantla. No sugiero que los textos no se presten a otras lecturas. Lo que propongo es simplemente que al tomar el nepantla como punto de articulación simbólico de un modo específico de concebir sujeto, realidad e historia, se ilumina el sentido múltiple de la narración historiográfica de esos cronistas, liberando una serie de discursos que se veían enmascarados por la coherencia aparente de la progresión historiográfica misma que ordena el texto.

El primero de esos textos es el *Códice Ramírez*. Es un texto elaborado —igual que otras tres grandes obras: la *Crónica Mexicana*, de Alvarado Tezozomoc, la *Historia de las Indias de Nueva España*, de Fray Diego Durán, y la *Historia natural y moral de las Indias*, del padre José de Acosta— a partir de una misma fuente: un manuscrito en nahuatl, escrito hacia 1550 y perdido poco después.[1] Todo en la historia de los lazos que ligan esos cuatro textos entre sí es problemático aunque parece probable que Tezozomoc y Durán compusieran sus respectivas crónicas basándose en el manuscrito original de la crónica perdida. Probable también que Tovar hiciera su traducción al castellano hacia 1578 y que compusiera una segunda versión más completa después de haber leído la *Historia* de Durán. Y que Acosta escribiera su Historia utilizando ampliamente tanto la obra de Durán como la segunda versión de Tovar, que es la que hoy se conoce con el nombre de *Códice Ramírez*. A primera vista el papel de Tovar parece ser el de simple traductor: "el autor de este precioso trabajo parece ser un mexicano de raza pura, quien escribió en su lengua materna. No podemos dar más noticia acerca de este libro sino que fue traducido por el padre Juan de Tovar", declara Orozco Berra.[2] Tovar era un mestizo de Tezcoco, miembro destacado de la élite intelectual de la colonia. Jesuita respetado por su gran conocimiento de las lenguas nativas, maestro en el colegio de San Gregorio y Tepozotlán, y dotado de un talento para la oratoria que le valió el apodo de Cicerón mexicano. Su función en la elaboración del *Códice Ramírez* parece haber rebasado con mucho la de simple traductor que le asigna Orozco Berra. El mismo explica que esta segunda versión es, como lo había sido su original traducción, una obra compuesta a partir de varias fuentes, que incluyen los originales de su primera traducción tanto como la

---

[1] Para el estudio detallado de la historia del manuscrito y de su relación con cronistas posteriores, véanse las introducciones de Orozco Berra y de Germán Vázquez, citadas más arriba.
[2] *Códice Ramírez*, ed. cit., pg. 221.

Historia de Fray Diego Durán.[1] Las diferencias entre su segunda versión y las otras obras derivadas del manuscrito original nahuatl perdido son considerables y no voy a entrar aquí en ellas. Pero, a falta de ese original y a la vista de la descripción de su método de composición que hace Tovar creo que es tan razonable considerarle a él el autor como a Durán autor de su *Historia*.

El *Códice Ramírez* narra la historia de los mexicanos desde sus orígenes hasta la muerte de Moctezuma. Recorre con detalle las etapas fundamentales en la fundación del imperio Azteca, la cronología de sus reyes, las fases de la expansión de sus fronteras y los hitos fundamentales en el desarrollo de su civilización hasta la invasión de los españoles. La narración combina en un sólo texto, cuyo objetivo directo es la preservación de la memoria, funciones que en la tradición prehispánica aparecían separadas. Por una parte, la escritura ocupa el lugar tradicionalmente reservado a la narración oral que complementaba las imágenes de los códices con los detalles de una historia que se aprendía sistemáticamente de memoria en los Calmecac. Por otra parte, organiza sistemáticamente cronologías y linajes, adoptando la función que se reservaba tradicionalmente a los anales. Y, finalmente, llena con descripciones que acumulan imágenes y detalles visuales el vacío dejado por los códices que en el México prehispánico constituían el soporte fundamental de reactivación de la memoria y preservación del pasado.[2]

Pero la selección del material, la importancia relativa que se les concede a distintos elementos de composición, la organización misma de la narración y la proyección mítica de algunos episodios —la fundación de Tenochtitlán, la caracterización heroica de Tlacaellel— abren el texto a una lectura que revela una narración que no es tanto un recuento fiel y detallado del pasado como un esbozo del cuadro simbólico de relaciones que configuraba todo un cosmos: el del México precortesino. La fundación mítica del imperio revela que éste es un cosmos cuya armonía se apoya sobre una correspondencia entre naturaleza y civilización que resume la equivalencia etimológica que establece el texto entre *lugar de los mexicanos* y *lugar del tunal en la piedra:* "Id allá mañana, que hallareis la hermosa águila sobre el tunal y alrededor de él veréis mucha cantidad de plumas verdes, azules, coloradas, amarillas y

---

[1] En una carta dirigida al padre José de Acosta se refiere a las fuentes de la primera versión en estos términos: "El virrey don Martín Enriquez, teniendo deseo de saber estas antiguallas de esta gente con certidumbre mandó juntar las librerías que ellos tenían de estas cosas, y los de México, Tezcuco y Tulla se las trajeron, porque eran los historiadores y sabios en estas cosas. Enviome el virrey estos papeles y libros... Vi entonces todas ests historias con caracteres y hieroglifos, que yo no entendía, y así fué necesario que los sabios de Mexico, Tezcuco y Tulla se viesen conmigo". Y en cuanto a la presencia de la *Historia* de Durán entre sus fuentes para la segunda versión: "... vi entonces un libro que hizo un fraile dominico, deudo mío, que estaba el más conforme a la librería que he visto, que me ayudó a refrescar la memoria para hacer esta historia". En la *Biografía de D. Fray Juan de Zumárraga* de Joaquín García Icazbalcete, Madrid, Aguilar, 1919, pg. 450
[2] Véase en relación con un recuento detallado de esas funciones Miguel León Portilla, *Antiguos Mexicanos*, pp. 60-69, y Martín Lienhardt, op. cit., pp. 64 y ss.

blancas de los galanos pájaros con que esta águila se sustenta, y a este lugar donde hallareis el tunal con el águila encima le pongo por nombre Tenuchtitlan. Este nombre tiene hasta hoy esta ciudad de *Mexico*, la cual en cuanto fue poblada de los mexicanos se llama *Mexico* que quiere · decir *lugar de los mexicanos*, y en cuanto a la disposición del sitio se llama *Tenuchtitlan* porque *tetl* es piedra y *nochtli* es tunal, y de estos dos nombres componen *Tenochtli* que significa el *tunal* y la *piedra* en que estaba, y añadiéndole esta partícula *tlan* que significa lugar dicen *Tenuchtitlan* que quiere decir *lugar del tunal en la piedra*".[1] Esa correspondencia se presenta en el texto como resultado de una voluntad y sabiduría divinas: las de Huitzilopochtli. El decide el lugar sagrado y santifica la fundación mítica con el sacrificio: el corazón de Copil. El traza el plano de la ciudad imprimiendo la voluntad divina en la organización del espacio físico y social: "Dí a la congregación mexicana que se dividan los señores cada uno con sus parientes, amigos y allegados en cuatro barrios principales tomando en medio la casa que para mi descanso habéis edificado y cada parcialidad edifique en su barrio a su voluntad".[2] La narración se abre y multiplica en la representación de un cosmos que implícitamente se va a ir contraponiendo a la conquista. Un cosmos que se define por el predominio del principio de la negociación sobre la fuerza (*Ramírez*, 33-34 y 40-41); por la igualdad en el reparto de bienes frente a la codicia y explotación desenfrenadas de la colonia (pp. 69-70); por el valor sagrado del honor frente a la degradación impuesta por los vencedores (pp. 69-70); por la perfecta organización política que garantiza la distribución y la transmisión de poder de forma armoniosa y justa, frente al caos de las pugnas por poder y riqueza entre los conquistadores. A la vez, la presencia de guerreros y estadistas míticos como Tlacaellel relativiza y mina la talla y el prestigio del todo poderoso Hernán Cortés (pp. 58 y ss., 75 y ss. entre otras). Paralelamente la narración va relativizando la validez del mundo occidental como referente absoluto de civilización y cultura, presentando México y Occidente como universos paralelos. A la redondez de la tierra del imperio de Occidente corresponde la "redondez de la laguna" que simboliza el universo cultural y político del México antiguo (*Ramírez*, 78). Sus desarrollos históricos respectivos se equiparan en cierta manera en un modelo cíclico que inscribe en la victoria de los españoles el fracaso de los aztecas, definiendo implícitamente el futuro como nuevo punto de convergencia, en otro ciclo que traerá consigo la destrucción de los que ahora triunfan. Esa es la función de la narración de episodios como el de la sumisión del rey de Tezcoco al de México, que se narra en términos y con un lenguaje que duplica, a la perfección, toda la retórica de dominación y legitimación de la conquista que utilizó Cortés con Moctezuma, los vencedores con los vencidos: " ... y sin lastimarse se entregarían a los mexicanos. Lo cual fue cumplido como Tlacaellel lo determinó. Quedó

---

[1] *Códice Ramírez*, pg. 37
[2] Ibidem, pg. 39.

entonces la gente de *Tetzcuco* muy querida y amada por todos los mexicanos, y así les tenían por parientes y hermanos, no habiendo entre ellos cosa partida, siendo el señor de allí perpetuo consejero del rey de México, tanto que no determinaba ningún negocio grave sin su parecer. Dióles el rey de México grandes privilegios".[1] El resultado de este sistema de correspondencias implícitas y de las equivalencias entre sistemas de gobierno, procedimientos legales y prácticas guerreras que detalla el texto es la relativización del triunfo, de la superioridad y del poder de los vencedores.

A pesar de esas oscilaciones internas que transforman la narración-inventario del pasado en un texto en el que se entrecruzan discursos simbólicos de autoafirmación, autodefinición, legitimización y cuestionamiento, no hay en *el Códice Ramírez* una crítica abierta ni un cuestionamiento del orden colonial. Al contrario, la más pura ortodoxia se reafirma en párrafos como el que narra el triste final de Moctezuma:

No quisieron hacer obsequias ni ninguna honra a este miserable rey, antes el que trataba de ello, le denostaban y afrentaban, y de lástima un mayordomo suyo, él sólo, sin más aparato lo quemó, y tomando sus cenizas en una olluela la enterró en un lugar harto desechado. Y en esto vino a parar aquel de quien temblaba todo este mundo, y los españoles pagaron sus crueldades y desafueros como queda dicho, que certifican que por permisión divina y justo juicio suyo murieron los más malos, y los demás que quedaron eran los mejores y más piadosos, los cuales escaparon con grandísimo peligro hasta llegar a Tlaxcala donde fueron amparados, y desde allí y favoreciéndolos Dios nuestro señor con manifiestos milagros, vinieron a término de que se hizo toda la tierra de su bando contra los mexicanos, permitiéndolo así la divina providencia para que entrase en esta tierra por este medio la luz de su santo Evangelio.[2]

La narración concluye con la aceptación aparente de un orden providencial que transforma ficticiamente el caos de la conquista en la armonía cristiana. Pero la vertiente utópica del texto no se identifica en modo alguno ni con la figuración del México prehispánico como espacio ideal ni con la evocación de la ficticia armonía que parece prometer la conclusión del párrafo. Son las oscilaciones del texto, que calla la crítica de conquista y colonia indicándola a la vez puntualmente en la reconstrucción del pasado prehispánico, lo que configura el texto mismo como espacio utópico. En ese espacio se logra convocar figurativamente la realidad histórica borrada por la conquista y la memoria bloqueada por el trauma, a la vez que se abre un lugar

---

[1] *Codice Ramírez*, pg. 78.
[2] Ibidem, pg. 119.

simbólico para el cuestionamiento de un orden impuesto y destructor —que no admite cuestionamiento alguno— y para la relativización de su poder absoluto.

El segundo documento al que quiero referirme aquí es *la Relación de Tezcoco*. Es un documento curioso. No tiene la extensión ni la complejidad del *Códice Ramírez* e incluso hay quien se ha burlado de su "calidad literaria ínfima" concluyendo que poco o nada había que decir con respecto a ella.[1] Sin embargo no hay duda de que es un texto importante desde muchos puntos de vista y, específicamente, en relación con los orígenes del pensamiento utópico indígena y de los esbozos de un discurso utópico de resolución simbólica después de la conquista.

La *Relación* se organiza en realidad como una serie de respuestas a uno de aquellos cuestionarios que las autoridades coloniales circulaban en nombre del rey entre los caciques y principales para recoger eficientemente información que les facilitara el mejor implantamiento de un sólido régimen colonial. El espacio mismo del texto aparece pues acotado por las preguntas y por el proyecto del vencedor que define, de entrada, la instrumentalidad de la escritura. Precisamente por la existencia de un marco tan rígido y controlado por la autoridad colonial es particularmente interesante la forma en que, al filo de la información exigida, el texto va configurando espacios para la expresión de un proyecto distinto. Juan Bautista Pomar se presenta en todo momento como súbdito obediente a la orden de la corona, deseoso sólo de cumplir con su deber de colonizado y facilitar la sujeción eficiente de su pueblo y de su tierra: "... se acabó esta relación de la descripción della por mí, Juan Baptista de Pomar, conforme a la institución de su Majestad que recibí del señor alcalde mayor, escripta de molde, como la obra del mismo tenor que antes había recibido de Alonso de Villanueva Cervantes, su antecesor; la cual hizo con la verdad pusible".[2] Pero Pomar es más que un anónimo súbdito: es hijo del español Antonio Pomar y de una hija natural de Netzahualpilli. Es escribano de profesión, mestizo de raza y noble de linaje mexica. La tensión entre esa compleja identidad y la máscara de súbdito obediente que adopta al principio de su relación aflora por primera vez en la queja que expresa por la destrucción de los códices prehispánicos después de la conquista:

… y demás desto faltan sus pinturas en que tenían sus historias porque al tiempo que el marqués del Valle don Hernando Cortés con los demás conquistadores entraron por primera vez en ella, que habrá sesenta y cuatro años, poco más o menos, se las quemaron en las casas reales de Netzahualpiltzintli, en un gran aposento que era el archivo general de sus papeles,

---

[1] Germán Vázquez en su prólogo a una edición española de 1991 —la de Historia 16— en la que ni siquiera se le da crédito al autor, nombrándolo por su nombre en la portada o en el título del volumen.
[2] Juan Bautista Pomar, *Relación de Tezcoco*, en *Varios*, Historia 16, vol 65. Madrid 1991. Pg. 21

en que estaban pintadas todas sus cosas antiguas, que hoy en día lloran sus descendientes con
mucho sentimiento, por haber quedado como a escuras sin noticia ni memoria de los hechos
de sus pasados; y los que habían quedado en poder de algunos principales, unos de una cosa y
otros de otra, los quemaron de temor de don Fray Juan de Zumárraga, primer arzobispo de
México, porque no los atribuyese a cosas de idolatría, porque en aquella sazón estaba acusado
por idólatra, después de ser bautizado, don Carlos Ometochtzin, hijo de Netzahualpiltzintli,
con que del todo se acabaron y consumieron.[1]

La destrucción de los códices se presenta como resultado de la acción combinada de frailes y
conquistadores e introduce desde el principio en el texto la equivalencia implícita entre
conquista y destrucción. A esa destrucción se contrapone inmediatamente la descripción
detallada de una sociedad prehispánica que se caracteriza como modelo de civilización. Se
funda sobre la razón ("principalmente sobre tres razones") dice el texto, es un imperio
legítimo ("imperio verdadero"), y se rige por leyes y ordenanzas que "siempre usaron de
rectitud y justicia" en su supervisión de un sistema complejo de relaciones económicas,
sociales, religiosas y políticas verdaderamente ejemplares.[2] La descripción detallada de la
religión y del ritual completa, ilustra y refuerza la complejidad de la cultura mexica-chichimeca
antes de la llegada de los españoles (pp. 30-43). El relato de las costumbres matrimoniales,
prácticas sucesorias y funciones especializadas de cada clase reafirma la racionalidad de un
sistema social que sólo podría ser creado por gentes de racionalidad en todo punto comparable
a la de los españoles. De hecho, toda la respuesta a la cuarta pregunta (que es en realidad la
pregunta XIV del cuestionario) se organiza como discurso de legitimación y de autorización
del pueblo chichimeca (el de los hombres más "hombrudos", según la respuesta de Pomar a
la pregunta anterior) y de reivindicación abierta del valor de su cultura y de su organización
político-social.

Esa reivindicación no se hace sin oscilaciones ni fracturas: el rechazo del sacrificio
humano, que se atribuye a los mexicas, rivales de los chichimecas, por ejemplo, o la
caracterización de los sacerdotes como "servidores del demonio" o "carniceros" (pp. 41 y 46).
Pero el procedimiento se repite: la declaración abierta de obediencia o sumisión (introducción
a la *Relación*), o la adhesión enfática a la ortodoxia ideológica o religiosa (condena reiterada
del sacrificio), enmarcan una serie de representaciones de la sociedad prehispánica que no
sólo son positivas sino que se organizan en contraposición a la realidad colonial y como
ilustración de sus valores ideales: razón, justicia, orden, etc. Bajo la apariencia de una
información desapasionada lo que el texto de las respuestas va articulando son dos discursos

---

[1] Ibidem, pp. 22-23.
[2] Ibidem, pp. 27-30.

paralelos. Uno de reivindicación apasionada de la sociedad prehispánica, sus valores, tradiciones y cultura. Otro de crítica solapada a la conquista y colonia. Se cuestiona la legitimidad misma de la conquista cuando se narran los esfuerzos de Netzahualcoyotzin por encontrar la verdadera religión, subrayando que su infidelidad y la de sus súbditos no fueron error (lo cual hubiera justificado la conquista y evangelización de México) sino voluntad expresa de Dios: "Lo que sentían algunos principales y señores de sus ídolos y dioses, es que sin embargo que los adoraban y hacían los sacrificios que se han dicho, todavía dudaron de que realmente fueran dioses, sino que era engaño creer que unos bultos de palo y de piedra, hechos por manos de hombres fuesen dioses, especialmente Netzahualcoyotzin, que es el que más vaciló buscando de donde tomar lumbre para certificarse del verdadero Dios y Criador de todas las cosas; *y como Dios Nuestro Señor por su secreto juicio no fue servido de alumbralle, tornaba a lo que sus padres adoraron*".[1] Y se reafirma la correspondencia entre el orden ideal del cual se reclaman los cristianos y la realidad del México antiguo a través de una representación de este último que se organiza como ilustración de cada uno de los valores — moral, honra, justicia, fidelidad etc.— que invocan los españoles para justificar su superioridad sobre los nativos y su dominio. La correspondencia entre sistema de valores occidental y realidad prehispánica se refuerza con la reinscripción de conceptos españoles en la sociedad prehispánica —razón y pulizía son los dos ejemplos más recurrentes— y de prácticas europeas en su funcionamiento (el castigo por traición, por ejemplo, retoma, casi al pie de la letra, la fórmula legal española: descuartizamiento, confiscación de bienes, arrasamiento de casas, tierras sembradas de sal (58)).

La pregunta XV abre un espacio legítimo para un desarrollo más explícito de los dos discursos —el de legitimación y el de cuestionamiento— al preguntar "si han vivido más o menos sanos antiguamente que ahora y la causa que dello se entendiese".[2] En la respuesta Pomar contrasta ya directamente el mundo prehispánico, que es una "tierra sin mal", a la "pestilencia" de la conquista: "Averiguose una cosa digna de admiración, y es que en tiempo de la infidelidad vivieron sanísimos sin jamás saber qué cosa era pestilencia, sino que los que morían habían de ser muy viejos o muy niños y tiernas criaturas; tanto que se tenía por prodigio y mal agüero cuando moría alguno fuera de estos dos extremos, y no se halla que sus padres ni antepasados diesen noticia de haber habido jamás pestilencia ni mortandad, como después de su conversión las ha habido, tan grandes y crueles que se afirma haberse consumido por ellas de diez partes las nueve de la gente que había".[3] La conversión religiosa se asocia con las viruelas, que aparecieron y se perpetuaron con ella. Y la conquista se

---

[1] Ibidem, pg. 48. El subrayado es mío.
[2] Ibidem, pg. 71.
[3] Ibidem pg. 81.

equipara a una pestilencia, que acaba con los nativos por razones nada metafísicas: "que si hay alguna causa de esta consumición (por pestilencias) es el muy grande y excesivo trabajo que padecen en servicio de los españoles, en sus labores, haciendas y granjerías... y así andan muy afligidos, y se parece muy claro en sus personas, pues por defuera no muestran ningún género de alegría ni contento, y tienen razón porque realmente los tratan muy peor que si fueran esclavos".[1] La crítica de la colonia se completa en las respuestas a la pregunta XIX, puntualizando que ésta ha destruido el sistema de regadío antiguo (86), que mata a los indígenas de hambre al no darles ni tiempo para cuidar sus propias sementeras (92), al reducirlos a comer frutas silvestres que les destrozan la salud (90), y al reservar, en violación de toda justicia, los productos de la agricultura —trabajada por los nativos exclusivamente— y de la ganadería para la casta privilegiada de encomenderos y conquistadores.

Al principio de la relación, Pomar admite un cierto criterio selectivo, cuando reconoce que al evocar el México prehispánico no va a hablar del reinado de Cacamatzin "por haber sido este muy vicioso" y admite que "no se tratará de él en esta relación sino de Netzahualpilzintli, su padre, y de Netzahualcoyotzin, su abuelo, porque con estos irán muy acertados, por haber sido hombres muy virtuosos y que redujeron a sus vasallos a buenas costumbres y modo honesto de vivir".[2] Pomar admite así la existencia de un criterio idealizador en la composición de su relato. Y no hay duda que su evocación en el texto de un México prehispánico que es figura de la armonía perdida y tierra sin mal tiene una dimensión utópica. Pero la proyección y función utópicas de un texto en el que el discurso de cuestionamiento de la colonia y el discurso reivindicativo de la excelencia del México antiguo se dan la mano bajo la máscara de la sumisión del escriba no se circunscriben a esa dimensión más obvia. El contexto histórico y personal desde el cual se escribe la relación se centra en la oposición irreconciliable entre el antes y el después de la derrota. Frente a esa oposición el texto se construye como el espacio —históricamente imposible— de la negociación. Indica, en ese contexto histórico preciso marcado por la oposición irreductible A ~ B, la salida de la serie histórica en y por el texto, que se constituye como el espacio simbólico de la negociación, configurándose como espacio utópico de resolución simbólica de la contradicción histórica fundamental. La equivalencia entre realidad prehispánica y valores occidentales refuerza la crítica de un sistema y una realidad histórica —la colonia— cuestionables tanto desde la sociedad anterior a la derrota como desde los principios y valores invocados por los propios conquistadores. En un plano cualitativamente distinto del de la realidad histórica —la colonia— el texto configura un espacio —el utópico— en el que la necesidad del pacto entre dos sistemas de valores equivalentes —el prehispánico y el

---

[1] Ibidem, pp. 82-83
[2] Ibidem, pg. 27.

occidental—clausurado en la conquista, se hace posible y evidente, y la condena de la colonia ineludible. La proyección utópica de la *Relación de Tezcoco* se concreta en la constitución de ese espacio simbólico, que se apoya sobre una máscara —la del escribano sumiso— y en dos discursos complementarios.

Más compleja y contradictoria es todavía la situación en relación con otro texto que me parece fundamental para rastrear los orígenes de un pensamiento utópico entre los vencidos: la *Crónica Mexicana* (1598) de Fernando Alvarado Tezozomoc, nieto de Moctezuma y colaborador en el proyecto de otro texto fundamental, escrito en nahuatl bajo la dirección probable de Chimalpain: la *Crónica Mexicayotl* (1609). La *Crónica Mexicayotl* se sitúa claramente dentro de la tradición de los códices glíficos nahuas y representa, por lo tanto, una opción muy diferente de la que da forma a la *Crónica Mexicana*. Esta última no es en absoluto una simple transposición de la materia de la primera sino un proyecto cualitativamente distinto. Es uno de los textos más polémicos, apasionantes y frustrantes de toda la literatura colonial, y ha provocado reacciones negativas no sólo entre críticos poco sensibles e informados en relación con la producción literaria de los amerindios después de su conquista, sino incluso entre autores tan comprometidos con la reivindicación de esa producción como Orozco Berra. "El lenguaje —dice Orozco Berra en su introducción— es rudo y desaliñado, a veces las locuciones son forzadas y oscuras, y a veces faltan palabras para completar el sentido; frecuentemente se ven empleadas las voces con acepciones diversas a las que les corresponden... Parece evidente que el autor lucha por expresar sus pensamientos concebidos en lengua nahoa en otro idioma que no le es tan conocido ni familiar".[1] La crítica de Orozco Berra es pertinente: todos los rasgos problemáticos que enumera se encuentran y recurren en el texto de la *Crónica*. Pero su análisis merece ser elaborado, idealmente desde la perspectiva de un lector en la línea que sugiere Lienhard cuando afirma, con razón: "sólo un lector de tipo nuevo, bilingüe y bicultural reune todas las condiciones para captarlo en todas sus dimensiones".[2] De entrada quiero ya dejar bien claro que yo no soy ese lector. No soy ni bicultural ni bilingüe en relación con el mundo nahuatl. Por eso mismo lo único que puedo y quiero proponer aquí es un recorrido analítico que tome como punto de apoyo algunos de los rasgos estilísticos y estrategias narrativas más constantes e incontrovertibles de la crónica de Alvarado Tezozomoc para articular una reflexión sobre la opción específica que su texto actualiza —en términos de pensamiento y de discurso— y señalar su conexión con las primeras manifestaciones de un pensamiento utópico y unas funciones discursivas utópicas entre los vencidos.

---

[1] Orozco y Berra, Introducción a la *Crónica Mexicana*, México, Porrúa, 1980, pg. 159.
[2] Lienhard, op. cit., pg. 143.

La decisión de escribir una crónica de la nación azteca en español implica necesariamente una serie de elecciones por parte de Alvarado Tezozomoc. En primer lugar una voluntad de ingreso en al ámbito cultural de los vencedores. ¿Pero qué ingreso y en qué condiciones? ¿Es el simple deseo de integración de un asimilado trepador o es otra cosa? El texto nos da la respuesta, configurando implícitamente a su público en el juego de opciones lingüísticas y narrativas que actualiza. El lector al que se dirige la crónica no es, a pesar de la elección del español y de la apariencia historiográfica de la crónica, un lector español o metropolitano. Tal como demuestra convincentemente Lienhard, Alvarado Tezozomoc se dirige a un público azteca de élite.[1] Es una élite colonial educada en la nueva lengua y en la cultura del invasor pero no renegada en relación con la propia cultura y lengua. La crónica no se configura como gesto de sumisión y entrega al sistema cultural del vencedor sino como diálogo con un público azteca o criollo abierto en mayor o menor grado a ambos sistemas culturales: azteca y occidental.

Es un texto difícil de leer y, a veces, ininteligible. Pero esa dificultad de comunicación que hace de la *Crónica Mexicana* un "experimento literario fallido" no se explica primordialmente por la incompetencia lingüística de su autor que sugieren algunos críticos.[2] Expresa más bien, creo, una elección deliberada y un proyecto particular que prefigura en algunos aspectos textos más tardíos de importancia clave, como la *Nueva crónica y buen gobierno*, de Guamán Poma de Ayala.

Por la elección del español y la adopción de las formas exteriores de la historiografía europea para narrar la historia del pueblo azteca, Alvarado Tezozomoc se define implícitamente como mediador entre los dos sistemas culturales. Pero el texto revela progresivamente que, más que mediación, lo que tenemos es un proceso de reafirmación y reactivación del sistema cultural prehispánico. No es que no haya gestos de mediación en el texto. Al contrario: la explicación de etimologías, la traducción de vocablos nahuatl, la invocación de valores occidentales para condenar algunos aspectos de las culturas prehispánicas se repiten a lo largo de la narración. Pero al examinar de cerca su función en el texto descubrimos que no es la que se espera. La traducción, por ejemplo, traduce literalmente las palabras sin revelar el concepto:

Con esto y con decilles que se jactasen siempre deser mexicanos, y por tales habidos y tenidos, venidos y llegados al paraje de *Tultzalan, Acaltzalan,* venedizos chichimecas viejos antiguos de *Tuxpalatl, Matlalatl, Ninipanian, Atlatayan, Michin, ypan mani coatl yzomocayan Cuauhtli* y *Tlacuayan, México Tenuchtitlan,* como decir en el agua clara

---

[1] Ibidem.
[2] Como el propio Orozco Berra, op. cit., pg. 159.

como la pluma rica dorada azul, un agua sobre otra, donde hierve y espuma el agua, asiento
de pescado, adonde silba la gran culebra, en el comedero del águila, caudal situado en México
Tenuchtitlan.[1]

La traducción directa al español tiene el efecto contrario al previsible: no aclara el significado
sino que inserta la presencia del nahuatl, y de todo un sistema de significaciones y de
referencias culturales diferentes, como una cuña en plena narración. Algo similar sucede con
sus explicaciones de etimologías. Al principio de la crónica Alvarado Tezozomoc explica con
cuidadoso detalle filológico el significado de tres palabras clave en el origen de los mexicas:
Aztlán, Mexitin y Tenochtitlán. Pero en los tres casos olvida explicar elementos
fundamentales para la comprensión de las palabras. en el primer caso no menciona el
significado del nahuatl Azta-xochitl; en el segundo no indica el de me(tl) y xic(tli); y en el
tercero el de te(tl) y noch(tli).[2] El resultado de esas omisiones es que el análisis filológico deja
de funcionar, la etimología no tiene sentido que se pueda comprender desde el español, y toda
la explicación cae por su base, dejando el misterio del código cultural que se proponía aclarar
sin esclarecer.

La invocación de los valores occidentales para enmarcar algunos de los episodios más
dificiles de asimilar desde una perspectiva occidental tampoco consigue neutralizar la
diferencia ni mediar entre los dos contextos culturales. El capítulo LXXX es un buen ejemplo.
En él se narra la coronación de Ahuitzotl y el sacrificio multitudinario que se ofreció en esta
ocasión a Hitzilopochtli. La condena del sacrificio es explícita y repetida: los sacerdotes son
"como diablos", el sacrificio es una "cruel carnicería con corderos inocentes" y su ejecución
es "la mayor y más abominable crueldad y pecado que se pueda cometer contra la majestad
inmensa de Jesucristo". Pero el hecho es que la condena se limita a enmarcar una narración
que despliega ante los ojos del lector, con extraordinaria intensidad y sin procesarla, la
realidad violenta e inmediata del ritual del sacrificio, con una fuerza y un lujo de detalles que la
inscriben en el texto como presencia viva. La condena que califica el ritual de "crueldades
abominables, muertes y diabluras, hechas y guiadas por el mismo diablo Satanás enemigo del
género humano" no modifica la evocación del sacrificio que se impone con toda su diferencia
y con todo su inquietante misterio. Simplemente se yuxtapone a ella. De nuevo, más que un
proceso de asimilación del mundo prehispánico a la cultura occidental o de mediación entre
ambos, lo que el texto hace es convocar una presencia irreductible y reafirmar la realidad de

---

[1] Hernando Alvarado Tezozomoc, *Crónica Méxicana*, ed. cit., pg. 535.
[2] Véase el esclarecedor análisis de Lienhardt, de quien he tomado toda la información sobre los vocablos
nahuatl, en op. cit., pp. 140-41.

esa presencia en toda su diferencia dentro del marco de un orden nuevo: el que indican en la narración los rechazos y las condenan explícitas.

Es revelador comparar la narración de la coronación de Ahuitzotl de la *Crónica Mexicana* con la de Fray Diego Durán, sacada de la misma fuente original.[1] El desarrollo de los acontecimientos es el mismo en ambos casos. Pero Durán, más comprometido con una narración de los hechos que con la evocación visual de los detalles de un ritual simbólico de extraordinaria violencia, elimina la mayor parte de los detalles que configuran con inmediatez dramática la evocación de Alvarado Tezozomoc. Esta es la versión de Durán:

> 9. Puestas estas ringleras, los tres reyes se pusieron sus coronas en las cabezas y sus orejeras de oro y piedras ricas y sus nariceras y bezotes y sus brazaletes de oro y calcetas de lo mismo. Pusieronse sus mantos reales y sus zapatos y ceñidores. Juntamente con ellos el viejo Tlacaelel, a la misma manera, al cual, dice esta historia, respetaban como a rey.
>
> 10. Con estos señores se vistieron muchos sacerdotes con las semajanzas de todos los dioses y diosas que había; los cuales, aunque la historia los nombra, va poco a decir. Todos juntos salieron a la cumbre del templo y cada cual de los señores, acompañado de aquellos que representaban a sus dioses, se fueron a su lugar, donde habían de matar todos, con sus cuchillos en las manos.
>
> 11. Estando los señores todos de las provincias y los enemigos mirando desde grandes miradores y ramadas, que para este efecto había hechas, y empezando a traer presos de aquellas hileras, los señores ayudados por los ministros que allí había, que tenían a los desventurados que morían, de pies y manos, empezaron a matar, abriéndoles los pechos y sacándoles el corazón, y ofreciéndoselo a los ídolos y al sol. Donde, después de cansados los reyes, múdabanse, tomando el oficio satánico un sacerdorte de aquellos que representaban los dioses.[2]

Y ésta la de Alvarado Tezozomoc:

> Levantados muy de mañana hallaron que estaba el cerro todo de arriba abajo enramado y lleno de muchas rosas y flores de todo género, y lo mismo estaban los trescientos y sesenta escalones por donde subían a lo alto del templo de *Huitzilopchtl*i... Subido Ahuitzotl se puso frontero del ídolo, como se ha dicho ya otras veces... ... Subido el Rey *Ahuitzotl* en la piedra del degolladero, paróse luego allí y luego se puso *Chuacoatl* en el brasero con su navajón en la mano derecha, y el Rey *Netzahualpilli* se subió encima de la piedra que llaman

---

[1] Véase nota 61.
[2] Op. cit., pp. 344-5.

Yopico, y el *Totoquihuaztli* se subió encima de la piedra que estaba frontero de *Hitznahuac*, con sus navajones todos cuatro, y tras ellos subieron todos los sacerdotes que tenían la figura de los dioses con sus navajones, se partieron en dos partes: el que tomó la figura de *Huitzilopochtli*, se subió en su azotea y alto del templo, y *Tlalocateuctli*, *Quetzalcoatl*, *Opochtli* é *Itzapapalotl* estos habían de ayudar al Rey *Ahuitzotl* que habían de ayudar a degollar con él y abrir cuerpos todos juntos: el *Apanteuctli*, *Zactlamatzin*, *Toci Ixquitecatl*, y *Chicnauh Hecatl* habían de ayudar a degollar con *Cihuacoatl* que habían de estar en el *Cuauhxicalli*: los que habían de ayudar a *Netzahualpilli* en *Yopico*, es el uno *Yuhualahua*; y al *Totoquiahuatzli* lo había de ayudar *Coatlicue*, encima del *Huitzanahuac* del templo y allí amanece o no amanece, estando cada uno en sus lugares o mataderos por mejor decir, comenzaron los sacerdotes a tocar las cornetas, que eran como hemos dicho, el *teczitli* un caracol grande o vocina de hueso blanco que atemorizaba las carnes al que la oía, y juntamente golpearon el *Teponatzle* y el atambor grande que llamaban *Tlalpanhuehuetl*, y las sonajas *ayacachtly*, y golpearon el hueso de la tortuga que llamaban *Ayotl*, y los cuernos de venados aserrados como dientes de perro, que decían *Chiacahuaztli*, y esto en todos los templos donde habian de degollar, y estaban los degolladeros en las partes que llamaban *Coatlan*, *Tzonmolco*, *Apauteuctlan*, *Yopico*, *Moyoco*, *Chililco*, *Xochicalco*, *Huitznahuac*, *Tlamatzinco*, *Natempan*, *Tezcacoac*, *Ixquitlan*, *Tecpantzinco*, *Cuauhquiahuac*, *Acatliacapan*. Luego que salió el son comenzaron a embijar a los que habían de morir, con albayalde *tizatl* y emplumalles las cabezas".[1]

La claridad y economía de Durán es más que una cuestión de estilo. Se propone simplemente narrar los hechos de la coronación y el sacrificio. Alvarado Tezozomoc, por su parte, necesita convocar la presencia viva de ese mundo cultural que se expresa en el ritual religioso. Durán procesa la ceremonia para un lector europeo. Alvarado Tezozomoc mantiene textualmente la integridad de un sistema cultural diferente insertándolo abruptamente en el orden ideológico y estético que configuran la forma historiográfica, la elección del español y las declaraciones de rechazo. No hay aquí reducción de un sistema cultural a otro sino vaivén permanente entre sistemas referenciales diferentes. El principio mismo del capítulo LXXX indica ese vaivén de manera esclarecedora. Dice Tezozomoc al introducir la descripción del sacrificio : "estaba el ídolo mirando a la parte del Sur, que llaman los indios Mictlampa, mirando hacia el Marquesado".[2] Sur-Mictlampa-Marquesado son como los vértices del triángulo simbólico en el que se mueve Alvarado Tezozomoc: la aceptación del sistema de referencia europeo (Sur); la reivindicación de la visión indígena (Mictlampa); y la negociación

---

[1] Op. cit., pp. 514-15.
[2] Ibidem, pg. 514.

forzosa con una realidad histórica colonial (el Marquesado). Es el vaiven entre esos vértices lo que determina las opciones particulares que actualiza el texto.

Sin duda parte de la dificultad del texto es resultado de la interferencia de los rasgos lingüísticos del nahuatl y de las prácticas de exposición oral de la tradición prehispánica.[1] Pero el fracaso de la mediación no es fundamentalmente resultado de esas interferencias sino de la voluntad decidida de actualizar simultáneamente universos culturales incompatibles. Las estrategias narrativas más recurrentes del texto tienen como función la actualización, no la mediación de cara a un lector extranjero. De ahí la falta de aclaraciones, explicaciones o contextualizaciones que, a veces, vuelve las referencias a costumbres o hechos particulares de la narración completamente crípticos. El capítulo LXXXVI de la crónica, por ejemplo, cuenta todo el elaborado proceso de invitación a la gran fiesta de coronación de Moctezuma. En él Moctezuma da una orden difícil de entender para cualquier occidental : "Dijo Moctezuma a Cihuacoatl Tlipotonqui: mucho quisiera que enviáramos a convidar para esta fiesta a nuestros enemigos... convidarlos a nuestra fiesta, en nuestra ciudad, y vean de la manera que a nuestros dioses servimos y reverenciamos con nuestros sacrificios, y ser de la manera que está el gran imperio mexicano".[2] Esta orden peregrina duplica la que da Cihuacoatl al final de la celebración de la coronación de Ahuitzotl.[3] En ambos casos falta la explicación de una práctica tan contraria a los usos de los españoles que el lector se ve obligado a releer en busca de una explicación que le dé sentido. El texto no da ninguna. En cambio Durán, que por una parte anticipa el problema y por otra conoce los mecanismos de comunicación que funcionan dentro de la historiografía, comienza, como buen mediador entre la materia narrada y su público, con la explicación: "1. La intención de estas gentes mexicanas en hacer esta fiesta era —según por las palabras de la historia se colige— dar a conocer al rey, y para los enemigos, que eran los enemigos tlaxcaltecas u huexotzincas y chulultecas y las demás ciudades de esta provincia y los de Mechuacan y Metzitlan que entendiesen la grandeza de México y se asombrasen y cobrasen temor".[4] Basta este párrafo para poner en contexto inteligible todo el protocolo de las coronaciones méxicas. Pero para Alvarado Tezozomoc lo fundamental es la evocación viva, detallada y exacta de los incidentes del cumplimiento ritual de ese protocolo, que Durán omite y él, en cambio, detalla exhaustivamente en sus capítulos LXXX y LXXVI. La comunicación con su público la da por asegurada.

La narración detallada de los usos y de las prácticas se hace aburrida o ininteligible no por falta de talento narrativo o de competencia lingüística del autor, sino por falta de claves

---

[1] Lienhardt se refiere a la pugna entre al español y el nahuatl en este texto. Op. cit., pg. 143.
[2] Op. cit., pg. 590.
[3] Pp. 518-520.
[4] Op. cit., pg. 323.

para un lector no iniciado. Con frecuencia esa narración de elementos fundamentales del mundo nahuatl se hace en forma de parlamento directo. Y, aunque este recurso narrativo está tan presente en la tradición oral nahuatl (el *dizque* de León Portilla) como en la literatura española del período —piénsese por ejemplo en los floridos parlamentos que Cortés dice transcribir al pie de la letra en sus *Cartas de Relación*— aquí tiene una función diferente de ambas: permite presentar el material sin explicación, sin elaboración, sin mediación. Una de las diferencias más llamativas entre la *Crónica Mexicana* y la *Historia* de Durán es la acumulación del detalle en las descripciones del primero y la economía de la representación en el segundo. Pero, de nuevo, la diferencia es más que una cuestión de estilo. Indica un desplazamiento en el texto mismo de la función dominante de la narración (Durán) por la de la evocación (Alvarado Tezozomoc). La comparación entre los dos fragmentos que narran en uno y otro texto un mismo episodio —el de la piedra milagrosa que se negó a ser transportada— ilumina esa diferencia. Dice Durán:

> 6. Y para que en este negocio no faltase superstición e idolatría, mandó Motecuhzoma que fuesen todos los sacerdotes del templo y llevasen sus incensarios y cantidad de papel y copal y muchas pelotillas de hule y muchas codornices, y juntamente mandó fuesen los cantores de los templos, para que bailasen y cantasen delante de la piedra cuando viniese por el camino; que fuesen muchos chocarreros y representantes que viniesen haciendo entremeses y chocarrería y truhanerías delante de la piedra y la festejasen y alegrasen, como a cosa divina que venía para ministerio divino.[1]

Esta, en cambio, es la narración de Alvarado Tezozomoc:

> Y el día que había de entrar en México Tenuchtitlan, hizo llamar Cihuacoatl a los chocarreros que eran los bailadores del palo *cuahutlatlazque* o *quahilacatzoque* y a los viejos cantores con *Teponaztli* y a los sacerdotes con cornetas y atabales, y que la trajesen con mucha brevedad, con muchos carretoncillos, y mandó a los mayordomos que llevasen de comer muy escogidamente a los canteros y a los principales que la traían; que almorzasen al alba y comiesen a las nueve y merendasen a las tres, según que iban avisados ya los perfumadores o sahumadores que llamaban *Tlenamacaque*, con mucho copal blanco, grande y ancho y darles mantas ricas y pañetas, catles y cotaras; y antes de partir la piedra comenzaron a contar acabezas de codornices y a untarle con la sangre y a sahumarle; comenzaron luego el baile y canto mexicano.[2]

---

[1] Durán, op. cit., pg. 486.
[2] Alvarado Tezozomoc, op. cit., pg. 663.

Durán categoriza cada elemento del incidente con toda economía resumiendo todo el ritual en dos palabras: superstición e idolatría. Alvarado Tezozomoc recompone la escena minuciosamente, deteniéndose en cada elemento del ritual. No es tanto que una descripción sea más detallada que la otra. Son cualitativamente diferentes. La de Durán es analítica y revela de entrada las claves de interpretación, desde una perspectiva occidental, de cada elemento: la superstición y la idolatría. La de Alvarado Tezozomoc es una articulación simbólica que tiene como función y efecto el evocar un sistema de significaciones y un marco de referencias culturales diferentes, inscribiendo su presencia en el texto a través de la acumulación de detalles cuyas claves no se revelan ni interpretan de ninguna manera. El resultado previsible para un lector no iniciado es un mensaje indescifrable, pero para el iniciado es una reactivación y reafirmación del sistema cultural nahuatl.

El recorrido que acabo de hacer a vuelapluma por la *Crónica Mexicana* confirma la existencia de toda una serie de desviaciones con respecto a los códigos lingüísticos y narrativos propios de la lengua española y de la historiografía europea. Sin duda la capacidad comunicativa del texto se resiente considerablemente de estas desviaciones, hasta el punto de que resulta, a veces, difícil de seguir o ininteligible. Pero ni las desviaciones ni su efecto son resultado de una falta accidental de competencia lingüística o estilística. Son el precio que paga Alvarado Tezozomoc por un proyecto que logra sus objetivos centrales. En primer lugar, la actualización simultánea de dos universos culturales históricamente incompatibles en el momento de la conquista: el prehispánico y el occidental. En segundo lugar, la reactivación de un pasado que no se presenta aquí como construcción elaborada y mediatizada para consumo de lectores europeos ni como ejercicio de arqueología identitaria —esa es más bien la opción que elige Alva Ixtlilxochitl— sino como vivencia inmediata que irrumpe en el texto como realidad vigente y no asimilable y como presencia irreductible. Ambos se conjugan iluminando el proyecto central de toda la *Crónica Mexicana*: la neutralización de la oposición histórica entre el mundo anterior a la conquista y el orden colonial y la apertura de un espacio utópico de resolución simbólica de esa oposición: el texto fragmentario y oscilante de la crónica misma. En ese sentido la *Crónica Mexicana* es un perfecto texto-*nepantla*, o texto neutro. Lienhard califica el proyecto de fracaso y la crónica de experimento fallido[1] que pretende crear una crónica mestiza y una voz nueva. Es cierto que, como narración, es un fracaso, porque la salida de la serie histórica que marca el ingreso al espacio utópico del texto se revela aquí, en y por el lenguaje mismo, como una imposibilidad. Pero también es cierto que, aún en el fracaso de la comunicación, *la Crónica Mexicana* es un ejemplo esclarecedor

---

[1] En op. cit., pg. 144.

de los procesos de un pensamiento utópico incipiente entre los vencidos, y un documento fundamental para el examen de la génesis de las opciones posibles del discurso utópico que les estan abiertas en ese momento histórico.

Fernando Alva Ixtlilxochitl representa una opción my diferente. Muy consciente de las fórmulas correctas de la historiografía occidental, Alva Ixtlilxochitl comienza su *Historia de la nación Chichimeca* invocando la autoridad de los antiguos historiadores: "Los más grandes autores históricos que hubo en la infidelidad de los más antiguos se halla haber sido Quetzalcoatl el primero; y de los modernos Netzahualcoyotzin, rey de Tezcuco, y los dos infantes de México Itzcoatzin y Xiuhcazcatzin, hijos del rey Huitzilihuitzin, sin otros muchos que hubo (que en donde fuere necesario los citaré) declaran por sus historias que... ".[1] Pero el gesto inicial de aceptación de la norma del discurso del vencedor se acompaña, ya desde este primer párrafo, de la reivindicación de una tradición propia, paralela, e implícitamente equiparable a la europea —ya que ocupa el lugar que los textos historiográficos españoles llenan con los nombres de las autoridades clásicas o medievales de occidente, y de la inscripción del propio discurso en esa tradición propia de grandes historiadores, que duplica "en la infidelidad" los logros y la sabiduría de la tradición occidental.

El autor es explícito, a lo largo de toda su historia y en su correspondencia, en relación con sus fuentes, y no pierde ocasión de recordar que trabaja dentro de una tradición autóctona de preservación de la memoria e indagación histórica. Las fórmulas "hallarse en las historias" (190), "según por los anales parece"(186), entre otras, nos recuerdan esa relación. Y las listas de nombres particulares especifican la extensión de esa deuda:

> Autores son de todo lo referido y de lo demás de su vida y hechos, los infantes de México, Itzcoatzin y Xiuhcozcatzin, y otros poetas e históricos en los anales de las tres cabezas de esta Nueva España, y en particular en los anales que hizo el infante Quauhtlatzacuilotzin, primer señor del pueblo de Chiauhtla, que comienzan desde el año de su nacimiento, hasta el tiempo del gobierno del rey Netzahualpiltzintli, y asimismo se halla en las relaciones que escribieron los infantes de la ciudad de Tezcuco don Pablo, don Toribio, don Hernando Pimentel, y Juan de Pomar, hijos y nietos del rey Netzahualpiltzintli de Tezcuco, y asimismo el infante don Alonso Axayacatzin, señor de Itzapalapan, hijo del rey Cuitláhuac y sobrino del rey Motecuhzomatzin.[2]

Sobre estos dos puntos de apoyo simbólicos: la tradición histórica prehispánica y la adopción de las formas del discurso historiográfico europeo, se levanta la autodefinición

---

[1] *Historia de la nación Chichimeca*, Madrid 1985, ed. Historia 16, pg. 49.
[2] Op. cit. pg. 174.

implícita del narrador: el mediador. Pero mediador ¿en qué términos? ¿Hasta qué punto se circunscribe su historia a un proyecto de información y transmisión de la historia de su pueblo para consumo de lectores europeos?

En su *Sumaria Relación*[1] Alva Ixtlilxochitl nos habla del deseo de conocer que lo ha impulsado a narrar la historia de su pueblo: "He conseguido mi deseo con mucho trabajo, peregrinación y suma diligencia en juntar las pinturas de las historias y anales, y los cantos con que las observaban; y sobre todo para podeɪ las entender, juntando y convocando a muchos principales de esta Nueva España, los que tenían fama de conocer y saber las cosas referidas; y de todos ellos (en) solos dos hallé entera relación y conocimiento de las pinturas y caracteres y que daban verdadero sentido alegórico y adornado de metáforas y similitudes, son dificilísimos de entender; con cuya ayuda pude después con facilidad conocer todas las pinturas e historias".[2] El deseo se identifica con la voluntad de reconstruir la propia historia. Pero no es sólo eso. El texto revela un proyecto — y un deseo— más complejos y personales que los que reconoce en este párrafo. El gesto doble del párrafo introductorio a la *Historia* confirma la existencia de ese proyecto múltiple. Quiero centrarme en dos secciones del texto para iluminar tanto el objetivo fundamental de la historia (desde el punto de vista del pensamiento utópico) como el proceso de génesis textual de ese proyecto. La primera es la descripción de los palacios de Netzahualcoyotzin, uno de cuyos fragmentos ya cité al principio de este capítulo. La segunda el retrato del propio Nezhualcoyotzin. Conjugadas, ambas secciones delinean una reconstrucción del pasado que es figura utópica del orden y de la armonía.

La situación de la larga y detallada descripción de los palacios en el texto no es arbitraria: viene inmediatamente después del final de las guerras y negociaciones que consolidan el reino de Tezcoco, para Alva Ixtlilxochitl el mas importante de los tres que integran la triple alianza, y ocupa tres capítulos completos. Hay una progresión clara. Comienza con las ruinas, símbolo de la pérdida que indica la ausencia en la realidad histórica de la colonia a traves de las huellas que quedan en ella del pasado indígena. Sigue con las pinturas antiquísimas que le permiten reconstruir el espacio que describe minuciosamente en al capítulo XXXVI: cimientos, murallas, patios, cuartos de vivienda, salas diversas, cuartos de embajadores, almacenes de armas, cocinas, retretes, laberintos y jardines, baños, juego de pelota, cuarto de tributos y casa de aves. Esta sección que configura la realidad física del mundo prehispánico es circular. Se abre con las ruinas y se cierra con las ruinas. La narración del espacio que dibujan las pinturas aparece así doblemente enmarcada por la ausencia: ruinas y huecos. Pero esa ausencia no cierra el acceso al pasado. Por el contrario: sobre ella y su

---

[1] *Sumaria relación de la historia de esta Nueva España*, México, UNAM, edición de Edmundo O'Gorman.
[2] Pg. 525.

301

constatación se levanta el discurso, toda la evocación del pasado que se desarrolla en los capítulos XXXVII y XXXVIII. Evocación de un pasado vivo, no de la cáscara vacía que proyectaba el recorrido por sus edificios. Las calles se llenan de oficios y comerciantes, la escuela de estudiantes y enseñanzas precisas, el orador habla desde el púlpito, los templos enmarcan la presencia de una religión propia. Poco a poco sobre las ruinas y los huecos toma vida el México prehispánico representado por uno de sus reinos: Tezcoco, figura de "grandísimo orden y concierto". El capítulo XXXVIII detalla los términos de la organización política y social y del sistema moral que subyacen esa figura, duplicando elementos centrales de la polis occidental. Una diferencia notable: el complejo sistema de negociación que reglamenta el derecho a la guerra y que, implícitamente, se contrapone a la violencia no negociable de la conquista misma.[1]

La serie que integran los tres capítulos ilumina desde el texto mismo el proceso de composición de toda la *Historia* y el proyecto de su autor. Es una narración que se levanta sobre la ausencia y que se apoya sobre la evidencia de las huellas del pasado histórico para evocar un pasado simbólico —el del orden y la armonía prehispánicas— que legitima la propia historia, reafirma la propia identidad, y configura un espacio utópico para la neutralización de la contradicción histórica entre pasado imperial y presente colonial, reclamando para el vencido una solución de continuidad. La caracterización de Netzahualcoyotzin, paradigma del gobernante prehispánico y encarnación de las más altas virtudes e ideales, del mundo occidental, completa la configuración del espacio utópico. Netzahualcoyotzin fue:

el más poderoso, valeroso, sabio y venturoso príncipe que ha habido en esta Nuevo Mundo; porque contadas y consideradas bien las excelencias, gracias y habilidades, el ánimo invencible, el esfuerzo incomparable, las victorias y batallas que venció y naciones que sojuzgó, los avisos y ardides que usó para ello, su magnanimidad, su clemencia y liberalidad, los pensamientos tan altos que tuvo, hallárase por cierto que en ninguna de las dichas, ni en otras que se podían decir de él le ha hecho ventaja capitán rey ni emperador alguno de los que hubo en este nuevo mundo; y que él en las más de ellas la hizo a todos, y tuvo menos flaquezas que ningún otro de sus mayores, antes las castigó con todo el cuidado y diligencia, procurando siempre más el bien común que el suyo particular; y era tan misericordioso con los pobres, que no se había de sentar a comer hasta haberlo remediado, como de ordinario usaba con los de la plaza y mercado, comprándoles a doblado precio de lo que podía valer, la miseria de lo que traían a vender para darlo a otros, teniendo muy particular cuidado de la

---

[1] *Historia de la nación Chichimeca* pp 141-42.

viuda, del huérfano y demás imposibilitados; y en los años estériles, abría sus trojes para dar y repartir a sus súbditos y vasallos el sustento necesario, que para el efecto siempre se guardaba; y alzaba los pechos y derechos que tenían obligación de tributarles en tales tiempos sus vasallos.[1]

El retrato es un catálogo casi exhaustivo de todas las virtudes del caballero cristiano que, a la vez que legitima y glorifica el linaje de Alva Ixtlilxochitl contiene, especialmente en el hicapié repetido que hace la última parte en la magnamimidad y compasión de Netzahualcoyotzin, una crítica implícita a la forma despiadada en que los conquistadores y gobernantes españoles han oprimido a la población indígena con exigencias y tributos excesivos. Netzahualcoyotzin es un modelo y es, además, el profeta de la llegada de los invasores y del fin del imperio (169-70) y el precursor de la evangelización con su búsqueda incansable del "dios incógnito" (163), "no conocido ni visto hasta entonces" (164), del "dios no conocido" a quién rezó en el bosque de Tetzcotzingo ayunando cuarenta días y a quien más tarde "compuso en su alabanza sesenta y tantos cantos que el día de hoy se guardan, de mucha moralidad y sentencias y con muy sublimes nombres y renombres propios a él" (162). Es también el gobernante cuya clarividencia y autoridad moral se anticipa a la de los propios misioneros:

tuvo por falsos a los dioses que adoraban los de esta tierra, diciendo que no eran sino estatuas de demonios enemigos del género humano, porque fue muy sabio en las cosas morales y el que más vaciló buscando donde tomar lumbre para certificarse del verdadero Dios y creador de todas las cosas, como se ha visto en el discurso de su historia, y dan testimonio sus cantos que compuso en razón de esto, como es el decir que había uno sólo y que este era el hacedor del cielo y de la tierra... y aún muchas veces solía amonestar a sus hijos en secreto, que no adorasen aquellas figuras de los ídolos, pues el demonio los traía engañados en aquellas figuras.[2]

La *Historia de la nación Chichimeca* se articula como proyecto de recuperación del pasado y reconstruye ese pasado como figura de la armonía. Esa armonía es fruto de un orden que deriva, en gran medida, su legitimidad de la equiparación implícita de valores, organización y gobernantes que la rigen, con los paradigmas de la tradición occidental. La *Historia* narra la génesis y el desarrollo de ese orden admirable que encuentra su cifra en dos figuras : la de Netzahualcoyotzin y la de sus maravillosos palacios. Las correspondencias entre algunos de los elementos que configuran ese orden y los valores occidentales es

---

[1] Ibidem, pg. 173.
[2] Ibidem, pp. 173-174.

innegable. Pero no se inscribe en un proyecto de asimilación al universo del vencedor —igual que la adopción de la forma correcta de narrar historias no implicaba, en el primer párrafo, la abdicación de la propia tradición ni del propio discurso— sino de legitimación de una identidad que se define en términos de aquel pasado cultural e histórico cuya destrucción indican las ruinas y cuya presencia convoca incesantemente el discurso.

La opción que elige Alva Ixtlilxochitl, su adopción del lenguaje y de las formas narrativas del vencedor, indican una voluntad clara de ingreso a una historia de la cual el vencido fue brutalmente expulsado con la derrota. Las marcas de diferencia son aquí mucho mas tenues que en el caso de Alvarado Tezozomoc y las estrategias de legitimación y reafirmación de una identidad diferente anticipan, en algunos aspectos, las del Inca Garcilaso. Pero, a pesar de la elección de lengua y forma narrativa, la *Historia* dista mucho de ser un texto de integración. Configura un discurso que se propone neutralizar la contradicción fundamental entre mundo prehispánico y realidad colonial, convirtiendo el primero en equivalente simbólico del segundo, y reclamando no la disolución de la diferencia del vencido en la ortodoxia colonial, sino su inscripción en la historia en términos de igualdad. El texto mismo se constituye como el lugar simbólico de esa neutralización, como espacio de resolución históricamente imposible— utópico —entre dos espacios históricos incompatibles, indicando, necesariamente la salida de la serie. Con estrategias diferentes y mucho menos radicales la *Historia* mantiene el núcleo central irreductible —y utópico— de la propuesta de Alvarado Tezozomoc. La proyección utópica de la *Historia* se apoya en ese aspecto del proyecto: la necesidad de recorrer por la palabra los pasos perdidos para recrear el pasado reclamando las señas de la propia identidad, reafirmando la propia existencia y esgrimiendo las pruebas de la igualdad entre vencido y vencedor.Su narración, como la de la *Crónica Mexicana,* se construye como espacio de resolución simbólica de dos cuestiones fundamentales: la expulsión de la historia del pueblo mexicano y la reducción, en la derrota, de la propia identidad a un vacío sin pasado ni futuro, que el sujeto tiene que llenar a partir de las ruinas de su cultura y a pesar de los huecos dejados por el trauma de la destrucción de su mundo.

CAPITULO XI

EL SUEÑO DE LA RAZON

> Sublimation is a powerfull ally of the
> disinherited, provided, however, they can receive
> and accept another man's speech.
>
> Julia Kristeva

De todas las crónicas escritas por autores indígenas sobre la América prehispánica y su conquista hay una que ha merecido consistentemente, por encima de todas las demás, el calificativo de utópica: los *Comentarios Reales* del Inca Garcilaso de la Vega. De ella dijo Marcelino Menéndez y Pelayo —siempre lapidario— que era "novela utópica como la de Tomás Moro, como la *Ciudad del sol*".[1] Juicio tan catégorico como equivocado, ya que ni los comentarios son novela ni su proyección utópica se ajusta a los modelos de la utopía renacentista más que en sus aspectos más superficiales. Pero lo cito aquí porque, con toda su inexactitud, el juicio de Menéndez y Pelayo señala la dirección en que se ha orientado desde el siglo XIX gran parte de la discusión crítica sobre el utopismo del Inca.

La complejidad de la obra del Inca Garcilaso es tan considerable y la bibliografía sobre ella tan extensa que quiero, de entrada, acotar muy claramente mi propio proyecto de lectura. De ningún modo me propongo una lectura exhaustiva ni totalizadora de los *Comentarios* ni, mucho menos, de la obra del Inca Garcilaso, Simplemente quiero reenfocar, en un breve esbozo, la función que le corresponde al pensamiento utópico en la articulación de una de sus

---

[1] Marcelino Menéndez y Pelayo, *Orígenes de la novela*, Madrid, 1905, vol. I, pg. 392.

obras —los *Comentarios Reales* — iluminando los elementos que configuran su discurso historiográfico como discurso utópico.[1] El consenso que subyace la percepción general de la representación del Incario que desarrollan los *Comentarios Reales* como texto utópico se apoya principalmente sobre dos aspectos: la idealización del pasado Inca y la relación entre esa representación idealizada con un fenómeno más amplio y heterogéneo: la llamada utopía andina. Considero que ambos son relevantes, pero su función dentro del pensamiento utópico que articula el texto es subordinada.

Es obvio que la representación del Incario en los *Comentarios Reales* convoca un espacio del deseo, un ideal, el reino mismo de la armonía. Como es obvio también que los elementos que articulan la representación de ese reino de la armonía se contraponen implícitamente y en contraste radical a la realidad de la conquista. El proyecto histórico inicial parece ser común a ambos: fundación del Incario y colonización española de América: "En este valle mandó Nuestro Padre el Sol que paremos y hagamos nuestro asiento y morada para cumplir su voluntad. Por tanto, Reina y hermana, conviene que cada uno por su parte vayamos a conocer y atraer a esta gente para los adoctrinar".[2] Son las palabras del primer Inca en el momento de la primera fundación: la del Cuzco. Pero, a partir de este enunciado —que enlaza la filosofía del Incario con la justificación ideológica de la conquista en un proyecto análogo: civilización y adoctrinamiento religioso— la distancia que separa las fundaciones y colonizaciones que puntúan la representación del Incario, por una parte, y la de la conquista, por otra, son insalvables. Del contrapunto implícito o explícito entre ambos se desprende una crítica radical de la conquista española y de la sociedad colonial

Los reyes incas de los *Comentarios Reales* no son agresores. Son *maestros*: "su padre el Sol los había enviado del cielo para que fueran maestros y bienhechores de los moradores de toda aquella tierra".[3] Sus conquistas se basan en la negociación y, sobre todo, en la evidencia tangible del beneficio que aportan a los que se acogen a la protección del Inca, aceptando su autoridad y siguiendo sus enseñanzas: "cotejando los indios entonces y después

---

[1] En mis incursiones por el complicado universo Garcilasista me han servido de guía, de forma especial aunque no exclusiva, los trabajos de: José Durand: *El Inca Garcilaso, clásico en América* México 1976; "El Inca Garcilaso historiador apasionado", Cuadernos Americanos, LII n. 4, 153-168, (1950); "Garcilaso entre el mundo de los Incas y el de los conceptos renacentistas", Diógenes (1963), n. 43, 21-45. Alberto Flores Galindo: *Buscando un inca: Identidad y utopía en los Andes*, Colección Premio Casa de las Américas, La Habana, Cuba 1986. Max Hernández: *Memoria del bien perdido: Conflicto, identidad y nostalgia en el Inca Garcilaso de la Vega*, Madrid, Encuentros, 1991. Susana Jakfalvi-Leiva: *Traducción, escritura y violencia colonizadora: un estudio de la obra del Inca Garcilaso*, Maxwell School, Syracuse, 1984. E. Pupo Walker: *Historia, creación y profecía en los textos del Inca Garcilaso de la Vega*, Madrid, Porrúa-Turanzas, 1982. Margarita Zamora: *Language, Authority and Indigenous History in the Comentarios Reales de los Incas*, Cambridge U. Press, 1988.
[2] *Comentarios Reales*, ed. de Aurelio Miró Quesada, Biblioteca Ayacucho, Caracas 1985. Vol. I, Libro I, pg. 39. El subrayado es mío.
[3] Ibidem, pg. 39.

sus descendencias con la del Inca, y viendo que los beneficios que habían hecho lo testificaban, creyeron firmísimamente que era hijo del Sol... confesando que ningún hombre humano pudiera haber hecho con ellos lo que él".[1] En contraste radical con la realidad de la conquista española, la cita, que se refiere a las fundaciones y conquistas de Manco Cápac, subraya que ésta fue siempre un beneficio que redundaba en el bien de todos los nuevos sujetos del imperio. Sinchi Roca aclara que "teniendo el nombre Inca como su propio Rey, tenían la misma obligación de acudir al servicio del Sol, padre común a todos ellos, y al provecho y beneficio de todos sus comarcanos".[2] Maita Cápac perdona a los vencidos en la conquista de Hatunpacasa y Cac-Yauiri, diciéndoles que "les daba entera libertad, y con palabras suaves les dijo que no había ido a quitarles sus vidas ni haciendas sino a hacerles bien... que su padre el Sol no lo había enviado a la tierra para que matase indios sino para que les hiciese beneficios".[3] Y el parlamento de los ancianos Charcas ante la inminente conquista de su territorio por Inca Roca proyecta un modelo de conquista y colonización que es la antítesis misma del de la española:

Los más ancianos y mejor considerados dijeron que mirasen que, por la vecindad que con los vasallos del Inca tenían, sabían años había que sus leyes eran buenas y su gobierno muy suave; que a los vasallos trataban como a propios hijos y no como a súbditos; que las tierras que tomaban no eran las que los indios habían menester sino las que les sobraban, que no podían labrar, y que la cosecha de las tierras que a su costa hacía labrar era el tributo que llevaba, y no la hacienda de los indios, antes les daba el Inca de la suya toda la que sobraba del gasto de sus ejércitos y corte; y que en prueba de lo que habían dicho no querían traer otras razones, más que mirasen desapasionadamente cuán mejorados estaban al presente los vasallos del Inca que antes no lo fueran, cuánto más ricos y prósperos, más quietos, pacíficos y urbanos; cómo habían cesado las disenciones y pendencias que por causas muy livianas solía haber entre ellos, cuanto más guardadas sus haciendas de ladrones, cuánto más seguras sus mujeres e hijas de fornicarios y adúlteros; y, en suma, cuán certificada toda la república que ni el rico ni el pobre, ni el grande ni el chico había de recibir agravio.[4]

En el contraste implícito entre el modelo de expansión imperial del Incario y el occidental, la realidad de la colonia se presenta en toda su violencia, en toda su injusticia y en todo su horror. Sin duda, frente a esa realidad histórica del Perú colonial, la representación del

---

[1] Ibidem, pp. 48-49.
[2] Ibidem, pg. 93.
[3] Ibidem, pp. 128 y 133.
[4] Ibidem, pg. 201.

Incario, perfecto centro — como el ombligo del Cuzco— del reino de la armonía, se presenta como espacio que invierte los elementos centrales que configuran la realidad histórica, como espacio de la nostalgia, como articulación simbólica de la pérdida. En ese sentido el Incario de los *Comentarios Reales* tiene, en tanto que espacio alternativo ideal, una proyección utópica. Pero su proyección utópica no equivqle a la propuesta de retorno a un pasado mejor, que pasaría por la expulsión de los españoles, sino que se inscribe en y se subordina a un proyecto utópico mucho más complejo.

El deseo de retorno al Incario, la nostalgia del pasado y el rechazo de la conquista ligan los *Comentarios Reales* a lo que Flores Galindo llama la utopía andina: "La utopía andina son los proyectos (en plural) que pretendían enfrentar esta realidad (la que se constituye a partir de la conquista). Intentos de navegar contra corriente para doblegar tanto a la dependencia como a la fragmentación. Buscar una alternativa en el encuentro entre la memoria y lo imaginario: la vuelta a la sociedad incaica y el regreso del Inca. Encontrar en la reedificación del pasado la solución a los problemas de identidad".[1] Flores Galindo rastrea el desarrollo y las manifestaciones múltiples y heterogéneas de esa utopía andina que parte de una reconstrucción del pasado andino como espacio de neutralización simbólica de las contradicciones del presente histórico para proponer un Perú sin españoles que se ajuste a los términos de un modelo anterior: "La ciudad ideal no queda fuera de la historia o remotamente en el inicio de los tiempos. Por el contrario es un acontecimiento histórico. Ha existido, tiene un nombre: el Tahuantinsuyo. Unos gobernantes: los Incas. Una capital: el Cuzco. El contenido que guarda esa construcción ha sido cambiado para imaginar un reino sin hambre, sin explotación, y donde los hombres andinos vuelvan a gobernar. El fin del desorden y de la oscuridad".[2] Pero, aunque el enlace entre esos aspectos de los *Comentarios Reales* y la utopía que analiza Flores Galindo son innegables, el proyecto que articula en los Comentario Reales el pensamiento utópico del Inca Garcilaso no se identifica en absoluto con el retorno del Incario a un Perú sin españoles que propone la utopía andina. Los puntos de contacto son claros, pero las diferencias son todavía mas significativas y profundas.

Sin duda el Inca Garcilaso es un escritor complejo y contradictorio. Las oscilaciones entre la reivindicación del Perú prehispánico y la asimilación, hasta el virtuosismo, de la lengua y la tradición humanista de los invasores; o la lealtad apasionada hacia su país de origen y su exilio permanente en España; o la vacilación de la persona narrativa, dividida entre un *yo* indio y un *nosotros* español, incompatibles a todas luces, no se pueden ignorar ni son fáciles de explicar. Sin duda algunas de las oscilaciones de sus textos son resultado de "la tensión entre la organización y transmisión de la cultura de sus antepasados y las ideas de la

---

[1] Flores Galindo, op. cit., pg. 14.
[2] Ibidem, pg. 15.

escritura y del libro del renacimiento europeo".[1] Pero tiendo a pensar que esa tensión no aclara más que algunas de las aparentes contradicciones del texto, y no necesariamente las más importantes.

Creo, más bien, que una relectura de los *Comentarios Reales* en relación con dos cuestiones fundamentales: los modos de articulación específicos del pensamiento utópico y la configuración historiográfica como discurso simbólico, específicamente utópico, puede iluminar muchos aspectos fundamentales del proyecto del Inca Garcilaso y de la composición del texto, aclarando contradicciones que no se han explicado sistemáticamente.

Refiriéndose a la forma particular en que Garcilaso narra el episodio de la traición de Cajamarca, dice Antonio Cornejo Polar: "Discordantes con respecto al significado de otras crónicas los *Comentarios* imaginan la catástrofe como obra de la codicia y construyen un espacio en el que el diálogo (insisto, sin la interferencia de la letra) hubiera sido posible".[2] La diferencia que señala entre la narración de Garcilaso y la de otros cronistas peruanos como Guamán Poma o españoles como Betanzos, es fundamental y la explicación convincente. Es, en efecto, la necesidad de "abrir un espacio para el diálogo" lo que organiza la narración de este episodio en la "gran voz disidente" de Garcilaso. La puntualización de Antonio Cornejo Polar es fundamental para la lectura que propongo de los *Comentarios* porque, entre todos los episodios que se narran en sus dos partes, el de la traición de Cajamarca tiene una importancia absolutamente central. Es, tal como señala Susana Jakfalvi Leiva, "el centro hacia el cual y desde el cual deviene significativo el discurso de Garcilaso".[3] La imposibilidad del diálogo entre vencedores y vencidos es un hecho histórico comprobado en la conquista de América y en la realidad colonial. El diálogo se convierte, en el discurso del Inca Garcilaso, en la metáfora clave de neutralización de oposiciones históricas fundamentales. Entre pasado prehispánico y presente colonial; entre el vencido, a quien la ideología colonial define como figura de carencia— de historia, de lengua, de razón, de humanidad —y el vencedor, que se constituye dentro de esa misma ideología como sujeto histórico, figura de autoridad, de cultura y de poder. El diálogo indica, en ese juego de oposiciones insolubles, el lugar simbólico de resolución posible: el discurso, locus utópico por excelencia en el pensamiento utópico de Garcilaso

Ningún episodio adquiere en la memoria y en la conciencia colectiva de los vencidos la intensidad emblemática de esa traición. Simboliza la ruptura irreparable entre el pasado y el presente y compone una figura del trauma de la pérdida que contiene algunos de los elementos

---

[1] Walter Mignolo, " La colonización del lenguaje y de la memoria: complicidad de la letra, el libro y la historia", en *Discursos sobre la invención de América*, ed. Iris Zavala, Ed. Rodopi, Amsterdam, 1992, pg. 208.
[2] *Escribir en el aire*, pg. 44.
[3] Op. cit., pp. 107-108.

centrales que caracterizan el nuevo orden colonial: codicia, violencia, incomunicación, desconocimiento. La narración que hace el Inca Garcilaso de ese episodio revela, en la selección y organización de elementos, un proyecto de resolución que contiene las claves del proyecto utópico que articulan los *Comentarios*. Reducido a sus elementos mínimos el episodio de Cajamarca narra una imposibilidad: el diálogo, e ilumina el inicio de una dinámica: violencia y desconocimiento. Marca también el origen simbólico de una historia y un orden social: el de la colonia. Este se levanta sobre una contradicción fundamental que, históricamente, se saldó con la destrucción del primero de sus términos —representado por Atahuallpa en el episodio— por el otro: Pizarro. Cornejo Polar señala que la agresividad y los insultos simbolizan en el wanka[1] la incompatibilidad de los dos términos: "agresión en la que cada quien expulsa al otro de su mundo humano"[2] y que revela la contradicción fundamental sobre la que se contruye todo el orden colonial: "la historia de Cajamarca es, en ese sentido, la historia de una contradicción".[3]

En la convergencia de los tres elementos fundamentales que articulan la figuración del episodio de Cajamarca en los *Comentarios*: imposibilidad del diálogo, dinámica desconocimiento-violencia e incompatibilidad de los dos términos de la oposición fundamental: indio/español, se define ya el proyecto utópico que configura la narración historiográfica de los *Comentarios*. Frente a la dinámica destructiva que se nutre de desconocimiento, a la imposibilidad de un diálogo cerrado por los invasores, y a la incompatibilidad que enfrenta a españoles con incas en la colonia, el pensamiento utópico del Inca articula un texto que propone la reapertura del diálogo, la neutralización de la violencia y la resolución simbólica de la oposición fundamental. El texto de los *Comentarios* se articula como discurso utópico en la medida en que configura un espacio simbólico de resolución a estos elementos, que para Garcilaso son los puntales fundamentales que sostienen y perpetúan los horrores del régimen colonial en un proceso histórico en el que se consuma la destrucción total de su pueblo. No es un espacio del deseo. Es un espacio alternativo: el único que le está abierto a un vencido expulsado del espacio histórico en el momento de una derrota que se vive en los términos que dramatiza el relato de la traición de Cajamarca. Garcilaso es consciente de esa substitución del acceso pleno al espacio histórico —el deseado— por la creación, a través de la escritura, de espacios de resolución simbólica. En el capítulo XIX explica brevemente lo que se propone narrar en los *Comentarios* con el doble propósito de iluminar el pasado inca y de crear una base de equiparación entre el Perú prehispánico y la historia de Occidente, y

---

[1]Tomo el término Wanka del análisis que hace Cornejo Polar de las representaciones de la tragedia de la muerte de Atahuallpa. En él se aclara que, según Lara "tragedia no es un equivalente exacto de Wanka, pero sí el más aproximado y no cabe otra forma de traducción". Op. cit. pg. 56. Nota 81.

[2] Op. cit., pg. 88.

[3] Ibidem, pg. 88.

concluye diciendo: "De mi parte sé que he hecho lo que he podido, no habiendo podido lo que he deseado".[1] El acceso al espacio del deseo es imposible para Garcilaso y el texto se define, en esta admisión, como espacio simbólico de resolución de esa imposibilidad.

La representación de la historia del Incario como figuración del reino de la armonía se integra en el proyecto utópico de Garcilaso y contribuye a la configuración de los *Comentarios* como discurso utópico, pero desde una función subordinada. El proyecto utópico de neutralización de oposiciones y resolución simbólica de conflictos que formula su pensamiento utópico no se circunscribe a la figuración del Incario como modelo de orden ni a una propuesta de retorno al pasado o de reactualización del modelo en el presente. Pero su figuración cumple una función muy importante dentro de ese proyecto. Por una parte, forma parte de una estrategia de legitimación de la alteridad del mundo inca, en general, y del narrador indio, en particular. Por otra parte, configura una base simbólica de negociación, transformando implícitamente los términos históricamente incompatibles: Inca/Occidente en compatibles. Estas son dos de las funciones de los elementos que organizan la representación idealizada del Incario, aunque no son los únicos. La descripción detallada del esplendor de los templos, especialmente del templo del Sol, con su insistencia en la presencia casi cegadora del oro —símbolo de valor máximo entre los españoles— certifica la riqueza material y cultural de un mundo otro pero incuestionablemente civilizado.[2] Lo mismo sucede con los capítulos I-IX del libro sexto[3] que explican la organización social, sistemas de notación escrita y numérica, rituales y sistemas de comunicación. El paralelo entre procesos históricos en ambos mundos —conquistas paralelas— y la equiparación de misiones —civilización de pueblos bárbaros— sitúa a los dos bandos en una posición equivalente destruyendo la identificación española de lo inca con lo Otro y de lo Otro con lo bárbaro. El reconocimiento de la inferioridad tecnológica y científica de los Incas —que "admirábanse de los efectos pero no procuraban buscar las causas"— se complementa con su superioridad en cuestiones de filosofía moral: "En el ejercicio de esta ciencia se desvelaron tanto que ningún encarecimiento llega a ponerla a punto".[4] Sobre esta reivindicación precisamente se apoya una inversión que transforma sustancialmente la relación de calidad y superioridad de los dos términos de la oposición incas~españoles. Porque esa filosofía moral que es la piedra angular del orden modélico del reino de la armonía se ajusta mucho más exactamente a la ética cristiana occidental que la realidad del orden colonial, con la que contrasta siempre de forma implícita. Toda la justificación ideológica de la empresa comercial y política de la conquista se apoya sobre una

---

[1] Pg. 46.
[2] Cf. pp. 163 y ss.
[3] Cf. pp. 9-27.
[4] Pp. 115 y 117.

filosofía moral. El que el Incario de la representación de Garcilaso se ajuste mucho mejor a los términos de esa filosofía civilizadora y evangelizadora que la colonia tiene el efecto ineludible de redefinir cualitativamente los dos términos, invirtiendo cualidades y neutralizando oposiciones. La figuración del reino de la armonía legitima la cultura prehispánica y a su portavoz —el Inca— transformando lo Otro en equivalente, el bárbaro en civilizado, y abriendo y autorizando implícitamente en el lugar del espacio cerrado para el diálogo de la oposición inicial un espacio de negociación posible. Esa es la función precisa con la que se inscribe la figuración utópica del Incario dentro del proyecto utópico del Inca Garcilaso en sus *Comentarios*: legitimación del sujeto, autorización del mensaje, creación de un espacio simbólico de negociación.

Pero, ¿cuáles son los elementos que entran en juego en esa negociación y qué es lo que se negocia? De nuevo el punto de partida simbólico está, claro, en el episodio de Cajamarca que contiene sus puntos centrales: reapertura del diálogo, neutralización de la violencia, resolución de la contradicción fundamental que opone incas~españoles en esa historia que se ha convertido específicamente en "historia de la contradicción". En los *Comentarios,* el pensamiento utópico de Garcilaso elabora una propuesta utópica de resolución de estas tres cuestiones. Esta propuesta se apoya sobre tres formulaciones fundamentales: su teoría de la lengua, su teoría del conocimiento, y su creación de un nuevo sujeto para un orden utópico nuevo.

La centralidad de la cuestión de la lengua en el proyecto del Inca es evidente desde el principio de los *Comentarios*. De la lengua trata la "Advertencia" al lector que precede el texto. Cualquier transmisión de conocimiento y cualquier negociación pasan necesariamente por la comunicación. En su "Advertencia" Garcilaso subraya el papel fundamental de la competencia lingüística para el establecimiento de la comunicación. "Para que se entienda mejor lo que con el favor divino hubiéremos de escribir", comienza el texto y sigue con una serie de puntualizaciones que deben orientar al lector en relación con dos problemas. El primero es de simple inteligibilidad: "tiene tres maneras diversas para pronunciar algunas sílabas, muy diferentes de como las pronuncia la lengua española, en las cuales pronunciaciones consisten las diferentes significaciones de un mismo vocablo".[1] El conocimiento imperfecto de las reglas de pronunciación imposibilita la comprensión del mensaje. El segundo tiene que ver con la posibilidad de caer, por incompetencia lingüística —desconocimiento de pronunciación o léxico— en interpretaciones erróneas o en malentendidos. Garcilaso adopta en esta primera advertencia el papel de traductor o intérprete sin problematizarlo. Pero, a lo largo de los *Comentarios,* va ampliando su discusión de la

---

[1] Ambas citas vienen de la pg. 7.

competencia lingüística, cuestionando una y otra vez la validez de la traducción para tender un puente lingüístico y epistemológico entre dos sistemas lingüísticos y culturales diferentes. En el capítulo V del libro I, por ejemplo, señala, hablando del nombre del Perú, que la existencia de un término no asegura la transferencia del concepto y que así sucede precisamente con el de *Perú*, que los indios "no toman ese nombre en la boca, como nombre nunca por ellos impuesto, y, aunque por la comunicación de los españoles entienden lo que quieren decir, ellos no usan de él porque en su lenguaje no tuvieron nombre genérico para nombrar en junto los reinos... Supieron nombrar cada provincia por su propio nombre... empero nombre propio que significase todo el reino junto no lo tuvieron".[1] En el capítulo XVII del libro segundo avisa de la necesidad de conocer no sólo el equivalente morfológico y léxico sino el funcionamiento de toda la lengua para poder comprender la red de prácticas y asociaciones culturales en las que se genera el significado de cualquier vocablo: "El nombre Yupanqui fue nombre impuesto por sus virtudes y hazañas. Y para que se vean algunas maneras de hablar que los indios del Perú en su lengua general tuvieron, es de saber que esta dicción Yupanqui es verbo, y habla de la segunda persona del futuro imperfecto del indicativo modo, número singular, y quiere decir contarás, y con sólo el verbo, dicho así absolutamente, encierran y cifran todo lo que de un Príncipe se puede contar en buena parte, como decir contarás sus grandes hazañas, sus excelentes virtudes, su clemencia, su piedad y mansedumbre, etc., que es frasis y elegancia de la lengua decirlo así. La cual, como se ha dicho, es muy corta en vocablos pero muy significativa en ellos mismos".[2] Y en el capítulo II del libro segundo reivindica la necesidad de una competencia verdaderamente bilingüe cuando corrige la interpretación que hace Cieza de León del término *Pachacámac*, demostrando que la simple búsqueda de términos literalmente equivalentes no libera el significado exacto: "*Pachacámac* quiere decir el que da ánima al mundo universo, y en toda su propia y extensa significación quiere decir el que hace con el universo lo que el ánima con el cuerpo. Pedro de Cieza, capítulo setenta y dos dice así: 'El nombre de este demonio quería decir hacedor del mundo porque Cama quiere decir hacedor y Pacha mundo'... etc. Por ser español no sabía la lengua tan bien como yo, que soy indio Inca".[3] Algo parecido sucede con el capítulo V del libro 2 donde Garcilaso utiliza la larga discusión del término Huaca para iluminar el sentido múltiple de la palabra y la compleja red de relaciones lingüísticas y culturales dentro de las cuales se genera en cada instancia su significado.

El problema central que se plantea en todos estos ejemplos es el de la comunicación, pero, más específicamente, el de las condiciones de funcionamiento de una lengua como

---

[1] Pg. 16.
[2] Pg. 96.
[3] Pg. 62.

313

instrumento de diálogo. El telón de fondo es el estado caótico del panorama lingüístico de la colonia y el desbarajuste de la comunicación en la sociedad colonial:

> Los indios no saben de suyo o no osan dar relación de estas cosas con la propia significación y declaración de los vocablos, viendo que los cristianos españoles las abominan todas por cosas del demonio, y los españoles tampoco advierten en pedir noticia de ellas con llaneza, antes las confirman por cosas diabólicas como las imaginan. Y también lo causa el no saber de fundamento la lengua general de los Incas para ver y entender la deducción y composición y propia significación de las semejantes dicciones. Y por esto en sus historias dan otro nombre a Dios, que es Tici Viracocha, que yo no se qué signifique ni ellos tampoco... Y así como aquellos indios no tuvieron atención a cosas especulativas, sino a cosas materiales, así estos sus verbos no significan enseñar cosas espirituales ni hacer obras grandiosas y divinas, como hacer el mundo, etc. sino que significan hacer y enseñar artes y oficios bajos y mecánicos, obras que pertenecen a los hombres y no a la divinidad. De toda cual materialidad está muy ajena la significación del nombre Pachacámac, que, como se ha dicho, quiere decir el que hace con el mundo universo lo que el alma con el cuerpo, que es darle vida, aumento y sustento, etc. Por lo cual consta claro la impropiedad de los nombres nuevamente compuestos...[1]

Para Garcilaso la causa de este estado de cosas es clara: "La causa principal de esto es la gran confusión de lenguas por la cual no se comunican unos con otros". Pero la discusión de la lengua tiene en los *Comentarios* una dimensión que sobrepasa la estríctamente lingüística. La lengua es en Garcilaso también una cifra de alteridad que inscribe reiteradamente en el discurso historiográfico de los *Comentarios* la complejidad y riqueza de la cultura del pasado Inca, una metáfora que recuerda insistentemente la existencia de otro mundo no fácilmente reductible, descifrable, ni asimilable. Es lo que demuestra, por ejemplo, la diferencia entre en conocimiento del vocablo *Huaca* y el del lugar que ocupa en un sistema religioso en el que se integra de forma precisa. La falta de conocimiento de la lengua, por otra parte, es metáfora de confusión y desintegración del orden social. La larga cita que incluye Garcilaso del Padre Blas Valera en el capítulo III del libro 8 lo demuestra. La utilización de la lengua como metáfora de alteridad o de desintegración es complementaria y se relaciona con una de las creencias más firmes de Garcilaso. De nuevo se puede remontar el origen de esta idea al paradigma de la traición de Cajamarca. Es la idea de que la incompetencia lingüística cierra la comunicación abriendo simultáneamente el camino a la confusión y la violencia. En contraste con la realidad

---

[1] Ibidem, pp. 63-4.

colonial, en la representación del Incario la competencia lingüística se convierte en metáfora de la armonía:

> Entre otras cosas que los Reyes Incas inventaron para buen gobierno del imperio, fue mandar que todos sus vasallos aprendiesen la lengua de su corte que es la que hoy llamamos lengua general, para cuya enseñanza pusieron en cada provincia maestros Incas de los de priviliegio; y es de saber que los Incas tuvieron otra lengua particular, que hablaban entre ellos, que no la entendían los demás indios ni les era lícito aprenderla, como lenguaje divino... Mandaron aquellos reyes aprender la lengua general por dos respectos principales. El uno fue por no tener delante de sí tanta muchedumbre de intérpretes como fuera menester para entender y responder a tanta variedad de lenguas y naciones como había en su Imperio. Querían los Incas que sus vasallos les hablasen boca a boca (a lo menos personalmente y no por terceros) y oyesen de la suya el despacho de sus negocios, porque alcanzaron cuánta más satisfacción y consuelo de una misma palabra dicha por el Príncipe, que no por el ministro. El otro respecto y más principal fue porque las naciones extrañas (las cuales, como atrás dijimos, por no entenderse unas a otras se tenían por enemigas y se hacían cruel guerra), hablándose y comunicándose lo interior de sus corazones, se amasen unos a otros como si fueran una familia y parentela y perdiesen la esquiveza que les causaba el no entenderse.[1]

La descripción de la política lingüística del Incario concluye con la reafirmación de sus efectos: "Con este artificio domesticaron y unieron los Incas tanta variedad de naciones diversas y contrarias en idolatría y costumbres como las que hallaron y sujetaron a su Imperio, y los trajeron mediante la lengua a tanta unión y amistad que se amaban como hermanos, por lo cual muchas provincias que no alcanzaron el Imperio de los Incas, aficionados y convencidos de este beneficio, han aprendido después acá la lengua general del Cuzco y la hablan y se entienden con ella muchas naciones de diferentes lenguas, y por ella sola se han hecho amigos y confederados donde solían ser enemigos capitales".[2] En la narración de Garcilaso, la política lingüística se convierte en clave simbólica del reino de la armonía, substituyendo, en contraste inevitable con la colonia, la fuerza y la violencia por la comunicación y el entendimiento.

Pero, ¿cómo adapta y reformula Garcilaso en el contexto de su proyecto utópico de resolución de contradicciones centrales del orden colonial la política lingüística del Incario? La propuesta del Inca es inequívoca: se trata de crear una competencia bilingüe en indígenas y españoles que los eduque en el conocimiento de la lengua general y del español, de que "se les

---

[1] Vol II, pg 87.
[2] Ibidem.

315

enseñe a los indígenas el español con la claridad y competencia necesarias para que no se superponga con la lengua general del Cuzco".[1] El telón de fondo de esta puntualización es la preocupación de Garcilaso por la corrupción, entendida como deformación progresiva de la herencia prehispánica, que se perdería sin remedio, en una asimilación ignorante por parte de los invasores sin que los amerindios tuvieran recursos para combatir unos mecanismos de reducción y transculturación que, sin un conocimiento sólido del español, les serían incomprensibles. Hay un incidente que ilumina toda esta problemática y su importancia central en la propuesta bilingüe del Inca Garcilaso:

> Uno de estos navíos subió más que los otros y... vio un indio que a la boca de un río, de muchos que por toda aquella tierra entran en la mar, estaba pescando... ... Le preguntaron por señas y por palabras qué tierra era aquella y cómo se llamaba. El indio, por los ademanes y meneos que con manos y rostro le hacían (como a un mudo) entendía que le preguntaban, mas no entendía lo que le preguntaban y a lo que entendió qué era el preguntarle, respondió a prisa (antes que le hiciesen algún mal) y nombró su propio nombre, diciendo Berú, y añadió otro y dijo Pelú. Quiso decir: "Si me preguntáis cómo me llamo yo me digo Berú, y si me preguntáis dónde estaba, digo que estaba en el río". Porque es de saber que el nombre Pelú en el lenguaje de aquella provincia es nombre apelativo y significa río... Los cristianos entendieron conforme a su deseo, imaginando que el indio les había entendido y respondido a propósito, como si él y ellos hubieran hablado en castellano; y desde aquel tiempo, que fue el año de mil quinientos quince o dieciseis, llamaron Perú a aquel riquísimo y grande Imperio, corrompiendo ambos nombres, como corrompen los españoles casi todos los vocablos que toman del lenguaje de los indios de aquella tierra.[2]

La corrupción lingüística es, en el texto, la indicación exacta de un proceso mucho más amplio de corrupción de todo un sistema cultural y de un universo epistemológico que los conquistadores ignoran e instrumentalizan sin escrúpulos, dotándolos, como a la lengua, de los significados que más les convienen.

Las necesidad de enseñar a los nativos el uso del español se refuerza por la elección del propio Garcilaso. Su dominio extraordinario del español en todos sus registros demuestra hasta qué punto es consciente de que el acceso al espacio discursivo del poder sólo puede efectuarse a través de esta lengua. Pero la lucidez de esta elección, históricamente determinada, no equivale a ninguna propuesta asimilacionista. La reivindicación de la lengua general es la condición misma del retorno de la armonía a un orden colonial que se caracteriza

---

[1] Susan Jakfalvi-Leiva, op. cit., pg. 77.
[2] Vol. I, pp. 15-16.

sistemáticamente por la confusión, la desintegración y la anarquía. La competencia en español es sólo un arma de negociación con el poder, y una garantía de preservación de la propia herencia lingüística y cultural a través del conocimiento de los mecanismos y procesos mentales del invasor. Una garantía de la posibilidad de "organizar aquella libertad enajenada a través de la recuperación del lenguaje". Desde el punto de vista del proyecto utópico de Garcilaso la propuesta bilingüe equivale a "anular las oposiciones establecidas entre dos series cerradas e infecundas en su aislamiento",[1] y proyecta la apertura de un diálogo que vuelve a ser posible en la neutralización utópica, a través de la lengua, de la oposición inca~español como universos contrarios e incompatibles.

La propuesta de Garcilaso en relación con la necesidad de una política bilingüe que recupere la lengua general y establezca firmemente el dominio del español se inscribe en su programa utópico doblemente. Como desbloqueo de la incomunicación, que inició la conquista, con la apertura de un diálogo múltiple que desplace el silencio del vencido cuestionando el monólogo del vencedor; y como condición necesaria para un entendimiento que sólo puede lograrse a través de la circulación del conocimiento indígena bloqueado por el poder colonial. La recuperación de ese conocimiento y su difusión a través de la escritura es, obviamente, uno de los propósitos declarados de los *Comentarios*. Pero la integración de este propósito en el proyecto utópico de Garcilaso se apoya en una percepción particular: la que ve en la ignorancia la causa fundamental de la explotación y de la destrucción del mundo prehispánico. Ignorancia y armonía se encuentran, al igual que destrucción y conocimiento, en relación inversa. El conocimiento, la recuperación y la difusión del saber indígena se convierten en el pensamiento utópico de Garcilaso en la base misma de la reinstauración posible de la armonía en el Perú. No una armonía que duplique el pasado Inca, sino una armonía lograda en la negociación de poder y alteridad. La importancia central del conocimiento en la creación de todo orden y armonía se inscribe en la figuración utópica del Incario que articulan los *Comentarios*, desplazando la noción cronológica de la historia propia de occidente. Como ya ha sido señalado, el desarrollo del Incario se ordena primordialmente de acuerdo con el principio de génesis del saber y no de la temporalidad: "la génesis del saber, ubicado según la interpretación de la tradición que hace Garcilaso de la época de los primeros reyes, se dará luego como un desarrollo hacia el perfeccionamiento en el cual no hay en realidad un antes y después absolutos. ... Garcilaso formula las adquisiciónes en relación con un paradigma moral que se mantiene inalterable a lo largo de la sucesión de los Reyes Incas".[2]

---

[1] Jakfalvi-Leiva, pp. 74 y 116 respectivamente.
[2] Jakfalvi-Leiva. Ibidem, pg. 96.

El punto de partida del proyecto historiográfico del Inca en los *Comentarios* es su compromiso con una realidad "antes destruída que conocida".[1] Los *Comentarios* se proponen invertir esa relación, exorcizando la destrucción con el saber. En el recorrido que hace Garcilaso por la historia del saber prehispánico hay una descripción que proyecta con particular fuerza la presencia de un saber que ilumina el mundo intrincado y no asimilable de la civilización Inca: la descripción de la fortaleza de Cuzco.

> La obra mejor y más soberbia que mandaron hacer para mostrar su poder y majestad fue la fortaleza de Cuzco, cuyas grandezas son increíbles a quien no las ha visto, y al que las ha visto y mirado con atención le hacen imaginar y creer que son hechas por vías de encantamiento y que las hicieron demonios y no hombres; porque la multitud de las piedras, tantas y tan grandes como las que hay puestas en las tres cercas (que más son peñas que piedras) causa admiración... Pues pasar adelante con la imaginación y pensar cómo pudieron ajustar tanto unas piedras tan grandes que apenas pudieran meter la punta de un cuchillo por ellas, es nunca acabar... Muchas de ellas están tan ajustadas que apenas se aparece la juntura; para ajustarlas tanto era menester levantar y asentar la una piedra sobre la otra muchas veces, porque no tuvieron escuadra ni supieron valerse siquiera de una regla para asentarla encima de una piedra y ver por ella si estaba ajustada con la otra. ... Tengo para mi que no son sacadas de canteras, porque no tienen muestra de haber sido cortadas, sino que llevaban las pequeñas sueltas y desasidas (que los canteros llaman tornos) que por aquellas sierras hallaban, acomodadas para la obra; y como las hallaban así las asentaban, porque unas son cóncavas de un cabo y convexas de otro y sesgadas de otro, unas con puntas a las esquinas y otras sin ellas; las cuales faltas y demasías no las procuraban quitar ni emparejar ni añadir, sino que el vacío y cóncavo de una peña grandísima lo henchían con el lleno y convexo de otra peña tan grande y mayor, si mayor la podían hallar; y por el semejante el sesgo o derecho de una peña igualaban con el derecho o sesgo de otra; y la esquina que faltaba en una peña la suplían sacándola de otra, no en pieza chica que solamente hinchiese aquella falta, sino arrimando otra peña con una punta sacada de ella, que cumpliese la falta de la otra; de manera que la intención de aquellos indios parece que fue no poner en aquel muro piedras chicas, para suplir las faltas de las grandes sino que todas fuesen de admirable grandeza, y que unas a otras se abrazasen, favoreciéndose todas supliendo cada cual la falta de la otra, para mayor majestad del edificio.[2]

---

[1] Vol I, pg. 46.
[2] Vol II, pp. 142-144.

Las murallas del Cuzco se aparecen a los ojos de Garcilaso como un gigantesco rompecabezas. Un rompecabezas que combina, de forma magistral, fuerza, técnica, ingenio y perfección. En el texto esa perfecta forma desafía tanto la razón del comentarista —de ahí la referencia a los encantadores— como la comprensión desde una cultura tecnológicamente más avanzada, que tiene que suplir, al contemplarla, el conocimiento con la imaginación. Se erige como un enigma. Un enigma que simultáneamente convoca la presencia del mundo destruído a traves de sus ruinas (ritual análogo al de Alva Ixtlilxochitl) y recuerda la imposibilidad de captar la complejidad del mundo prehispánico desde la cultura tecnológicamente más avanzada de los invasores. El ver en la descripción de la muralla de la fortaleza del Cuzco el símbolo mismo del Incario no es una imposición arbitraria. El propio Garcilaso hace explícita esa relación dentro del texto:

> Los Incas, según lo manifiesta aquella su fábrica, parece que quisieron mostrar por ella la grandeza de su poder, como se ve en la inmensidad y majestad de su obra; la cual se hizo más para admirar que no para otro fin. También quisieron hacer muestra del ingenio de sus maestros y artífices, no sólo en la labor de la cantería pulida (que los españoles no acaban de encarecer), mas también en la obra de cantería tosca, en la cual no mostraron menos primor que en la otra. Pretendieron asimismo mostrarse hombres de guerra en la traza del edificio, dando a cada lugar lo necesario para defensa contra los enemigos.[1]

Fuerza, cultura y poder se proyectan en esa muralla, que el texto construye minuciosamente como símbolo del universo Inca, símbolo que simultáneamente convoca y defiende la integridad del pasado. La muralla es un enigma que contiene tanto los elementos que articulaban ese universo que la conquista clausuró —grandeza, cultura, fuerza y poder— como las claves de su orden perfecto. Unas claves que resultan ser igualmente relevantes para el proyecto utópico que Garcilaso va tejiendo en la narración de sus *Comentarios*. La muralla, símbolo de una cultura, constituye un todo en el que las partes encajan de forma tan perfecta y armoniosa que no queda ni resquicio para la punta de un cuchillo. Y esto a pesar de la heterogeneidad, desigualdad e irregularidad de las formas que lo integran. Lo fundamental en relación con el proyecto utópico de Garcilaso y su inscripción en la imagen de la muralla es el principio que rige la transformación de lo diverso, heterogéneo y fragmentario —las piedras— en una coherencia armoniosa y perfecta. Ese principio es el de negociación. Las piedras no se transforman ni mutilan cortándolas para darles a todas la misma forma — "las cuales faltas o demasías no las procuraban emparejar ni añadir"— sino que se van

---

[1] Vol II, pg. 143.

ensamblando y encajando manteniendo y respetando en todo momento su diversidad e integridad porque, concluye Garcilaso "la intención de aquellos indios fue ... que unas y otras se abrazasen, favoreciéndose todas, supliendo cada cual la falta de la otra, para mayor majestad del edificio". Ese es, en el texto de Garcilaso, el principio fundamental que subyace la armonía del pasado Inca que él reconstruye en sus *Comentarios*. Y es también el principio que subyace su proyecto utópico de armonización de contrarios y neutralización de oposiciones en la colonia. El único que permite la transformación de elementos dispares e irreductibles en su diferencia y particularidad —tan irreductibles como las piedras— en un todo armonioso en el que cada parte cumple su función en la creación de un orden perfecto: la muralla.

La actitud de Garcilaso hacia la realidad histórica —la conquista española— contra la que se recorta su proyecto utópico es inequívocamente crítica. Es un proceso de destrucción y de barbarización. La figura de la muralla ilumina la visión crítica que subyace la narración de Garcilaso, esta vez en el relato de la función que le asignan los españoles:

> Los españoles, como envidiosos de sus admirables victorias, debiendo sustentar aquella
> fortaleza aunque fuera reparándola a su costa, para que por ella vieran en siglos venideros cuán
> grandes habían sido las fuerzas y el ánimo de los que la ganaron y fuera eterna memoria de
> sus hazañas, no solamente no la sustentaron, más ellos propios la derribaron para edificar sus
> casas particulares que hoy tienen en la ciudad del Cuzco, que, por ahorrar la costa y la
> tardanza y pesadumbre con que los indios labraban las piedras para los edificios, derribaron
> todo ... Las piedras mayores, que servían de vigas en los soterraños sacaron para umbrales y
> portadas, y las piedras menores para los cimientos y paredes; y para las gradas de las escaleras
> buscaban hiladas de piedra del altor que les convenía y, habiéndola hallado, derribaban todas
> las hiladas que había encima de la que habían menester, aunque fuesen diez o doce hiladas o
> muchas más. De esta manera echaron por tierra aquella gran majestad, indigna de tal estrago,
> que eternamente hará lástima a los que la miren con atención de lo que fue.[1]

El bastión simbólico del poderío Inca y la cifra de todo un saber se convierte por la codicia e ignorancia de los conquistadores en simple piedra útil, material burdo para la construcción de un orden diferente. El principio de reducción rige la creación de todo este nuevo orden colonial, en un proceso de transformación que corrompe y destruye el mundo que la muralla figura, vaciándolo de significado, cortando sus lazos con el pasado y su historia, imponiéndole un significado y una función ajenos.

---

[1] Ibidem, pg. 148.

Ese proceso de corrupción y destrucción del universo Inca, que se levanta sobre la ignorancia, define para Garcilaso la esencia misma de la conquista, y es en relación con él donde se define la importancia central del conocimiento dentro de su pensamiento utópico. La destrucción de la fortaleza no es un ejemplo aislado. Duplica la del templo de Viracocha[1] y se prolonga en la de las acequias del sistema de regadío prehispánico.[2] En ambos casos —templo de Viracocha y fortaleza del Cuzco— la confrontación simbólica entre el invasor y el mundo prehispánico subraya dos elementos: la ininteligibilidad de ese mundo cuyas huellas trazan las enigmáticas piedras de las murallas, y la ansiedad del conquistador frente a esa ininteligibilidad. La envidia que Garcilaso les atribuye a los españoles socava la imagen oficial de la superioridad occidental, inscribiendo en ella la carencia y la vulnerabilidad. Para Garcilaso los dos episodios son ejemplos emblemáticos de los términos de una confrontación: la del poder colonial con el mundo prehispánico. En el plano histórico esa confrontación se había saldado desde el momento de la derrota con la destrucción que se inicia en el encuentro de Cajamarca. En la base misma de esa destrucción el Inca ve una causa fundamental, y se aplica a citar autoridades indiscutibles en apoyo a su tesis, desde Pedro de Cieza hasta José de Acosta. Dice Acosta;

Habiendo tratado lo que toca a la religión que usaban los indios pretendo en este libro escribir sus costumbres y policía y gobierno para dos fines. El uno, deshacer la falsa opinion que comúnmente se tiene de ellos como de gente bruta y bestial y sin entendimiento, o tan corto que apenas merece ese nombre; del cual engaño se sigue hacerles muchos y muy notables agravios, sirviéndose de ellos poco menos que de animales y despreciando cualquiera género de respeto que se les tenga, que es tan vulgar y tan pernicioso engaño, como saben los que con algún celo y consideración han andado entre ellos y visto sus secretos y avisos, y juntamente el poco caso que de todos ellos hacen los que piensan que saben mucho, que son de ordinario los más necios y más confiados de sí. Es tan perjudicial esta opinión que no veo medio con que pueda mejor deshacerse que con dar a entender el orden y modo de proceder que estos tenían cuando vivían en su ley... Mas como sin saber nada de esto entramos por la espada sin oirles ni entenderles, no nos parece que merecen reputación las cosas de los indios, sino como caza habida en el monte y traída para nuestro servicio y antojo. Los hombres más curiosos y sabios que han penetrado y alcanzado sus secretos, su estilo y gobierno antiguo, muy de otra suerte lo juzgan, maravillándose que hubiese tanta orden y razón entre ellos.[3]

---

[1] Narrada en el Vol. I, pg. 260.
[2] Ibidem, pg. 264.
[3] Citado por Garcilaso en sus *Comentarios*, vol I. pp. 117-118.

Para Garcilaso como para Acosta la relación entre nuevo orden y pasado prehispánico se ha definido en la historia de la colonia como mutuamente excluyente. La exclusión se basa fundamentalmente en el desconocimiento y, en el pensamiento utópico del Inca, el conocimiento se convierte en tercer término imposible que neutraliza la oposición fundamental, indicando la salida de la serie histórica y abriendo un espacio simbólico para un futuro diferente.

Pasado Inca   ~   Realidad colonial

Conocimiento

La función utópica de los *Comentarios* se relaciona, en este sentido, con su capacidad de hacer posible ese tercer término, de configurarse como el espacio válido y legítimo de la recuperación de la historia, de la producción del saber indígena y de la transmisión del conocimiento. Son esas tres funciones las que convierten este texto, en relación con la problemática del conocimiento, en discurso utópico, lugar simbólico de la transformación del vacío en significante y del desplazamiento de la destrucción por la negociación.

El último elemento central sobre el que se articula la propuesta utópica que formula Garcilaso en sus *Comentarios* es la construcción del sujeto.[1] La centralidad de la problemática de la identidad se subraya con claridad y frecuencia en los *Comentarios* tanto a nivel personal como colectivo. De hecho, uno de los contrastes más radicales que se establecen entre las conquistas del Incario, específicamente la de Manco Cápac y la conquista española, se relaciona con esta cuestión. Los capítulos XXI-XXII-XXIII- y XXIV del libro I describen con todo detalle un complejo ritual que ilumina las múltiples formas en las que la conquista del primer Inca era, de manera fundamental, un acto simbólico que confería identidad a los nuevos súbditos. El ritual tenía, según la narración de Garcilaso, varias fases. Comenzaba con la enseñanza y la transmisión de valores y seguía con la concesión de divisas. La primera divisa es la trenza: "El primer privilegio que dió el Inca a sus vasallos fue mandarles que a imitación suya trajeran todos en común la trenza en la cabeza, empero que no fueran de todos los colores, como la que el Inca traía, sino de un color sólo y que fuese negro". La segunda es el peinado: "que anduviesen trasquilados, empero con diferencia de unos vasallos a otros y de todos ellos al Inca, porque no hubiera confusión en la división que mandaba". La tercera son

---

[1] La lectura de los *Comentarios* en relación con la búsqueda de una identidad propia es uno de los temas que han despertado más interés entre los críticos de Garcilaso. No voy a intentar en modo alguno recapitular la producción crítica sobre el tema ni volver sobre lo ya dicho. Me propongo sólo mostrar la función que cumple la exploración de la problemática de la identidad dentro del proyecto utópico más amplio en el que se integra dentro de los *Comentarios*.

322

las orejas: "pasados algunos meses y años les hizo otra merced, más favorable que las pasadas, y fue mandarles que se horadaran las orejas. Mas también con la limitación del tamaño del horado de la oreja, que no llegase a la mitad de como los traía el Inca, sino de medio atrás, y que trajesen cosas diferentes por orejeras, según la diferencia de los apellidos y provincias". Concluye Garcilaso puntualizando que "las diferencias que el Inca mandó que hubiese en las insignias, demás de que eran señales para que no se confundiesen las naciones y apellidos, dicen los mismos vasallos que tenían otra significación y era que los que más se asemejaban al rey esos eran de mayor favor y de más aceptación".[1] Todo el proceso de concesión de insignias a los pueblos conquistados representa simbólicamente la creación de un orden en el que cada uno recibe, como máximo privilegio, una identidad que le confiere un lugar dentro del nuevo cosmos, precisando el lugar que ocupa tanto en relación con otros pueblos como en relación con la jerarquía que encabeza el inca. El carácter sagrado y fundamental de este proceso de concesión de identidades se subraya en el texto de dos formas. En primer lugar, al reiterar el autor que la concesión de una identidad es el más alto *privilegio*, el que culmina la serie de beneficios que los conquistados han ido recibiendo ya de Manco Cápac. En segundo lugar a través de la reacción de los propios conquistados: "Entre sí unos con otros decían que el Inca, no contento de haberlos sacado de fieras trocándolos en hombres, ni satisfecho de los muchos beneficios que les había hecho en enseñarles las cosas necesarias para la vida humana y las leyes naturales para la vida moral y el conocimiento de su Dios el Sol, que bastaba para que fueran esclavos perpetuos, se había humanado a darlos sus insignias reales, y últimamente, en lugar de imponerles pechos y tributos, les había comunicado la majestad de su nombre".[2] Las últimas tres líneas contienen un elemento más: la comparación entre una conquista benéfica y constructiva que eleva a los conquistados a la naturaleza del conquistador "humanándolos" con la comunicación del nombre real, y otra -la española— que se reduce a la explotación despiadada de sus nuevos súbditos, abrumándolos con pechos y tributos. Conquista inca y conquista española son procesos antitéticos. La primera humaniza al conquistado. La segunda lo deshumaniza reduciéndolo progresivamente a la categoría de bestia.

En Perú, como en México, uno de los efectos inmediatos del trauma radical de la conquista fue la pérdida del sentido de la propia identidad. Todas las crónicas indígenas de reconstrucción de antigüedades o antiguallas prehispánicas —es decir de recuperación del pasado— cumplen entre sus funciones fundamentales la de crear un marco simbólico nuevo de referencia histórica que llene el vacío creado por el trauma y la represión, y la de delinear un mapa posible para el trazado de las señas de una identidad perdida, devolviendo su

---

[1] Todas las citas son de Vol. I, pp. 50-51.
[2] Ibidem, pg. 53.

legitimidad al vencido y restituyéndole un pasado, una historia y una cultura. Los *Comentarios* no son una excepción en ese sentido. Pero en ellos toda la problemática de la identidad, en su vertiente personal y colectiva, se integra —lado por lado— con la propuesta de enseñanza de lenguas y la de recuperación del saber indígena, en un proyecto utópico de gran coherencia y envergadura. El telón de fondo contra el cual se recorta la problemática de la identidad en los *Comentarios* es una realidad que es el inverso de la que describen las conquistas de Manco Cápac. Frente al proceso de creación de identidad, cultura y orden, la conquista española se define como proceso de desintegración de culturas y destrucción de identidades. A nivel colectivo esa desintegración se condensa en la oposición Inca~Español cuyos términos y resultado dramatiza en su origen el episodio paradigmático de Cajamarca. A nivel personal esa contradicción fundamental que da forma al Perú colonial y condiciona las opciones de todos sus súbditos se concreta en una escisión fundamental que reverbera, a lo largo de toda la obra de Garcilaso, en una serie de vacilaciones y oscilaciones que condicionan tanto sus sucesivas —y a veces conflictivas— autodefiniciones como los cambios de distancia con respecto a uno y otro bando y las historias y tradiciones que les corresponden.

La naturaleza de esa escisión se enuncia por primera vez en forma explícita no en la voz del narrador sino en la de su tío, que es quien representa para él la fuente misma de sabiduría y autoridad. Hablando en respuesta a las preguntas de su sobrino acerca de las hazañas del primer Inca puntualiza el tío: "En este distrito mandó poblar *nuestro* Inca más de cien pueblos, los mayores de a cien casas y otros de a menos, según la capacidad de los sitios. Estos fueron los primeros principios que esta *nuestra* ciudad (Cuzco) tuvo para haberse fundado y poblado como la ves. Estos mismos fueron los que tuvo este nuestro grande y famoso imperio que *tu* padre y *sus* compañeros *nos* quitaron".[1] El marco más amplio de definición de una identidad personal es, claro, la oposición Inca~Español. Pero este se complica aún más con una segunda escisión: entre dos linajes incompatibles que convergen de forma imposible en su persona. Es esta incompatibilidad lo que indica la tensión entre el *tú* y el *nos*. Una tensión que no indica fusión ni síntesis sino falta de pertenencia al linaje primero —que se adscribe al padre del Inca— y al segundo, en la ambigüedad de un *nos* que, precedido por la presencia del padre invasor tampoco puede acabar de incluir a Garcilaso totalmente, dejándolo en una especie de limbo, suspendido entre dos linajes antagónicos de los que participa, pero a los cuales no puede pertenecer del todo legítimamente. Esta falta de legitimidad se complica todavía más con otro factor: la bastardía de Garcilaso, que lo hace doblemente ilegítimo de cara al orden colonial: como indio y como bastardo.

---

[1] Vol. I, pg. 41.

La construcción del sujeto en los *Comentarios* se integra en el proyecto utópico de Garcilaso en relación con la doble problemática identitaria —colectiva y personal— con una función muy definida: la de crear una figura de resolución simbólica que neutralice ambas contradicciones fundamentales: Indio~Español y légitimo~bastardo, transformando ilegitimidad en legitimidad y exclusión en participación. Una figura que no puede ser de síntesis —por no haber síntesis posible entre los términos de la oposición fundamental— sino de neutralización de la oposición misma.[1] Es decir, una figura utópica: el mediador. El texto se convierte en el lugar simbólico de creación y legitimación de esta figura que contiene las claves de la reinstauración de la armonía perdida. Por eso mismo la legitimación de la autoridad del autor de la narración y de la propuesta son fundamentales en los *Comentarios*. La complicada red de autodefiniciones que pone en juego Garcilaso en su texto no es simple expresión de una necesidad personal de legitimación o de un "desgarrón" de la conciencia del Inca, sino parte de una estrategia deliberada de autorización de la propuesta utópica.

Algunos estudios críticos ya han apuntado en esa dirección cuando puntualizan que "la validación de la escritura mestiza de Garcilaso, específicamente en los *Comentarios*, no tiene únicamente que ver con la duplicidad de sus fuentes ni siquiera con el esfuerzo por preservar las fidelidades que debe a uno y a otro de sus ancestros; se refiere, en lo esencial, a la construcción —o mejor a la autoconstrucción— del sujeto que habla en el texto y del espacio desde el cual lo hace".[2] La validación de ese sujeto es la condición necesaria de validación de la propuesta utópica, y el juego de múltiples posiciones discursivas que caracteriza al narrador de los *Comentarios* revela las estrategias de Garcilaso en la búsqueda del punto de enunciación exacto que legitime su pensamiento utópico y autorice su propuesta.[3]

El narrador de los *Comentarios* se define desde la *Advertencia* inicial como indio que escribe como indio: "Para atajar esta corrupción me sea lícito, pues soy indio, que en esta historia yo escriba como indio".[4] La elección de la escritura se acota (es "para atajar corrupciones"), pero la filiación no. El "soy indio" es rotundo e inequívoco. Pero no estable. La afirmación rotunda y absoluta responde a la necesidad de autorizar más allá de cualquier duda, y frente a todos los cronistas españoles, su conocimiento único de la lengua, la cultura y el pasado indígenas. Es también condición necesaria de autorización de los dos puntos

---

[1] Para quién sea lo bastante iluso como para acariciar la idea del mestizaje y ver al mestizo como figura de síntesis Garcilaso clarifica en su propia persona que en el mestizo no sólo no se resuelven las escisiones y oposiciones sino que se multiplican. Las palabras del tío no dejan lugar a dudas a este respecto.

[2] Antonio Cornejo Polar Op. cit. pg 93..

[3] No me parece que la necesidad de legitimación se vincula tanto a la disidencia del discurso (A.C.P., pg. 93) como a la urgencia de posibilitar la aceptación de una propuesta de neutralización de contrarios a través del aprendizaje de la lengua, la transmisión del saber y la recuperación de culturas de la que depende todo el futuro de su pueblo. Y a la aguda conciencia que tiene de su vulnerabilidad como enunciador de pensamiento y discurso.

[4] Vol. I, pg. 7.

primeros de su propuesta utópica: educación bilingüe y transmisión del saber indígena. A lo largo del texto esa identidad esencial del indio se desdobla en toda una multiplicidad de funciones dictadas por los imperativos de legitimación del narrador y de recepción del texto, para eclipsarse en el último libro, donde cede el paso a una identidad de elección. Es la del sujeto utópico: el mestizo. Es el ser indio lo que le permite a Garcilaso autorizar —frente al peso de los cronistas oficiales— la superior exactitud de su texto. Valida su función de comentarista: "que mi intención no es contradecirles sino servirles de comento y glosa y de intérprete en muchos vocablos indios, que, como extranjeros en aquella lengua, interpretaron fuera de la propiedad de ella";[1] de traductor, con acceso a fuentes más directas que, por razones lingüísticas, culturales, y sociales les estan vedadas a los españoles: "Esta larga relación del origen de sus Reyes me dio aquel Inca, tío de mi madre, a quien yo se la pedí, la cual yo he procurado traducir fielmente de mi lengua materna, que es la del Inca, en la ajena, que es la castellana… Otras cosas semejantes, aunque pocas, me dijo este Inca en las visitas y pláticas que en casa de mi madre se hacían, las cuales pondré adelante en sus lugares, citando el autor, y pésame de no haberle preguntado otras muchas para tener ahora la noticia de ellas, sacadas de tan buen archivo, para escribirlas aquí"[2]; y de intérprete de palabras y hechos, como el significado del Cuzco como ombligo (pg. 83), o el de Yupanqui como verbo, para comprender todo lo que debajo de tal verbo o nombre se puede querer decir (pg. 96). Finalmente es la autodefinición inicial como indio lo que lo califica como historiador más competente que cualquier español: "que como indio natural de aquella tierra, ampliamos y extendemos con la propia relación lo que los historiadores españoles, como extranjeros, acortaron por no saber la propiedad de la lengua ni haber mamado en la leche aquestas fábulas y verdades como yo las mamé".[3]

Las funciones múltiples que puntean en el texto las sucesivas autodefiniciones del Inca cuestionan implícitamente la oposición radical bárbaro/civilizado, pero hacen mucho más que esto. Inscriben en el texto dos transformaciones fundamentales: la del que no sabe ni puede hablar (el indio) — "que yo, como indio traduje en mi tosco romance"— en el que habla mejor y con mayor precisión que los propios escritores españoles; y la del que no tiene derecho a saber "porque las fuerzas de un indio no pueden presumir tanto" en el que sabe más que nadie. Conjugadas, estas dos transformaciones marcan el ingreso simbólico, a través de la escritura del indio, en el ámbito del conocimiento y del discurso.

Pero, dentro del texto mismo, la función de traductor y transmisor que reclama el narrador se problematiza. La traducción es un medio privilegiado de acceso de lo marginal o

---

[1] Ibidem, pg. 6.
[2] Ibidem, pg. 42.
[3] Ibidem, pg. 83.

periférico al espacio de circulación de conocimiento y cultura.[1] Del mismo modo que la pertenencia total al sistema cultural que se intenta transmitir es condición necesaria de acceso al conocimiento. Pero en el texto ni la traducción es capaz de trasponer fielmente los signos de una cultura en los de otra, ni el conocimiento profundo que sólo se adquiere con la leche materna puede garantizar la transmisión de un universo cultural a otro. La discusión sobre la imposibilidad de armonizar un término como *Tahuantinsuyo* con el concepto de reino del Perú, y la ininteligibilidad de las piedras de la muralla de la fortaleza del Cuzco y del templo de Viracocha —por citar sólo dos ejemplos— lo demuestran. Ningún universo cultural es reducible a los términos de otro, ningún sistema cultural puede ser perfectamente transpuesto en los signos de otro. Y esta puntualización dentro del texto ilumina de manera inequívoca la imposibilidad de cualquier síntesis de contrarios, a la vez que acota y aclara los límites de la primera definición del sujeto —"soy indio"— y de sus múltiples funciones. El indio letrado cumple una función fundamental: en su figura se consuma simbólicamente el acceso del sujeto indio al ámbito del poder discursivo e interpretativo. Pero no es, con su vaivén de oscilaciones y vacilaciones, la figura utópica de resolución de la contradicción fundamental. La figura utópica de resolución es, en el texto de Garcilaso, la del mestizo, identidad de elección que reclama "a boca llena" el Inca al final de sus *Comentarios*: "A los hijos de español y de india o de indio y española nos llaman mestizos, por decir que somos mezclados de ambas naciones; fue impuesto por los primeros españoles que tuvieron hijos en indias, y, por ser nombre impuesto por nuestros padres y por su significación, me lo llamo yo a boca llena y me honro con él".[2] Pero, ¿cuál es la "significación" exacta de esa figura para Garcilaso? El uso del término "mezclados" es muy equívoco, porque el mestizo no es una figura de fusión o de síntesis imposible de contrarios. "Mezclado" indica en el pensamiento de Garcilaso una condición diferente que Antonio Cornejo Polar recoge en otro término muy gráfico: entreverado. Hay entrelazamiento perpetuo e irreductible de elementos tan disímiles como lo son los universos culturales que indican. No hay mezcla que implique la disolución de ninguno de los términos en un proceso de fusión o asimilación.

El mestizo que proyecta la construcción del sujeto en los *Comentarios* es una figura de mediación. No ilumina un proyecto de asimilación ni de unión de contrarios sino de negociación entre los términos Inca~Español cuyos universos respectivos deben preservarse por igual. Desde el punto de vista de la problemática identitaria personal de Garcilaso, el mestizo es figura de resolución que transforma la marginalidad, en relación con ambos términos, en centralidad con respecto a los dos. Y, a nivel colectivo, el mestizo es el nuevo sujeto utópico, bicultural y bilingüe, que puede tender un puente para la negociación,

---

[1] Jakfalvi-Leiva, pg. 15.
[2] Vol II, pg. 266.

neutralizando la contradicción histórica fundamental y abriendo el camino para la realización del Perú utópico. Un Perú que se sitúa no en el pasado —identificándose con el Incario— sino en el futuro, en la visión utópica de una sociedad justa que encarne por igual los valores incas y cristiano-occidentales, sólo incompatibles dentro de la realidad histórica corrompida y degradada de la colonia. El mestizo es la clave de realización de todo el proyecto utópico del Inca. Como es figura de neutralización de la oposición racial, cultural e histórica que enfrentaba a los dos términos de la contradicción, por ser figura de negociación permanente entre dos universos culturales de excelencia equivalente. Es el que garantiza la armonización de los contrarios frente a la imposibilidad demostrada —recuérdense los límites de traducción y explicación— de reducirlos a un común denominador, de englobarlos sintéticamente, o de homogeneizarlos reduciéndolos a los términos del Otro. Se ha subrayado ya la importancia capital de esta figura como apuesta más alta del Inca a favor de la armonía: "Ahora entendido en términos de violencia y empobrecimiento, casi como mutilación de la completud de un ser que la conquista hizo pedazos, el mestizaje —que es la señal mayor y más alta de la apuesta Garcilasista a favor de la armonía de dos mundos— termina por reinstalarse —precisamente en el discurso que lo ensalza— en su condición equívoca y precaria, densamente ambigua, que no convierte la unión en armonía sino —al revés— en convivencia forzosa, difícil, dolorosa y traumática".[1] Sólo que, reintegrando la construcción del nuevo sujeto mestizo al marco del pensamiento utópico, se puede argumentar que no es tanto que Garcilaso persiga infructuosamente una armonía hecha de unión. Lo que la figura del mestizo ilumina es más bien que, aunque unión y síntesis de contrarios son imposibles, el retorno de la armonía no lo es. Pero, al reves de lo que sucedería si la propuesta utópica se redujera a un retorno al Incario utópico donde toda contradicción cesaba, la armonía no puede instalarse en la historia más que a través de la neutralización de los contrarios. Una neutralización que sólo es posible para Garcilaso a través de una comunicación y un conocimiento que sienten las bases para el reconocimiento de la mutua alteridad y para la mediación y negociación permanente de sus diferencias. Es decir, que no es tanto que el Inca persiga la unidad y tropiece con la fragmentación irreductible sino que comprende con toda lucidez que la armonía no pasa por la unidad imposible —racial, cultural e históricamente— sino por la negociación de una heterogeneidad irreductible. Es precisamente esa visión —necesariamente utópica en un contexto histórico marcado por la contradicción fundamental Inca~Español que la propuesta de Garcilaso neutraliza simbólicamente— la que unifica bajo el signo de la utopía la propuesta lingüística del Inca, su teoría del conocimiento y su construcción del mestizo como sujeto utópico del nuevo orden y agente del retorno de la armonía al mundo caótico de la colonia.

---

[1] Cornejo Polar Op. cit. pg. 99.

En la medida en que propugna la neutralización de la contradicción fundamental sobre la que se apoya y con la que se justifica ideológicamente todo el orden colonial, el discurso de Garcilaso en los *Comentarios* es un discurso disidente y subversivo. La recuperación de un pasado abolido por la fuerza, la transmisión legitimadora de un saber ignorado, y la reivindicación de una lengua silenciada por el invasor son condiciones no negociables dentro del discurso utópico del Inca. Como es parte ineludible de él la crítica radical de la conquista como proceso de destrucción de un mundo armonioso y de corrupción de los ideales cristianos occidentales. Pero eso no implica ni que su propuesta utópica se identifique con el retorno al pasado de la utopía andina (Flores Galindo) ni que su discurso crítico sea exactamente un discurso de resistencia frente a la realidad del poder occidental. El discurso utópico de Garcilaso articula, con todos sus elementos, un proyecto que, más que alentar la resistencia, propone y busca la negociación y la resolución, en la neutralización de contrarios, como punto de partida para el advenimiento utópico de una armonía históricamente imposible.

CAPITULO XII

EL MUNDO AL REVES

Y no hay rremedio.

Guamán Poma de Ayala

Desde la escritura del trauma que configura las primeras relaciones y cantares indígenas compuestos inmediatamente después de la derrota de los méxicas, los textos escritos por autores amerindios van puntuando un acceso gradual al espacio del poder discursivo a través de proyectos que conjugan la recuperación de la palabra con la reconstrucción del pasado prehispánico. En obras muy diferentes, procedentes tanto de México como de Perú, el texto se va configurando como el lugar de producción de un discurso utópico que aparece anclado en dos funciones centrales. Primero, la que lo constituye como lugar simbólico de neutralización de una contradicción histórica fundamental que opone el universo prehispánico al orden colonial —contradicción que se desdobla frecuentemente en dos oposiciones recurrentes: Antes~Después (de la conquista) e Indio~Español. Y, en segundo lugar, la que lo define como espacio simbólico de negociación de diferencias y de apertura del diálogo imposible que clausuró simbólicamente el episodio de Cajamarca.

A primera vista la *Nueva crónica y buen gobierno*, de Guamán Poma de Ayala, parece inscribirse en esa línea del pensamiento utópico y en esa tradición de recodificación de pasados prehispánicos y percepciones críticas de la colonia. Guamán Poma se presenta al principio de su crónica como otro vasallo fiel que entabla una comunicación con el poder,

330

movido por el deseo de servir al rey y de mejorar la sociedad colonial. Su crónica es un servicio: "Y juntamente con ella le cirbo con esta poquita de obrecilla yntitulada Primer corónica y buen gobierno deste rreyno, que es serbicio de Dios y de vuestra Santidad... ocación con que poder serbir a vuestra Majestad".[1] Se define por su propósito moral de perfeccionamiento de la colonia: "La dicha corónica es muy útil y provechoso y es bueno para enmienda de vida para los cristianos y enfieles y para confesarse los dichos yndios y enmienda de sus vidas y herronía, ydúlatras y para sauer confesarlos a los dichos yndios los dichos saserdotes y para la emienda de los dichos comenderos y corregidores y padres y curas de las dichas dotrinas y de los dichos mineros y de los dichos caciques principales y ddemás yndios mandoncillos, yndios comunes y de otros españoles y personas."[2] La carta de su padre, Don Martín Guamán Mallque de Ayala, descendiente directo de la nobleza prehispánica, autoriza y reafirma este propósito: "que el estilo es fácil y grave y sustancial y provechoso a la santa fe católica y la dicha historia es muy verdadera como conbiene al supgeto y personas de quien trata".[3]

La autoridad que legitima al autor de la crónica como historiador veraz, como moralista y como interlocutor del rey se apoya en tres hechos. En primer lugar, su conocimiento interno del pasado prehispánico y de la lengua, que le permite el acceso a las fuentes de información más fidedignas de una cultura con una tradición quechua, fundamentalmente oral, y que no posee más archivo escrito que los kipus: "Muchas ueses dudé, Sacra Católica Real Magestad, azeptar esta dicha ynpresa y muchas más después de auerla comensado me quise bolber atrás, jusgando por temeraria mi entención, no hallando supgeto en mi facultad para acauarla conforme a la que se deuía a unas historias cin escriptura nenguna, no más de por los quipos (cordeles con nudos) y memorias y rrelaciones que los yndios antiguos de muy biejos y biejas sabios testigos de uista, para que dé fé de ellos, y que ualga por ello qualquier sentencia juzgada".[4] Lo que Guamán Poma presenta como la causa de su vacilación es precisamente lo que autoriza su relato: "Colgado de varios discursos —dice— pasé muchos días y años yndeterminando".[5] Como en tantos otros cronistas indígenas, la vacilación no viene de la falta de entendimiento, que se afirma retóricamente una y otra vez, sino de la capacidad de acceso a fuentes, tradiciones, perspectivas y discursos múltiples. En segundo lugar, la autoridad de Guamán Poma como autor de su crónica se refuerza por su familiaridad con la tradición historiográfica española. De forma implícita a veces y explícita

---

[1] Guamán Poma de Ayala, *Nueva Crónica y Buen Gobierno*. Ed. de Rolena Adorno y John Murra, Siglo XXI, México, 1980. Pp. 4 y 6.
[2] Ibidem, pg. 2.
[3] Pg. 5.
[4] Ibidem.
[5] Pg. 6.

otras, revela sus fuentes y su conocimiento de las "crónicas pazadas" (pp. 997-998).
Reconoce su existencia y señala sus insuficiencias documentales y lingüísticas, situando de
paso su propia obra y su carácter único —por exacto y por completo— en relación con ellas.
Y, finalmente, la autoridad de su crónica se apoya sobre una experiencia directa acumulada
por su autor que es a la vez participante, testigo directo y erudito, a lo largo de una
peregrinación de treinta años por todos los vericuetos del reino. La ilustración "Camina el
autor" (pg.1009) recoge los términos de esa peregrinación a través de un mundo cuya
representación visual duplica algún elemento del mapamundi que contiene la representación
utópica del universo andino (pp. 914-15).[1] Como en el mapamundi, la representación aparece
enmarcada por un triple arco que se tiende entre dos polos: el sol y la luna. Pero ahí acaban las
semejanzas, que no hacen más que acentuar todavía más las diferencias entre el cosmos
andino y la realidad colonial, subrayando las ausencias. Han desaparecido las diagonales que
ordenaban el espacio andino en cuatro secciones dotadas cada una de un valor simbólico
específico: Chinchasuyu, Collasuyu, Antisuyu y Contisuyu. Como ha desaparecido el punto
de articulación central de ese cosmos: el Cuzco del mapamundi. El mundo que recorre
Guamán Poma es un mundo descentrado en el que la figura que ocupa el lugar más central de
la composición no es figura de estabilidad ni de orden sino de incertidumbre y movilidad: el
peregrino viajero que intenta desentrañar el orden y sentido de un mundo que parece haberlos
perdido. Es un mundo desolado. Los tres arcos concéntricos del mapamundi representaban
por orden cielo y mar en el nivel más alto, que aparecía escindido en dos espacios simétricos,
montañas en el nivel siguiente y gentes, animales y plantas en el inferior. En el mundo de
Guamán Poma, por otra parte, el espacio superior es un espacio amenazador en el que los
astros y los mares han sido desplazados por una abarrera de nubes tormentosas y una tupida
cortina de nieve. Se mantiene el arco de montañas, pero ha desaparecido el arco que tendía la
continuidad de la vida de todas las especies entre los dos polos del universo. Sólo el
peregrino, su hijo y sus animales animan la representación desde el espacio más bajo del
dibujo. Y por último, los polos mismos, entre los que se tendían los arcos que enmarcaban el
mapamundi, aparecen invertidos, sugiriendo, tal vez, el trastorno o la inversión fundamental
sobre la que se constituye todo el "mundo al rrebes" de la colonia.[2] El objetivo de la
peregrinación es explícito: "Se hizo pobre y desnudo sólo para alcansar y ver el mundo con la

---

[1] Para un estudio en profundidad de las ilustraciones de Guamán Poma remito al lector a dos excelentes
estudios. El más completo: Mercedes Lopez Baralt: *Icono y conquista: Guamán Poma de Ayala*, que examina
de forma brillante y exhaustiva la iconografía de la *Nueva Crónica*, Madrid, Hiperión, 1988, y el capítulo
"Icons in Space" de Rolena Adorno, en su libro *Guamán Poma: Writing and Resistance in Colonial Perú*,
University of Texas Press, 1986.
[2] Sobre la inversión de espacios y jerarquías en las ilustraciones de Guamán Poma véase Adorno, op. cit, pp.
99, 106 y 109.

merced y lesencia y vista de ojos de parte de su magestad".[1] A través de ella el autor se inviste de una doble autoridad: la de representante del interés y visión del rey (vista de ojos de parte de su magestad) y la del que "estubo en medio del pueblo, y plasa y del mundo, viendo todo".[2] La crónica misma se presenta como el testimonio escrito de la sabiduría de esas dos visiones conjugadas.

Hasta aquí no hay ruptura clara con la toma de posición de, por ejemplo, Garcilaso. Como él, Guamán Poma se ofrece como mediador desde un espacio —la escritura— que parece apuntar al inicio del diálogo y de la negociación. Al igual que sucedía con Garcilaso su centralidad en relación con el mundo andino lo designa como persona idónea para establecer esa negociación. El dibujo "Pregunta el autor" lo muestra en el centro mismo de la composición y en el proceso de acumular la información que le va a permitir convertirse en voz de su pueblo.[3] En la ilustración su autoridad como transmisor del conocimiento andino, en cuyo mundo se integra gráficamente como figura central, lo designa como experto fidedigno. Pero, a la vez, su ropa y su sombrero lo inscriben simbólicamente en el ámbito del poder español, designándolo como agente de mediación entre dos universos radicalmente separados, y como interlocutor legítimo en el diálogo con el poder, que encarna en la crónica la figura del rey. No hay una diferencia radical entre la autodefinición del autor que captura gráficamente el dibujo de Guamán Poma y la autodefinición de Garcilaso como mediador en sus *Comentarios*. Ni entre el proyecto utópico de negociación de diferencias y neutralización de oposiciones a través del conocimiento mutuo y del diálogo que propone el Inca y la propuesta de diálogo por la que apuesta la Nueva *Crónica*. La vertiente utópica de la obra de Guamán Poma se centra precisamente en esta propuesta.

Aunque el proyecto utópico es uno de los elementos estructurales que articulan la *Nueva Crónica* con más consistencia, quiero centrarme en un capítulo particular que condensa todo el sentido de la propuesta, iluminando el pensamiento utópico particular que la articula en sus términos específicos. Es el capítulo que Guamán Poma titula "Capítulo de la pregunta". Va introducido por el dibujo "Pregunta su magestad, responde el autor", emblema mismo de todo el proyecto utópico de Guamán Poma. Nos muestra el rey, situado arriba y en la izquierda del dibujo, en diálogo con Guamán Poma, arrodillado en la parte baja de la derecha. Es un dibujo que recoge inequívocamente la jerarquía colonial, que eleva al rey por encima del vasallo. El rey ocupa el espacio preferente (hanan) según el modelo simbólico de representación del espacio andino, y Guamán Poma se encuentra en el lugar subordinado

---

[1] *Nueva Crónica*, pg. 108.

[2] Ibidem, pg. 1019.

[3] El dibujo se encuentra en la pg. 338. Adorno señala con razón que esta centralidad aparece relativizada por la desintegración del orden andino que indican los tocados trastocados de los caciques principales que lo rodean. Véase Adorno, op. cit., pg. 116.

(huri).[1] El rey aparece elevado en una tarima, sentado y coronado. Guamán arrodillado sobre las baldosas y destocado. El atuendo de Guamán Poma combina elementos españoles —calzas, jubón, gorguera, capa— con americanos: pelo y sombrero, señalándolo como figura intermedia entre las dos culturas. El diálogo que se entabla entre estas dos figuras es un diálogo simbólico: el rey se define por su cetro, Guamán Poma por su libro. Es un diálogo entre poder y conocimiento. Pero aquí comienza ya la subversión de esa jerarquía colonial que la organización espacial del dibujo parecía, a primera vista, afirmar tan inequívocamente. Porque, en primer lugar, en ese diálogo el rey es el que no sabe y el que escucha, y Guamán Poma el que sabe y el que enseña, invirtiendo en el diálogo mismo la autoridad de las dos figuras. La jerarquía que separa rey y vasallo se ve desplazada por una relación de equivalencia que se refuerza en el dibujo por la inscripción de los símbolos de autoridad respectiva —el cetro y el libro— en dos diagonales paralelas que cruzan invisibles el dibujo de derecha arriba a izquierda abajo. Esa equivalencia redefine, desde adentro, la relación entre el rey y su vasallo Guamán Poma, transformándola en relación entre autoridades paralelas, una centrada en el poder, la otra en el conocimiento. Entre ellas se establece el diálogo utópico[2] que debe traer el "rremedio" a todos los males de la colonia. En la imagen emblemática de ese diálogo utópico, el rey inaccesible se convierte en figura benevolente y paternal, Guamán Poma en símbolo de la dignidad del indio y de su capacidad de acceso a la civilización occidental, que simbolizan —como ninguna otra cosa en ese momento histórico de choque entre tradición oral y escrita— la escritura y el libro.

El texto del capítulo que acompaña el dibujo se desarrolla efectivamente como un diálogo. Pero un diálogo muy particular que sigue el modelo estructural de aquellos cuestionarios que utilizaba la corona a través de los oficiales coloniales para recoger información sobre las sociedades prehispánicas y sobre el estado de la colonia. El mismo tipo de cuestionario que el que organiza la Relación de Tezcoco, de Juan Bautista Pomar. El texto de ese diálogo ocupa con la escritura el lugar histórico de una comunicación imposible —la que clausuró simbólicamente el encuentro de Cajamarca— aunque las razones que aduce Guamán Poma para explicar en el texto las razones de esa imposibilidad son otras: "Quisiera seruir a vuestra Magestad como nieto del rrey del Pirú; uerme cara en cara y hablar, comunicar de presente sobre lo dicho no puedo, por ser biejo de ochenta años y enfermo, yr tan lejos… Y ancí que por lo escrito y carta nos ueremos. Y ací vuestra Magestad me uaya preguntando, yo le yré rrespondiendo".[3] Es esa imposibilidad histórica la que el dibujo neutraliza,

---

[1] Véase Adorno en relación con estas divisiones del espacio, en op. cit., pp. 99 y 105.
[2]Utópico en tanto que tercer término históricamente imposible en la oposición histórica fundamental Indio ~ Europeo.
[3] Op. cit., pg. 896.

afirmando la realidad de un diálogo utópico que define el texto del capítulo y de la crónica como espacio simbólico de resolución de todos los problemas de la colonia y de enmienda de su consecuencia inevitable: la destrucción del mundo andino. Es un espacio que, frente a la incomunicación real en la colonia entre indio y blanco, colonizador y colonizado, rey y vasallo indígena, abre un lugar para la exploración y para la crítica, proponiendo alternativas de resolución simbólica. Las preguntas del rey van recorriendo la trayectoria del propio Guamán Poma a lo largo de su viaje desolador por conquista y colonia en busca del buen gobierno del "mundo al rrebes" de la colonia. Los temas no se ordenan de forma arbitraria, sino de acuerdo con la importancia que revisten en la visión del propio Guamán Poma. Y esa importancia se define siempre en relación con una cuestión fundamental: la liquidación definitiva del mundo andino. La centralidad de esa cuestión se indica en el texto en la forma en que el primer tema —la disminución de la población indígena— se refuerza con el último: los males del mestizaje. A la primera pregunta del rey: "como agora no multiplican los yndios y se hazen pobres", Guamán Poma responde contrastando el equilibrio y justicia del modelo social andino con los abusos y la opresión del orden colonial. El remedio que propone a esta despoblación no incluye la aceptación del mestizaje como posibilidad de continuidad de la cultura prehispánica o de preservación del mundo andino sino que se levanta sobre su rechazo explícito. Sólo los indios son depositarios del mundo prehispánico y sólo ellos pueden preservarlo. Por eso su protección frente a la extinción que los amenaza es prioridad absoluta. El mestizo es, por el contrario, el símbolo mismo de la pérdida de identidad y de la degradación, y sólo trae "ruydos, y pleytos, mentiras, hurtos". El rechazo del mestizaje es un punto tan fundamental en la argumentación de Guamán Poma que le impulsa a romper por única vez la convención ficticia de pregunta—respuesta, revelándose en el texto como el que realmente inicia pregunta y diálogo. "Pregúnteme —dice— vuestra Magestad el remedio dello".

Entre estos dos polos —extinción y mestizaje— que al superponerse imprimen una circularidad al diálogo que los revela como el principio y el fin de la cuestión que intenta remediar Guamán Poma, se suceden en versión condensada todos los temas que organizan su crítica de la colonia a lo largo del Buen Gobierno. El formato se repite siempre igual: pregunta del rey, respuesta de Guamán Poma, petición de consejo del rey, propuesta de Guamán. La pregunta del rey introduce el tema, la respuesta de Guamán expone la crítica, la petición del rey solicita el remedio, y la respuesta de Guamán propone la solución al problema histórico. Al filo de las preguntas y respuestas se va construyendo un argumento paralelo que identifica progresivamente su propio interés —la preservación de los indios y de la cultura andina— con el del rey: la protección de una mano de obra sin la cual el reino del Perú perdería la mayor parte de su riqueza:

335

Sacra Católica Real Magestad, digo que en este rreyno se acauan los yndios y se an de acauar. Desde aquí de ueynte años no abrá yndio en este rreyno de que se cirua su corona rreal y defensa de unestra santa fe católica. Porque cin los yndios, vuestra Magestad no uale cosa, porque se acuerde Castilla es Castilla por los yndios. El serinícimo emperador y rrey que Dios tiene en la gloria foe poderoso por los yndios deste rreyno y su padre de vuestra Magestad tanbién foe monarca con gran poderío y potestad sonado por los yndios deste rreyno y vuestra Magestad también.[1]

Las causas de la destrucción de la población andina se van enumerando en una narración que prolonga una de las representaciones iconográficas más desoladoras de toda la obra de Guamán Poma. La que lleva el título"Pobre de los yndios" (pg. 655-66). La ilustración muestra la degradación del orden andino en un mundo en el que el centro no está ocupado por el principio ordenador de un cosmos sino por la figura de su destrucción: la víctima, el indio acechado por todos los puntales simbólicos de un orden colonial que se identifica con la deshumanización y la bestialización, que indica su representación como bestias carniceras o rapaces. La corrupción de un clero venal y lujurioso (tema 2 del diálogo), se complementa con la brutalidad de los colonos que explotan despiadadamente a los indios en sus minas (tema 4), y con la codicia de unas autoridades que traicionan el interés real (tema 4).[2] La complicidad entre todos ellos define cualquier forma de legalidad, gobernando la colonia de acuerdo con una red de intereses particulares que aseguran su destrucción: "Y no hay rremedio porque todos se aúnan: el jues, el corregidor, tiniente, comendero y mayordomos y otros españoles y mestizos y becitadores de la santa madre yglecia y uicarios y curas. Todos son contra los pobres, todos a una mano uienen en fabor de españoles dones y señoras doñas. De todos los pobres se ciruen; no tan solamente se ciruen, cino que le entra en sus pociciones y haziendas y tierras, pastos y casas de fuerza contra su boluntad. Escriuillo es llorar. Nenguno de ellos le enforma a vuestra Magestad".[3]

Frente a este estado de cosas, el autor del dibujo "Pregunta su Magestad" y de la *Crónica* se define como agente de transformación a través de una propuesta que substituye la incomunicación por la comunicación, el rechazo por el reconocimiento, la destrucción por la negociación. El lugar simbólico de esa transformación es el diálogo utópico entre conocimiento y poder, un diálogo que —tal como revela el dibujo — neutraliza jerarquías y oposiciones afirmando equivalencias. Pero el texto del capítulo prolonga un paso más la

---

[1] Pp. 900-901.
[2] Op.cit., pp. 899, 900-904 y 906 respectivamente.
[3] Ibidem, pg. 901.

inversión de autoridad que revelaba el dibujo, llevando hasta sus límites la exploración de las posibilidades de esa transformación. Porque el diálogo ficticio que crea Guamán Poma con el rey no mantiene la equivalencia de autoridades ni la integridad de los poderes respectivos que traza el dibujo, donde la autoridad del rey equivale a la del vasallo (es paralela) y su poder (cetro) se mantiene frente al conocimiento (libro). En el texto, la figura del autor desplaza transitoriamente a la del rey, apropiándose de todo el control y de toda la iniciativa. Ya no es la figura lateral que ofrece de rodillas su conocimiento al que detenta el cetro del poder, sino la figura central que controla por completo los términos del intercambio. El es quien crea el personaje del rey y del autor, el que formula las preguntas y las respuestas, el que controla cada uno de los elementos que van configurando la crítica de la colonia y un proyecto de resolución que, en el discurso, aparece avalado por la aceptación real. El capítulo invierte sistemáticamente los términos de toda relación entre vencedores y vencidos en la colonia. El control de papeles, funciones y discursos pasa del rey y los españoles a Guamán Poma, príncipe Inca restituyéndole simbólicamente la libertad y autoridad que la conquista arrebató a su pueblo.

Pero la inversión de papeles y funciones y la apropiación del control absoluto no coinciden exactamente con la propuesta utópica. Son estrategias verbales de exploración y verificación de la posibilidad misma de la neutralización de contrarios sobre la que puede, tal vez, hacerse realidad la resolución de los males de la colonia y de la contradicción fundamental sobre la que se levantan. El dibujo ilumina puntualmente los términos de esa contradicción Indio~Español, configurando en sus trazos una resolución utópica que pasa por la neutralización de la oposición Inca~Rey, y su desplazamiento por una relación de equivalencia entre las dos autoridades disímiles que representan: la del poder y la de la sabiduría. Es esa neutralización la que configura el carácter utópico de la representación iconográfica, y del discurso crítico de la *Crónica,* marcando la salida simbólica de la serie histórica iniciada en Cajamarca con la clausura radical de todo diálogo y la instauración de la violencia como forma central de relación social.

El pensamiento utópico de Guamán Poma se apoya sobre una creencia fundamental: la existencia objetiva y necesaria, por encima de contradicciones históricas y aberraciones sociales de un orden racional y moral superior.[1] La crítica acerba recorre implacable en su *Crónica* los horrores de la colonia y los condena. Pero no tanto como manifestación de un orden natural o histórico sino como corrupción de ese orden moral y racional superior. Es esa creencia fundamental la clave de su pensamiento utópico, en el sentido de que explica tanto la persistencia del impulso utópico frente a la catástrofe de la conquista como la contradicción

---

[1] Es lo que Adorno llama "the existence of a rational and moral universe", en op. cit., pg. 122.

aparente entre la lucidez de un profundo escepticismo y el voluntarismo utópico que se afirma una y otra vez en la escritura y la iconografía de la *Nueva Crónica*.

El "Capítulo de la pregunta" y el dibujo "Pregunte su Magestad" condensan y dramatizan todo el proyecto utópico de la *Crónica* de Guamán Poma. Aclaro que no quiero decir con eso que la *Crónica* se circunscriba sólo a ese proyecto utópico, que es sólo una de sus dimensiones, sino que el pensamiento utópico ocupa un lugar central en la articulación de la crónica y en la composición del texto.

La *Nueva Crónica* se presenta al lector no como crónica sino como carta: "CARTA DEL AUTOR. Carta de don Felipe Poma de Ayala a su Magestad el Rrey Phelipo". Sin duda el texto mismo cuestiona de múltiples maneras la declaración del propio autor. En la multiplicidad de opciones discursivas que adopta y adapta Guamán Poma en su escritura, las funciones claramente diferenciadas en la época entre la crónica —que tenía una función primordialmente interpretativa— y la carta de relación, cuya función fundamental era informar, se entrecruzan y sobreponen sin cesar. Aunque es también cierto que esa separación de funciones era más teórica que real. Basta leer documentos como las *Cartas de Relación* de Hernán Cortés para darse cuenta de la complejidad de funciones que encubría la clasificación de ese género y la imposibilidad de separar la información de la interpretación y de la construcción ficcional en esos documentos.[1] Pero esta puntualización no le resta exactitud a la clasificación de Guamán Poma. Su *Nueva Crónica* se enuncia desde la posición de un sujeto que entabla una comunicación directa con su lector. Es precisamente la situación de enunciación que recoge el dibujo "Pregunta su Magestad". En el contexto histórico en el que escribe Guamán Poma esa comunicación es una imposibilidad radical, como lo es el diálogo del "Capítulo de la pregunta", porque se inscribe entre los dos términos de la contradicción fundamental Indio~Español. Sólo a partir de la salida de la serie histórica que se define en esa oposición, y del ingreso en el plano utópico donde la contradicción cesa, es posible el restablecimiento de la comunicación que la conquista clausuró. En ese sentido el proyecto global de la crónica amplifica el del "Capítulo de la pregunta", revelando el núcleo utópico sobre el que se apoya toda la narración. La comunicación con el poder, el diálogo con la autoridad, que configuran el objetivo central del "Capítulo" y de la *Nueva Crónica*, y sus opciones discursivas, pertenecen necesariamente al plano utópico en el contexto histórico en el que Guamán Poma escribe. La incomunicación, por el contrario, se inscribe de lleno en el plano histórico, definiéndolo. De ahí el valor simbólico, recurrente a través de los años, del episodio de Cajamarca. Frente a la incomunicación radical que sustenta históricamente la contradicción fundamental Indio~Español, el pensamiento utópico de Guamán Poma

---

[1] Véase Pastor, *Discursos narrativos de la conquista de América*, Ediciones del Norte, Hanover, NH. 1988.

configura el diálogo simbólico entre conocimiento y poder como espacio de resolución —a través de la comunicación— de las dos cuestiones fundamentales que para él resumen la hecatombe de la conquista: la liquidación del mundo prehispánico y la extinción de los nativos. Toda la *Nueva Crónica* es —en primer lugar— expresión de una voluntad utópica de crear a través de la escritura ese espacio de comunicación. El "Capítulo de la pregunta" explora esa opción hasta sus últimas consecuencias, añadiendo dos elementos a la situación enunciativa que configura la crónica como monólogo. Por una parte introduce la presencia activa del rey que inicia el diálogo con Guamán Poma formulando preguntas, comentando respuestas, pidiendo consejo. Por otra parte autoriza plenamente la visión del autor tanto en relación con la validez de sus críticas como en relación con la posibilidad real del diálogo. El capítulo no sólo configura un diálogo imposible entre poder y conocimiento, sino que configura un diálogo ideal, es decir un diálogo que corresponde exactamente a los términos de elección de Guamán Poma, descendiente de la nobleza prehispánica y representante del pueblo andino. Marca el punto más alto de la voluntad utópica y agota las posibilidades de exploración de la utopía como alternativa, a través del control absoluto por parte del autor de todos sus elementos y opciones. En él se consuma la resolución simbólica de los horrores de la colonia y el restablecimiento de un orden que ya no se identifica con la liquidación del mundo andino sino que se levanta sobre la restitución de un espacio de continuidad propio. El último parrafo del capítulo apunta claramente en esa dirección: "Con esto sera rremediado vuestra Magestad. Se descargará su rreal consencia y bien de los pobres de este rreyno. Y que no ayga flayre ni conpañia dotrinante porque son de conuentos en todo el mundo. Acimismo an de hazer la rrecidencia, acauando tomalle rrecidencia al corregidor y al jues de rriccidencia en cada pueblo, acimismo de los jueses que ban y bienen a este rreyno. Que esto es muy santa cosa enformalle ellos a vuestra Magestad, seruicio de Dios y de vuestra Magestad y multiplico y descanso y bien y conseruació[n] de los pobres yndios deste rreyno".[1]

Pero ¿hasta qué punto se mantiene, dentro de la totalidad de la *Crónica*, esa resolución, hasta qué punto es estable —o precario— el punto de equilibrio que parece afirmar este párrafo? O, dicho de otro modo, ¿cómo se resuelve la tensión constante entre voluntad utópica y lucidez crítica y cual es el balance de esa tensión en la Nueva *Crónica*? La situación precisa del "Capítulo de la pregunta" dentro de la totalidad de la obra es relevante para contestar a estas preguntas. Creo que su centralidad viene reforzada por una cierta simetría estructural entre lo que la precede y la que la sigue. Lo preceden la reconstrucción detallada del pasado prehispánico como modelo de organización social, la crítica radical de la realidad colonial que desarrolla en *Conquista* y *Buen Gobierno*, y la apelación de la sección

---

[1] *Nueva Crónica,* pg. 912.

Conzedera. Lo siguen el mapamundi y sección que resumen los atributos del cosmos andino y la sección *"Del mundo, las ciudades, villas y tambos"*, recorrido geográfico y moral por la realidad colonial que recapitula muchas de las críticas de Buen Gobierno, y que concluye en el prólogo[1] con una exhortación moral a la reforma radical: "Y, porque no os uenga el castigo de Dios rrestituid honrra y hazienda de buestros prógimos... Aunque os metáys en el decierto y rreligión, ci no rrestituys y pagáys lo que deuéys, serés condenados al ynfierno. Guardad los dies mandamientos y el santo euangelio y las buenas obras de misericordia. Por boca de ángel os notificó y pecador os amonesta a todas las ciudades, uillas, aldeas, pueblos de este rreyno".[2]

Hasta aquí Guamán Poma no parece distanciarse ni más ni menos que Garcilaso de su propio utopismo. Su *Nueva Crónica*, como los *Comentarios*, parece concluir en una reafirmación de la propuesta utópica de preservación del mundo prehispánico, negociación de diferencias y resolución de los males de la colonia a través del conocimiento, la comunicación y el diálogo. Pero, desde otra óptica, la presencia de dos secciones que duplican de forma condensada el contenido crítico de las que preceden al "Capítulo de la pregunta", para concluir en una exhortación moral relativiza la resolución del "Capítulo del diálogo", reactivando la pregunta. Frente al "no hay rremedio" que puntúa desoladoramente todo el texto de *Buen gobierno,* el "Diálogo" concluye con una afirmación: "hay rremedio", mientras que la exhortación que acabo de citar apela a la conciencia moral y al castigo divino para persuadir —no ordenar— retomando la conclusión del diálogo en forma de pregunta ¿hay rremedio?

Creo que la respuesta a esta pregunta se encuentra, si en algún lugar de la *Nueva Crónica*, en el capítulo que, de hecho, cierra el proyecto, recorriendo simbólicamente toda la trayectoria del autor. Es el que se titula "Del mundo vuelve el autor", ilustrado por el dibujo "Camina el autor", al que ya me referí más arriba. Las palabras que encabezan cada uno de los folios que integran este capítulo componen en tono de epitafio una recapitulación del recorrido del narrador y de su sentido: "El dicho autor/Aiala/servindo a su Magestad/treinta años/deiando sus hijos/i perder mucha hacienda/sólo en seruicio de Dios/i de su Magestad/e [f]avor de los pobres/de iesucristo/andubo en el mundo/llorando/en todo el camino/hasta/presentarse/en los reis/de Lima/ante su Magestad/i su rreal audiencia/de presentarse/i cumplil/con la dicha/corónica/deste rreyno/conpuesta/por/Don Felipe Guamán Poma/de Aiala".[3] El epitafio resume el sentido de la misión de Guamán Poma: presentarle la *Nueva Crónica* al rey. El objeto de esa *Crónica* es, nos dice el propio autor, enderezar el "mundo al rrebes" de la colonia. Pero la comunicación directa con el rey es imposible en ese

---

[1] Recuérdese que los prólogos de Guamán Poma van al final y no al comienzo de secciones y capítulos.
[2] Op. cit., 996.
[3] Ibidem, pp. 1011-1026

contexto, a pesar del deseo de Guamán Poma de verlo "cara a cara, y hablar y comunicar".[1] Y la comunicación escrita es improbable: "¿Quién podría escribille ni hablalle ni allegarse a un personage tan gran señor cristiano católico, Sacra Católica Real Magestad?"[2] Frente a todas esas interdicciones que pesan sobre la comunicación, Guamán Poma será el vasallo que "se atreue" a reclamar un espacio para el diálogo. Es el libro, la crónica que aparece en su mano en el dibujo "Pregunta su Magestad", el lugar utópico de la comunicación bloqueada. El vasallo que se atreve a desafiar tanta interdicción se caracteriza como peregrino investido de una doble autoridad: la que hace converger en su visión la sabiduría divina con el interés real :"Porque adonde esta Dios esta el rrey católico y sus ojos cristianos.Todos los que le enforma a su Magestad cirue a Dios y a su Magestad. Aquellos ojos de ellos, y del autor son ojos del mismo rrey, que los vido a vista de ojos. Y andubo en todo el mundo para ver y proveer su justicia y rremedio de los pobres"[3]. Y la que, en tanto que peregrino, lo presenta como figura de sacrificio a un objetivo más alto.

El texto de este último capítulo cuestiona la representación ideal del emblema de la utopía —el dibujo "Pregunta su Magestad"— acumulando imágenes de desposesión desde la del epitafio ("deiando a sus hijos/perder mucha hazienda al seruicio de Dios") hasta las que resumen su situación miserable al retorno de su viaje: "Estaua muy cansado y muy pobre y que no tenía un grano de mays ni cosa alguna de auer andado tantos años el dicho autor seruiendo a Dios y a su Magestad y a su Santidad y a los señores bizorreys… para el seruicio de la corona rreal y bien, prouecho, aumento y multiplico de los yndios pobres".[4] Y la ilustración "Camina el autor" confirma la relación entre peregrinación y sufrimiento .[5] Guamán Poma sale pobre y desnudo, es decir indefenso, a enfrentarse con el invierno de un mundo hostil y desolado. El viaje del autor por el mundo recoge metafóricamente la trayectoria de Guamán Poma en busca del conocimiento que le devolverá la centralidad en un mundo que lo ha arrinconado y marginado, situándolo "en medio del pueblo y plaza y del mundo, viendo todo".[6] Desde esa posición, que lo autoriza exactamente en los términos que ilustra el dibujo "Pregunta su Magestad", se vuelve posible el diálogo entre poder y conocimiento, se abre un espacio utópico para la negociación. Pero el fracaso de este proyecto y la imposibilidad final de esa apertura se inscriben con toda claridad dentro del texto de la narración del viaje mismo. El viaje recorre simbólicamente una trayectoria circular. Y esa circularidad que identifica el principio y el fin de la jornada con una misma destrucción es aquí

---

[1] Pg. 896.
[2] Pg. 1025.
[3] Pg. 1013.
[4] Pg. 1010.
[5] Véase el análisis de este dibujo en supra, pg.
[6] Pg. 1019.

341

el emblema mismo del fracaso. Guamán Poma sale a caminar por el mundo en busca del remedio a una realidad histórica que amenaza con liquidar definitivamente su historia, su cultura y su pueblo. Pero el final de la jornada confirma la realidad inalterable de ese proceso de destrucción. A su llegada a su tierra "uido derriuado y entrado en pocición y destroydo el pueblo y la prouincia" y "halló todo en el suelo y entrándole en sus casas y sementeras y pastos".[1] La transformación del peregrino y su acceso al conocimiento no han incidido en modo alguno sobre la realidad colonial. Nada ha cambiado. A su regreso y a lo largo de su último viaje —el que lo llevará a Lima para comunicarse en persona con el rey— las injusticias y abusos se suceden, duplicando los que él mismo ha constatado en su peregrinación y consignado en su *Crónica*. Sus propiedades han sido expropiadas sin recurso ni apelación posible (pg. 1011), y la corrupción sigue organizando una sociedad que se revela en los "pleytos y bellaquerías" que definen la vida en las ciudades y pueblos que va recorriendo (pg. 1013). La llegada a Lima confirma, más allá de toda duda, tanto la inmutabilidad de la realidad histórica contra la que se construye todo el proyecto de Guamán Poma, como la posición que en ella ocupa el autor. La centralidad ilusoria que alcanzó el peregrino a través del conocimiento se circunscribe al plano utópico. En la realidad histórica su suerte sigue siendo la marginación. El relato subraya esa marginación que concluye en la expulsión:

> Y ancí se fueron el dicho autor y el dicho pobre hombre y entraron a la dicha ciudad de los Reys de Lima uien tarde. Y no hallaron posada ni quien le socorriera. Por ser tan pobre durmieron en un saguán cin senar bocado y sus bestias cin yerua porque trayya tanta pobresa. Y dallí se llegó más allá del callejon del sercado y se metió en otra casa adelante del monasterio de las señoras descalsas. Pegado allí, les echó fuera a la calle porque le uieron tan pobre y rroto. Aunque le suplicó que por amor de Dios y de su madre Santa María, no hubo piedad del dicho pobre autor.[2]

Y la descripción de la ciudad misma ilumina el desplazamiento definitivo del espacio utópico por la degradación de la colonia, indicando el triunfo del "mundo al rrebes": "En seruicio de Dios y de la corona rreal de su Magestad el dicho autor, auiendo entrado a la dicha ciudad de los Reys de Lima, uido atestado de yndios ausentes y cimarrones, hechos yanaconas [criado], oficiales ciento mitayos [que presta trabajo], yndios uajos y tributarios, se ponían cuello y ci bestía como español y se ponía espada y otros se tresquilaua por no pagar tributo ni seruir en

---

[1] Pg. 1008.
[2] Pg. 1024.

las minas. Ues aquí el mundo al rreués".[1] En contraste con el proyecto de resolución que propone la búsqueda del peregrino, los últimos párrafos de la sección reafirman con claridad la inevitabilidad de la destrucción, el "no hay rremedio" de la corrupción, el mestizaje, la pérdida de identidad y de control sobre una realidad histórica que ya no les pertenece ni a Guamán ni a su pueblo.

Los textos de los cronistas indígenas que he ido examinando tienen todos, con sus diferencias obvias, rasgos fundamentales en común. Son, en efecto, todos ellos textos transicionales que combinan en el acto de escribir la creación de una tradición literaria propia y distinta de la europea con la voluntad de acceso a un nuevo orden cultural y político. Pero el balance final de esa doble operación varía considerablemente según los autores. En Guamán Poma el balance es trágico: imposibilidad de comunicación, marginalidad no negociable, inevitabilidad de la destrucción.

Desde el punto de vista del pensamiento utópico, lo que define el pensamiento de los vencidos frente al de los vencedores es la formulación recurrente de una utopía particular: la de una comunicación posible a través de fronteras culturales (*cultural boundaries*) que haga posible una negociación de la alteridad. En el contexto histórico desde el que escriben estos autores —un contexto que se define precisamente por la clausura del diálogo y por la imposibilidad de negociar la alteridad— la búsqueda de negociación y diálogo pasa necesariamente por la salida de la serie histórica y se inscribe necesariamente en el plano utópico. Pero ninguno de esos cronistas indígenas explora la imposibilidad histórica de esa comunicación ni registra el fracaso completo de la utopía frente a la historia con la lucidez y la desesperación de Guamán Poma de Ayala. La *Nueva Crónica* es, en ese sentido, una exploración minuciosa —lingüística, cultural y política— de la imposibilidad del diálogo en la sociedad colonial. En ese contexto el sentido del "Capítulo de la pregunta" se ilumina con luz nueva revelando la futilidad de cualquier intento de comunicación entre colonizador y colonizado, por más ideales que sean las condiciones de enunciación e intercambio. El capítulo agota las posibilidades de una negociación utópica cuyo fracaso se confirma en el desplazamiento fundamental que dramatiza de forma recurrente el capítulo "Del mundo vuelve el autor": el del diálogo por el monólogo. La situación discursiva de este último capítulo ya no corresponde ni a las invocaciones que van introduciendo, al principio de la *Crónica*, a los interlocutores del autor —Rey, Papa— ni tampoco al dibujo "Pregunta su Magestad". El autor, tal como anuncia la ilustración "Camina el autor", está sólo. Sus interlocutores han desaparecido. No hay ya quien oiga sus lamentos, quien escuche sus críticas ni solicite sus consejos. La desesperación de Guamán Poma ante esa constatación se hace explícita en la

---

[1] Pg. 1025.

última sección: "Y ancí, Dios mío ¿adonde estás? No me oyes para el rremedio de tus pobres?" Y concluye: "Es señal de que no ay Dios y no ay rrey".[1]

En el balance final, la utopía del diálogo queda definitivamente desplazada por la realidad del monólogo, que sigue al eclipse de todo interlocutor para el colonizado. El sueño de comunicación se desmorona ante la realidad de un aislamiento que socava definitivamente el proyecto de la Nueva *Crónica*, transformando la esperanza de resolución en la desolación de un trágico malentendido.

---

[1] Pg. 1025.

BIBLIOGRAFIA

Acosta, José de. "Historia natural y moral de las Indias (1590)." *Obras del padre José de Acosta.* Ed. Francisco Mateos. Madrid, España: Atlas, Biblioteca de Autores Españoles, 1954. LXXIII: 1-247.

Adorno, Rolena. "The Nueva Corónica y Buen Gobierno of Don Felipe Guaman Poma de Ayala: A Lost Chapter in the History of Latin American Letters." Ph.D. dissertation. Cornell University, 1974.

Adorno, Rolena. "Of Caciques, Coyas, and Kings: The Intricacies of Point of View." *Dispositio: Revista Hispánica de Semiótica Literaria* 4.10 (1979): 27-47.

Adorno, Rolena. "Icon and Idea: A Symbolic Reading of the Visual Text of Guaman Poma." *The Indian Historian* 12.3 (1979): 27-50.

Adorno, Rolena. *Guaman Poma: Writing and Resistance in Colonial Peru.* Austin, Texas: University of Texas Press, 1981.

Adorno, Rolena. "On Pictorial Language and the Typology of Culture in a New World Chronicle." *Semiótica* 36.1-2 (1981): 51-106.

Adorno, Rolena, ed. *From Oral to Written Expression: Native Andean Chronicles of the Early Colonial Period.* Syracuse University, 1982.

Adorno, Rolena. "Nuevas perspectivas en los estudios literarios coloniales hispano-americanos." *Revista de crítica literaria latinoamericana* 1988: 13-28.

Adorno, Rolena. "El sujeto colonial y la construcción cultural de la alteridad." *Revista de crítica literaria latinoamericana* 1988: 55-68.

Adorno, Rolena. *Cronista y príncipe. La obra de don Felipe Guamán Poma de Ayala.* Lima, Perú: Universidad Católica, 1989.

Agreda, Sor María de Jesús. *Vida de la Virgen María.* Barcelona, España: Montaner Editores, 1899.

Agustín, San. *Confesiones.* BAC, 1955.

Alberro, Solange. *Presencia y transparencia: La mujer en la historia de México.* México City: Colegio de México, 1987.

Alexander, P. and Gill R. eds. *Utopias.* London, England: Duckworth, 1984.

Ames, Russell. *Citizen Thomas More and his Utopia.* New York: Russell & Russell, 1969.

Anderson, A.J.O. *Beyond the Codices. A nahua view of colonial world.* Berkeley-Los Angeles: University of California Press, 1976.

Arenal, Electa; co-editora. *Literatura Conventual Femenina: Sor Marcela de San Félix, hija de Lope de Vega. Obra Completa.* Barcelona, España: PPU, 1988.

Arenal, Electa and Schlau, Stacey. *Untold Sisters.* Albuquerque, New Mexico: University of New Mexico Press, 1989.

Arenal, Electa. "Sor Juana Inés de la Cruz: Speaking the Mother Tongue." *University of Dayton Review* 16.2 (Spring 1983): 93-102.

Armytage, W.H.G. *Visión Histórica del Futuro.* Barcelona, España: Península, 1971.

Aubin, Códice. *Histoire de la nation mexicaine depuis le départ d'Aztlan jusqu' á l' arrivée des Conquérants espagnols (et au delá 1607).* Trans. Aubin, M. A.

Paris, France: Leroux, 1893.

Avila, Santa Teresa de. *Las Moradas.* Madrid, España: Clásicos Castellanos, 1916.

Bacon, Francis. *New Atlantis.* Oxford: Clarendon Press, 1974.

Baczko, Bronislaw. *Utopian Lights: The Evolution of the Idea of Social Progress.* Trans. Judith L. Greenberg. New York: Paragon House.

Baczko, Bronislaw. Rosseau. *Solitude et Communauté.* Paris, France: the Hague, 1974.

Bakhtin, Mikhail. *Rabelais and His World.* Trans. Helene Iswolsky. Cambridge, Massachusetts: MIT Press, 1968.

Bakhtin, Mikhail. "Discourse Typology in Prose (1929)." *Readings in Russian Poetics.* Ed. Ladislav Matejka and Krystyna Pomorska. Ann Arbor, Michigan: University of Michigan Press, 1978. 176-196.

Barsotti, Divo. *El Apocalipsis.* Una respuesta al tiempo. Salamanca, España: Sígueme, 1967.

Barthes, Roland. *Le dégré zero de l'écriture.* Seuil, France, 1965.

Baudet, Henri. *Paradise on Earth: Some Thoughts on European Images of Non-European Man.* Trans. Elizabeth Wentholt. New Haven, Connecticut: 1965.

Bataillon, Marcel. *El Padre las Casas y la defensa de los indios.* Esplugues de Llobregat: Ariel, 1976.

Bataillon, Marcel. *Estudios sobre Bartolomé de las Casas.* Madrid, España: Ediciones Península, 1965.

Bauman, Z. *Socialism: The Active Utopia.* London, England: Allen and Unwin, 1976.

Beecher J. and Bienvenu, R. *The Utopian Vision of Charles Fourier.* Columbia, Missouri: University of Missouri Press, 1983.

Bellamy, E. *Looking Backward.* Boston, Massachusetts: Ticknor, 1988.

Benassy-Berling, Marie-Cecile. *Humanismo y Religión en Sor Juana Inés de la Cruz.* México, UNAM, 1983.

Benítez, Fernando. *Los demonios en el convento: Sexo y religión en la Nueva España.* Mexico City: Ediciones Era, 1985.

Berliere, Ursmer. *L'ordre monastique des origines au XIIe siècle.* 1924.

Berneri, Marie Louise. *Journey through Utopia.* London, England: 1950.

Berneri, María Luisa. *Viaje a través de Utopia.* Buenos Aires, Argentina: Proyección, 1962.

Berneri, M. *Journey Though Utopia.* New York: Schocken, 1971.

Betanzos, Juan de. *Suman y narración de los Incas* (1548-1556). Madrid, España: Atlas, 1987.

Bénassy-Berling, Marie Cécile. *Humanisme et religion chez Sor Juana Inés de la Cruz: La femme et la culture au XVIIe siècle.* Paris, France: Editions Hispaniques, 1982.

Bloch, Ernst. *A Philosophy of the Future.* Trans. John Cumming. New York: Herder and Herder, 1970.

Bloch, Ernst. *Natural Law and Human Dignity.* Trans. Dennis Schmidt. Cambridge, Massachusetts: MIT Press, 1986.

Bloch, Ernst. *The Principle of Hope.* Trans. Neville Plaice, Stephen Plaice, & Paul

Knight. Cambridge, Massachusetts: MIT Press, 1986.

Bloch, Ernst. "The Utopian Function of Art and Literature: Selected Essays by Ernst Bloch." Trans. Jack Zipes and Fecklenburg. *Studies in Contemporary German Social Thought.* Ed. Thomas McCarthy. Cambridge, Massachusetts: The MIT Press, 1988.

Bloomfield, Paul. *Imaginary Worlds, or, The Evolution of Utopia.* London, England: 1932.

Bloomfield, Morton W. "Joachim of Flora. A Critical Survey of his Canon, Teachings, Sources, Biography and Influence." *Traditio* 13 (1957).

Booth, Wayne C. *A Rhetoric of Irony.* Chicago, Illinois: University of Chicago Press, 1974.

Bretonne, Restif de la. *La découverte australe par un homme volant ou le Dédale Français.* Leipzig and Paris: 1781.

Buarque de Holanda, Sérgio. *Raízes do Brasil (1936).* 4 ed. Rio de Janeiro-Brasilia: Civilização Brasileira-INL, 1978.

Buarque de Holanda, Sérgio. *Visión del Paraíso.* Caracas, Venezuela: Biblioteca Fundación Ayacucho, 1982.

Buber, Martin. *Paths in Utopia.* Trans. R.F.C. Hull. London, England: Routledge & Kegan Paul, 1949.

Burga, Manuel. *Nacimiento de una utopía. Muerte y resurrección de los incas.* Lima, Perú: Instituto de Apoyo Agrario, 1988.

Buxó, José Pascual. "El Sueño de Sor Juana: Alegoría y modelo del mundo." *Las figuraciones del sentido: Ensayos de poética semiológica.* Mexico City: Fondo de Cultura Económica, 1984.

Cabet, Etienne. *Voyage en Icarie.* Paris, France: Slatkine, 1979.

Campanella, Tommaso. *The City of the Sun.* Trans. A. M. Elliott and R. Millner. West Nyack, New York: Journeyman Press, 1981.

Capelletti, Angel J. *Utopías antiguas y modernas.* Puebla, México: Cajica, 1959.

Carro, Venancio. *La teología y los teólogos-juristas españoles ante la conquista de América.* 2 vols. Madrid, España: Consejo Superior de Investigaciones Científicas, 1944.

Carvajal, Gaspar de. *Relación del descubrimiento del río de las Amazonas.* Toribio Medina, ed. Sevilla, España, 1894.

Castro, Américo. *España en su historia.* Barcelona, España: Editoria Crítica, 1983.

Catalá, Rafael. *Para una lectura americana del barroco mexicano: Sor Juana Inés de la Cruz y Siguenza y Góngora.* Minneapolis, Minnesota: Prisma Institute and Institute for the Study of Ideologies and Literature, 1967.

Catalá, Rafael. "La transcendencia en Primero Sueño, el incesto y el águila." *Revista Iberoamericana* 44 (1978): 421-434.

Cattarinussi, Bernardo. *Utopia e Societá.* Milan, Italy: 1976.

Certeau, Michel de. *L'écriture de l'histoire.* Paris, France: Gallimard, 1975.

Certeau, Michel de. *La fable mystique: XVI-XVII siecle.* Paris, France: Gallimard, 1982.

Certeau, Michel de. *Heterologies: Discourse on the Other.* Minneapolis, Minnesota: University of Minnesota Press, 1986.

Chang-Rodríguez, Raquel. "A Forgotten Indian Chronicle of Peru: Titu Cussi Yupanqui's Relación de la conquista de Perú." *Latin American Indian Literatures* 4 (1980): 87-95.

Chang-Rodríguez, Raquel. *Violencia y subversión en la prosa colonial hispanoamericana, siglos XVI y XVII.* Madrid, España: José Porrúa Turanzas, 1982.

Chang-Rodríguez, Raquel. "Coloniaje y conciencia nacional: Garcilaso de la Vega Inca y Felipe Guamán Poma de Ayala." *Caravelle* 38 (1982): 29-43.

Chang-Rodríguez, Raquel. "Sobre los cronistas indígenas del Perú y los comienzos de una escritura hispanoamericana." *Revista Iberoamericana* 120-121 (1982): 533-548.

Chang-Rodríguez, Raquel. "Writing as Resistance: Peruvian History and the Relación of Titu Cusi Yupanqui." *From Oral to Written Expression: Native Andean Chronicles of the Early Colonial Period.* Ed. Rolena Adorno. Syracuse, New York: Maxwell School of Citizenship and Public Affairs: Syracuse University Press, 1982.

Chang-Rodríguez, Raquel. La apropiación del signo: tres cronistas indígenas del Perú. Tempe, Arizona: Centre for Latin American Studies, Arizona State University, 1988.

Chevalier, Françoise. "El códice ilustrado de Poma de Ayala." *Revista de Indias* 5.17 (1944): 525-534.

Cieza de León, Pedro de. *Crónica del Perú.* Segunda parte ["Señorío de los Incas", hacia 1950]. Lima, Perú: Pontificia Universidad Católica del Perú - Academia Nacional de la Historia, 1985.

Cioran, E.M. *Histoire et utopie.* Paris, France: Gallimard, 1960.

Cioranescu, Alexandre. "Utopia: Land of Cocaigne and Golden Age." *Diogenes* 75 (1971): 85-121.

Cioranescu, Alexandre. *L'avenir du passé. Utopie et littérature.* Paris, France: Gallimard, 1972.

Claeys, G. "The Political Ideas of the Young Engels, 1842-1845: Owenism, Chartism and the question of violent revolution in the transition from Utopian to Scientic Socialism." *History of Political Thought* VI.3 (1985): 455-478.

Clifford, James. *The Predicament of Culture: Twentieth-Century Ethnography, Literature, and Art.* Cambridge, Massachusetts: Harvard University Press, 1988.

Cohn, Noman. *The Pursuit of the Millenium. Revolutionary Messianism in Medieval and Reformation Europe and its bearing on Modern Totalitarian.* New York: Harper Torchbook, 1961.

Colón, Cristóbal. *Libro Copiador de Cristóbal Colón.* Madrid, España: Ministerio de Cultura, 1989.

Colón, Cristóbal. *Textos y documentos completos.* edición y prólogo Consuelo Varela. Madrid, España: Alianza Universidad, 1982.

Coma, Guillermo. *Cartas de particulares a Colón y Relaciones Coetáneas.* trad. por Nicolás Esquilache (1494). Juan Gil y Consuelo Varela, ed. Madrid, España: Alianza Universidad, 1984.

Concha, Jaime. "La literatura colonial hispano-americana: problemas e hipótesis."

Neohelicón 4.1-2 (1976): 31-50.

Cornejo Polar, Antonio. "El indigenismo y las literaturas heterógenas: su doble estatuto sociocultural." *Revista de crítica literaria latinoamericana* 7-8 (1978).

Cornejo Polar, Antonio. *Escribir en el Aire: Ensayos sobre la heterogeneidad socio-cultural en las literaturas andinas.* Lima, Perú: Editorial Horizonte, 1994.

Cortés, Hernán. *Cartas de Relación.* Porrúa, México, 1975.

Croce, Benedetto. "L'utopia della forma sociale perfetta." *Quaderni della Critica* 6.16 (1950): 21-26.

Cruz, Sor Juana Inés de la. "Respuesta a Sor Filotea". *Obras Completas.* Méndez Placarte, Alfonso, ed. México, 1951.

Cruz, Sor Juana Inés de la. *Carta de Sor Juana Inés de la Cruz a su confesor: Autodefensa Espiritual.* Aureliano Tapia Mendez, ed. Monterrey, México: Producciones Al Voleo El Troquel, 1993.

Cuevas, Mariano. *Documentos inéditos del siglo XVI para la historia de México, colegidos y anotados por Mariano Cuevas, S.J.* México: Museo nacional de arqueología, historia y etnología, 1914.

D'Ailly, Pierre. *Ymago Mundi y otros opúsculos.* Madrid, España: Alianza Editorial. 1992.

Davis, J.C. *Utopia and the Ideal Society.* Cambridge, England: Cambridge University Press, 1981.

Davis, J.C. *Utopias, the history of Utopia: the Chronology of Nowhere.* London, England: Duckworth, 1984.

Desanti, Dominique. *Les Socialités de l'Utopie.* Paris, France: Payot, 1970.

Desroches, H. *Dieux d'hommes: Dictionaire des messianismes de l'ère chrétienne.* Paris, France: 1969.

Desroches, H. *Sociologie de l'espérance.* Paris, France: 1973.

Díaz, Bernal. *Histora verdadera de la conquista de la Nueva España.* Madrid, España: Espasa-Calpe Austral, 1976.

Donner, H.W. *Introduction to Utopia.* Folcroft, PA: The Folcroft Press, Inc., 1969.

Dubois, Claude Gilbert. *Problèmes de l'utopie.* Paris, France: Lettres Modernes, 1969.

Dubos, René Jules. *The Dreams of Reason: Science and Utopias.* New York: 1961.

Durand, José. *El Inca Garcilaso, clásico de América.* México: Sepsetentas, 1976.

Durán, Fray Diego. *Historia de las Indias de Nueva España e Islas de la Tierra Firme (siglo XVI).* 4 ed. 2 vols. México: Porrúa, 1967.

Durán, Manuel. "Hermetic Traditions in Sor Juana's Primero Sueño." *University of Dayton Review* (Spring 1984): 107-115.

Duviols, Pierre. "Un inédit de Cristóbal de Albornoz: la instrucción para descubrir todas las guacas del Pirú y sus camayos y sus haziendas." *Journal de la Société des Américanistes* 56 (1967): 7-39.

Duviols, Pierre. "Periodización y política: la historia pre-hispánica del Perú según Guaman Poma de Ayala." *Bulletin de l'Institut Français d'Etudes Andines* 9.3-4 (1980): 1-18.

El Saffar, Ruth. *Beyond Fiction: The Recovery of the Femenine in the Novels of Cervantes.* Berkeley, California: University of California Press, 1984.

Eliade, Mircea. *Mythes, reves et mystères.* Paris, France: Gallimard, 1957.

Eliade, Mircea. *Traité d'Histoire des Religions.* Paris, France: Payot, 1975.

Eliav-Feldon, Miriam. *Realistic Utopias. The Ideal Imaginary Societies of the Renaissance, 1516-1630.* Oxford, England: Clarendon Press, 1982.

Elshtain, Jean Bethke. *Public Man, Private Woman: Women in Social and Political Thought.* Princeton, New Jersey: Princeton University Press, 1981.

Engels, Friedrich. "Socialism: Utopian and Scientific." Basic Writings on Politics and Philosophy. Ed. Lewis S. Feuer. Garden City, NY: Doubleday, 1959. 68-111.

Erasmus, Charles J. *In Search of the Common Good: Utopian Experiments Past and Future.* New York: 1977.

Erhard, J. *L'idée de nature en France à l'aube des Lumières.* Paris: 1970.

Ernst, Morris L. *Utopia.* New York: Greenwood Press, 1976.

Eurich, Nell. *Science in Utopia.* Cambridge, Massachusetts: 1967.

Fernández de Oviedo y Valdés, Gonzalo. *Historia general y natural de las Indias.* 1-5 vols. Madrid, España: Atlas, 1959.

Ferré, Rosario. "El misterio de los retratos de Sor Juana." *Escritura* X. 19-20 (enero-diciembre 1985): 13-32.

Fish, Stanley. *Self-Consuming Artifacts: the Experience of Seventeenth Century Literature.* Berkeley and Los Angeles: University of California Press, 1972.

Fitzmaurice-Kelly, Julia. "Woman in Sixteenth Century Spain." *Revue Hispanique* 70.157 (1927): 23-59.

Flores Galindo, Alberto. *Buscando un Inca: identidad y utopía en los Andes.* La Habana, Cuba: Casa de las Américas, 1976.

Foucault, Michel. *The Order of Things: An Archaeology of the Human Sciences.* New York: Vintage Books, 1973.

Fourier, Charles. *Design for Utopia.* Trans. Julia Franklin. New York: Schocken, 1971.

Fourier, Charles. *The Utopian Vision of Charles Fourier.* Trans. Jonathan Beecher and Richard Bienvenu. Columbia, Missouri: University of Missouri Press, 1983.

Franco, Jean. "Killing Priests, Nuns, Women, and Children." *On Signs.* Ed. Marshall Blonsky. Baltimore, Maryland: Johns Hopkins University Press, 1985.

Franco, Jean. "The Incorporation of Women: A Comparison of North American and Mexican Popular Narrative." *Studies in Entertainment: Critical Approaches to Mass Culture.* Bloomington, Indiana: Indiana University Press, 1986.

Franco, Jean. *Plotting Women: Gender and Representation in México.* New York: Columbia University Press, 1989.

Frankel, B. *The Post-Industrial Utopians.* Cambridge: Polity Press, 1987.

Freud, Sigmund. *Civilization and Its Discontents.* Trans. James Strachey. New York: W.W. Norton, 1962.

Freud, Sigmund. *The Future of an Illusion.* Trans. W.D. Robson-Scott. Garden City, New York: Doubleday, 1964.

Freud, Sigmund. *New Introductory Lectures on Psychoanalysis.* Trans. James Strachey. New York: W.W. Norton, 1966.

Freud, Sigmund. *Moses and Monotheism.* Trans. Katherine Jones. New York:

Vintage Books, 1967.

Galindo, Alberto Flores. *Buscando un Inca: Identidad y utopía en los Andes.* Habana, Cuba: Colección Premio Casa de las Américas, 1986.

Gandía, Enrique de. *Historia crítica de los mitos de la conquista americana.* Buenos Aires, Argentina: J. Roldán, 1929.

García, Genaro; ed. "La inquisición de México- Autos de fé — Tumultos y rebeliones en México — Don Juan de Palafox y Mendoza." *Documentos inéditos o muy raros para la historia de México.* México: Porrúa, 1982: 58.

García Ramis, Magalí. *La familia de todos nosotros.* Río Piedras, Puerto Rico: Editorial Cultural, 1989.

Garibay K., Angel María. *Historia de la literatura náhuatl.* 2 vols. México: Porrúa, 1953-54.

Garin, Eugenio. *Medioevo y Renacimiento.* Madrid, España: Taurus, 1981.

Garin, Eugenio. *Renaissance Characters.* Chicago, Illinois: University of Chicago Press, 1991.

Garnier, Charles Georges Thomas, ed. *Voyages imaginaires, songes, visions, et romans cabalistiques.* Vol. 36 vols. of Amsterdam and Paris: 1787-1789.

Gates, Eunice Joiner. "Reminiscences of Góngora in the Works of Sor Juana Inés de la Cruz." PMLA LIV (1939): 1041-1058.

Geertz, Clifford. *The Interpretation of Cultures.* New York: Basic Books, 1973.

Geoghegan, V. *Utopianism and Marxism.* London, England: Methuen, 1987.

Giamatti, A. Bartlett. *The Earthly Paradise and the Renaissance Epic.* Princeton, New Jersey: Princeton University Press, 1966.

Gibson, Charles. *The Aztecs under Spanish Rule. A History of the Valley of Mexico 1519-1810.* Stanford University Press, 1964.

Gil, Juan. *Mitos y utopías del descubrimiento.* Madrid, España: Alianza Universidad, 1989.

Gil, Juan. *El libro de Marco Polo anotado por Cristobal Colón.* Madrid, España: Alianza Universidad, 1987.

Gilbert, Sandra M. and Gubar, Susan. *The Madwoman in the Attic: The Woman Writer and the Nineteenth Century Literary Imagination.* New Haven, Connecticut: Yale University Press, 1979.

González, Patricia Elena and Ortega, Eliana; eds. *La sartén por el mango.* Río Piedras, Puerto Rico: Ediciones Huracán, 1984. 27-46.

González Acosta, Alejandro. "Dos visiones de la integración americana: *Comentarios Reales* del Inca Garcilaso de la Vega y *Crónica Mexicana* de Fernando Alvarado Tezozomoc." *Revista de Historia de América,* 110. 1990: 45-63.

Goode, J. "William Morris and the Dream of Revolution." *Literature and Politics in the Nineteenth Century.* Ed. J. Lucas. London: Methuen, 1971.

Goodwin, Barbara. *Social Science and Utopia.* Sussex, England: The Harvester Press, 1978.

Goodwin, Barbara and Talylor Keith. *The Politics of Utopia. A Study in Theory and Practice.* London, England: Hutchinson, 1982.

Gorz, A. *Paths to Paradise.* London: Pluto, 1985.

Grant, Helen. "El mundo al revés." *Hispanic Studies in Honour of Joseph Manson.*

Ed. Dorothy M. Atkinson and Anthony Clarke. Oxford, England: Dolphin, 1972. 119-137.

Greenblatt, Stephen. *Renaissance Self-Fashioning: From More to Shakespeare.* Chicago, Illinois: University of Chicago Press, 1980.

Gross, David. "Ernst Bloch and the Dialectics of Hope." *The Unknown Dimension.* Ed. Dick Howard and Karl E. Klare. New York: Basic Books, 1972. 107-130.

Gruzinski, Serge. *Familia y Sexualidad en Nueva España.* Mexico City: Fondo de Cultura Económica, 1982.

Guamán Poma de Ayala, Felipe. *El primer nueva corónica y buen gobierno (1615).* Trans. Jorge L. Urioste. 3 vols. México: Siglo XXI, 1980.

Gutiérrez, Gustavo. *Dios o el oro en las Indias: siglo XVI.* Lima, Perú: Instituto Bartolomé de las Casas, 1989.

Habermas, Jürgen. "Ernst Bloch: A Marxist Schelling." *Salmagundi* Fall-Winter 1969-1970: 311-325.

Habermas, Jürgen. *Knowledge and Human Interests.* Trans. Jeremy J. Shapiro. Boston, Massachusetts: Beacon Press, 1972.

Hanke, Lewis. *All mankind is one: a study of the disputation between Bartolomé de las Casas and Juan Gines de Sepúlveda in 1550 on the intellectual and religious capacity of the American Indians.* Dekalb, Illinois, Northern Illinois Press, 1974.

Hanke, Lewis. *Aristotle and the American Indian: A study of Race Prejudice in the Modern World.* Bloomington, Indiana: Indiana University Press, 1975.

Hanke, Lewis. *Bartolomé de las Casas; an interpretation of his life and his writings.* The Hague, Holland: M. Nijhoff, 1951.

Hanke Lewis. *Bartolomé de las Casas, 1974-1566; bibliografía, crítica y cuerpo de materiales para el estudio de su vida, escritos, actuación y polémicas que suscitaron durante cuatro siglos [por] Lewis Hanke y Manuel Giménez Fernández.* Santiago de Chile: Fondo Histórico y Bibliográfico José Toribio Medina, 1954.

Hanke, Lewis. *Bartolomé de las Casas, bookman, scholar & propagandist.* Philadelphia, Pennsylvania: University of Pennsylvania Press, 1952.

Harrison, J.F.C. *Robert Owen and the Owenites in Britain and America.* London, England: Routledge & Kegan Paul, 1969.

Harrison, Regina. "The Quechua Oral Tradition: from Waman Puma to Contemporary Ecuador." *Review* 28 (1981): 19-22.

Harrison, Regina. *Signs, Songs, and Memory in the Andes. Translating Quechua Language and Culture.* Austin, Texas: University of Texas Press, 1982

Haskins, Charles Holmer. *The Rennaissance of the Twelfth Century.*Cambridge, Massachusetts: Harvard University Press, 1982.

Heller, A. *The Theory of Need in Marx.* London, England: Allison & Busby, 1976.

Hernández, Max. *Conflicto, identidad y nostalgia en el Inca Garcilaso de la Vega.* Madrid, España: Encuentros, 1991.

Herzler, Joyce Oramel. *The History of Utopian Thought.* New York: Cooper Square Publishers, 1965.

Hetzler, Joyce Oramel. *The History of Utopian Thought.* London, England: Allen and Unwin, 1922.

Hexter, J.H. *More's Utopia. The Biography of an Idea.* New York: Harper Torch books, 1965.

Hill, C. *The World Turned Upside Down.* London, England: Temple Smith, 1972.

Hill, C. *Wistanley: The Law of Freedom and Other Writings.* Harmondsworth, England: Penguin, 1973.

Holloway, M. *Heavens on Earth: Utopian Communities on America 1680-1880.* New York: 1966.

Horowitz, I.L. *Radicalism and Revolt against Reason: the Social Theories of Georges Sorel.* London: Routledge & Kegan Paul, 1961.

Hudson, Wayne. *The Marxist Philosophy of Ernst Bloch.* New York: St. Martin's Press, 1982.

Icazbalcete, Joaquín García. *Biografía de D. Fray Juan de Zumárraga.* Madrid, España: Aguilar, 1919.

Irigaray, Luce. *Speculum of the Other Woman.* Trans. Gillian C. Gill. Ithaca, New York: Cornell University Press, 1985.

Irigaray, Luce. *This Sex Which is Not One.* Trans. Catherine Porter. Ithaca, New York: Cornell University Press, 1985.

Ixtlilxóchitl, Fernando de Alva. *Historia de la nación Chichimeca.* Madrid, España: Tecnos, 1985.

Ixtlilxóchitl, Fernando de Alva. "Sumaria relación de la historia de esta Nueva España (1625?)." *Obras históricas.* Ed. O'Gorman Edmundo. México: UNAM, 1975.

Jahner, Elaine. "Transitional Narratives and Cultural Continuities". *Boundary 2-Special Issue 1492-1992.* Kroeber, ed. North Carolina: Duke University Press, 1992.

Jakfalvi-Leiva, Susana. *Traducción, escritura y violencia colonizadora: un estudio de la obra del Inca Garcilaso.* Syracuse: Maxwell School, 1984.

Jákfalvi-Leiva, Susana. *Traducción, escritura y violencia colonizadora: un estudio sobre la obra del Inca Garcilaso.* Syracuse, New York: Maxwell School - Syracuse University Press, 1984.

Jameson, F. *Marxism and Form.* Princeton, New Jersey: Princeton University Press, 1971.

Jameson, Fredric. *The Political Unconscious: Narrative as a Socially Symbolic Act.* Ithaca, New York: Cornell University Press, 1981.

Jelinek, Estelle C., ed. *Women's Autobiography.* Bloomington, Indiana: Indiana University Press, 1980.

Jennings, J.R. *Georges Sorel.* London, England: Macmillan, 1985.

Jesús, Santa Teresa de. *La Vida. Las Moradas.* Barcelona: Planeta, 1984.

Jesús María, Father Félix de. *Vida, virtudes y dones sobrenaturales de la venerable sierva de Dios la madre María de Jesús, religiosa profesa en el monasterio de la Puebla de los Angeles, en las Indias Occidentales.* Rome, Italy: 1756.

Johnson, Julie Greer. *Women in Colonial Spanish American Literature: Literary Images.* Westport, Connecticut: Greenwood Press, 1983.

Kateb, G. *Utopia and Its Enemies.* New York: Schocken Books, 1972.

Kaufmann, Moritz. *Utopias.* London, England: Kegan Paul, 1879.

Keller, Agnes. *Man in the Renaissance.* Budapest, Hungary, 1967.

Kettler, D., Meja, V., and Stehr, N. *Karl Mannheim.* London, England: Tavistock, 1984.

Kramer, Edna E. *The Nature and Growth of Modern Mathematics.* Princeton, New Jersey: Princeton University Press, 1970.

Kristeva, Julia. *Black Sun: Depression and Melancholia.* New York: Columbia University Press, 1987.

Kumar, K. *Utopia and Anti-Utopia in Modern Times.* Oxford, England: Basil Blackwell, 1987.

Lacan, Jaques. *Écrits: A selection.* Alan Sheridan, ed. New York: Norton Books, 1977.

Lafaye, Jacques. *Quetzalcóatl and Guadalupe: The Formation of Mexican National Consciousness 1531-1813.* Trans. Benjamin Keen. Chicago, Illinois: University of Chicago Press, 1974.

Lafaye, Jacques. *Quetzcóatl and Guadalupe.* Chicago and London: University of Chicago Press, 1976.

Landa, Diego de. *Relación de las cosas de Yucatán (siglo XVI).* 11 ed. México: Porrúa, 1978.

Landmann, Michael. "Critiques of Reason from Weber to Bloch." *Telos* Fall 1976: 187-198.

Lapouge, Gilles. *Utopie et Civilisations.* Geneva, Switzerland: Librarie Weber, 1973.

Lara, Jesús, ed. *Tragedia del fin de Atawallpa* (Atau huallpacpecucacuininpa huacan, manuscrito bilingüe quechua/español Chayanta, 1877). Cochabamba: Imprenta Universitaria, 1957.

Las Casas, fray Bartolomé de. *Historia de las Indias.* 3 vols. México: Fondo de Cultura Económica, 1951.

Las Casas, Bartolomé de. *Apologética historia sumaria* (1559). México: Instituto de Investigaciones Históricas- Universidad Nacional Autónoma, 1967.

Las Casas, Bartolomé de. "Tratados de 1552" *Obras Completas,* vol X. Madrid, España: Alianza Editorial, 1992.

Lasky, Melvin J. *Utopia and Revolution.* Chicago, Illinois: 1976.

Lasky, Melvin J. *Utopia and Revolution.* London, England: Macmillan Ltd., 1977.

Lavrín, Asunción. "In Search of the Colonial Woman in Mexico: the Seventeenth and Eighteenth Centuries." *Latin American Women: Historical Perspectives.* Westport, Connecticut and London, England: Greenwood Press, 1978.

Lavrín, Asunción. "Unlike Sor Juana." *Feminist Perspectives on Sor Juana Inés de la Cruz.* Merrim, Stephanie; ed. Wayne State University Press, 1991.

Le Guin, U.K. *Dancing at the Edge of the World: Thoughts on Words, Women Places.* New York: Grove Press, 1989.

Leff, Gordon. *Heresy in the Later Middle Ages: The Relation of Heterodoxy and to Dissent, c. 1250-1450.* Manchester, England: 1967.

Leiss, W. *The Limits on Satisfaction: on Needs and Commodities.* London, England: Marion Boyars, 1978.

Leonard, Irving. "Don Quijote and the Book Trade in Lima, 1616." *Hispanic Review* 8 (1940): 285-304.

Leonard, Irving. *Los Libros del Conquistador.* México: FCE, 1979.

Leonard, Irving. "On the Cuzco Book Trade, 1606." *Hispanic Review* 9 (1941): 359-375.

Leonard, Irving. "Best Sellers of the Lima Book Trade." *Hispanic American Historical Review* 22 (1942): 5-33.

Leonard, Irving. *Baroque times in Old Mexico.* Ann Arbor, Michigan: University of Michigan Press, 1966.

León Portilla, Miguel. *Visión de los vencidos: relaciones indígenas de la conquista.* México: UNAM, 1959.

León Portilla, Miguel. *El reverso de la conquista.* México: Mortiz, 1964.

León Portilla, Miguel, et al. *Historia documental de México.* Vol. I of México: UNAM, 1974.

León Portilla, Miguel. *Culturas en Peligro.* México: Alianza Editorial Mexicana, 1976.

Levin, Harry. *The Myth of the Golden Age in the Rennaissance.* New York: Oxford University Press, 1972.

Levitas, R. *The Ideology of the New Right.* Cambridge, England: Polity Press, 1986.

Levitas, Ruth. *The Concept of Utopia. Utopianism and Communitarianism.* Syracuse, New York: Syracuse University Press, 1990.

Lezama Lima, José. "La curiosidad barroca." *Obras Completas.* México: Aguilar, 1977. III: 302-325.

Léry, Jean de. *Histoire d'un voyage fait en la terre du Brésil (1578).* Genève, Switzerland: Droz, 1975.

Lienhardt, Martín. "Las huellas de las culturas indígenas o mestizas-arcaicas en la literatura escrita de Hispanoamérica." *Hispamérica* 37 (1984): 3-13.

Lienhardt, Martín. *La voz y su huella. Escritura y conflicto étnico-social en América Latina 1492-1988.* Hanover, New Hampshire: Ediciones del Norte, 1991.

Lizama, Patricio. "Sor Filotea y Sor Juana: la conversación y la denuncia." *Discurso Literario* 4 (1988): 203-217.

Lohmann Villena, Guillermo. "Una carta inédita de Huamán Poma de Ayala." *Revista de Indias* 20 (1945): 325-327.

López Baralt, Mercedes. "La crónica de Indias como texto cultural: articulación de las códigos icónico y lingüístico en los dibujos de la Nueva Corónica de Guamán Poma." *Revista iberoamericana* 120-121 (1982): 461-531.

López Baralt, Mercedes. *Icono y conquista: Guamán Poma de Ayala.* Madrid, España: Hiperión, 1988.

López-Baralt, Mercedes. "La Contrarreforma y el arte de Guamán Poma: notas sobre una política de comunicación visual." *Histórica* 3.1 (1979): 81-95.

López-Baralt, Mercedes. "Guamán Poma de Ayala y el arte de la memoria en una crónica ilustrada del siglo XVII." *Cuadernos Americanos* 38.3 (1979): 119-151.

López-Baralt, Mercedes. "La persistencia de las estructuraas simbólicas andinas en los dibujos de Guamán Poma de Ayala." *Journal of Latin American Lore* 1 (1979): 83-116.

Losada, Angel. *Fray Bartolomé de las Casas a la luz de la moderna crítica his tórica.* Madrid, España: Editorial Tecnos, 1970.

Macías, Anna. *Against All Odds: The Feminist Movement in Mexico to 1940.* Westport, Connecticut: Greenwood Press, 1982.

Mannheim, Karl. *Ideology and Utopia: An Introduction to the Sociology of Knowledge.* Trans. Louis Wirth and Edward Shils. London and New York: 1952.

Mannheim, K. *Ideology and Utopia.* London, England: Routledge & Kegan Paul, 1979.

Manuel, Frank Edward. *The Prophets of Paris.* Cambridge, Massahusetts: 1962.

Manuel, F.E. *Utopias and Utopian Thought.* London, England: Souvenir Press, 1973.

Manuel, Frank E. and Fritzie P. *Utopian Thought in the Western World.* Cam bridge, Massachusetts: The Belknap Press of Harvard University Press, 1979.

Maravall, José Antonio. "Un esquema conceptual de la cultura barroca." *Cuadernos Hispanoamericanos* 273 (1973): 1-49.

Maravall, José Antonio. *La cultura del Barroco.* Barcelona, España: Ariel, 1975.

Maravall, José Antonio. *Utopía y contrautopía en el Quijote.* Santiago de Com postela, España: Pico Sacro, 1976.

Maravall, José Antonio. *Utopia y reformismo en la España de los Asturias.* Madrid, España: Siglo XXI, 1982.

Maravall, José Antonio. *Velázquez y el espíritu de la modernidad.* Madrid, España: Gredos, 1960.

Maravall, José Antonio. *Teatro y literatura en la sociedad barroca.* Madrid, España: Seminarios y Ediciones, 1972.

Maravall, José Antonio. *La cultura del barroco: análisis de una estructura histó rica.* Barcelona: Ariel, 1975.

Marconi, Paolo, ed. *La Citta come forma simbolica: Studi sulla teoria dell'architet tura nel rinascimiento.* Rome, Italy: 1973.

Marcuse, H. *Eros and Civilization.* New York: Vintage Books, 1955.

Marcuse, H. *One Dimensional Man.* London, England: Sphere Books, 1968.

Marcuse, H. *An Essay on Liberation.* London, England: Allen Lane, 1970.

Marcuse, H. *Counterrevolution and Revolt.* London, England: Allen Lane, 1972.

Marcuse, H. *The Aesthetic Dimension.* London, England: Macmillan, 1979.

Martín, Luis. *Daughters of the Conquistadores: Women of the Viceroyalty of Peru.* Albuquerque, New Mexico: University of New Mexico Press, 1983.

Mártir, Pedro. *Décadas del Nuevo Mundo.* Madrid, España: Ediciones Polifemo, 1989.

Marx, K. and Engels, F. *Collected Works.* London: Lawrence & Wishart, 1975-.

Marx, Karl. *Economic and Philosophical Manuscripts.* vol. 3. London, England: MECW, 1975.

Marx, Karl and Engels, Friedrich. *Utopisme et communauté de l'avenir.* Trans. Roger Dangeville. Paris, France: Maspero, 1976.

Marx, Karl and Engels, Friedrich. *Les Utopistes*. Trans. Roger Dangeville. Paris, France: Maspero, 1976.

Mauzi, Robert. *L'Idée du bonheur dans la littérature et la pensée françaises au XVIII siècle*. Paris, France: 1960.

Maza, Francisco de la. *Sor Juana Inés de la Cruz ante la historia*. México: UNAM, 1980.

Meier, P. *William Morris: The Marxist Dreamer*. Brighton, England: Harvester, 1978.

Melchiorre, Virgilio. *La coscienza utopica*. Milan, Italy: 1970.

Mendieta, Fray Gerónimo de. *Historia eclesiástica indiana* (1596). 2 ed. México: Porrúa, 1980.

Menéndez Pidal, Ramón. *El Padre Las Casas y Vitoria con otros temas de los siglos XVI y XVII*. Madrid: Espasa-Calpe, 1966.

Merrim, Stephanie, ed. *Feminist Perspectives on Sor Juana Inés de la Cruz*. Detroit, Michigan: Wayne State University Press, 1990.

Méndez, Tapia. *Carta de Sor Juana Inés de la Cruz a su confesor: Autodefensa espiritual*. Monterrey, México: Impresores Monterrey, 1986.

Méndez Plancarte, Alfonso; editor. *Obras Completas de Sor Juana Inés de la Cruz, III*. México: Fondo de Cultura Económica, 1955.

Menéndez Piral, Ramón. *El padre Las Casas, su doble personalidad*. Madrid, España: Espasa-Calpe, 1963.

Mignolo, Walter. "El metatexto historiográfico y la historiografía indiana." *Modern Language Notes* 96 (1981): 358-402.

Mignolo, Walter. "Caras, crónicas y relaciones del descubrimiento y la conquista." *Historia de la literatura hispanoamericana, época colonial*. Ed. Luis Iñigo Madrigal. Madrid: Cátedra, 1982. 57-116.

Mignolo, Walter. "La colonización del lenguaje y de la memoria: complicidad de la letra, el libro y la historia" en *Discursos sobre la invención de América*. Iris Zavala, ed. Amsterdam, Holland: Rodopi, 1992.

Miller, Beth, ed. *Women in Hispanic Literature, Icons and Fallen Idols*. Berkeley, California: University of California Press, 1983.

Miranda, Antonio Núñez de. *Distribución de las Obras Ordinarias y Extraordinarias del día, para hazerlas perfectamente, conforme al Estado de las Señoras Religiosas: Instruída con doce máximas substanciales, para la vida Regular y Espiritual, que deben seguir*. Mexico City: viuda de Miguel Ribeira de Calderón, 1712.

Mitchell, Juliet and Rose, Jacqueline; eds. *Feminine Sexuality: Jacques Lacan and the École Freudienne*. Trans. Jacqueline Rose. New York: Pantheon, 1982.

Moi, Toril. *Sexual/Textual Politics: Feminist Literary Theory*. London and New York: Methuen, 1985.

Molnar, Thomas Steven. *Utopia, the Perennial Heresy*. New York: 1967.

Molnar, Thomas. *L'Utopie, Éternelle hérésie*. Paris, France: Beauchesne, 1973.

Moltmann, Jürgen. *Theology of Hope*. Trans. James W. Leitch. New York: Harper and Row, 1967.

Monguió, Luis. "Compañía para Sor Juana: Mujeres cultas en el virreinato del

Perú." *University of Dayton Review.* Spring 1983. 16: 45-52.

Moraña, Mabel. "Barroco y conciencia criolla en Hispanoamérica." *Revista de crítica literaria latinoamericana* 1988: 229-251.

More, Thomas. *Utopia.* in *Famous Utopias.* White, Frederick R, ed. Vermont: Hendricks House, 1981.

Morley, H. *Ideal Commonwealths.* London, England: Routledge, 1885.

Morris, W. *News from Nowhere.* London, England: Longmans, Green, 1905.

Morris, W. *William Morris: Selected Writings.* London, England: Nonesuch Press, 1934.

Morris, W. *Political Writings of William Morris.* London, England: Lawrence & Wishart, 1984.

Motolinía, Fray Toribio. "Carta al Emperador del 2 de enero de 1555 (Diatriba)". Bravo Ugarte, J.S., ed. *Motolinía. Carta al Emperador.* México: Editorial Jus, 1949.

Motolinía, Fray Toribio. *Historia de los Indios de la Nueva España.* Madrid, España: BAE Atlas, 1970.

Motolinía, Fray Toribio. *Memoriales.* Madrid, España: Biblioteca de Autores Españoles, 1970.

Motolonía, Fray Toribio. "Tratado sobre los Indios que han sido hecho esclavos." *Obras Completas.* Madrid, España: Alianza Editorial, 1992.

Motolonía, Fray Toribio. *Obras Completas.* Madrid, España: Alianza Editorial, 1992.

Moylan, T. *Demand the Impossible.* London, England: Methuen, 1986.

Mumford, L. *The Story of Utopias: Ideal Commonwealths and Social Myths.* London, England: Harrap, 1923.

Muñoz Camargo, Diego. *Historia de Tlaxcala* (1576). México: Innovación, 1978.

Muriel, Josefina. *Los recogimientos de mujeres, respuesta a una problemática social novohispana.* México City: UNAM, 1974.

Muriel, Josefina. *Cultura femenina novohispana.* Mexico City: UNAM, 1982.

Murra, John V. "Guamam Poma de Ayala. A Seventeenth-Century Account of Andean Civilisation." *Natural History* 70.7 (1961): 35-47.

Murra, John V. "Waman Puma, etnógrafo del mundo andino." *El primer nueva corónica y buen gobierno* (1615). México: Siglo XXI, 1980.

Negley, Glenn and Patrick, J. Max. *The Quest for Utopia. An Anthology of Imaginary Societies.* College Park, Maryland: McGrath Publishing Cy., 1971.

Nelli, René. *La philosophie du catharisme.* Paris, France: Payot, 1978.

Nelson, William. *Fact or Fiction: the Dilemma of the Rennaissance Storyteller.* Cambridge, Massachusetts: Harvard University Press, 1973.

Norris, Christopher. "Marxist or Utopian? The Philosophy of Ernst Bloch." *Literature and History* 1983: 24-45.

Nozick, R. *Anarchy, State and Utopia.* London, England: Basil Blackwell, 1974.

Nuñez, Alvar. *Naufragios.* Barrera, Trinidad, ed. Madrid, España: Alianza Editorial, 1985.

O'Gorman, Eduardo. *Cuatro historiadores de Indias, Siglo XVI* (Mártir, Oviedo, Las Casas, Acosta). México: Sep Diana, 1979.

Oliva de Coll, Josefina. *La resistencia indígena ante la conquista.* 6th ed. México: Siglo XXI, 1986.

Oliver, Antonio. "Raimundo Llulio" Ciclo Politeia, pg 3. Madrid, España, 1993.

Oliver, Harold H. "Hope and Knowledge." *Cultural Hermeneutics* May 1974: 75-87.

Olmos, Andrés de. *Tratado de hechicerías y sortilegios.*

Olschki, Leonardo. *Storia Letteraria delle scoperte geografiche.* Firenze, Italia, 1937

Ortega, Julio. *La cultura peruana.* México: Fondo de Cultura Económica, 1978.

Ortega, Julio and Ewing Campbell, ed. *The Plaza of Encounters.* Austin, Texas: Latitudes Press, 1981.

Ortega, Julio. "Para una teoría del texto latinoamericano: Colón, Garcilaso y el discurso de la abundancia." *Revista de Crítica Literaria Latinoamericana,* XIV, 28, 1988: 101-115.

Ortega, Julio. "Garcilaso y el modelo de la nueva cultura." *Nueva Revista de Filología Hispánica,* XL, 1, 1992: 199-215.

Ortega, Julio. "Guamán Poma y el discurso de los alimentos." *Reflexiones lingüísticas y literarias,* ed. Rafael Olea Franco y James Valender. El Colegio de México, 1992.139-152.

Ortiz, Fernando. *Contrapunteo cubano del tabaco y del azúcar.* Barcelona, España: Ariel, 1973.

Ossio, Juan M., ed. *Ideología mesiánica del mundo andino.* 2 ed. Lima, Perú: Prado Pastor, 1973.

Ossio, Juan M. "Guaman Poma y la historiografía indianista de las siglos XVI y XVII: historia y cultura." *Revista del Museo Nacional de Historia* 10 (1976-1977): 181-206.

Ossio, Juan M. "Myth and History: The Seventeenth Century Chronicle of Guaman Poma de Ayala." *Text and Context: The Social Anthropology of Tradition.* Ed. Ravindra K. Jain. Philadelphia, PA: Institute for the Study of Human Issues, 1977.

Owen, Robert. *The Book of the New Moral World.* London, England: J. Watson, 1849.

Pachacuti Yamqui Salcamayhua, Juan de Santacruz. "Relación de antigüedades dedte reyno del Pirú." *Tres relaciones de antigüedades peruanas.* Ed. Marcos Jiménez de la Espada. Madrid: Ministerio de Fomento, 1879.

Padilla Bendezú, Abraham. *Huamán Poma: el indio cronista dibujante.* México: Fondo de Cultura Económica, 1979.

Pané, fray Ramón. *Relación de las antigüedades de los indios* (1498). México: Siglo XXI, 1974.

Pardo, Isaac J. *Fuegos Bajo el Agua: La Invención de Utopia.* Caracas, Venezuela: Biblioteca Fundación Ayacucho, 1992.

Parish, Helen Rand. *Las Casas, obispo: una nueva interpretación basada en su petición autógrafa conservada en la colección Hans P. Kraus de manuscitos hispanoamericanos.* Washington, D.C.: Library of Congress, 1980.

Oliva de Coll, Josefina. *La resistencia indígena ante la conquista.* 6th ed. México: Siglo XXI, 1986.

Oliver, Antonio. "Raimundo Llulio" Ciclo Politeia, pg 3. Madrid, España, 1993.

Oliver, Harold H. "Hope and Knowledge." *Cultural Hermeneutics* May 1974: 75-87.

Olmos, Andrés de. *Tratado de hechicerías y sortilegios.*

Olschki, Leonardo. *Storia Letteraria delle scoperte geografiche.* Firenze, Italia, 1937

Ortega, Julio. *La cultura peruana.* México: Fondo de Cultura Económica, 1978.

Ortega, Julio and Ewing Campbell, ed. *The Plaza of Encounters.* Austin, Texas: Latitudes Press, 1981.

Ortega, Julio. "Para una teoría del texto latinoamericano: Colón, Garcilaso y el discurso de la abundancia." *Revista de Crítica Literaria Latinoamericana,* XIV, 28, 1988: 101-115.

Ortega, Julio. "Garcilaso y el modelo de la nueva cultura." *Nueva Revista de Filología Hispánica,* XL, 1, 1992: 199-215.

Ortega, Julio. "Guamán Poma y el discurso de los alimentos." *Reflexiones lingüísticas y literarias,* ed. Rafael Olea Franco y James Valender. El Colegio de México, 1992.139-152.

Ortiz, Fernando. *Contrapunteo cubano del tabaco y del azúcar.* Barcelona, España: Ariel, 1973.

Ossio, Juan M., ed. *Ideología mesiánica del mundo andino.* 2 ed. Lima, Perú: Prado Pastor, 1973.

Ossio, Juan M. "Guaman Poma y la historiografía indianista de las siglos XVI y XVII: historia y cultura." *Revista del Museo Nacional de Historia* 10 (1976-1977): 181-206.

Ossio, Juan M. "Myth and History: The Seventeenth Century Chronicle of Guaman Poma de Ayala." *Text and Context: The Social Anthropology of Tradition.* Ed. Ravindra K. Jain. Philadelphia, PA: Institute for the Study of Human Issues, 1977.

Owen, Robert. *The Book of the New Moral World.* London, England: J. Watson, 1849.

Pachacuti Yamqui Salcamayhua, Juan de Santacruz. "Relación de antigüedades dedte reyno del Pirú." *Tres relaciones de antigüedades peruanas.* Ed. Marcos Jiménez de la Espada. Madrid: Ministerio de Fomento, 1879.

Padilla Bendezú, Abraham. *Huamán Poma: el indio cronista dibujante.* México: Fondo de Cultura Económica, 1979.

Pané, fray Ramón. *Relación de las antigüedades de los indios* (1498). México: Siglo XXI, 1974.

Pardo, Isaac J. Fuegos Bajo el Agua: *La Invención de Utopia.* Caracas, Venezuela: Biblioteca Fundación Ayacucho, 1992.

Parish, Helen Rand. *Las Casas, obispo: una nueva interpretación basada en su petición autógrafa conservada en la colección Hans P. Kraus de manuscitos hispanoamericanos.* Washington, D.C.: Library of Congress, 1980.

Pascual, Buxó. *La imaginación del Nuevo Mondo.* México: Fondo de Cultura

Económica, 1988.

Pastine, Dino. *La Nascità dell' Idolatria: L'Oriente religiosa di Athanasius Kircher.* Florence, Italy: La nuova Italia, 1978.

Pastor Bodmer, Beatriz. *El discurso narrativo de la conquista de América: mistifi cación y emergencia.* La Habana, Cuba: Casa de las Américas, 1983.

Pastor, Beatriz. *Discursos narrativos de la conquista.* Hanover, New Hampshire: Ediciones del Norte, 1988.

Pastor, Beatriz. *The Armature of Conquest.* (English translation of above). Palo Alto, California: Stanford University Press, 1992.

Pastor, Beatriz. "Lope de Aguirre the Wanderer: Knowledge and Madness." *Dispositio.* 1988.

Pastor, Beatriz. "Lope de Aguirre: La voz de la soledad." *Revista de Crítica Literaria Latinoamericana,* 1990.

Patch, Howard Rollin. *The Other World, according to Descriptions in Modern Literature.* Cambridge, Massachusetts: 1950.

Payen, Jean-Charles. *La Rose et l'Utopie.* Paris, France: Editions Sociales, 1976.

Paz, Octavio. *Laberintos de Soledad.* México: FCE, 1989.

Paz, Octavio. *Sor Juana Inés de la Cruz o Las trampas de la fe.* México: Fondo de Cultura Económica, 1983.

Paz, Octavio y Pfandl, L. *Sor Juana Inés de la Cruz: la décima musa de México.* México: UNAM, 1963.

Pease, G.Y. Franklin. "Prólogo." *Felipe Guamán Poma de Ayala corónica y buen gobierno.* Ed. Franklin Pease. Caracas, Venezuela: Biblioteca Ayacucho, 1980.

Perelmuter Pérez, Rosa. "La estructura retórica de la respuesta a Sor Filotea." *Hispanic Review* 51 (1983): 147-158.

Peremulter Pérez, Rosa. "La situación enunciativa del Primero Sueño." *Revista Canadiense de Estudios Hispánicos* 11 (1986): 185-191.

Pérez Fernández, Isacio. *Bartolomé de las Casas en el Peru: el espíritu lascasiano en la primera evangelización del imperio incaico (1531-1573).* Cusco, Perú: Centro de estudios rurales andinos "Bartolomé de las Casas", 1988.

Pérez Fernández, Isacio. *Brevísima relación de la destrucción de las Indias.* Madrid, España. Editorial Tecnos, 1992.

Perús, Françoise. *Literatura y Sociedad.* Mexico City: Siglo XXI, 1976.

Picón-Salas, Mariano. *A Cultural History of Spanish America.* Berkeley and Los Angeles, California: University of California Press, 1966.

Piercy, M. *Women on the Edge of Time.* London: The Womens Press, 1979.

Pigafetta, Antonio. *Primer viaje en torno del Globo.* Amoretti, Carlos; ed. Madrid, España: Austral, 1963.

Pizarro, Ana, y otros. *La literatura latinoamericana como proceso.* Buenos Aires: Bibliotecas Universitarias-Centro Editor de América Latina, 1985.

Poma de Ayala, Felipe Guaman. *El primer nueva corónica y buen gobierno* (1615). 3 vols. México: Siglo XXI, 1980.

Porras Barrenechea, Raúl. *Los cronistas del Perú.* Lima, Perú: Banco de Crédito, 1980.

Puccini, Dario. *Sor Juana Inés de la Cruz: Studio d'una personnalitá del barroco messicano.* Rome, Italy: Edizione dell' Alenco, 1967.

Pulpo-Walker, Enrique. *La vocación literaria del pensamiento histórico en América. Desarrollo de la Prosa de Ficción: siglos XVI, XVII, XVIII, XIX.* Madrid, España: Grebos, 1982.

Pupo-Walker, Enrique. *Historia, creación y profecía en los textos del Inca Garcilaso de la Vega.* Madrid, España: Porrúa Turanzas, 1982.

Radford Ruether, Rosemary and Skinner Keller, Rosemary,   ed. *Women and Religion in America.* San Francisco: Harper and Row, 1983.

Radnoti, Sandor. "Bloch and Lukáks: Two Radical Critics in a 'God-Forsaken World'." *Telos 25.* Fall (1975): 155-164.

Rama, Angel. *Transculturación narrativa en América Latina.* México: Siglo XXI, 1980.

Rama, Angel. *La ciudad letrada.* Hanover, New Hampshire: Ediciones del Norte, 1984.

Ramos Pérez, Demetrio.   *El mito del Dorado: su génesis y proceso.*   Caracas, Venezuela: Biblioteca Fundación Ayacucho, 1973.

Raulet, Gérard. "Critique of Religion and Religion as Critique: The Secularized Hope of Ernst Bloch." *New German Critique* Fall 1976: 71-85.

Raulet, Gérard. *Utopie - Marxisme selon Ernst Bloch.   Un système de l'incon structible.* Paris, France: Payot, 1976.

Raulet, Gérard. *Humanisation de la Nature. Naturalisation de L'Homme.   Ernst Bloch ou le Projet d'une autre Rationalité.* Paris, France: Klincksieck, 1982.

Rawls, J. *A Theory of Justice.* Cambridge, Massachusetts: Harvard University Press, 1971.

Reeves, Marjorie. *The Influence of Prophecy in the Later Middle Ages: A Study on Joachimism.* Oxford, England: 1969.

Ricoeur, Paul. *Lectures on Ideology and and Utopia.* New York: Columbia University Press, 1986.

Rivarola, José Luis. *Lengua, comunicación e historia del Perú.* Lima, Perú: Lumen, 1986.

Rodríguez Carucci, Alberto. *Literaturas prehispánicas e historia literaria en His panoamérica.* Mérida, Venezuela: Universidad de los Andes, 1988.

Roggiano, Alfredo A. "Acerca de dos barrocos: el de España y el de América." *El Barroco en América.* Madrid, España: Ediciones de cultura hispánica, 1978. 39-47.

Ross, H. *Utopias Old and New.* London, England: Nicholas and Watson, 1938.

Ruyer, Raymond. *L'Utopie et les utopies.* Paris, France: 1950.

Sabat-Rivers, Georgina. "El barroco de la contra-conquista: Primicias de conciencia criolla en Balbuena y Domínguez Camargo." *Relecturas del Barroco de Indias.* Hanover, New Hampshire: Ediciones del Norte, 1980.

Sabat-Rivers, Georgina. *El "Sueño" de Sor Juana Inés de la Cruz. Tradiciones y originalidad.* London, England: Tamesis Books, 1976.

Sabat-Rivers, Georgina; editora. *Sor Juana Inés de la Cruz. Inundación castálida.* Madrid, España: Editorial Castalia, 1982.

Sabat-Rivers, Georgina; co-editora. *Literatura Conventual Femenina: Sor Marcela de San Félix, hija de Lope de Vega. Obra completa.* Barcelona, España: PPU, 1984.

Sabat-Rivers, Georgina. "Sor Juana y sus retratos poéticos." *Revista chilena de literatura* abril 1984: 39-52.

Sabat-Rivers, Georgina. "Biografías : Sor Juana vista por Dorothy Schons y Octavio Paz." *Revista Iberoamericana* 927-937 1985:

Sabat-Rivers, Georgina. "Sor Juana: Imágenes femeninas de su científico sueño." *Estudios de Literatura Hispanoamericana.* Barcelona, España: PPU, 1992.

Sabat-Rivers, Georgina. "Sor Juana: la tradición clásica del retrato poético." *De la crónica a la nueva narrativa mexicana.* México: Editorial Oasis, 1986. 9: 79-93.

Sabat-Rivers, Georgina. "Autobiografías: Santa Teresa y Sor Juana." *Sor Juana Inés de la Cruz: Selected Studies.* Asunción and Buenos Aires: CEDES, 1989. 10: 32-43.

Sabat-Rivers, Georgina. "Tiempo, apariencia, y parodia: el lenguaje barroco y transgresor de Sor Juana." *Homenaje a Alfredo A. Roggiano: En este aire de América* 8 (1990): 126-149.

Sabat-Rivers, Georgina. *Estudios de Literatura Hispanoamericana. Sor Juana Inés de la Cruz y Otros Poetas Barrocos de la Colonia.* Barcelona, España: PPU, 1992.

Sabat-Rivers, Georgina. "Antes de Juana Inés: Clarinda Amarilis, dos poetas del Perú colonial." *La Torre.* Nueva Época I.2 (abril-junio 1987): 275-287.

Sabat-Rivers, Georgina. "El Neptuno de Sor Juana: Fiesta barroca y programa político." *University of Dayton Review* 16.2 (Spring 1963): 63-73.

Sahagún, fray Bernardino de. *Historia general de las cosas de Nueva España.* México: Porrúa, 1956.

Sahagún, fray Bernadino de. *Colloquios y doctrina cristiana, con los que Doce Frailes de San Francisco embiados por el papa Adriano sesto y el emperador Carlos quinto convirtieron a los Indios de la Nueva España.* México: Biblioteca Aportación Histórica, 1944.

Sainz Rodríguez, Pedro. *Espiritualidad Española.* Madrid, España: Ediciones Rialp, 1961.

Sainz Rodríguez, Pedro. *Introducción a la Historia de la literatura mística en España.* Madrid, España: Espasa-Calpe, 1984.

Salazar, Cervantes de. *Crónica de la Nueva España.* Madrid, España, 1914.

Salomón, Frank. "Chronicles of the Impossible: Notes on Three Peruvian Indigenous Historians." *From Oral to Written Expression: Native Andean Chronicles of the Early Colonial Period.* Ed. Rolena Adorno. Syracuse, NY: Syracuse University Press, 1982.

Sanford, Charles, L. *The Quest for Paradise.* Urbana, Illinois: University of Illinois Press, 1961.

Sarduy, Severo. "El barroco y el neo-barroco." *América latina en su literatura.* México: Siglo Venintiuno, 1972. 172-184.

Scaramuzza Vidoni, Mariarosa. "Il linguaggio dell' utopia nel cinquecento ispanico." *Quaderni di letterature iberiche e americane.* Milano: Cisalpino-Goliardica,

1984. 6

Schedel, Hartmann. *Liber cronicarum.* Nüremberg, Deutschland: Anton Koberger, 1493.

Schmidel, Ulrico. *Conquista del Río de la Plata y Paraguay 1535-1554.* Madrid, España: Alianza Editorial, 1986.

Schmidt, Burghart. *Ernst Bloch.* Stuttgart: Metzler, 1986.

Schons, Dorothy. "The influence of Góngora on Mexican Literature during the 17th Century." *Hispanic Review* VII (1939): 22-34.

Schons, Dorothy. "Some obscure points in the life of Sor Juana". *Feminist Pers pectives on Sor Juana Inés de la Cruz.* Wayne State University Press, 1991.

Schons, Dorothy. *Some Biographical Notes on Sor Juana Inés de la Cruz.* Austin, Texas: University of Texas Press, 1995.

Sercier, Jean. *Historia de la Utopia.* Caracas, Venezuela: Monte Avila, 1969.

Servier, Jean. *Histoire de l'utopie.* Paris, France: 1967.

Showalter, Elaine, ed. *The New Feminist Criticism: Essays, Women, Literature, and Theory.* New York: Pantheon Books, 1985.

Simón, fray Pedro. *Noticias historiales de Venezuela* (1627). 2 ed. 2 vols. Caracas, Venezuela: Academia Nacional de la Historia, 1987.

Soboul, Albert, ed. *Utopie au siècle des lumières.* Paris: 1972.

Solomon, Maynard. "Marx and Bloch: Reflections on Utopia and Art." *Telos* Fall 1972: 68-85.

Soper, K. *On Human Needs.* Sussex, England: Harvester, 1981.

Sorel, G. *Reflections on Violence.* London: Allen and Unwin, 1925.

Spivak, Chakravorty Gayatri. *In Other Worlds: Essays in Cultural Politics.* New York and London: Methuen, 1987. 173-190.

Stallybrass, Peter and White, Allon. *The Politics and Poetics of Transgression.* Ithaca, New York: Cornell University Press, 1986.

Stanley, J.L., ed. *From Georges Sorel.* Oxford, England: Oxford University Press, 1976.

Surtz, S.J. Edward L. *The Praise of Wisedom.* Chicago, Illinois: Loyola University Press, 1957.

Tamayo Vargas, Augusto. "Poetisas anónimas." *Literatura Peruana.* Lima, Perú: Universidad Nacional Mayor de San Marcos, 1965.

Tapia, Andrés de. *Relación de la conquista de México.* Colección Crónicas de la Conquiasta. México: UNAM, 1939.

Taylor, K. *The Political Ideas of the Utopian Socialists.* London, England: Cass, 1982.

Taylor, B. *Eve and the New Jerusalem.* London, England: Virago, 1983.

Tezozómoc, Fernando Alvarado. *Crónica mexicáyotl* (1609). México: UNAM, 1975.

Tezozómoc, Fernando Alvarado. *Crónica mexicana* (1598). 3 ed. México: Porrúa, 1980.

Thompson, J. Eric S.; ed. *Thomas Gage's Travels in the New World.* Norman, Oklahoma: University of Oklahoma Press, 1958.

Thompson, E.P. *The Poverty of Theory and other Essays.* London, England: Merlin

Press, 1978.

Titu Cusi Yupanqui, Diego de Castro. *Relación de la conquista del Perú.* Lima: Biblioteca Universitaria, 1973.

Tomás, Domingo de Santo. *Grammática o arte de la lemgua general de los indios de los renos del Perú* (1560). Lima: Instituto de Historia, Universidad de San Marcos, 1951.

Topsell, Edward. *The History of four footed beasts and serpents.* London, England: W. Iaggard, 1607.

Torquemada, Fray Juan de. *Monarquía Indiana.* Madrid, España, 1723.

Trabulse, Elías. *El hermetismo y Sor Juana Inés de la Cruz. Orígenes e interpretación.* México: Editorial Litografía Regina de los Angeles, 1980.

Trousson, Raymond. *Voyages aux pays de nulle part: Historie littéraire de la pensée utopique.* Brussels, Belgium: 1978.

Tuveson, Ernest Lee. *Millenium and Utopia: A Study in the Background of the Idea of Progress.* Berkeley, California: 1949.

Ungers, Liselotte y O.M. *Comunas en el Nuevo Mundo 1740-1791.* Barcelona, España: Gustavo Gili, 1977.

Uspensky, Boris. "Theses on the Semiotic Study of Cultures." *Structure of Texts and Semiotics of Culture.* Ed. Jan Van Der Eng and Mormir Grygar. The Hague: Mouton, 1973.

Vaillant, George Clapp. *Aztecs of México; origin, rise and fall of the Aztec nation.* Garden City, New York: Doubleday Publishers, 1950.

Varios autores. *Crítica de la utopia.* México: Universidad Autónoma de México, 1971.

Vazquez, Germán. *Códice Ramirez.* México: Editorial Innovación, 1979.

Vernon, R. *Commitment and Change: Georges Sorel and the Idea of Revolution.* Toronto, Canada: University of Toronto Press, 1978.

Vespucci, Amerigo. *Cartas de Viaje.* Luciano Formisiano, ed. Madrid, España: Alianza Editorial, 1986.

Wade Labarge, Margaret. *La mujer en la Edad Media.* Madrid, España: Nerea, 1986.

Wachtel, Nathan. *Sociedad e ideología: ensayos de historia y antropología andinas.* Lima, Perú: Instituto de Estudios Andinos, 1973.

Wachtel, Nathan. *Los vencidos: Los indios del Perú frente a la conquista española.* Trans. Antonio Esscohotado. Madrid: Alianza, 1976.

Wagner, Henry Raup. *The life and writings of Bartolome de las Casas.* Albuquerque, New Mexico: University of New Mexico Press, 1967.

Walker, E. Pupo. *Historia, creación y profecía en los textos del Inca Garcilaso de la Vega.* Madrid, España: Porrúa-Turanzas, 1982.

Warner, Marina. *Alone of All Her Sex, The Myth and the Cult of the Virgin Mary.* New York: Vintage Books, 1983.

Webber, Everet. *Escape to Utopia. The Communal Movement in America.* New York: Hastings House Publishers, 1959.

Wells, H.G. *A Modern Utopia.* Lincoln, Nebraska: University of Nebraska Press, 1967.

White, Hayden. "Interpretation in History." *New Literary History* 4.2 (1973): 281-314.

White, Hayden. *Metahistory: The Historical Imagination in Nineteenth Century Europe.* Baltimore: Johns Hopkins University Press, 1973.

Whorf, Benjamin Lee. *Language, Thought, and Reality.* Cambridge, Massachusetts: MIT Press, 1956.

Williams, Geoge Huntson. *The Radical Reformation.* Philadelphia, Pennsylvania: 1962.

Williams, George Huntson. *Wilderness and Paradise in Christian Thought.* New York: 1962.

Williams, R. *Problems in Materialism and Culture.* London, England: Verso, 1980.

Wittgenstein, Ludwig. *Philosophical Investigations.* Trans. G.E.M. Anscombe. New York: Macmillan, 1953.

Wren, Thomas E. "An Ernst Bloch Bibliography for English Readers." *Philosophy Today* Winter 1970: 272-273.

Wren, Thomas E. "The Principle of Hope." *Philosophy Today* Winter 1970: 250-258.

Yupangui, Titu Cassi. *Ynstruçion del Ynga don Diego de Castro Titu Cassi Yupangui* (1570). Lima, Perú: El Virrey, 1985.

Zambrano, María. "La confesión como género literario y como método." *Luminar* 5.3 (1941): 291-351.

Zamora, Margarita. *Language, Authority and Indigenous History in the Comentarios Reales de los Incas.* Cambridge, England: Cambridge University Press, 1988.

Zavala, Silvio. *La filosofía política en la conquista de América.* México: Fondo de Cultura Económica, 1972.

Zorita (çorita), Alonso de. "Breve y sumaria Relación, dirigida al rey Don Felipe." en la *Nueva Colección de Documentos para la Historia de México.* García Icazbalceta, Joaquín, ed. México, 1944.

Utopias del Renacimento: Tomás Moro, Utopia; Tomasso Campanella, La Ciudad del Sol; Francis Bacon, Nueva Atlántida. Segunda edición ed. Buenos Aires, Argentina: FCE, 1956.

Texto nahuatl anónimo de 1528. Trans. A.M. Garibay. Sahagún: 1956.

Les utopies à la Renaissance. Colloque international sous les auspices de la Fédération Internationale des Instituts et Sociétes pour l'étude de la Renaissance et du Ministére de l'Education nationale et de la culture de Belgique. Paris and Brussels: 1963.

"Les Utopies à la Rennaisance." *Colloque international.* Brussels, Beligium: Presses Universitaires de Bruxelles, April 1961.

Vida de la Madre María Marcela Religiosa Capuchina del Convento de Querétaro. manuscrito. México: Biblioteca Nacional de México.